녹색성장과 지역경영

녹색성장과 지역경영

초판 발행 2011년 4월 5일
초판 2쇄 2011년 8월 26일

지은이 이성근 외
펴낸이 이효수 | **펴낸곳** 영남대학교출판부

출판등록 1975년 9월 5일 경산 제16-1호 | **주소** 경북 경산시 대동 214-1
전화 053) 810-1801~3 | **FAX** 053) 810-4722 | **홈페이지** book.yu.ac.kr

ISBN 978-89-7581-418-1

• 값은 표지 뒷면에 있습니다.
• 잘못 만들어진 책은 바꾸어 드립니다.

녹색성장과 지역경영

이성근 외 지음

열린시선

차례

머리말 6

제1편 지구환경변화와 저탄소 녹색성장 11

제1장 저탄소 녹색성장사회의 이해 13
제2장 지구환경의 변화 22
제3장 기후변화와 지구온난화 43

제2편 지구온난화와 국제사회의 협력과 대응 59

제1장 지구온난화와 국제협약 61
제2장 지구온난화와 주요국가의 대응 82
제3장 지구온난화와 한국의 대응 96

제3편 저탄소 녹색산업의 성장과 관리 111

제1장 녹색산업 113
제2장 녹색기술 132
제3장 녹색농업 151
제4장 녹색식품 167
제5장 녹색관광 183

제4편 저탄소 녹색공간의 체계적 관리 195

제1장 녹색국토 197
제2장 녹색도시 209
제3장 녹색건축 224
제4장 녹색농촌 238

제5편 순환형 자원시스템의 구축 251

제1장 수자원 253
제2장 녹색산림 271
제3장 청정해양 284
제4장 녹색에너지 300
제5장 도시광산 321

제6편 녹색인프라의 구축과 관리 331

제1장 녹색교통 333
제2장 녹색산업단지 349
제3장 생태하천 363
제4장 녹색정보 375

제7편 저탄소 녹색생활의 사회적 실천 389

제1장 녹색기업 391
제2장 녹색생활 402
제3장 녹색NGO 419
제4장 녹색거버넌스 436
제5장 녹색교육 451

찾아보기 469

머리말

녹색성장이 전 지구적 이슈로 등장하게 된 것은 화석에너지 고갈과 같은 에너지 위기, 지구온난화와 같은 기후변화 위기, 성장의 한계와 같은 경제 · 금융위기, 이에 대응한 저탄소 녹색성장으로의 새로운 경제 패러다임의 변화가 이유입니다. 다시 말해 화석에너지 고갈과 기후변화의 심화라는 인류의 문명사적 위기감이 첫 번째 이유이고, 세계경제의 지속적인 성장을 위한 대안적 성장모델로 저탄소 녹색성장이 두 번째 이유입니다. 따라서 녹색성장은 환경과 경제를 동시에 고려하는 환경과 경제의 조화로운 성장을 의미합니다.

이제 세계경제는 글로벌화의 진전과 함께 저탄소 녹색성장 사회로 이행하고 있고 우리 정부 역시 저탄소 녹색성장을 국정의 최우선 과제로 설정하고 정책을 추진하고 있습니다. 이명박 대통령이 2008년 8월 15일 경축사에서 녹색성장 국가비전을 선포하고, 2009년 1월 6일 녹색뉴딜정책을 발표한 이래, 2009년 2월에는 정부의 녹색계획 총괄기구로서 녹색성장위원회가 대통령 직속 자문기구로 출범하였고, 환경과 경제가 선순환하는 새로운 국가발전 패러다임을 위해 2009년 7월 녹색성장 국가전략과 5개년 계획을 수립하였습니다. 무엇보다 2010년 1월 저탄소 녹색성장 기본법 제정과 2010년 4월 시행령의 제정으로 녹색성장 추진을 위한 법과 제도적 기반을 구축하였습니다.

그간 선진국들은 고탄소 이용의 자원효율성 성장국가들로 녹색성장은 전 세계적으로 아직 실현된 적이 없는 성장모델입니다. 따라서 녹색성장은 위기를 도약의 기회로 전환하는 새로운 발전 패러다임을 의미합니다. 이와 같은 세계적 · 국가적 차원의 저탄소 녹색성장 패러다임의 변화는 우리사회의 전분야에 미치는 영향이 클 것으로 예상되고, 국가 · 지역 차원에서 이를 적극적으로 수용하고, 능동적으로 국가 · 지역발전의 새로운 기제로 활용해야 할 것입니다.

이를 위해서는 녹색성장에 대한 이론적 체계화와 분야별 녹색성장 전략 및 프로그램의 개발과 이해, 그리고 이를 실천할 수 있는 경제주체들의 역할을 정립하는 것이 무엇보다 중요하기 때문에, 이번에 녹색성장분야 전문서적을 출판하게 되었습니다. 그간 저탄소 녹색성장과 관련한 책들이 출판되었지만 대부분 특정한 분야만을 다루고 있어 부분을 이해하는 데는 도움이 되나 전체를 이해하는 데는 미흡하였습니다. 저탄소 녹색성장은 글로벌 차원, 국가적 차원, 지방적 차원에서 통합적으로 접근되어야 하고, 학문분야도 정치 · 행정, 경제 · 경영, 사회 · 문화, 토목 · 건축, 도시 · 환경 등 학제적 접근이어야 하며, 실천주체도 개인, 가정, 기업, 단체, 정부부문이 함께 참여하고 협력하는 거버넌스 형태의 추진체계가 필요합니다.

이 책에서는 이에 착안하여 통합적, 학제적, 거버넌스적 접근을 통한 저탄소 녹색성장의 이론적 · 정책적 · 실천적 내용으로 구성하였습니다. 이 책의 궁극적 목적은 저탄소 녹색성장의 지방적 실천을 목표로 하고 있습니다. 따라서 이 책의 제목을 「녹색성장과 지역경영」으로 정하고, 주요 개념요소는 지구환경변화, 지구온난화와 국제사회의 협력과 대응, 녹색산업, 녹색공간, 순환형 자원시스템, 녹색인프라, 녹색생활의 사회적 실천 등 일곱가지로 구성하였습니다.

그 구체적 내용을 보면, 제1편 지구환경변화와 저탄소 녹색성장에서는 저탄소 녹색성장사회, 지구환경의 변화, 기후변화와 지구온난화, 제2편 지구온난화와 국제사회의 협력과 대응에서는 지구온난화와 국제협약, 지구온난화와 주요국가의 대응, 지구온난화와 한국의 대응, 제3편 저탄소 녹색산업의 성장과 관리에서는 녹색산업, 녹색기술, 녹색농업, 녹색식품, 녹색관광, 제4편 저탄소 녹색공간의 체계적 관리에서는 녹색국토, 녹색도시, 녹색건축, 녹색농촌, 제5편 순환형 자원시스템의 구축에서는 수자원, 녹색산림, 청정해양, 녹색에너지, 도시광산, 제6편 녹색인프라의 구축과 관리에서는 녹색교통, 녹색산업단지, 생태하천, 녹색정보, 제7편 저탄소 녹색생활의 사회적 실천에서는 녹색기업, 녹색생활, 녹색NGO, 녹색거버넌스, 녹색교육을 다루었습니다.

저자들은 이 책의 독자층이 다양하리라고 생각합니다. 대학의 도시 · 지역계획, 정치 · 행정, 경제 · 경영, 토목 · 건축, 도시 · 환경 등 학부생과 대학원생, 이 분야의 국가 및 지방공무원과 연구원, 녹색성장 관련 직업의 종사자, 기업의 CEO, 그리고 시민단체 관계자 등이 대상입니다.

저자들은 이 책을 집필하면서 저탄소 녹색성장의 국내외를 비롯한 많은 학자들의 연구업적과 우리나라 저탄소 녹색성장 분야의 정책보고서 및 자료집에 크게 의존하였습니다. 이들 국내외 학자들과 정책당국에 지면을 빌어 감사드립니다.

또한 저자들은 이 책의 집필과정에서 많은 분들의 도움을 크게 입었습니다. 먼저 영남대학교 대학원 지역및복지행정학과 박사과정을 수료한 한국토지주택공사 대구 · 경북지역본부 이상일 과장과 동 대학 박사과정에 재학 중인 (주)바이어블비전 조원진 대표, 한국농어촌공사 의성 · 군위지사 이원재 과장으로부터 본 서의 자료 수집단계에서 도움을 받았습니다. 아울러 한국균형발전연구소 고수정 박사와 동 대학 박사과정의 한국균형발전연구소 김규섭 연구원과 동 대학 석사과정의 (재)경북테크노파크 송은실로부터 편집과 교정과정에 많은 도움을 받았습니다.

아울러 출판의 기회를 주신 영남대학교 이효수 총장님과 여택동 출판부장님, 그리고 출판을 위해 편집과 교정에 애써주신 이종백 선생님께 감사를 드립니다. 이와 같이 많은 분들의 도움에도 불구하고 이 책에는 부족함과 오류가 있으리라 생각합니다. 앞으로 독자 여러분들의 좋은 의견과 비판을 받아서 더욱 알차게 꾸며 나갈 것을 약속드립니다.

2011년 3월

압량벌 연구실에서
이성근 외 저자일동

제1편

지구환경변화와 저탄소 녹색성장

제1장 | 저탄소 녹색성장사회의 이해
제2장 | 지구환경의 변화
제3장 | 기후변화와 지구온난화

저탄소 녹색성장사회를 이해하기 위한 도입부문이다. 저탄소 녹색성장의 주요한 배경이라 할 수 있는 지구환경 변화의 주요 내용을 살펴보고, 특히 지구온난화와 같은 기후변화에 대한 원인과 영향에 대해 살펴본다.

제1장

저탄소 녹색성장 사회의 이해

제1절 | 저탄소 녹색성장의 의의

1. 저탄소 녹색성장의 배경

녹색성장(green growth)이 전 지구적 이슈로 등장하게 된 배경은 지구온난화, 자원민족주의 대두, 에너지 위기 심화, 신성장동력 창출, 국가발전패러다임의 변화 등에서 찾을 수 있다. 우선 지구온난화로 인하여 지구상에는 열파 · 가뭄 · 홍수 등의 극한 기상현상이 증가하였고 바람 · 강수량의 유형이 교란되는 등 물리 · 생태계 전반에 심대한 변화를 초래하였다. 이러한 지구온난화는 생태계는 물론 인류의 생활양식 전반에 걸쳐 광범위한 영향을 미쳤다. 그간 경제성장을 견인했던 화석연료의 사용을 줄이고 저탄소 또는 탈탄소에 기반한 새로운 문명공동체를 만들어 가야 할 시기가 도래한 것이다.

한편 세계적인 경제성장 특히 신흥경제국의 에너지에 대한 수요증가로 에너지 수급이 불안정해지고 있다. 우리나라의 경우 에너지소비가 세계 10위이고 석유의 소비는 세계 7위를 기록하고 있다. 자동차, 조선, 철강, 석유화학 등 에너지 다소비형 업종 중심으로 산업구조가 형성되어 있어 오일쇼크와 같은 자원민족주의가 확산될 경우 우리나라의 경제성장에는 치명적인 영향을 미칠 것으로 예상된다. 이러한 산업구조 하에서 지속적인 경제성장을 위해서는 에너지를 적게 소비하는 새로운 산업구조인 녹색성장산업구조로의 재편이 시급한 실정이다.

1970년대 오일쇼크 이후 덴마크, 독일, 미국, 영국, 일본 등 선진국들을 중심으로 새로운 국가경제의 성장 동력으로 녹색성장 모델이 확산되었다. 그리고 21세기에 접어들면서 환경과 에너지 문제의 심화에 따른 지속가능한 발전 패러다임이 대두되면서 기존의 요소투입형 경제가 성장의 한계를 보이고 있는 가운데 새로운 성장 동력의 확보가 절실한 상황이다. 이에 국가 및 지역경제 성장을 위한 새로운 동력으로 녹색성장이 주목받고 있다.

2. 저탄소 녹색성장의 개념

저탄소 녹색성장의 개념을 살펴보기 위해서는 먼저 지속가능한 발전의 개념 검토가 필요하다. 지속가능한 발전(Environmentally Sound and Sustainable Development: ESSD)의 개념을 처음으로 정립한 것은 1987년 '환경 및 개발에 관한 세계위원회(UNCED)' 의 브룬트란트 보고서(The Brundtland Report)였다. 이후 1992년 리우지구환경선언에서 그 개념이 구체화되었는데, 미래 세대가 그들의 필요를 충족시킬 능력을 저해하지 않으면서 현 세대의 필요를 충족시키는 발전으로 정의하였다. 그 후 지속가능한 발전의 개념은 보다 진화하여 2002년 요하네스버그의 지속가능발전 세계정상회의에서 경제, 사회, 환경의 세 개 축이 통합된 의미로 정착됨으로써 오늘날의 녹색성장의 개념적 모태가 되고 있다.

한편 녹색성장의 개념은 1986년 독일의 정치학자 마르틴 예니케(Martin Jaeniche)가 녹색경제를 주창한 데에서 유래되었으며, 2000년 이코노미스트지에서 언급되어 다보스포럼에서 활성화되기에 이르렀다. 우리나라에서는 2008년 8 · 15 경축사에서 본격적으로 등장하였다. 저탄소 녹색성장의 개념은 저탄소 녹색성장 기본법에서 규정하고 있다. 동법에서는 에너지와 자원을 절약하고 효율적으로 사용하여 기후변화와 환경훼손을 줄이고, 청정에너지와 녹색기술의 연구개발을 통하여 새로운 성장동력을 확보하며, 새로운 일자리를 창출해 나가는 등 경제와 환경이 조화를 이루는 성장이라고 규정하고 있다. 그리고 녹색성장에 대한 정책을 총괄하는 녹색성장위원회에서는 환경과 경제의 선순환 구조를 통해 양자의 시너지효과를 극대화하고 이를 새로운 동력으로 삼는 전략으로 규정하고 있으며, 최근 아시아태평양경제사회위원회(UNESCAP)에서는 소비 및 생산방식의 근본적인 변화의 촉진을 통해 환경적 지속가능성과 경제성장의 두 가지 명제의 조화를 도모하는 전략 및 접근의 틀로 정의하고 있다.

제2절 | 저탄소 녹색성장의 영역 및 접근방법

1. 저탄소 녹색성장의 영역

저탄소 녹색성장을 위한 영역은 매우 다양하다. 이를 목적과 대상에 따라 구분하면, 전자는 저감, 적응, 산업화로 구분되고, 후자는 저탄소 녹색성장이 이루어지는 다양한 실천분야로 구분된다.

1) 저탄소 녹색성장의 목적에 따른 영역

저탄소 녹색성장의 목적에 따라 저감(mitigation), 적응(adaptation), 그리고 산업화(industrialization)로 구분할 수 있다. 저감이란 지구온난화를 일으키는 온실가스를 감축시키는 전략을 말하고 저감과 관련된 녹색성장의 영역으로는 녹색성장 인벤토리 구축, 저탄소 녹색기술의 개발 및 적용, 탄소시장 활용, 대체에너지 보급, 에너지 소비 감축, 저탄소 지역 및 도시계획 수립 등이 있다.

적응이란 기후변화에 대한 장 · 단기적 취약성을 줄이는 전략을 지칭한다. 적응과 관련된 녹색성장의 영역으로는 기후변화에 대응한 영향 분석, 기후변화 대응책 수립, 녹색인프라 구축, 산림생태계 · 수자원 · 보건 · 재난 적응 등을 꼽을 수 있다.

산업화는 저감과 적응을 원활하게 하기 위한 지원을 비롯하여 지속적인 경제성장을 위하여 녹색에 기반을 둔 산업을 육성하는 전략을 의미한다. 산업화의 영역으로는 녹색성장 플랫폼 구축, 녹색산업 글로벌 시장 공략, 첨단녹색기술 인큐베이터 설립, 산업의 녹색순환 구조 확립 등을 들 수 있다.

2) 저탄소 녹색성장의 대상에 따른 영역

저탄소 녹색성장의 대상에 따라서는 녹색성장 산업, 공간, 자원시스템, 인프라, 그리고 녹색생활 등으로 구분할 수 있다. 우선 녹색산업이란 저탄소 녹색성장이 다양한 산업과 경제적 측면에서 어떻게 진행되고 있는가에 대한 것으로 녹색산업, 녹색기술, 녹색농업, 녹색식품, 녹색관광 등으로 구분할 수 있다.

둘째, 녹색공간은 저탄소 녹색성장이 다양한 공간체계에서 어떻게 추진되고 있으며, 이를 통해 공간이 어떻게 변화되는가를 내용으로 하고 있다. 여기에는 녹색국토, 녹색도시, 녹색건축, 녹색농촌 등이 있다.

셋째, 자원시스템은 저탄소 녹색성장을 위해 순환형 자원시스템이 어떻게 구축되는가 하는 것이다. 수자원, 녹색산림, 청정해양, 녹색에너지, 그리고 도시광산 등이 주된 대상이 된다.

넷째, 녹색인프라이다. 저탄소 녹색성장을 위하여 구축해야할 기반시설에 대한 내용으로 녹색교통, 녹색산업단지, 생태하천, 녹색정보 등이 이에 해당한다.

마지막으로 녹색생활이다. 저탄소 녹색성장을 위하여 사회의 각 구성원, 주체들의 실천방법에 대한 것으로 녹색기업, 녹색생활, 녹색NGO, 녹색거버넌스, 녹색교육 등이 이에 해당한다.

2. 저탄소 녹색성장의 접근방법

1) 본질적 접근방법

녹색성장의 본질에 대한 접근은 후생경제학적 접근, 정치적 접근, 사회적 접근, 자원생태적 접근 등으로 구분해서 살펴볼 수 있다. 후생경제학적 접근에서는 형평성을 강조하며, 탄소세, 탄소배출권 등이 주요대상이 되고 있다. 사회적 접근에서는 녹색생활, 저비용 고효율 사회로의 변화, 시민참여 등을 강조하고 있으며, 정치적 접근에서는 녹색성장에 대한 가치 및 의식체계, 사회적 협약, 국가 간 협약의 체결 및 준수 등을 강조하고 있다. 자원 생태적 접근에서는 온실가스 저감, 자원순환 등에 중점을 두고 있다.

2) 전략적 접근방법

녹색성장에 대한 전략적 접근방법으로는 시장에 의한 접근방법, 정부에 의한 접근방법, 그리고 거버넌스에 의한 접근방법 등이 있다. 시장에 의한 접근방법은 경제와 환경을 통합적으로 발전시킬 수 있는 녹색기술과 산업의 혁신, 녹색상품거래의 활성화, 녹색 부(富)의 축적을 강조하고 있고, 정부에 의한 접근방법은 녹색정책의 개념과 방향, 제도 기반을 제시하는 등 녹색성장으로의 시스템 변화, 정치적 지지 등에 중점을 두고 있다. 그리고 거버넌스적 관점에서는 다양한 방법을 통해 생태적 효율성의 패러다임을 수용하고 이를 생활에 적용하는 것에 중점을 두고 있다.

제3절 | 저탄소 녹색성장의 편익

1. 저탄소 녹색성장의 조건

저탄소 녹색성장은 기후변화에 대한 국제적 노력에 동참하면서 국가경쟁력을 강화하는 성장을 의미한다. 따라서 기후변화에 대한 대응과 선진국 소득수준의 수렴을 내포하고 있다(박승규 · 한표환, 2009). 저탄소 녹색성장은 환경문제와 경제성장과의 상호보완적 측면을 강조한 것으로 저탄소 배출을 기조로 한 경제성장을 목표로 한다. 여기에는 초경제적인 영역에 속하던 환경을 경제영역, 즉 시장경제의 원리에 적용받는 것으로 바꾸면 경제성장에서 환경문제가 제어될 수 있다는 가정이 깔려 있다(국회환경노동위원회, 2008). 이는 외부 불경제에 속하던 환경을 내부경제로 바꾸는 것을 의미한다. 환경의 편익(예 : 쾌적성)과 비용(예 : 훼손이나 오염)을 가격이나 과세 등을 통해 시장 참여자에게 전가시키는 것으로서 환경을 내부경제화하는 것이다. 저탄소 녹색성장은 궁극적으로 환경의 비용을 최소화하고 편익을 최대화하는 방식으로 경제성장을 추구하는 것으로 경제성장의 지속성과 환경의 시장가치화가 전제되어 있다.

2. 저탄소 녹색성장의 편익

1) 편익의 내용

저탄소 녹색성장으로 인한 편익은 직접적 편익과 간접적 편익으로 구분할 수 있다. 직접적 편익에는 산업진흥과 일자리 창출 등이 있고, 간접적 편익에는 에너지 절감과 환경오염비용의 저감 등이 있다.

영국의 Stern Review(2006)는 기후변화의 경제적 비용 및 위험을 추정하였는 데, 기후변화에 따른 경제적 비용이 매년 전 세계 GDP의 5%에 이른다고 주장하였다(장진규 외, 2009).

저탄소 녹색성장의 경제적 편익은 그 실천으로 인해 발생하는 경제적 파급효과로 측정할 수 있다. 우리나라에서는 2007년 한국은행이 발표한 2005년 산업연관표를 통해 녹색성장을 위한 투자가 국민경제에 미치는 파급효과를 알 수 있다. 2005년 산업연관표에서 우리나라 녹색산업의 생산유발, 부가가치유발, 그리고 취업유발계수는 각각 1.9336, 0.6758, 11.6565로 나타났다. 즉 녹색산업에 총투자가 100억원 증가했을 때 경제전체에 유발되는 예상 산출액 증가 및 부가가치 증가는 각각 약 193.4억원과 67.6억원이라 할 수 있다.

표 1.1.1 녹색산업의 파급효과 계수

구분	생산유발계수	부가가치유발계수	취업유발계수
파급효과	1.9336	0.6758	11.6565

자료 : 장진규 외 (2009), p. 222.

이를 바탕으로 녹색성장위원회가 수립한 녹색성장 5개년계획의 녹색기술개발투자액을 근거로 국민경제에 미치는 편익의 크기를 추정할 수 있다. 녹색성장 5개년계획에서의 투자액은 2009년 19,500억원, 2010년 22,000억원을 비롯하여 2009~2013년까지 총 129,500억원으로 나타났다.

표 1.1.2 저탄소 녹색성장을 위한 기술개발투자 규모

(단위 : 억원)

연도	2009	2010	2011	2012	2013
투자액	19,500	22,000	25,000	28,000	35,000

자료 : 녹색성장위원회(2009a).

따라서 녹색성장으로 인해 국민경제에 미치는 생산유발액은 2,076,902억원, 부가가치유발액은 725,840억원, 취업유발인원은 1,252,043명으로 나타났다. 이를 저탄소 녹색성장의 경제적 편익이라고 할 수 있다.

표 1.1.3 저탄소 녹색성장의 파급효과

(단위 : 억원, 명)

구 분	2009	2010	2011	2012	2013	계
생산유발	338,751	457,238	477,029	394,951	408,933	2,076,902
부가가치유발	118,387	159,797	166,713	138,028	142,915	725,840
취업유발	204,213	275,642	287,573	238,093	246,522	1,252,043

자료 : 장진규 외 (2009), p.224.

2) 편익의 극대화 방안

저탄소 녹색성장의 편익을 극대화하기 위해서는 다양한 추진주체간의 협력에 의한 정책수행이 필요하다(박승규 · 한표환, 2009). 먼저, 중앙정부에서는 ① 투자재원의 안정적 확보, ② 차세대 성장산업으로 녹색산업 육성, ③ 녹색산업 육성 관련 인프라 정비, ④ 관련 부처간 공조체계 구축, ⑤ 거버넌스형 관리체계 구축 등이 필요하다. 다음으로 지방자치단체는 독자적인 정책수단이 제한되어 있으나, ① 녹색기술 개발 및 산업화 지원을 위한 연구개발 강화, ② 녹색산업 육성을 위한 독자적인 지원체계 구축, ③ 외국 녹색기술기업의 유치 강화, ④ 지역실정에 맞는 녹색기준 설정, ⑤ 녹색산업에 대한 홍보강화 등이 필요하다.

탐구학습

1. 주요개념
- 저탄소 녹색성장
- 지속가능발전
- 저감, 적응, 산업화
- 외부경제의 내부화
- 녹색성장의 편익

2. 토론과 과제
- 기후변화 및 지구온난화를 인식하는 주요 사례
- 저탄소 녹색성장을 위해서 실천할 수 있는 과제

참고문헌

교육과학기술부 외(2010), 과학기술 미래비전.
국회환경노동위원회(2008), 저탄소 녹색성장의 조건과 과제에 관한 연구.
김현호 · 김선기(2009), 지방자치단체 녹색성장 추진전략, 한국지방행정연구원.
녹색성장위원회(2009a), 녹색성장 5개년계획(2009~2013).
녹색성장위원회(2009b), 녹색성장 국가전략.
미래기획위원회(2009), 녹색성장의 길, 중앙북스.
박승규 · 한표환(2009), 저탄소 녹색성장의 지역발전 효과와 추정 및 극대화 방안, 한국지방행정연구원.
장진규 외(2009), 저탄소 녹색성장을 위한 과학기술정책 과제, 과학기술정책연구원.
환경부(2004), 주요외국의 환경교육 비교 연구.

제2장

지구환경의 변화

제1절 | 지구환경의 의의

1. 지구환경의 개념

지구는 광활한 우주의 작은 일부로서, 인간이 살아가는 터전이다. 보통 지구라고 하면 땅 덩어리로 이루어진 고체 지구만을 연상하기 마련이다. 그러나 지구를 이루는 것은 고체 지구 뿐만 아니라, 고체 지구를 감싸는 바다와 대기, 그리고 그곳에서 살고 있는 생물들을 모두 포함한다.

지구는 보통 지권, 수권, 기권, 생물권 4개의 권역으로 구분되는데, 지구환경이란 지구의 4권역이 물질과 에너지를 서로 주고 받으며 시간적으로 끊임없이 변화하는 하나의 시스템을 말한다(최덕근, 2004).

2. 지구환경 이해의 필요성

지구환경은 지권, 수권, 기권, 생물권 4권역 사이의 상호작용으로 이루어진

하나의 동적인 시스템이다. 이들 4권역 사이의 교류가 어떠한 경우에는 매우 빠르게 일어나지만, 어떠한 경우에는 오랜 시간이 걸리기도 한다. 4권역의 변화는 궁극적으로 지구의 환경에 영향을 미치게 된다. 그런데 인간에 의한 산업화, 자연환경의 파괴와 폭발적인 인구의 증가는 지구환경을 보다 급격하게 변화시키고 있다.

이러한 지구환경의 변화에 효과적으로 대처하기 위해서는 지구환경의 구성요소와 환경이 어떻게 변화하여 왔으며, 지구의 미래 환경변화를 예측하기 위한 지구환경의 이해가 필요하다. 지구환경에 대한 지식과 이해는 인류의 생존에 필수적이며, 인간사회의 행복을 위해서도 중요하다.

제2절 | 지구환경의 구성요소

1. 지권

대기와 바다의 밑으로 지권(고체 지구)이 자리하고 있다. 고체 지구는 균일하지 않기 때문에 여러 부분으로 나뉘어져 있다. 구성성분의 차이를 기초로 하면 가장 밀도가 높은 내부의 구형의 핵[1], 이 보다는 밀도가 낮은 맨틀[2], 그리고 가장 가벼우며 지구의 맨 바깥 껍질을 이루고 있는 지각이라는 세 개의 주요부분으로 나뉜다.

지각은 어디서나 같은 두께를 가지는 층이 아니다. 바다 밑에서는 얇으며, 대륙이 위치하고 있는 곳은 두껍다. 지각이 비록 고체 지구 전체의 두께와 비교

---

1 핵은 맨틀보다 깊은 곳, 즉 2,900㎞ 아래의 지구 중심부를 핵(核, core)이라고 부른다. 지진파 탐사에 의하면, 핵은 다시 두 부분으로 나뉘어 깊이 2,900㎞에서 5,100㎞ 사이의 구간을 외핵(outer core), 5,100㎞ 아래의 중심부를 내핵(inner core)이라고 한다.

2 맨틀은 보통 670㎞를 경계로 그 위를 상부 맨틀(upper mantle), 그리고 아래 2,900㎞ 깊이까지를 하부 맨틀(low mantle)이라고 부른다.

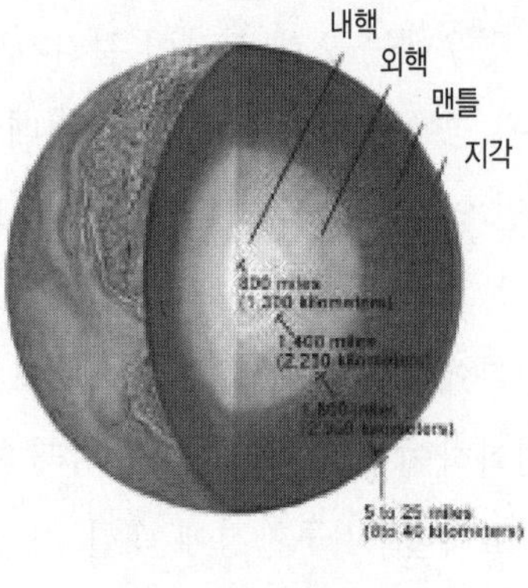

[그림 1.2.1] 고체지구의 내부

해 볼 때 별로 중요하지 않은 것처럼 보이기는 하지만, 이 역시 오늘날의 지구를 만들어낸 동일한 일반적 과정들에 의해서 만들어진 것이다(김경렬 외, 2004). 지각(crust)은 고체 지구를 감싸는 껍질로 대륙지각은 평균 35㎞(10~70㎞), 해양 지각은 평균 7㎞(5~8㎞) 정도로써 지구반경에 비하면 매우 얇다. 지각의 표면에 퇴적층(이암, 사암 등)이 약 5㎞의 두께로 존재하고, 그 극히 일부가 생태계에 매우 중요한 토양이다. 토양이란 암석이 풍화하여 만들어진 미립자상의 광물표면에 동식물, 미생물이나 그 사해·분해물이 퇴적된 것으로서 식물생육의 근원이 된다(御園生誠, 2008).

고체 지구의 바깥부분은 여러 가지 힘이나 응력이 작용할 때 이에 어떤 방식으로 행동하느냐에 따라 나눠지기도 한다. 암석권(lithosphere)은 지각과 최상부 맨틀(평균 약 100㎞ 깊이)을 포함하는 단단한 지구의 최외부층을 가리킨다. 암석권을 형성하고 있는 단단한 암석 밑으로는 암석들이 약해지며 지구 내부 깊은 곳에 있는 불균일한 열의 분포에 대응하여 서서히 움직일 수 있다. 암석권은 1년에 수 cm의 속도로 지구 표면위에서 움직이는 약 12개의 큰판으로 나뉘어 있다. 1960년대에 발견된 이 판구조론은 전 세계에 분포하는 지진, 화산, 대륙 이동, 산맥 형성 등과 같은 지질현상을 잘 설명해 주고 있다(조석주 외, 2009).

2. 수권

지구는 때때로 푸른 행성으로 불린다. 그 어느 것보다도 물이 지구를 매우 특별하게 만들어준다. 수권(hydrosphere)이란 바다에서 대기 중으로 증발하며, 육상에 비를 내리고 대양으로 다시 흘러들어가면서 끊임없이 움직이는 물 전체를 가리킨다. 대양은 수권의 가장 두드러진 특징으로서 지구 표면의 약 71%를 평균 3,800m의 깊이로 덮고 있다. 이는 지구가 가지고 있는 물의 약 97%에 해당한다. 그렇지만 수권은 또한 지하나 강, 호수, 그리고 빙하에서 발견되는 담수(3%)를 포함한다. 담수는 전체 수권의 3%에 불과한 매우 작은 부분이지만, 생명체 유지를 위해서 절대적으로 필요한 부분이다.

물은 증발, 강우 등에 의해 응축을 반복하여 순환하고 있으며, 그 주기는 약 10일 정도로 계산된다. 해양의 심층류와 표층류는 한랭지에서 순환되면서 3개의 대양에 걸쳐 1,000년 이상의 주기로 대순환을 하고 있다고 한다.

세계의 연평균 강수량은 약 880㎜이지만, 지역에 따라 큰 차이가 있고 연강수량 200~300㎜이하의 건조지에서부터 적도 부근 2,000~4,000㎜까지 다양하다. 지표에 있어서 물의 순환은 강수와 증발이 대부분으로 강수 중 20%가 육상에 내려 그 중 60%가 증·발산되고, 나머지 40%가 표류수와 지하수로 수자원이 된다. 즉 수자원이 되는 양은 전 강수량의 10% 이하이다(御園生誠, 2008).

3. 기권

지구는 대기(atmosphere)[3]라는 이름의 생명을 제공하는(life-giving) 기체상의 덮개로 둘러 싸여있다. 고체 지구와 비교해 볼 때, 대기는 매우 얇으며 희박하다. 이중 절반 정도가 고도 5.6㎞ 아래에 모여 있으며, 90%가 지표면에서 단지 16㎞ 이내에 존재한다. 상공에는 성층권(지상 10~50㎞)이 있다. 성층권 중 지상으로부터 25~35㎞의 영역에는 오존농도가 비교적 높은 오존층이 있지만, 실제적으로 오존의 농도는 그다지 높지 않다. 더욱이 상공으로 높이 갈수록 물질의 밀도가 극히 작아져서 온도도 급격하게 하락한다.

대기는 우리가 숨쉬는 공기를 제공할 뿐만 아니라 태양으로부터 오는 강력한 열과 위험한 복사로부터 우리를 보호해 준다. 대기와 지표면, 그리고 대기와 우주 사이에서 지속적으로 일어나고 있는 에너지의 교환을 날씨 또는 기상이라고 한다. 만약 지구가 달과 같이 대기를 갖고 있지 않았다면, 지구 표면을 동적으로 만들어주고 있는 많은 과정들과 상호작용이 진행되지 못하면서 생명이 없는 행성으로 변하였을 것이다(김경렬 외, 2004). 20세기 이후 산업화로 인한 대기의 농도변화와 온실효과에 따른 온난화 등 각종 영향 때문에 기권에 대한 인류의 관심이 최근 증가하고 있다.

4. 생물권

생물권(biosphere)은 인간, 동물, 식물, 미생물 등 지구상의 모든 생물을 포함하며, 단단한 지권, 수권, 그리고 대기권의 속으로 깊숙이 파 들어가 있다. 미

3 대기(大氣)는 행성이나 우주에 있는 천체를 감싸는 기체로 이루어진 막이다. 공기는 지구의 대기이다. 대기의 성분이나 양은 지역, 시간, 고도에 따라 크게 달라진다. 대기의 구성성분은 에어로졸(aerosol), 수증기와 질소(N_2) 78.05%, 산소(O_2) 20.95%, 아르곤(Ar) 0.93%, 그리고 네온(Ne), 헬륨(He), 메탄(CH4), 크립톤(Kr), 질소산화물(N_2O), 수소(H2), 오존(O_3) 등을 합하여 0.04%이다. 이중 이산화탄소, 메탄, 오존, 질소산화물은 수증기와 함께 온실가스의 역할을 하여 지구의 기온을 올리고 내리는데 중요한 역할을 한다(최덕근, 2004).

생물은 생태계에 있어서 물질을 생산하고 분해하는 중요한 역할을 맡고 있다. 알려진 생물 150만종의 대부분이 동물(절반은 곤충)과 고등 생물이지만, 미지의 생물을 포함하면 전체는 1억 종이 넘을 것으로 추정되고 있다(御園生誠, 2008).

식물과 동물은 생명활동의 기본을 물리적 환경에 의존하고 있다. 그러나 생물은 그들의 물리적 환경에 단지 대응하는 것 이상의 일을 하고 있다. 끊임없는 상호작용을 통하여 생명체는 그 주위의 환경을 유지하고 변형시키는 일을 돕고 있다. 생명체가 없었다면 고체지구, 수권, 그리고 대기권의 모습과 특성은 매우 달라졌을 것이다(김경렬 외, 2004).

제3절 | 지구환경의 변화

지구는 끊임없이 변화하고 있는 하나의 복잡하고 역동적인 시스템으로 지구를 구성하는 4권역은 상호밀접하게 연관되어 있다. 한 부분에서의 특정변화는 다른 부분에 밀접한 영향을 미친다. 지구환경은 자연적 평형 유지를 위해 변화하는데 인간이 인지 가능한 변화는 인간의 수명이상의 긴 시간에 걸쳐 매우 느리게 일어난다.[4]

그러나 몇 가지 예외가 있다. 첫째, 6천 6백만년 전 백악기 말기로 추정되는 혜성 또는 소행성의 충돌이다. 둘째, 화산 분출로 다량의 가스와 먼지가 성층권(stratosphere)으로 분출되어, 대기권으로 들어오는 태양 복사파를 우주로 반사시킴에 따른 지표온도의 냉각이다. 셋째, 인간이 야기한 변화이다. 인간이 지구환경의 4권역에 중대한 영향을 미칠 수 있음을 인지한 것은 아주 최근이다(김동주 외, 1997).

---

4 최근 연구로 암석권의 지판이 움직이는 속도를 측정할 수 있게 되었는데, 판의 운동 속도가 1~12cm/년 임을 알게 되었다. 따라서 인간의 수명을 70년으로 가정할 때 지판은 평생 동안 10m도 이동하지 못한다.

다음에서는 지구의 4권역별로 지구환경의 변화와 인구 증가, 산업화, 자연환경 파괴 등 인간 자신이 야기한 변화가 범 지구적인 환경변화에 어떠한 영향을 미치고 있는지에 대하여 알아보도록 한다.

1. 지권의 변화

지권은 현재 대륙의 모양, 해양분지, 산맥, 지진, 화산 등을 통해 역동적인 지구시스템이 수권, 기권 등과의 상호작용으로 인한 동적인 지구의 변화를 보여준다. 그 중에서 지진, 화산활동, 암석의 순환, 사막화와 관련된 환경변화에 대하여 살펴보기로 한다.

1) 지진

지진(earthquake)은 지구 내부에서 땅 덩어리가 어긋날 때 일어나는 현상이다. 땅을 어긋나게 할 때 쓰였던 엄청난 에너지가 방출되면서 지표면의 땅은 파도처럼 요동치기도 하고 갈라지기도 한다. 즉 판구조운동에 의하여 지구내부에 저장된 탄성에너지의 순간적인 방출에 의하여 발생한다. 이를 지진학에서는 탄성반발설이라고 한다.

지진피해는 단층작용으로 지면이 갈라지거나 지면이 침강 또는 상승함으로써 발생하거나, 진원으로부터 전파되는 지진파에 의하여 생기는 지면의 이동으로부터 발생한다. 지진의 일차적인 피해는 지반침하, 산사태 기타 지면 붕괴현상에 의해서 일어나고, 이차적인 피해는 가스관의 파괴나 전신주가 쓰러져서 생기는 화재에 의해서 발생한다. 해저에서 발생한 지진은 거대한 파도를 일으켜서 피해를 주는 쓰나미를 만들기도 한다(조석주 외, 2009).

2) 화산활동

화산은 지구의 지각을 만드는 근본적인 지구조작용이다. 화산활동은 근본적으로 지구의 내부열 때문에 발생한다. 지구 내부의 암석이 녹은 액체인 마그마는 유체로서 주변 암석보다 가볍기 때문에 부력에 의해 지표로 상승한다. 화산활동은 마그마가 파이프 혹은 틈으로부터 용암으로 나올 때 혹은 폭발하여 화쇄물을 생성할 때 일어난다. 화산활동은 화산재, 분류(lahars)[5], 용암, 가스, 화쇄류 등으로 나타난다.

화산분출은 날씨 및 기후에 영향을 준다. 화산분출에 의해 대기에 유황 성분의 가스가 주입되어 수천만톤의 황산을 가지는 에어로졸을 형성한다. 에어로졸은 지구 표면에 도달하는 태양 복사를 차단하여 지구 온도를 1~2년 동안 낮춘다. 그 예로 1992년 피나투보 화산의 분출은 적어도 0.5℃의 지구 냉각을 가져왔다(조석주 외, 2009).

3) 암석의 순환

지구시스템의 일부인 암석은 주로 광물로 구성되어 있는데, 지구상의 암석은 끊임없이 순환한다. 마그마에서 생성된 화성암은 풍화, 침식, 운반, 퇴적의 과정에 의하여 퇴적물로 바뀌고, 이 퇴적물은 지하 깊은 곳에서 굳어 퇴적암으로, 그리고 더 깊이 매몰되면 변성암이 된다. 이 과정에서 먼저 형성된 퇴적암과 변성암도 지표에 드러나면 풍화, 침식, 운반, 퇴적의 과정을 거쳐 퇴적물을 만든다. 모든 암석은 매우 깊이 매몰되면 녹아서 마그마를 형성하고 새로운 암석의 순환을 시작한다.

지구 표면의 암석은 기후와 상호작용에 의해 화학적 풍화와 기계적(물리적) 풍화에 의해 침식된다. 풍화작용에 의한 암석의 파쇄와 분열에 의해 토양이 생성되며 토양은 침식에 의해 이동된다. 침식은 주로 사면에서 발생하고 침식에 의해 생성된 강 상류의 입자들이 강 하류로 이동하게 된다. 종종 산사면의 붕괴에 의해 산사태가 유발되기도 한다(최덕근, 2004).

5 분류(lahars)는 화쇄류가 강 혹은 눈 언덕을 만날 때, 화구 호수의 벽이 깨어져 갑자기 물을 방출할 때, 용암류가 빙하 얼음을 만날 때 혹은 많은 비로 새로운 화산재 퇴적층이 이류로 변할 때 발생한다.

4) 사막화

극지방을 제외한 전 세계의 육지 면적 중 25%는 다양한 종류의 사막으로 덮여있다. 여기에 연 강수량이 250~500㎜인 준사막지역이 존재하는데, 이 지역도 세계적으로 널리 펴져있다. 한 지역의 기후변화는 준사막지역을 사막으로 바꿀 수도 있는데 이러한 과정을 사막화라고 부른다(조석주 외, 2009).

사막화는 지구 육지의 40%를 차지하는 건조지역에서 주요한 환경문제가 되고 있다. 사막화 경향이 초식동물과 식생, 그리고 대기권이 서로 연관된 결과라는 가설로부터 인간과 환경 사이의 복잡한 상관관계를 짐작할 수 있다. 초식동물이 건조지역의 식생을 소비함에 따라 지표면의 알베도(반사율)는 증가한다. 왜냐하면 초지 보다는 모래나 노출암반에서 알베도가 더 크기 때문이다. 따라서 사막화에 의하여 우주공간으로 반사되는 태양 복사 에너지량이 증가되면, 결국 지표면의 냉각이 야기된다. 차가워진 지표면에서는 건조한 공기의 하강기류가 형성되며, 결국 강우량의 감소를 초래한다. 이러한 방식으로 질적 저하가 초래된 지역은 점차 사막화된다. 즉 이러한 과정이 한 번 시작되면 사막화가 가속되는 소위 정(+)의 피드백이 진행되는 것이다(김동주 외, 1997). 사막화는 식생의 파괴 및 동식물군의 감소를 초래하여 생물다양성이 감소하는 원인이 된다(이성근, 2008).

2. 수권의 변화

물은 제자리에 있는 것이 아니라 끊임없이 이동한다. 바다와 육지에서 증발하여 구름을 이룬 물은 비와 눈이 되어 바다나 육지로 떨어진다. 육지에 떨어진 물은 땅 밑으로 스며들기도 하고, 강을 따라 바다로 흘러들기도 하며, 극지방에서는 빙하를 이루기도 한다. 이처럼 물은 지구를 끊임없이 돌고 돈다. 마치 사람의 몸에 피가 흘러 생명을 유지토록 하듯이 물은 순환하면서 지구에 새로운 생명을 불어 넣는다. 이 과정에서 물은 지구를 깨끗하게 씻을 뿐 아니라 지표면을 깎고 다듬어서 지구의 모습을 바꾸어간다(최덕근, 2004). 다음에서는 해양, 하천수 및 지하수, 빙하와 관련된 환경변화에 대하여 살펴본다.

1) 해양의 순환

지구 표면의 70.8%는 바다로 덮여 있다. 지구본에서 대륙과 해양의 분포를 비교해 보면 바다는 지구 표면에 골고루 분포하는 것이 아니다. 즉 북반구는 약 60%가 바다로 덮여 있는 반면에 남반구는 80%가 바다이다. 이처럼 대륙과 해양의 분포가 다름으로써 해류의 흐름도 달라지고, 전체적으로 지구의 기후변화를 통제한다(최덕근, 2004).

해양은 크게 두 층으로 나뉜다. 비교적 따뜻하고 가벼운 표층(surface layer)과 깊은 곳의 차고 무거운 심층(deep layer)이 있다. 두 층 사이에는 온도가 급격하게 내려가는 수온약층(thermocline)이 있다. 표층해류는 바닷물 전체의 약 10%를 차지하며 그 흐름은 바람이나 수온과 같은 기후적 요소와 대륙의 분포와 자전에 의하여 영향을 받는다. 표층해류는 코리올리 효과[6]에 의하여 북반구에서는 시계방향으로, 남반구에서는 시계반대방향으로 돈다. 심층해류는 매우 복잡한 흐름을 보여 주는데 북대서양에서 시작하여 인도양, 태평양을 거쳐서 북대서양으로 이어지는 대양의 컨베이어 벨트 순환(global ocean conveyer belt circulation)을 하며 한 바퀴 도는데 약 2천년이 걸린다고 한다.

하루 동안의 밀물, 썰물 외에 전 지구적으로 일어나는 해수면 변동은 100~200년 정도의 기간에 걸친 변화는 알아채기 어렵지만, 수만 년 또는 수억 년의 기간에 걸친 변화는 상당히 크다. 이러한 변화는 장기간에 걸쳐 지구의 환경변화에 영향을 미친다(최덕근, 2004).

6 코리올리 효과(Coriolis effect)란 회전운동하는 고체지구내에서 자유 운동하는 물체로 하여금 초기 운동방향과 상관없이 북반구에서는 오른쪽으로, 남반구에서는 왼쪽으로 선회하도록 하는 효과로서 19C 프랑스 과학자 코리올리는 어떻게 지구의 자전이 유체의 운동에 영향을 미치는지를 설명하였다.

2) 하천수와 지하수

물은 수권, 대기권, 지권, 그리고 생물권 내에서 지속적으로 이동하고 있는데 이처럼 지구상에서 물이 끊임없이 순환하는 것을 물의 순환(water cycle)이라고 한다. 물은 주로 바다로부터 대기 중으로 증발하며 바람에 의해 상당한 거리를 이동하여 구름의 생성과정을 통해 바다와 육지로 떨어진다. 육지에 내린 물은 지표 위를 흘러 하천이나 호수로 들어가기도 한다. 지표 유출과 지하수에 의해 공급되는 하천은 중력의 영향을 받아 바다로 향하는데 이 과정에서 침식작용, 운반작용, 퇴적작용을 한다.

또한 하천의 유량이 너무 많아서 수로의 용량을 초과하게 될 때에는 하천은 홍수(flood)의 형태로 둑을 넘어 흐르게 된다. 홍수는 모든 지질학적 위험 중에서 가장 일반적이고 파괴적이다. 홍수는 많은 비구름을 품은 폭풍에 의해 발생하지만 하천에 대한 인간의 간섭으로 악화되기도 한다(김경렬 외, 2004).

지하수는 지구 수권에 있어서 1%도 안되는 부분으로 암반과 표토 내의 공간에 담겨 있는 모든 물로 정의된다. 수문학적 체계에 있어서 지하수가 차지하고 있는 비중은 작지만 호수나 하천에 있는 물의 양의 40배이고 세계 도처에 있는 빙하와 극지방에 갇혀있는 물의 약 3배이다. 사용가능한 물의 대부분을 포함해서 지하수의 절반이 지하 750m 내에 있다. 이 층에 있는 물의 양은 전 지구의 면적에 분포시킨다면, 약 55m의 수심에 해당하는 것으로 추정된다.

지하수는 물 순환에 있어서 작지만 총체적인 부분으로 끊임없이 움직인다. 대양으로부터 증발된 물의 일부분은 강우의 형태로 지표에 떨어지고 지하로 스며들어가 지하수 체계로 들어간다. 이렇게 천천히 움직이는 지하수의 일부분은 하천수로 도달하며 대양으로 움직이는 물에 연결되며, 그곳에서 새로운 순환체계가 시작된다(김동주 외, 1997).

지하수는 다른 자원과 마찬가지로 인간의 무분별한 개발에 의해 문제가 되고있다. 대규모 관개에 의한 지하수의 고갈, 지하수 고갈에 의한 지면함몰, 지하수 오염 등의 환경문제가 야기되고 있다.

3) 빙하

빙하(glacier)는 지구 표면의 거의 10%에 해당하는 부분을 덮고 있다. 빙하는 지구의 두 기본 순환(물과 암석의 순환)의 한 부분이다. 물의 순환 쪽에서 보자면, 고지대나 고위도 지방에 내린 비나 눈은 곧장 바다 쪽으로 흐르지 않고 빙하의 일부가 된다. 비록 언젠가는 얼음이 녹아서 그 물이 바다로 흐르겠지만, 물은 이런 식으로 수십, 수백, 심지어 수천 년 동안 빙하의 얼음에 저장될 수 있다. 물이 빙하에 갇혀 있는 동안, 이 얼음덩어리는 움직이면서 땅을 깎아내고 엄청난 양의 퇴적물을 만들어 내어 이동시키고, 퇴적시키는 등 수 많은 일을 해낸다. 이러한 활동은 암석 순환의 기본적인 부분이다. 빙하는 수백, 수천 년동안에 걸쳐 만들어진 두꺼운 얼음덩어리다. 빙하는 땅에 눈이 쌓이고 압축되고 재결정되어 생긴다. 빙하는 움직이지 않는 것처럼 보인다. 하지만 빙하는 아주 천천히 움직이고 있다. 유수, 지하수, 바람, 파도와 마찬가지로 빙하는 퇴적물을 모으고 이동시키고 쌓이게 한다. 오늘날 빙하는 세계 여러 곳에 있지만, 대부분은 극지방이나 고산지대와 같은 곳에 위치하고 있다(김경렬 외, 2004).

빙하는 지구환경에 많은 영향을 주고 있다. 특히 빙하기 동안 빙하가 여러 번 성장, 후퇴하였다는 것을 확인시켜주는 가장 확실한 증거는 아마도 육지에 널리 나타나는 여러 매의 표석점토층과 해저퇴적물에 보존되어 있는 온전한 기후 순환기록일 것이다. 엄청난 양의 침식, 퇴적작용 외에 빙하로 인한 동물의 이주, 하천의 경로 변화, 거대한 얼음덩어리가 사라지면서 다시 솟아오르는 지각의 융기, 빙하의 존재 자체로 인한 기후변화 등이 빙하의 다른 효과들이다. 바다에서 빙하기의 가장 광범위한 효과는 빙하가 성장, 후퇴함에 따라 일어난 전 지구적인 해수면 변동이다(김경렬 외, 2004).

3. 기권의 변화

지구가 다른 행성과 구별되는 특징은 생물과 액체상태의 물이 존재한다는 점이며, 이는 대기가 없으면 불가능했을지도 모른다. 지구의 대기는 적당량의 태양에너지가 지구에 들어오도록 조절하며, 오존층을 형성하여 우주로부터 들어오는 유해한 광선을 막음으로써 생물이 안정적으로 생명을 유지할 수 있도록 해준다. 다음에서는 기권을 구성하는 태양복사에너지, 기압, 바람, 강수, 기온, 기후 등에 따른 대표적인 기권의 변화에 대하여 살펴보기로 한다.

1) 탄소순환

대기에 포함된 가장 기본적인 물질이 바로 모든 생명체에 필수적인 탄소이다. 탄소순환에 있어서 핵심은 생물권인데, 이곳에서 식물은 기권으로부터 CO_2를 계속 흡수하며 광합성 작용을 통해 이를 분해하여 유기화합물을 형성한다. 동물은 식물을 소비하며, 신진대사 등에 이들 유기화합물을 이용한다. 동물이 죽으면 이들 유기 화합물은 대기 중의 산소와 반응하여 다시 CO_2를 생성한다. 생물권을 통한 이러한 물질이동은 매우 빨라서, 대기 중의 모든 CO_2는 4.5년을 주기로 순환하고 있다.

생물권의 동식물의 사체가 모두 CO_2로 분해되는 것은 아니다. 일부는 퇴적물로서 운반 퇴적되어 퇴적암을 형성하게 되고, 일부 지역에서는 석유나 석탄 관상을 이루게 된다. 매몰된 유기화합물은 매우 느린 속도로 움직이는 암석 순환계로 흡수되며, 그 암석이 융기와 침식과정을 받아 지표로 노출되면 다시 기권으로 되돌아간다.

이러한 과정에 모든 인간 활동이 누적되면 매우 중대한 영향을 미칠 수 있다. 화석연료의 연소와 산림 감소를 통하여 CO_2는 암석권과 생물권으로부터 기권을 향하여 급속히 이동하게 된다. 이렇게 추가된 CO_2가 그의 생성속도 이상으로 수권으로 용해되거나 퇴적물로 매몰되지 못한다면 대기 중의 CO_2 양은 필연적으로 증가하게 된다. 그러나 기권으로부터 CO_2가 제거되는 속도가 인간에 의해 CO_2가 첨가되는 속도보다는 느리기 때문에 결국 대기 중의 CO_2는 증가할 수 밖에 없게 된다(김동주 외, 1997).

2) 온실효과

기권은 지구 기후 시스템을 움직이는 엔진이며, 태양은 엔진을 작동하게 하는 에너지를 공급한다. 기권에 도달한 태양 복사에너지의 일부는 구름과 먼지에 의해 반사되어 우주공간으로 되돌아간다. 지표면에 도달된 복사에너지 중에서 일부는 육지와 해양에 흡수되고 일부는 물, 눈, 빙하 및 기타 반사면에 의해 우주로 되돌아간다. 이러한 가시광선 영역의 반사 복사파는 파장이 짧다. 일부는 장파장의 적외선을 방출한다. 그러나 장파 복사파의 일부는 우주공간으로 빠져 나가지 못하고, 대기 중의 수증기나 CO_2에 흡수된다. 이 복사 에너지는 하부 기권에 보존되므로 지표 온도를 증가시킨다. 유리온실의 공기가 바깥보다 따뜻한 것도 이와 비슷한 효과 때문이다. 따라서 이러한 현상을 온실효과라 한다.

그러나 지구상에 생명체가 살 수 있게 만든 것도 온실효과 때문이다. 온실효과가 없었다면 지구표면은 태양계의 다른 행성들처럼 생명체가 살기에 부적당했을 것이다. 지구에 대기가 희박했다면, 지표 환경은 달과 비슷해서 태양광선을 받는 쪽의 온도는 물의 비등점까지 상승하는 반면, 그 반대쪽은 어는 점 이하로 추웠을 것이다. 공기가 거의 없는 화성의 표면은 얼어붙어 있어 지구의 극지방에서 발달하는 동결대 사막과 흡사하다. 반대로 금성은 태양에 훨씬 가까워서 대기의 밀도가 높음으로 온실효과에 의해 지표온도는 납을 녹일 수 있을 정도로 매우 뜨겁다(김동주 외, 1997). 온실효과 중에서 인간의 활동에 의한 인위적 요인이 문제가 되는데, 이것이 지구온난화의 원인이 되고 있다.

3) 지구온난화

인간 활동에 기인하여 대기 중 미량 기체(CO_2, CH_4, O_3, N_2O, CFCs 등)의 농도가 증가함에 따라, 21세기 하부 기권의 온도는 2~4℃ 증가할 것으로 예상된다. 19세기 중반 이후 지구의 평균온도는 0.5℃ 증가하였는데, 이는 온난화의 원인이 되었다. 온난화의 속도는 매 10년당 0.3℃에 이를 것이며, 결국 최대 간빙기가 도래함으로써 인류 역사상 그 어느 때 보다도 따뜻해질 것으로 예상된다.

지구온난화에 의해 야기될 수 있는 물리학적, 생물학적 변화로는 강수량 및 식생의 범지구적 변화, 빙하의 해빙 및 동결대의 용해, 범 지구적인 해수면 상승, 토양 내 유기 물질의 분해 속도 증가, 고위도 지역의 영구 동결층에 갇혀 있던 가스 수화물의 분해 등이 있다(김동주 외, 1997).

4) 산성비

산성비(acid rain)란 화산폭발과 같은 자연오염원이나 산업화, 도시화에 따라 화석연료가 대량으로 소비되어 산성오염물이 빗물에 용해되면서 빗물의 수소이온농도(pH)가 5.6미만으로 낮아지는 것을 말한다(이성근, 2008).

대기 중의 황 가스는 산소 및 빗물과 반응하여 황산을 형성하는데, 황산은 이산화탄소와 빗물에 의해 형성된 탄산에 비해 더 강력하다. 굴뚝과 자동차 배기가스에서 배출된 질소산화물가스(NOx)에서도 일부 질산이 동일한 방법으로 형성된다. 적은 양의 황산과 질산이 무해한 빗물을 산성비로 바꾼다.

산성비는 사람의 피부를 상하게도 하고 약한 유기물과 고체 암석에 대하여 광범위한 피해를 입힐 수 있다. 미국의 1,000개 이상의 호수와 수 천 마일의 하천에 대한 조사 결과, 호수의 75%와 하천의 50%가 산성비의 영향을 받고 있음이 알려졌다. 일부 산성화된 호수와 하천에서는 민물송어와 같은 물고기 종이 완전히 사라졌다. 캐나다 동부의 연어 번식지도 큰 영향을 받았다.

또한 산성비는 산림을 손상시켰는데, 부분적으로는 높은 곳까지 손상을 입었다. 공기 중에 있는 산성 수분은 시야를 좁게 만든다. 산성비는 직물, 그림, 금속, 암석에 눈에 띄는 손상을 유발하며, 돌로 된 기념비와 야외 조각들을 빠른 속도로 풍화시킨다. 캐나다의 경우, 산성비에 의한 건물과 기념비의 피해가 매년 10억 달러에 달한다.(조석주 외, 2009).

4. 생물권의 변화

생태계 종의 다양도는 그 안에 있는 종의 수를 말한다. 생물다양성의 가장 중요한 측정 단위인 현존하는 종의 수도 감소하고 있다. 생물학자들에 의하면, 150만 종이 공식적으로 분류되어 있지만, 오늘날 1,000만 종 이상이 지구상에 살고 있다고 보인다. 멸종 속도를 정량화하기는 어렵지만, 대부분의 과학자들은 앞으로 30년 동안에 모든 종의 1/5이 사라질 것이며, 100년 안에 절반이 멸종할 것이라고 생각하고 있다. 사회생물학자 에드워드 윌슨은 전 세계적으로 생물종의 다양성이 빠르게 감소하는 것을 6번째 멸종이라 부르기까지 하여 과거 5대 대멸종[7]과 동일한 순위에 두고 있다. 하지만 한쪽에서는 이러한 예측이 조급한 것이라 주장하기도 한다(조석주 외, 2009).

종 다양도는 많은 요인에 의해 영향을 받는데, 주요 원인으로는 기후, 유성생식, 진화에 의한 혁신, 지역성, 그리고 생태학적 지위의 이용 등이 있다. 생물권은 지권에 의해 영향을 받고 또 영향을 준다. 생물권에 영향을 주는 것은 또한 기권과 수권이다. 인간은 생물권을 끊임없이 변화시키고 교란시킨다. 산림을 없애고, 산성의 광산배수를 방류하고, 먹이사슬 교란, 토양풍화, 그리고 강과 호수의 부영양화 등이 대표적 예이다(김동주 외, 1997).

---

7 지구에는 역사상 5번의 대멸종이 있었다. 1차 대멸종은 4억 4천 5백만년 전 고생대 오르도비스기말, 2차 대멸종은 3억 7천만년 ~ 3억 6천만년 전 고생대 데본기말, 3차 대멸종은 2억 5천 백만년 전 고생대 페름기말, 4차 대멸종은 2억 5백만년 전 중생대 트라이아스기말, 그리고 5차 대멸종은 6,500만년 전 중생대 백악기말에 각각 있었다.

제4절 | 지구환경변화의 특징

지구환경의 변화는 지권, 수권, 기권, 생물권 모두에게 불확실한 전망을 던지고 있다. 지구환경변화에 따른 환경문제는 특정 지역차원이 아닌 세계 모든 국가에 해당되는 전 지구적인 관심사항이다. 지구환경문제의 특징을 인식하고 대책의 필요성을 절감해야 한다(김종달, 2001).

1. 영향력의 광역성

오염물질은 대기와 수계의 이동 과정을 통하여 광범위하게 확산되는 성질을 가지고 있다. 예를 들면, 중국 동부지역의 대기 오염물질이 우리나라와 일본까지 영향을 미치고 있으며, 프랑스 지역의 석탄광산에서 배출되는 오염물질이 라인강을 따라 벨기에와 네델란드에 서식하는 물고기를 폐사시키기도 한다. 이러한 환경오염의 광역성으로 말미암아 환경문제는 점차 공통화 내지 세계화되어 가는 경향이 있다. 특히 오염의 가해자와 피해자 사이에 서로 분쟁이 발생하여 환경문제는 더욱 복잡 다양한 양상을 띠게 되었고 심지어 국제적인 문제로까지 부각되기에 이르렀다. 그에 따라 환경오염 문제도 집단적인 공동노력으로 해결할 수 밖에 없다.

2. 피해의 상이성

자본주의에서 사회 참여의 선택기회는 동일하나, 현실적으로 소득계층 구조에 따라 선택한 만큼의 똑같은 대가가 주어지지 않는다. 예를 들어 물과 공기는 공공재이기에 누구든지 마시고 이용할 수 있는 선택권은 동일하나, 환경오염이 매우 심화된 상태에서는 깨끗한 공기와 물은 어느덧 희소성이 높아진 생활자원이 되어 버리기 때문에 소득이 높은 사람일수록 이를 향유할 기회가 상대적으로 많아지게 되는 것이다. 따라서 오염은 오염 그 자체에서 그치는 것이 아니라 소득계층별로 상이한 피해를 입히게 되고 이에 따라 상당한 사회적 비용을 치러야 하는 것이다.

3. 오염물질의 대량생성

과학기술이 발달하여 그 내용이 생산에 직접 적용됨으로써 이전에 지구상에 존재하지 않았던 물질들이 대량으로 인공 합성되어 지구 생태계의 고리 속으로 들어 왔다. 이러한 인공합성 오염물질은 부패효소가 없어 그대로 축적될 가능성이 크다. 예를 들어 방사능 물질이나 석유화학 제품은 그 피해가 지속적이고, 장기적이며 치명적이다. 특히 방사능의 경우 한번 생성되고 나면, 그것을 처리하는 방법이나 폐기하는 방법조차 제대로 모를 뿐 아니라 잘못 다룰 경우 대형 참사와 함께 미래세대까지 그 피해가 지속되기 때문에 사회적 · 정치적으로 막대한 비용이 필요하다. 따라서 이러한 인공합성 오염물질의 경우 이것을 사용하기 전에 그 파장을 잘 검토해야 하며, 기술적인 측면 뿐 아니라, 정치 · 사회 · 문화적인 측면을 고려하여야 한다.

4. 불확실성

경제시스템의 유지 및 보전에 있어서의 환경의 역할에 관해 아직 과학적으로 확실하게 설명하지 못하고 있다. 어떤 경제도 자원 대체과정에서 완벽성을 기대할 수 없는 상황에 처해 있다. 즉 일정 정도의 천연자원의 기후조절 기능, 홍수범람 방지기능, 그리고 생화학적 순환 유지 기능 등은 인위적으로 대처하기 어려운 것들이다.

또한 기술만능주의자들의 주장과는 달리 새로운 기술이 반드시 덜 오염적이라고 볼 수 없으며, 영원히 기술진보가 계속되리라는 전제도 의심되는 지금 재활용자원, 특히 인공자원으로 천연자원을 대체하는 작업을 무한정 신뢰할 수만은 없는 상황이다.

5. 비가역성

자연 자원의 관리에서 한번 실수를 하게 되면 그 이후에는 그것을 시정할 수 없는 경우가 많다. 이처럼 환경에는 비가역성이 존재한다. 자연자원은 많을수록 회복탄력성이 좋지만 파괴될수록 복원력이 떨어진다. 개발도상국 같은 경우 외부충격에 대한 유연성의 폭이 좁다. 제3세계의 빈곤한 나라의 경우, 그 나라의 지속가능성은 순전히 자연자원의 유지에 의존한다. 유연성이 없을 경우 자원이 존재함에도 불구하고 지속가능하지 않게 된다.

현재 세대의 환경파괴는 비가역성이라는 속성으로 인해 미래 세대의 선택을 제약하게 된다. 상이한 세대간의 환경에 대한 동일한 접근가능성이 자원스톡을 유지하는 또 다른 근거이기도 하다. 그리고 이러한 과학적 불확실성과 더불어 완전한 자연상태로 재생할 수 없는 비가역성으로 인해 자연의 회복가능성은 더욱 낮아질 수 밖에 없고, 미래세대의 환경에 대한 접근기회를 봉쇄하여 세대간 환경이용의 불평등을 심화시킬 수 있다.

6. 원인의 다양성

환경문제는 경제 주체들의 모든 활동, 즉 생산과 소비의 과정에서 다양하게 발생한다. 생산과정에서 소음과 진동공해가 발생하고 여러 가지 종류의 폐기물이 대기와 수질을 오염시키고 있다. 또한 소비의 단계에서도 각종 쓰레기 및 수질오염물질을 배출시키고 있다. 따라서 환경문제는 경제활동의 일부가 아닌 경제활동의 모든 면으로부터 발생하므로 문제해결의 대상도 광범위하다.

7. 원인과 결과의 시차성

환경문제는 공간적으로 광범위하게 영향을 미치고 있을 뿐만 아니라 시간적으로도 그 문제의 발생시점부터 영향의 발견 때까지 상당한 시차가 존재한다. 이처럼 오염의 영향이 오랜 시차를 두고 나타나기 때문에 원인과 결과 사이에 존재하는 인과관계를 확인하는데 어려움이 따른다. 또한 피해가 발생하여 원인을 발견하고 치유하고자 하더라도 장기간의 시차를 필요로 하며 상당한 경제적 대가를 치러야 한다. 따라서 환경문제는 사후에 규제하여 원상회복시키기 보다는 문제가 악화되기 전에 규제하는 것이 바람직하다.

8. 환경문제의 상승작용

환경문제는 상호작용하는 여러 가지 요인들에 의하여 상승작용을 일으켜 문제를 더욱 악화시키기도 한다. 상승작용이 없으면 단순한 피해가 발생하지만 상승작용이 있으면 누적하여 피해가 발생한다. 따라서 환경문제는 서로 상승작용을 일으키는 요인들에 의하여 발생하므로 단편적이고 부분적인 방법이 아닌 전체적이고 종합적인 방법으로 문제를 해결할 수 있는 대책을 마련하여야 한다.

탐구학습

1. 주요개념

- 지구환경
- 지권
- 수권
- 기권
- 생물권

2. 토론과 과제

- 지구환경의 개념과 구성요소
- 지구환경변화의 특징과 내용
- 지구환경변화가 가져오는 환경문제

참고문헌

김경렬 외(2004), 지구시스템의 이해, 박학사.
김동주 외(1997), 지구환경과학개론, 시그마프레스.
김종달(2001), 환경과 사회, 경북대학교.
이성근(2008), 국토와 환경의 이해, 영남대학교출판부.
조석주 외(2009), 지구의 이해 제5판, (주)시그마프레스.
최덕근(2004), 지구의 이해, 서울대학교출판부.
御園生誠(2008), 溫暖化と 資源問題の 現實的 解法, 丸善杜式會社.
打川和男・內藤高志(2008), 溫暖化對策の 基本と 構造みが よ くわかる本, 秀和株式會社.

제3장

기후변화와 지구온난화

제1절 | 기후변화와 지구온난화의 의의

1. 기후변화의 의의

기후변화 기본협약[8] 제1조 2항에 의하면, 기후변화는 직접 또는 간접으로 인간 활동에 기인하여 지구 대기의 구성을 변화시키는 상당한 기간 동안 관측된 자연적인 기후가변성에 추가하여 일어나는 기후의 변화를 의미한다. 즉 기후변화는 자연적 원인과 인간에 의한 인위적 원인에 의해 기후시스템이 점차 변화하는 것이다. 산업혁명 이후 인류의 화석연료 사용 증가, 산림파괴 등으로 인하여 대기 중 온실가스 농도가 증가해 지구의 평균 기온이 상승하였다. 인위적인 온실가스 배출량은 1970년 대비 2004년 약 70% 증가하였으며, 특히 이산화탄소는 약 80% 증가하였다. 기후변화로 인하여 전 세계 평균 기온이 상승하고 열파 · 가뭄 · 홍수 등의 극한 기상현상이 증가하였으며, 바람 · 강수량의 유형

8 기후변화에 관한 국제연합기본협약(The United Nations Framework Convention on Climate Change : UNFCCC 혹은 FCCC)은 온실 기체에 의해 벌어지는 지구온난화를 줄이기 위한 국제협약이다.

(pattern) 교란 등 물리 · 생태계 전반의 심대한 변화가 발생하였다. 대표적 사례로는 2003년 유럽에서 폭염으로 약 3만5천명의 인명피해를 입었고, 2005년 허리케인 카트리나에 따른 미국의 재산 피해액이 11조원에 이른 경우를 들 수 있다.

2. 지구온난화의 의의

우리가 살고 있는 지구의 기후시스템은 대기권, 수권, 생물권, 지권 등으로 구성되어 있고, 각 권역의 내부 혹은 권역간 복잡한 물리과정이 서로 얽혀 현재의 기후를 유지한다. 기후시스템을 움직이는 에너지의 대부분(99.98%)은 태양에서 공급되며, 기후시스템 속에서 여러 형태의 에너지로 변하고 최종적으로 지구 장파복사 형태로 우주로 방출되게 된다. 지구 대기의 1%를 구성하는 이산화탄소와 같은 온실가스는 태양으로부터 지구에 들어오는 짧은 파장의 태양 복사에너지를 통과시키는 반면, 지구로부터 나가려는 긴 파장의 복사에너지는 흡수하므로 지표면을 보온하는 역할을 하여 지구 대기의 온도를 상승시키는 작용을 하는데 이것이 바로 온실효과이다.

주요 온실가스 종류로는 교토의정서의 규정에 따른 이산화탄소(CO_2), 메탄(CH_4), 아산화질소(N_2O), 과불화탄소(PFCs), 수소불화탄소(HFCs), 육불화황(SF_6) 등이 있다. 기후시스템에서 온실효과는 필요하지만 지난 산업혁명 이후 지속적으로 다량의 온실가스가 대기로 배출됨에 따라 지구 대기 중 온실가스 농도가 증가하여 지구의 지표온도가 과도하게 증가되어 지구온난화라는 현상을 초래하게 되었다. 즉 지구온난화는 인간의 활동으로 인해 대기 중으로 배출되는 CO_2, CH_4 등 온실가스 농도가 높아지면서 발생하며 온실가스 농도가 높아짐에 따라 지구 복사열의 흡수가 과다하게 일어나 지구의 에너지 균형이 깨지면서 지구의 온도가 높아지는 현상을 말한다(환경부, 2008).

표 1.3.1 온실가스의 종류와 특성

온실가스	국내총배출량(%)	지구온난화지수	Life time(Years)	온난화기여도(%)
이산화탄소(CO_2)	87.7	1	20~200	55
메탄(CH_4)	4.3	23	20~100	15
아산화질소(N_2O)	3.5	296	120~150	6
수소불화탄소(HFCs)	1.2	97~12,000	250	24
과불화탄소(PFCs)	0.5	5,700~11,900	-	-
육불화황(SF_6)	2.7	22,200	-	-

자료 : 환경부(2009), 환경분야 녹색성장 실천계획, p. 47.

3. 기후변화와 지구온난화의 관계

이산화탄소, 메탄 등의 온실가스가 지구에 들어오는 짧은 파장의 태양에너지를 통과시키고, 지구로부터 나가려는 긴 파장의 적외복사에너지는 흡수하여 지구를 덥히는 담요역할을 하는 것을 온실효과라 한다. 그런데 지표로부터 방사되는 적외선을 흡수하는 기체는 수증기, 탄산가스, 메탄, 오존, 이산화질소 등이 있으며, 기체가 증가할 경우 당연히 우주로 빠져 나갈 열이 대기에 남아 온도를 상승시킨다. 바로 이러한 현상이 지구온난화와 직접 관계된다.

기후변화는 인간의 활동에 의한 인위적인 온실효과 증대에 따른 지구온난화와 화산폭발로 인한 성층권 에어로졸의 증가 및 다양한 자연적인 원인에 의한 효과를 포함하여 전체 자연의 평균 기후변동을 의미한다.

제2절 | 기후변화의 원인과 영향

1. 기후변화의 원인

1) 자연적 원인

(1) 내적 원인

기후변화는 기후시스템의 주요 구성요소인 기권, 수권, 지권, 생물권 등 각 요소들이 각기 상호 작용하여 끊임없이 변화하기 때문이다. 즉 기후시스템 요소의 변화와 요소간의 상호 작용에 의해서 발생한다.

(2) 외적 원인

기후변화는 내적 원인 외에도 자연적인 기후변화인 외적 원인에 의한 기후변화가 있다. 대표적인 예로는 화산폭발에 의한 성층권의 에어로졸 증가, 태양 활동의 변화, 태양과 지구의 천문학적인 상대위치 변화 등이 있다. 대기 상층에서 태양복사와 지구복사를 합한 순 복사량의 근사값은 기후시스템에 큰 영향을 주고, 화산폭발 때 분출되는 화산재나 미세먼지 등은 오랫동안 대기 중에 떠 있으면서 태양복사를 차단하게 되어 기온이 낮아지게 된다(환경부, 2008).

2) 인위적 원인

(1) 강화된 온실효과

대기 중 온실가스(greenhouse gas: GHG)의 농도가 산업화 이후 현저하게 증가되었는데 특히 화석연료(석탄, 석유, 가스 등의 에너지원)의 사용에 따라 대기 중에 많이 방출되었다. 그 외 질소비료 사용, 폐기물 소각, 냉매, 세척제 및 스프레이 사용도 온실가스 증가의 원인이다.

(2) 에어로졸의 효과

인간의 활동으로 인한 산업화가 대기 중 에어로졸의 양을 변화시킨다. 인간의 활동에 의해 만들어진 에어로졸은 며칠 동안만 대기 중에 남아있기 때문에 산업지역과 같은 발원지역 부근에 집중되는 경향이 있어 에어로졸에 의한 복사 강제력은 지역적으로 차이가 크게 나타난다.

(3) 토지 피복의 변화

과잉 토지 이용이나 장작과 숯 채취 등에 의해 토지 이용도가 변화되었다. 예를 들면 도시화, 산업화로 인한 고층 건축물의 증가 등 토지 피복의 변화로 인해 지표 반사도가 변화되어 기온 변화에 영향을 주고 있다.

(4) 산림파괴

산림은 종의 서식과 생물다양성의 보존은 물론 기후와 물의 순환, 영양분의 순환에 의해서 인류 생명 유지 시스템의 일부로서 역할을 하는데 도로의 건설, 벌목과 농업의 확장은 산림파괴의 주요 원인이 되고 있다. 대규모의 산림 제거는 물 순환에 심각한 영향을 미치는데 연속적으로 강수량에 영향을 미쳐서 산림의 성장이나 농업에 부정적인 영향을 준다. 대규모의 산림 제거는 온실가스 흡수원을 감소시키며 불이나 분해에 의해서 대기 중으로 이산화탄소를 배출시키고 온실효과에 영향을 미쳐서 지구온난화를 더욱 강화시키는 역할을 한다(환경부, 2008).

2. 기후변화의 영향

기후변화는 지구환경의 위기로써 인류의 생존에 위협적인 요소가 되고 있다. 기후변화는 전 세계적으로 다양한 영향을 미치고 있는데, 다음에서는 지역별, 분야별로 나타나는 영향에 대하여 살펴보기로 한다(김임순, 2009).

1) 지역별 영향

(1) 아시아 · 태평양

해안 지역과 인구 밀도가 높은 도시에는 바닷물의 범람과 강물 범람이 증가하여 다양한 형태의 위협이 증가할 것으로 예측되고 있다. 또한 큰 강 부근에서는 사용가능한 담수가 감소할 것으로 예측된다. 홍수 및 가뭄과 관련한 질병에 의하여 사망률과 사망자 수도 증가할 것으로 예측되고 있다. 호주와 뉴질랜드 등 태평양 연안국가는 2020년경에는 생물다양성이 감소될 것으로 예측되고 있으며, 2030년경에는 물 확보 문제가 악화되고 농업 및 산림 생산량이 가뭄과 화재로 인해 감소될 것으로 예상된다.

(2) 유럽

유럽은 기후변화로 인해 내륙 돌발 홍수 위험 증가, 해안 홍수 빈도 증가, 침식 증가 등이 예측되고 있다. 산악지역은 빙하 퇴각, 적설량 및 겨울 관광객 감소, 광범위한 생물종 소실이 나타날 것이며, 남부 유럽에서는 이미 고온과 가뭄이 나타나고 있다. 물 문제, 여름 관광객 감소, 전반적인 작물 생산량의 감소도 예측되고 있으며, 열파로 인한 건강 위험과 산불빈도 증가도 예측되고 있다.

(3) 아메리카

북아메리카는 기후변화의 초기에 천수답 농사의 총 생산량을 5~20% 증가시킬 것이나 지역에 따라 차이가 크게 나타날 것으로 예측되고 있다. 서부 산악 지역의 온난화는 눈으로 덮인 들판 감소, 겨울철 홍수 증가, 여름철 강우 감소를 유발하여 수자원 경쟁을 악화시킬 것으로 예측된다. 열파를 겪고 있는 도시들은 발생 횟수, 강도, 지속기간이 더욱 증가될 것이고, 그로 인해 건강의 문제도 발생할 수 있으며, 해안 도시와 거주지는 기후변화의 영향이 점점 더 심해질 것으로 예측되고 있다.

라틴아메리카는 강수 패턴의 변화와 빙하 소실로 수자원에 부정적인 영향을 줄 것으로 예측되고 있다. 온도 상승과 토양 수분의 감소로 인해 아마존 동부 지역에서 열대 우림이 초원화 되고, 반건조 식생은 건조 식생으로 대체되는 경향이 예상된다. 많은 지역에서 종의 멸종에 따른 생물 다양성이 감소하고, 일부 중요 작물의 생산량과 가축 생산성이 감소하면서 식량 확보에 문제가 발생할 것으로 예측되고 있다.

(4) 아프리카

2020년까지 일부 국가에서 천수답 농사의 수확량이 최대 50% 감소하여 농산물 생산량이 심각하게 감소하며, 기후변화로 인한 물 부족도 예측되고 있다. 2080년까지 아프리카의 건조 및 반건조 지대가 5~8% 증가할 것으로 예측되며, 해수면 상승은 인구가 많은 해안가 저지대에 영향을 줄 것으로 예측되고 있다.

(5) 극지방

북극 및 남극 지역에서는 생물종 침입을 막을 기후 장벽이 저위도로 하강하여 생태계와 서식지가 취약해질 것으로 예상된다. 예측되는 주요 생물학적 결과는 철새, 포유류, 고등 포식자를 비롯해 많은 생물체에 대한 영향이 나타나고, 빙하의 두께 및 범위가 감소되며 자연생태계의 변화가 일어난다는 것이다. 북극 지방 공동체는 눈과 얼음 상태의 변화로 인해 기반시설 및 자생적 생활방식에 대한 영향이 클 것으로 예상되고 있다.

2) 분야별 영향

(1) 농업

물 공급 등은 농업 생산량을 결정하는 중요한 요소이므로 기후변화는 식량 공급에 큰 영향을 끼칠 것으로 예상된다. 물은 매우 가치 있는 자원으로 생활용수와 농업용수, 산업용수 등으로 사용된다. 물이 풍부한 곳에서는 비옥한 토지가 형성되고 농업생산량도 증가한다. 그러나 기후변화로 인한 가뭄이 지속되면 농업생산량의 감소와 함께 사막화가 진행되기도 한다.

관개농업으로 물을 공급할 수 있게 되면 환금작물의 재배가 가능하다. 건조 지역에 농업용수를 살포하면 초기에는 생산량이 증가하지만, 장기화되면 증발량이 높아 토지의 비옥도가 저하되고 생산량이 감소하게 된다. 토양에 염분이 축적되어 식물성장이 억제되고 토양의 생산성이 저하되는 것이다. 토양의 염분도 증가와 함께 호수의 유량감소, 수중생태계 파괴 등도 가시화 된다.

도시가 성장하면서 농업을 하려는 농부와, 생활용수를 사용하려는 도시거주자간의 갈등도 나타나게 된다. 증가하는 물 수요는 물 부족을 발생시킨다. 또한 기후변화로 인한 가뭄으로 대규모 화재가 발생하기도 하고, 거센 바람은 엄청난 피해를 야기하게 한다. 그리고 농산물의 재배지 변화도 나타나게 된다. 한국의 경우는 기온상승으로 인하여 가을보리 재배 한계선이 북상하고 있으며, 겉보리는 재배 한계지가 확대되고 있다. 사과와 배는 만개기가 빨라지고 만개 소요일수가 짧아지며, 품질 저하가 예상되고 있다. 온도상승에 따른 품질변화는 한반도의 사과 재배 적지에도 변화를 가져와 현재 재배 면적 27,000ha는 온도가 3℃ 상승하면 15,000ha로 축소될 것으로 예상된다. 또한 제주도에서만 재배되던 한라봉이 전남 고흥, 경남 거제 등지에서 재배할 수 있게 되고, 감귤 재배지는 해발 200m 이하 해안과 평지에서 해발 250~350m의 산지로 변화하고 있다.

IPPC[9] 제4차 평가보고서(2007년)에 의하면, 중위도와 고위도에서 지역 평균기온 상승이 최대 1~3℃인 지역은 작물에 따라 수확고가 약간 증가할 것이나, 그 이상 상승하는 지역에서는 작물수확이 감소할 것으로 전망되고 있다. 또한 건조한 열대 지역에서는 기온이 1~2℃ 상승하더라도 작물 생산량이 감소할 것으로 전망되고 있다.

(2) 어업

수온 변화는 어종의 변화와 함께 개체수의 변화로 나타나게 된다. UN 농업식량기구(FAO)는 기후변화에 의한 해수변화로 어류에 영향이 클 것으로 예측

9 IPCC(Intergovernmental Panel on Climate Change)는 기후변화와 관련된 전 지구적 위험을 평가하고 국제적 대책을 마련하기 위해 세계기상기구(WMO)와 유엔환경계획(UNEP)이 공동으로 설립한 유엔 산하 국제 협의체이다.

하고 있다. 특히 산란을 위해 바다에서 강으로 회귀하는 연어의 피해가 클 것으로 전망하고 있다. 우리나라 국립수산과학원 조사 결과에 따르면, 서해안의 대표적 난류성 어종인 살오징어, 멸치, 병어류, 고등어가 전체 어획량의 56.6%를 차지할 정도로 난류성 어종의 어획 비율이 높아지고 일부 어종이 북쪽으로 분포되는 것으로 나타나고 있다. 해수온도의 상승에 따라 어류의 질병발생, 미생물과 기생충 번식의 확대로 집단적 폐사 가능성도 잠재되어 있다.

기후변화로 인한 강수량의 변화는 민물어종에도 영향을 미친다. 강수량의 감소는 수질오염을 가속화하며, 오염에 의한 어종과 생태계의 변화는 상위포식자인 조류에게도 영향을 준다. 물고기를 잡아먹는 새 등의 상위포식자 지방조직 내에는 유해물질이 농축되고, 이는 사람들에게 먹이사슬을 통하여 이동된다. 결국 어류 뿐만 아니라 생태계 전체에 부정적인 영향이 나타나게 되는 것이다.

(3) 수자원

수자원은 토양, 하천, 지하수, 해양의 경로로 순환하기 때문에 재사용이 가능한 자원이다. 수자원의 97%는 바다에 있으며 지구표면의 71%를 차지하는데, 수자원의 주요 공급원은 강우다. 우리나라의 경우 1년에 평균(1974~2003년도) 약 1,245㎜의 비가 내려서 세계 평균 880㎜의 1.4배가 되지만 1인당 강수총량은 약 2,591㎥로 세계의 1인당 강수총량 19,635㎥의 13% 밖에 되지 않는다. 비가 내리면 약 반 정도는 증발과 증산에 의해 대기로 들어가고, 나머지는 하천으로 흘러 바다로 유입된다. 땅속에 스며든 물은 토양 상층부와 암석층의 토양 입자 사이에 있는 빈 공간을 채운다.

수자원의 용도는 가정용수, 농업용수, 공업용수, 하천수 등이다. 기후변화가 진행되면 기온, 강수 등의 변화가 수문시스템에 영향을 미쳐 수자원의 변동을 초래한다. 강수량과 강수 발생 빈도가 감소하면, 증발산량이 증가하고 지하수 이용량이 증가하여 지하수량과 하천유출량이 감소하고 수질오염이 증가할 것이다.

강우량은 동남아시아를 포함하여 고위도와 일부 아열대 지역에서 증가할 전망이, 중위도의 일부 건조지역과 건조한 열대 지역에서는 강수량 감소가 나타날 것으로 전망되고 있다. 비가 많은 곳은 폭우의 형태로 장마 등을 발생시키고 비가 적은 곳은 건조와 화재, 사막화 등으로 수자원의 고갈이 나타나게 된다.

수질과 생태계 측면에서는 기온상승으로 식물과 토양의 증발산을 증가시켜 갈수기의 하천유량을 더욱 감소시킬 수 있으며, 하천 수위의 저하와 수온의 상승은 수질을 악화시킬 수 있다. 또한 수위가 낮고 온도가 높을수록 박테리아와 부영양화 및 금속오염 수준이 증가하여 수중 동식물의 생존에 위협을 주게 된다.

제3절 | 지구온난화의 원인과 영향

1. 지구온난화의 추이

지표면 온도는 1986년 전후로 상승하기 시작했으며, 지난 백년(1906~2005년)동안 약 0.74(0.56~0.92)℃ 정도 상승하였다. 이는 과거 1만년 동안 1℃ 상승한 것과 비교할 때 매우 높은 증가 추세이다. 또한 극지의 온도는 최근 100년간의 지구 평균 온도 상승의 거의 두 배 가까이 상승하였다. 1978년 이후의 위성자료에 의하면, 극지의 연간 해양빙(sea ice) 범위는 10년간 2.7%(2.1~3.3%) 감

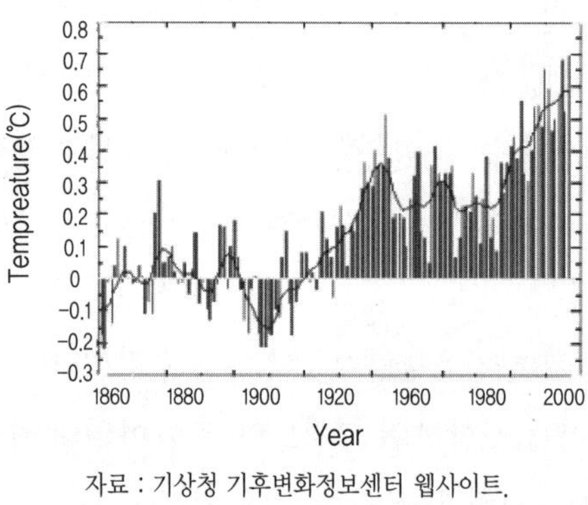

자료 : 기상청 기후변화정보센터 웹사이트.

[그림 1.3.1] 지구 평균기온의 변화

소하고 있으며, 특히 여름에 7.4%(5.0~9.8%) 감소하는 것으로 드러났다(환경부, 2008).

2. 지구온난화의 원인

지구온난화의 가장 큰 원인으로 지목되는 것은 인간의 활동이다. 산업혁명 이후 인간은 화석연료를 대량으로 태워 에너지를 얻는 생활을 계속해 오고 있다. 화석연료를 태우면 이산화탄소가 발생하는데, 인간 활동에 의한 이산화탄소의 배출량이 증가하여 대기 중의 이산화탄소 농도가 계속해서 높아진다. IPCC 제4차 평가보고서에서는 1750년 이래의 인간 활동이 온난화를 야기하였다고 보고하고 있다. 빙상 코아에 포함된 CO_2의 양을 조사한 결과, 산업혁명 이전인 1750년의 CO_2 농도는 안정된 상태로서 280ppm 정도였던 것으로 추측되어지고 있다. 그런데 2005년 CO_2 농도는 379ppm으로 산업혁명 전의 농도를 훨씬 넘고 있다.

세계 평균기온의 변화는 지역별로 보면 북미, 유럽, 아시아의 북반구측에서는 1950년 이후 현저한 상승경향을 나타내고 있다. 더구나 육지지역 전체에서의 평균 기온, 해양 전체에서의 평균 기온도 1950년 이후 상승경향을 나타내고 있다. 온실효과 가스배출량은 산업혁명 이래 증가하고 있어, 1970년부터 2004년까지는 287억 톤에서 490억 톤으로 약 70% 증가했다. 이것은 교토의정서의 기준년인 1990년과 비교하면 24% 증가한 수치이다. 그중 CO_2 배출량은 1970년보다 약 80% 증가하였다. 2004년 이산화탄소 배출량은 전체 온실효과 가스배출량의 77%를 차지하고 있다.

IPCC 제4차 평가보고서에 의하면, 화석연료에 의한 이산화탄소의 인위적 배출량은 72억 탄소톤이고 이산화탄소의 자연흡수량은 31억 탄소톤인 것으로 보고되고 있다. 즉 2050년까지 세계 전체의 이산화탄소의 인위적 배출량을 50% 삭감해도 자연흡수량이 따라가지 못할 가능성이 있음을 시사했다(打川和男・內藤高志, 2008).

3. 지구온난화의 영향

1) 해면상승

기온의 상승과 함께 해수온이 상승하면 열에 의해 해수의 체적이 팽창하게 된다. 이것을 열팽창이라고 한다. 그리고 기온의 상승에 의해 지구상에 존재하는 그린란드의 빙상과 남극대륙의 빙상이 녹아버리는 등의 현상이 발생한다. 이러한 현상에 의해 해면수위가 상승한다. IPCC 제4차 평가보고서에 따르면, 세계 평균 해면수위는 1961년부터 2003년까지는 연평균 1.8㎜의 속도로 상승하고 있는데 비해, 1993년부터 2003년에 대해서는 연간 3.1㎜의 속도로 상승하고 있다. 1993년 2003년에 걸친 열팽창이 해면 수위상승의 가장 큰 요인으로 지목되고 있다.

2) 얼음, 영구동토의 융해

IPCC 제4차 평가보고서에 따르면, 그린란드와 남극의 빙상의 감소가 1993년에서 2003년에 걸쳐 해면 수위상승에 기여하고 있을 가능성이 상당히 높다고 보고하고 있다. 그 원인은 그린란드 중앙부의 얼음두께의 증가보다 해안부근의 융해의 증가가 더 빠르다는데 있다. 또한 시베리아에서는 영구동토의 융해가 급격히 진행되고 있다. 영구동토는 2년 이상 0℃ 이하로 보존되는 지면을 말하는 것으로 지구의 육상의 약 20% 정도를 차지하고 있다. 시베리아는 영구동토가 광범위하게 분포하고 있으나, 기후에 따라 변화하는 것이 특징이다. 영구동토대 중에는 매년 여름 동안 표층이 녹아 시베리아에서는 1m에서 3m 정도의 깊이로 융해되고 있는 층을 활동층이라고 한다. 해양연구개발기구의 연구에 따르면, 2005년부터 2007년에 걸쳐 동시베리아의 지중온도가 관측사상 최고를 기록하고 있고 활동층이 급격히 두꺼워지고 있는 것이 관측되었다.

3) 기상이변

세계 각지에 열파와 한파 등 이상기상이 빈번히 발생하고 있다. 유럽에서는 2003년 여름(6~8월)에 각지에서 맹서가 있었다. 평균 기온으로서는 과거 최고였던 1757년 기록을 약 250년 만에 갈아치웠다. 특히 프랑스에서는 예년의 기온보다 10℃ 이상 상승하였고, 파리의 최고 기온이 40℃를 넘기도 해 약 15,000명의 목숨을 빼앗아 가는 결과를 낳았다. 2000년 이후 아프리카는 한발(旱魃)의 영향으로 인한 심각한 식량부족으로 국제사회로부터 지원을 받아야만 하는 긴급사태가 발생하고 있다.

또한 세계 각지에서 태풍, 허리케인, 사이클론(지구상의 3대 태풍)과 집중호우에 의한 재해가 빈번히 발생하고 있다. 미국에서는 2005년 8월에 상륙한 허리케인(카트리나)에 의해 남부 5주에서 적어도 1,300명이 사망했고, 일본에서는 호우재해가 매년 발생하고 있다. 온난화는 지구상의 물 순환 시스템에도 영향을 미치고 있다. 빙하와 눈이 녹아 발생한 물은 하천의 유량을 증가하게 하고 봄의 유량 최고조 시기를 앞당겨 물 부족과 홍수를 증가시키고 있다.

4) 산림감소와 사막화, 농업생산량 감소

세계 산림은 2000년~2005년 동안 식수(植樹) 등에 의한 증가분은 빼고도 일본 전 국토 면적의 20%에 상당하는 730만ha가 감소하였다. 산림감소에 따른 온실효과가스의 배출량은 세계 전체 배출량의 17.3%를 차지하고 있다. 산림감소방지는 지구온난화대책으로 매우 중요하며 세계 각국의 협조가 반드시 필요하다.

또한 아프리카, 아시아, 호주, 남미 등에서는 사막화가 급격히 진행되고 있다. 사막화의 원인은 산림채벌, 지나친 방목, 지나친 경작 등과 지구온난화에 의한 한발(가뭄)의 증가에 있는 것으로 추측된다. 지구온난화는 세계의 농업에도 영향을 미치는데 농지면적감소, 생산량의 변동 등에 대한 우려를 낳고 지역의 평균 기온이 3℃ 이상 넘게 되면 잠재적 식량생산량의 감소가 예측된다.

5) 생태계와 인간 건강의 영향

IPCC 제4차 평가보고서에서는, 세계 평균 기온이 산업혁명 전보다 1.5~2.5℃ 이상 높게 되면 조사대상이 된 동식물종의 약 20~30%가 멸절될 위험이 증가할 가능성이 높은 것으로 예측하였다. 온난화의 영향으로 생기는 홍수, 산림화재, 해양산성화와 토지이용의 변화 등 여러 가지 요인이 복합되면 생태계의 적응능력을 넘게 되어 생식적지의 변화를 따라올 수 없을 가능성이 높은 것으로 보고되고 있다.

지구온난화는 인간의 건강에도 여러 가지 영향을 미치는 것으로 예측되고 있다. 열파, 홍수, 한발에 의한 병의 발생률과 사망률이 증가하고, 감염증을 매개하는 생물의 분포가 변화하며 말라리아, 뎅기열 등의 감염이 증가하게 된다(打川和男 · 內藤高志, 2008).

탐구학습

1. 주요개념

- 기후변화
- 온실가스
- 온실효과
- 지구온난화

2. 토론과 과제

- 지구온난화의 개념과 원인
- 기후변화의 개념과 주요원인
- 지구온난화와 기후변화의 관계
- 지구온난화가 지구환경에 미치는 영향

참고문헌

김임순(2009), 저탄소 녹색성장, (주)도서출판 북스힐.
환경부(2008), 기후변화의 이해.
환경부(2009), 환경분야 녹색성장 실천계획.
환경부 · 환경관리공단(2008), 기후변화 2007(IPCC 제4차 평가보고서).
御園生 誠(2008), 溫暖化と 資源問題の 現實的 解法, 丸善柱式會社.
打川 和男 · 內藤 高志(2008), 溫暖化對策の 基本と 構造みが よ くわかる本, 秀和株式會社.
http://unfccc.int/2860.php(유엔 기후변화협약)
http://www.climate.go.kr(기상청 기후변화정보센터)
http://www.gihoo.or.kr(기후변화홍보포털)

제2편

지구온난화와 국제사회의 협력과 대응

제1장 | 지구온난화와 국제협약
제2장 | 지구온난화와 주요국가의 대응
제3장 | 지구온난화와 한국의 대응

전지구적으로 진행되고 있는 지구온난화에 대한 영향을 최소화하고, 지구온난화를 지연시키기 위한 국제사회의 협력과 대응에 대한 실태와 향후 과제를 살펴보기로 한다.
이를 위하여 지구 온난화와 국제협약, 지구온난화에 대한 주요국가들의 움직임, 그리고 우리나라의 대응방안 및 전략을 중심으로 살펴본다.

제1장
지구온난화와 국제협약

제1절 | 지구온난화와 국제협약의 의의

1. 지구온난화와 국제협약의 대두배경

지구온난화는 금세기 최고의 국제적인 환경이슈이다. 지구온난화는 온실효과에 의한 현상으로 온실가스는 산업혁명 이후 석탄, 석유의 사용 증가와 농업과 목축산업에서 배출된 메탄, 그리고 과학문명의 산물인 냉장고, 에어컨 등에 사용되는 프레온 같은 합성물질이 대량으로 사용되면서 급격히 증가하였다. 그런데 지구온난화는 지역적인 부분에서 해결가능한 문제가 아니라 국제적인 환경문제로서 그 영향범위가 시간적 · 공간적으로 확대되었다.

온난화에 따른 지구환경문제는 인류의 생존기반을 위협하는 심각한 과제로 이를 해결하기 위해 세계 각국의 협력과 공동 대응이 필요함을 인식하게 된 것은 비교적 최근의 일이다. 세계 각국은 지구온난화에 따른 지구환경문제를 공동으로 대처하기 위한 국제적인 논의를 시작하였으며 구속력 있는 국제협약을 체결하기에 이르렀다.

2. 국제협약의 개념

국제협약이란 조약(條約)의 한 종류로서 협약(convention), 협정(agreement), 약정(arrangement), 양해각서(memorandum of understanding) 및 의정서(protocol) 등 그 명칭에 관계없이 국가와 국가 사이 또는 국가와 국제기구 사이의 문서에 의한 합의[1]를 말한다. 다양한 용어의 사용은 국제관행상 차이로서 그 내용상 국가간 합의를 구성하는 어떠한 문서도 조약으로서 동등한 효력을 가진다. 조약은 국내법과 같은 효력을 가지므로(헌법 제6조1항), 그것이 국내행정에 관한 사항을 포함하고 있을 때에는 그 범위에서 행정법의 법원이 된다(김남진, 1995). 기후변화 및 지구온난화와 관계있는 대표적 국제협약으로는 기후변화협약, 교토의정서 등이 있다.

3. 국제협약의 중요성

지구환경문제는 한 국가차원에서 해결이 불가능하다는 인식에 따라 국제기구의 필요성이 점점 증대되고 국제협력이 더욱 절실히 요구된다. 그러나 각국은 자국의 이익을 우선적으로 생각하기 때문에 상이한 이해관계로 인하여 실질적인 해결책의 모색이 어렵다. 온실가스 배출에 대한 책임소재가 주요 선진국에 있다는 점에서는 의견일치를 보고 있으나, 감축목표와 감축일정 설정에서 합의도출은 쉽게 이루어지지 않고 있다. 남북(南北)간에 의견차이가 나타나고 있는데 선진국의 경우 기후변화를 환경문제로 취급하고자 하는 반면, 개도국은 기후변화를 개발문제로 다루고자 하는 입장 차이가 있다. 또한 선진국은 개발도상국, 특히 중국, 인도 등의 산업화에 따른 온실가스배출량 규제를 요구하고

1 협약은 국제기구 주관 하에 개최된 국제회의에서 체결되는 조약에 흔히 사용되며, 의정서는 기본문서에 대한 개정이나 보충적 전문적 성격을 띠는 조약에 일반적으로 사용된다(외무부(1995), 조약업무처리지침, pp. 1~3).

있으나, 개발도상국은 온실가스는 산업화의 부산물이므로 배출증가는 선진국의 1인당 배출수준까지 허용되어야 하며 개발도상국의 배출감축 조치 이행에 따른 재정지원을 요구하고 있는 실정이다(이진행, 2002).

그러나 국제협력의 실효성을 확보하기 위해서는 협정을 강제할 수 있는 조치의 마련이 필요하며, 무엇보다 중요한 것은 자발적인 온실가스감축을 위한 참여가 중요하다. 지구온난화 등 지구환경문제라는 지구 공통의 관심과 해결은 지구의 번영과 인류의 안녕을 가져올 것이라는 강한 동기가 있는 한 국제협약은 중요한 지구문제의 해결사로서 성과를 달성하게 될 것이다.

제2절 | 국제협약의 주요내용

1. 개설

1939년 영국의 과학자는 지구온난화가 대기 중의 CO_2 농도증가로 발생되었다고 주장하였으나, 당시 학계는 해양이 CO_2를 흡수할 수 있다는 생각 때문에 반응은 회의적이었다. 그러나 1950년 미국의 해양연구소 뤼벨(Revelle) 등이 빙하가 빠른 속도로 CO_2를 흡수할 수 없다는 연구결과를 발표하였고, 컬링(Kelling)은 대기 중 CO_2 농도변화를 체계적으로 관측하고, 인류활동과 인구증가가 지구대기시스템 변화에 상당한 영향을 주고 있다고 발표하였다. 그 이후 1972년 스위스에서 세계기상기구(WMO)주관으로 개최된 제1차 세계기상기구회의부터 온실가스에 대한 국제적인 논의가 시작되었다.

1988년 WMO와 유엔환경계획(UNEP)이 공동으로 IPCC를 설립하고 체계적인 연구를 실시하여 1990년 1차 보고서를 발간하였는데 지구온난화가 CO_2 등의 온실가스에 의해 발생된다고 보고하였다. 1990년 UN총회에서 3차례의 정부간 협상위원회(INC)를 개최한 결과 기후변화협약 초안을 마련하였다.

1992년 리우 세계환경정상회의에서 선진국과 개발도상국간 차별화된 온실가스 감축 부담의무를 원칙으로 하는 기후변화협약을 채택하였다(한국방송신문연합회, 2009). 기본협약인 기후변화협약에서 기후변화 대응을 위한 큰 틀의 합의는 이루었으나 부속서 I 국가[2]의 감축수준, 이행 연도 등 구체적인 의무 규정은 후속 합의문에서 정하기로 했다. 이를 위해 1995년 1차 베를린 당사국총회(Conference of Parties: COP)에서는 온실가스감축 논의를 위한 특별 그룹(Ad hoc Group on Berlin Mandate: AGBM)을 구성했으며 2000년 이후의 온실가스 감축방안을 1997년까지 마련하기로 결정했다. AGBM은 1995년 이래 1997년까지 모두 8차례 회의를 통해 의정서 초안을 마련했다(김형국, 2011).

1997년에는 제3차 기후변화 당사국 총회에서 2008년~2012년까지 구속력 있는 온실가스 감축을 명문화한 교토의정서가 채택되었다. 2007년에는 다보스 포럼에 참가한 전 세계 주요기업 CEO의 38%가 기후변화 방지를 최우선 의제로 선택하였고, 반기문 유엔 사무총장 취임 후에는 기후변화문제가 유엔의 최우선 아젠다로 추진되고 있다. 구체적으로 살펴보면 UN 최초로 안보리에서 기후변화에 대한 논의를 하였으며, 80개국 정상이 참석한 기후변화 정상급 회의가 개최되었다. 반기문 총장은 발리 당사국 총회에 참석하여 발리로드맵 채택에 결정적 기여를 하였다.

그리고 한국의 이명박 대통령은 2008년 광복절에 새로운 60년 국가비전으로 '저탄소 녹색성장(Low Carbon, Green Growth)'을 제시하였다. 또한 2008년 G8 확대정상회의에서는 국제사회의 기후변화대응 노력에 적극적인 동참의지를 천명하였다. 2009년 덴마크 코펜하겐에서는 새로운 온실가스 감축 협약을 위한 당사국총회가 개최되기에 이르렀다. 당사국총회의 주요내용은 표 2.1.1과 같다.

2 부속서 I (Annex I)국가는 기후변화협약에 서명한 선진국(동구권 국가 포함)을 말한다.

표 2.1.1 기후변화협약 당사국 총회 주요내용

회수	날짜	장소	주요내용
1차	1995.3	– 독일 베를린	· 2000년 이후의 온실가스 감축을 위한 협상그룹(AGBM)을 설치하고 논의결과를 제3차 당사국 총회에 보고하도록 하는 베를린 위임(Berlin Mandate) 사항 결정
2차	1996.7	– 스위스 제네바	· 미국과 EU는 감축목표에 대해 법적 구속력을 부여하기로 합의 · 기후변화에 관한 정부간협의체(IPCC)의 2차 평가보고서 중 "인간의 활동이 지구의 기후에 명백한 영향을 미치고 있다"는 주장을 과학적 사실로 공식 인정
3차	1997.12	– 일본 교토	· 부속서 I 국가들의 온실가스 배출량 감축 의무화 교토메커니즘(공동이행, 청정개발체제, 배출권거래제) 등 시장원리에 입각한 새로운 온실가스 감축 수단의 도입 등을 주요내용으로 하는 교토의정서(Kyoto Protocol)채택
4차	1998.11	– 아르헨티나 부에노스아이레스	· 교토의정서의 세부이행절차 마련을 위한 행동계획 (Buenos Aires Plan of Action)을 수립하였으며 아르헨티나와 카자흐스탄이 비부속서 국가로는 처음으로 온실가스 감축 의무부담 의사표명
5차	1999.11	– 독일 본	· 아르헨티나가 자국의 자발적인 감축목표를 발표함에 따라 개발도상국의 온실가스 감축 의무부담 문제가 부각됨. 아르헨티나는 자국의 온실가스 감축 의무부담 방안으로 경제성장에 연동된 온실가스 배출목표 제시 · 우리나라는 개도국의 경제성장을 보장하는 새로운 참여방식의 필요성을 지적하고 자발적이며 비구속적이라는 전제하에 참여할 수 있다는 의사 표명
6차	2000.11	– 네덜란드 헤이그	· 2002년에 교토의정서를 발효하기 위하여 교토의정서의 상세운영규정을 확정할 예정이었으나 미국, 일본, 호주 등 Umbrella그룹과 유럽연합(EU)간의 입장차이로 협상 결렬 * Umbrella그룹 : EU를 제외한 선진국들의 모임으로 흡수원의 확대인정, 교토메커니즘의 적용확대를 주장
7차	2001.7	– 독일 본	· 속개회의로 교토메커니즘, 흡수원 등에서 EU와 개발도상국의 양보로 캐나다, 일본이 참여하면서 협상이 극적으로 타결되어 미국을 배제하고 교토의정서 체제에 대한 합의이룸 · 후속으로 2001.11 모로코 마리케쉬에서 청정개발체제 등 교토메커니즘 관련 사업을 추진하기 위한 기반을 마련
8차	2002.10	– 인도 뉴델리	· 개도국에 대한 부정적인 영향의 최소화 및 기술이전 등을 위한 선진국의 노력(교육, 홍보)을 촉구하는 등 뉴델리 각료선언(The Delhi Ministerial Declaration) 채택
9차	2003.12	– 이탈리아 밀라노	· 기술이전 등 기후변화협약의 이행과 조림 및 재조림의 CDM 포함을 위한 정의 및 방식문제 등 교토의정서의 발효를 전제로한 이행체제 보완에 대한 논의가 진행

회수	날짜	장소	주요내용
9차	2003.12	– 이탈리아 밀라노	· 또한 기술이전전문가 그룹회의의 활동과 개도국의 적응 및 기술이전 등에 지원될 기후변화 특별기금(Special Climate Change Fund) 및 최빈국(Least Developed Countries: LCDs) 기금의 운용 방안 타결됨
10차	2004.12	– 아르헨티나 부에노스아이레스	· 과학기술자문부속기구(SBSTA)가 기후변화의 영향, 취약성 평가, 적응수단 등에 관한 5년 활동계획을 수립하였으며 1차 공약기간(2008~2012)이후의 의무부담에 대한 비공식적 논의 시작
11차	2005.11	– 캐나다 몬트리올	· 2012년 이후 선진국 의무부담 논의를 위해 특별작업반(Ad Hoc Working Group:AWG) 구성 등 Post-Kyoto가시화
12차	2006.12	– 캐나다 몬트리올	· 특별작업반(AWG)회의에서는 부속서 I 국가의 온실가스 감축 목표설정을 위한 작업일정 등이 반영된 결정문 채택
13차	2007.12	– 인도네시아 발리	· 발리 로드맵 채택
14차	2008.12	– 폴란드 포즈난	· 교토의정서의 뒤를 이을 새 온실가스 감축협약을 논의 · 온실가스 감축대상 국가와 감축량, 감축목표 등을 놓고 세부적인 협상
15차	2009.12	– 덴마크 코펜하겐	· 124개국 정상, 194개 당사국과 각종 국제기구 및 비정부기구에서 3만여명 참석하여 지구온난화 극복의 관심표명 · 코펜하겐 합의문(Copenhagen Accord)라는 유엔 기후협상이 참조할 수 있는 기대치의 주요한 준거를 마련했으나 전체 당사국 총회에서 공식 채택되지 못함으로써 28개 국가간 임의의 합의에 그침 〈주요 합의내용〉 · 기온상승을 산업화 이전 대비 2℃ 이내로 억제 · 2010.1.31까지 부속서 I 국가는 중기감축목표 제출, 비부속서 국가는 자발적 감축행동 제출 · 지원받지 않는 독자적 감축행동은 2년마다 국가보고서에 수록하고 자체적으로 측정 · 보고 · 검증(MRV) · 지원을 받는 감축행동은 Registry에 등록하고 국제적 MRV 실시 · 2010~2012년 동안 개도국 지원 단기 지원자금 300억 달러 조성, 2020년까지의 중기 지원자금은 매년 1,000억 달러 조성 · "코펜하겐 녹색기후기금", "기술메커니즘" 등 새로운 관리체제 신설합의 등 · 우리나라는 온실가스 감축 의무국이 아닌 국가 가운데 처음으로 과감하고 선제적인 감축 시나리오(2020년까지 배출전망치(BAU) 대비 30%감축)를 제시해 중재역을 감당함

자료 : 윤영채 · 김종서(2009), pp. 90~91 재작성.

2. 기후변화협약

1) 추진경위

기후변화협약은 1992년 5월 9일에 유엔에서 채택되어 1992년 브라질 리오 데자네이로에서 열린 유엔환경개발회의 개최기간 중에 155개국이 조약에 서명하였다. 정식명칭은 '기후변화에 관한 유엔기본협약(United Nations Framework Convention on Climate Change: UNFCCC)' 으로, 1994년 3월에 발효되었다. 우리나라는 1993년 12월에 가입(세계에서 47번째)하였으며 2007년 8월 현재 191개국과 유럽공동체가 가입되어 있다. 유엔기후변화당사국총회는 기후변화협약에 기초하여 조약의 구체적인 이행에 대해 논의하는 것을 목적으로 설치되어져 1995년 이후 조약 최고기관으로 매년 개최되고 있다.

2) 주요내용

기후변화협약은 대기 중 온실가스의 증가가 지구를 온난화시켜 자연의 생태계 등에 악영향을 미칠 우려가 있으므로 대기 중 온실가스의 농도를 안정화하고 이산화탄소, 메탄 등 온실가스를 저감함을 목적으로 하며 협상분야는 감축, 적응, 기술, 재원으로 하고 있다. 기후변화협약은 온실가스배출과 흡수에 관한 목록 작성, 온난화대책의 국가별 계획수립 등을 체결국간에 의무화하도록 하였다.

기후변화협약에서 관리해야하는 온실가스는 이산화탄소, 메탄, 아산화질소 등이다. 체결국은 온실가스배출보고서를 기후변화협약사무국으로 제출하도록 의무화되어 있다. 선진국은 2000년까지 온실가스배출량을 1990년 수준으로 감축하기 위한 정책과 수단을 강구하고 개발도상국에 자금공여 및 기술이전의 의무가 있다. 개발도상국의 온난화 대책을 지원하기 위한 자금메커니즘으로써 지구환경기구를 지정하고 있다. 지구환경기구는 개발도상국이 지구규모의 환경보전에 대처할 경우 새로 부담하는 증가비용분을 무상공여하는 국제적 자금 메커니즘이다(打川和男 · 内藤高志, 2008).

표 2.1.2 기후변화협약의 주요내용

<table>
<tr><th>구분</th><th>조항</th><th colspan="2">주요내용</th></tr>
<tr><td>– 목적</td><td>2조</td><td colspan="2">· 대기 중 온실가스 농도의 안정화</td></tr>
<tr><td>– 원칙</td><td>3조</td><td colspan="2">· 공동의 그러나 차별화된 책임
· 개도국의 특수한 사정 배려
· 예방조치 실시
· 지속가능한 발전을 추진할 권리 및 의무
· 개방적인 국제 경제 시스템의 증진</td></tr>
<tr><td rowspan="2">– 약속</td><td rowspan="2">4조</td><td>· 선진국</td><td>· 기후변화 완화 정책의 도입 및 시행
· 2000년까지 온실가스 배출량을 1990년 수준으로 감축하기 위한 정책과 수단 강구
· 개도국으로의 자금 및 기술 지원
· 온실가스 배출과 흡수에 관한 목록작성</td></tr>
<tr><td>· 모든 당사국</td><td>· 온실가스 배출원 및 흡수원 목록을 포함한 국가보고서 작성 및 제출
· 기후변화 완화 프로그램 채택
· 에너지 분야에서의 기술 개발
· 산림 등 온실가스 흡수원의 보존 및 확충
· 연구 · 조사 · 관측 등의 국제협력</td></tr>
<tr><td>– 주요기구</td><td>7–10조</td><td colspan="2">· 당사국총회는 기후변화협약의 최고 의결기구로, 당사국의 의무 및 제도에 대해 정기적으로 검토
· 과학기술자문보조기구(SBSTA)
· 이행보조기구(SBI)</td></tr>
</table>

자료 : 환경부 · 그린스타트 네트워크(2009), p. 13.

3. 교토의정서

1) 추진경위

1997년 12월 교토에서 제3차 당사국총회(지구온난화방지 교토회의)가 개최되었다. 기후변화협약의 강제성 · 실효성에 대한 비판에 따라 채택된 것이 교토의정서(Kyoto Protocol)이다. 교토의정서는 선진국(38개국)에 대한 온실가스 감축의무를 규정하였는데 2004년 11월 러시아의 비준으로 2005년 2월 발효되었다. 우리나라는 2002년 11월 비준하였고, 2010년 기준으로 192개국이 비준하였다.

표 2.1.3 교토의정서의 주요내용

구분		주요내용	
- 선진국의 온실가스 감축 목표	· 목표년도	2008~2012년(1990년 기준 평균 5.2% 감축)	
	· 감축대상 온실가스 및 목표년도	· CO_2, CH_4, N_2O : 1990년 기준 · HFC, PFC, SF_6 : 1995년 기준	
	· 온실가스 감축목표율	-8%	유럽연합, 동유럽, 스위스
		-7%	미국
		-6%	일본, 캐나다. 헝가리, 폴란드
		-5%	크로아티아
		0%	러시아, 뉴질랜드, 우크라이나
		+1%	노르웨이
		+8%	오스트레일리아
		+10%	아이슬란드
- 기타	· 배출권거래제(ETS), 공동이행(JI), 청정개발체제(CDM) 도입 · 1990년 이후의 식목, 재식목, 벌채에 의한 흡수원의 변화 인정 · 자발적 감축 협정 관련 조항 삭제 · 감축목표는 법적 구속력 가짐		

자료 : 김종달(2001), p. 116.

2) 주요내용

교토의정서 기후변화협약 부속서 I (Annex I)에 서명한 선진국은 2008~2012년까지 온실가스배출량을 1990년 기준 평균 5.2% 감축하는 것을 목표로 하고 있다. 교토의정서에서 말하는 온실가스란 CO_2, CH_4, N_2O, HFC, PFC, SF_6 등 6종류[3]이다. 교토의정서에는 CO_2, CH_4, N_2O에 대해서는 기준년도를 1990년으로 하고 있으나, HFC, PFC, SF_6에 대해서는 기준년도를 1995년으로 하는 것이 가능하다.

3 HFC는 주로 냉매, 카에어콘, 냉장고, 스프레이, 발포제, 세정제에 사용되고 이산화탄소의 약 11,000배의 온실효과를 가진다. PFC는 주로 전자부품, 전자장치, 반도체의 에칭, 세정, 소화제에 사용되며 이산화탄소의 5,000~12,000배 온실효과를 가진다. SF6은 주로 전기절연가스, 반도체에 칭가스에 사용되며 이산화탄소의 20,000배에 해당하는 온실효과를 가진다.

교토의정서에는 선진국의 감축목표가 정해져 있다. 2008년~2012년까지의 제1공약 기간에 일본 6%, 미국 7%, EU 8%의 온실가스를 줄이도록 목표가 정해져있다. 제1공약 기간 감축목표 미달성국에 대한 벌칙내용과 2012년 이후의 상세한 규정은 정해져 있지 않으나, 미달성분의 1.3배가 추가감축 의무량으로 부과되는 것으로 결정되었다.

교토의정서에는 적은 비용으로 많은 양의 온실가스를 줄일 수 있는 방법을 다른 나라와 협력하여 목표를 달성하기 위해 교토메커니즘을 설치했다. 교토메커니즘에는 배출권거래제(ETS), 공동이행(JI), 청정개발체제(CDM) 등 세 가지 제도가 있다(打川和男 · 內藤高志, 2008).

표 2.1.4 교토메커니즘의 주요내용

구분	근거	주요내용
– 배출권거래제 (Emission Trading System)	· 교토의정서 제17조	· 선진국(Annex I)의 감축공약을 고려하여 선진국이 배출할 수 있는 온실가스의 최대 허용량(AAU)을 부여한 다음, 목표달성을 위하여 허용량의 거래를 허용하는 제도
– 청정개발체제 (Clean Development Mechanism)	· 교토의정서 제12조	· 선진국(Annex I)이 개도국에서 온실가스 저감사업을 수행하여 발생한 감축분(CER)을 선진국의 감축실적으로 인정하는제도
– 공동이행 (Joint Implementation)	· 교토의정서 제6조	· CDM과 유사한 제도로서, 선진국(Annex I)간에 온실가스 저감사업을 수행하여 발생한 감축분(ERU)을 공동의 감축실적으로 인정하는 제도, 러시아 및 동구 유럽과 같이 시장경제체제로 전환된 국가를 주요대상으로 함

자료 : 환경부 · 그린스타트 네트워크(2009), p. 14.

4. 발리로드맵

1) 추진배경

2007년 인도네시아 발리에서 개최된 제13차 당사국 총회에서 '발리로드맵(Bali Roadmap)' 채택으로 2012년 이후의 기후변화 체제에 대한 협상이 본격화되었다. 발리로드맵에서 기후변화협약이행 강화를 위한 협조적 부문별 접근방식(cooperative sectoral approaches)이 제시되었다. Post-2012 협상 시 선진국들은 제1차 공약 기간 이후에는 중국, 인도 등 선발개도국에 대한 구속적 감축목표의 부여를 희망하고 있다.

2) 주요내용

발리로드맵 채택을 통해 Post-2012 체제에 대한 협상 프로세스가 Two Track으로 진행(2009년 종료 목표였으나, 제15차 코펜하겐 당사국총회에서 2010년까지로 협상시한 1년 연장됨)되고 있다. 하나는 교토의정서에 따라 제1차 공약 기간 이후 부속서 I 국가의 온실가스 감축 의무 논의이고, 다른 하나는 기후변화협약에 따라 선진국과 개도국 모두가 참여하는 전 지구적 온실가스 감축 및 재정 · 기술지원 방안에 관한 것이다(윤영채 · 김종서, 2009).

주요 협상분야는 감축, 적응, 기술 및 재원[4]이다. 선진국은 선발개도국 참여방안으로 철강, 시멘트 등 주요 온실가스 배출 부문별로 감축하는 방식(sectoral

---

4 발리로드맵은 당사국총회 결정문으로 채택된 비구속적 문서이나, 당사국들의 암묵적 동의로 채택되었으므로 사실상 구속력을 발휘한다. 협상의 의제로 공유 비전(shared vision)은 2050년까지의 범 지구적 온실가스 감축 목표이고, 감축(mitigation)은 모든 선진국의 측정, 보고, 검증가능한 감축 공약 및 행동, 개도국의 지속발전을 고려한 적절한 감축행동, 적응(adaptation)은 최빈국, 군소 도서국, 아프리카국가를 고려한 취약성 평가 및 대응, 위험관리 및 저감 전략, 기술 이전(technology transfer)은 친환경 기술 이전 및 확산, 재원(finance)은 개도국의 감축과 적응 이행 강화를 위한 재정 메커니즘을 말한다(김형국, 2011).

approach)을 강력 주장하고, 개도국은 선진국의 역사적 책임을 강조하여 개도국의 감축 및 적응을 위하여 재원 및 기술이전의 확실한 보장을 희망하고 있다. 한편 선진국은 한국, 멕시코 등을 협약 부속서 I 국가에 포함하여 감축 의무 부과를 주장하고 있다.

표 2.1.5 협상 프로세스의 내용

트랙	근거	참여대상	주요의제	종료
AWG-KP	교토의정서	Annex I 국가(38개국) *미국 제외	· 교토의정서에 따라 Annex I 국가의 2012년 이후의 감축의무	'09년말(2010년까지연장)
AWG-LCA	기후변화 협약	협약당사국 (190여개국) *미국 포함	· 선진국 : 측정, 보고, 검증가능한 감축 및 대개도국 지원 공약 · 개도국 : 측정, 보고, 검증가능한 방식으로, 선진국 지원이 전제된 감축 활동	'09년말(2010년까지연장)

자료 : 환경부(2008), p. 55.

제3절 | 국제협약의 이행수단

1. 배출권거래제

1) 개념

배출권거래제(Emission Trading System: ETS)는 교토의정서의 교토메커니즘에서 공동이행(JI) 및 청정개발체제(CDM)와 함께 채택된 제도[5]이다. 배출권거래제란 온실가스 배출사업자를 대상으로 배출허용량을 할당하고 해당사업자

5 배출권거래제는 공동이행(JI)과 청정개발체제(CDM)를 통해 발생한 배출권을 국제적으로 거래할 수 있게 하는 메커니즘이다. CDM에서 확보한 배출권을 CER(Certified Emission Reduction)이라고 하고, JI의 배출권은 ERU(Emission Reduction Unit)라고 한다. 온실가스 배출권의 한 단위는 이산화탄소 1톤의 배출에 대한 권리를 나타낸다(김형국, 2011).

의 감축활동으로 인한 잉여허용량에 대해서는 시장 원리에 따라 거래할 수 있게 하는 제도이다. 즉 배출권거래제는 정해진 온실가스의 배출권을 넘어서 배출을 한 나라가 정해진 배출량보다 실제 배출이 적은 나라로부터 배출권을 사는 것이 가능한 제도로 배출권을 구입한 나라는 이것에 의해 자국의 온실가스를 감축한 것으로 간주된다. 도입국가는 영국, 노르웨이, 스웨덴 등 EU 30여 개국이며, 거래시장으로는 EU-ETS(EU), RGGI(미국) 등이 있다.

이 제도를 통해 선진국은 온실가스 감축목표를 달성한 타 선진국으로부터 배출권을 구입하는 것이 가능하다. 배출권거래제의 도입에 의해 온실가스의 감축목표를 저비용으로 확실히 감축한다면, 그만큼 배출권의 매매가 가능하다. 배출감축활동이 고비용이 든다는 계산이 나오면 구입에 의해 배출감축분을 충당하는 등 배출권거래제는 유연성이 높고 전체적으로는 배출량의 감축이 효율적으로 진행될 것으로 기대된다.

2) 배출권의 발생방식

배출권거래에는 Cap & Trade형(총량제한 방식)과 Baseline & Credit형(프로젝트 베이스 방식) 등 2가지가 있는데, 이를 통해 청정개발체제와 공동이행 등으로부터 발행된 배출권(Credit: CER, ERU 등) 거래가 가능하다(打川和男 · 內藤高志, 2008 ; 김형국, 2011).

Cap & Trade형 배출권거래는 배출권거래제의 가장 일반적인 형식으로써 EU-ETS에서 채택하고 있다. 이 방식은 사전에 설정된 온실가스 배출량의 상한에서 거래를 허가하여 참가자간에 자유롭게 매매가 가능하도록 한 제도이다.[6]

---

6 이 방식은 배출량을 매 상대부문마다 제한이 가능하므로 배출효과가 높은 지구온난화대책으로 실시가능한 제도이다. 배출권거래의 절차는 최초에 기준년도로부터 배출감축량을 결정하고 일정배출권을 발행한다. 그 뒤, 배출권의 상대부분전체로부터 나라와 기업 그 외의 주체에서 일정배출권을 분배한다. 여기서 분배방식은 그 주체의 과거배출량을 기준으로 하여 무상으로 배분하는 그랜드퍼저링방식과 입찰에 의해 각 주체에 의해 구입되는 옥션방식이 있다. 또한 배출량을 산정하여 목표로 한 배출량과의 차이로 배출량이 웃돌아 자력으로 감축이 곤란한 경우에는 배출권거래제를 활용한다. 실제 배출량과 정해진 배출량이 일치하면 목표달성이 된다.

배출 기업에 온실가스의 배출상한(cap)을 부과하고 이 기준보다 온실가스를 많이 배출하면 그에 해당하는 만큼 배출권을 탄소시장에서 구매해야 하며, 배출상한보다 적게 온실가스를 배출하면 그 감축분만큼을 탄소 시장에서 팔거나 또는 배출권을 예치할 수 있다.

Baseline & Credit형 배출권거래는 온실가스의 배출감축기간과 배출량 등의 기준을 정해 그 기준으로부터 감축노력을 한 것을 배출량으로 받아들여 판매가 가능한 제도이다. 개별적인 환경 투자 사업에서 온실가스 배출을 줄였을 때 그 감축분만큼 배출권을 제공하여 이를 시장에서 거래하도록 하고 있다. 여기에는 청정개발체제와 공동이행이 있다.

3) 제도의 장단점

배출권거래제는 선진국들이 온실가스 감축의무에 따른 배출 쿼터를 국제시장에서 거래할 수 있게 하는 제도로서 환경목표를 최소비용으로 달성할 수 있고, 오염총량의 직접 관리가 가능하며, 배출권 판매 및 구매업체에 대한 기술개발 유인이 높으며, 효율적인 자원배분을 촉진하는 가격기구 역할을 하는 등의 장점이 있다. 반면 감시, 행정 및 거래비용이 크고 시장의 불확실성에 따른 위험비용이 발생할 수 있으며, 적정 환경목표 설정이 선행되어야 하는 문제점도 존재한다(윤영채 · 김종서, 2009).

2. 공동이행

1) 개념

공동이행(Joint Implementation: JI)은 선진국이 타 선진국의 온실가스 감축사업에 투자하여 생긴 감축분을 목표수치달성에 이용하는 제도로서 교토의정서 제6조에 정해져 있다. 프로젝트 실시에 협력하는 선진국 A를 투자국, 프로젝트를 받아들이는 선진국 B를 호스트국으로 부르며 선진국간 프로젝트의 결과에서 발생한 배출감축량과 흡수증대량에 기초하여 발생한 온실가스 배출 감축 실적인 배출권을 프로젝트참가자간에 나누어가지는 것이 가능하다.

배출권(ERU[7] 등)은 정해진 배출량으로서는 활용가능하나 수치목표가 설정되어진 선진국간의 배출량 이동으로 선진국 전체의 총 배출의 양은 변하지 않는다. 배출권을 취득하려면 스스로 프로젝트를 실시하여 배출권을 취득하는 방법[8]과 타사로부터 배출권을 구입하는 방법[9], 기금에 출자한 배당으로서 배출권을 받는 방법[10] 등이 있다.

온실가스의 감축프로젝트를 실시하기 위해서는 전문기술과 경비가 필요하게 된다. 프로젝트를 개발하기위해 위험부담을 동반하게 되므로 타 사업자가 프로젝트를 실시하기에 필요한 노동과 기술노하우를 제공하는 대가로서 금전적 보수를 받는 프로젝트 수탁사업자가 존재한다. 또한 프로젝트로 취득한 배출권은 화폐가치를 가지며 그 배출권은 매매가 가능하다(打川和男 · 內藤高志, 2008).

---

7 ERU(Emission Reduction Unit)를 획득, 이전하기위해 필요한 요건은 ① 교토의정서 체결국일 것, ② 해당량을 산정하고 기록하고 있을 것, ③ 온실가스의 인위적인 배출량과 흡수원에 의해 제거량을 추계하기위해 국내제도를 정비하고 있을 것, ④ 나라별 배출틀, 배출권 보유량의 관리를 하기위한 국별등록철을 정비하고 있을 것, ⑤ 최근 배출, 흡수에 관한 목록을 매년 제출하고 있을 것(그 중 제1공약기간에 대해서는 배출목록에 대해 내용심사에 합격하고 있을 것), ⑥ 해당량에 관한 보완정보를 제출하고 교토의정서 제3조 3항 ~ 4항의 활동(토지이용, 토지이용변화 및 임업)에 대해 할당량의 추가 및 감축을 시행하고 있을 것 등이다.

8 스스로 프로젝트를 실시하여 배출권을 취득하는 방법은 청정개발체제와 공동이행과 같은 프로젝트를 스스로 실시하고 거기서 발생한 배출권을 취득하는 것이다. 실제로 배출권을 소유하기위해서는 호스트국의 파트너와 계약이 필요하며 배출량거래구입협정에 의해 금액, 획득량 등을 결정한다.

9 타 사로부터 구입하는 방법은 타 회사가 미리보유하고 있던 프로젝트에 의해 획득한 배출권을 구입하는 방법이다. 실제로는 A사가 B사로부터 배출권을 구입하는 거래의 경우, 이런저런 필요나 조건을 만족하고 여러 가지 절차를 거칠 필요가 있다. 이 때문에 배출량거래중개인이 중개하여 구입을 지원하는 경우도 많다.

10 기금에 출자한 배당으로서 받는 방법은 기금에 출자하여 그 기금을 기반으로 프로젝트를 실시한 기금으로부터 배당으로서 배출권을 받는 것이다. 세계은행의 탄소기금과 일본의 온실가스 감축기금을 통한 배출권이 이런 경우에 해당한다. 또한 국제기구나 정부에 의한 기금뿐만 아니라 민간주도의 기금도 존재한다.

2) 제도의 주요형태

공동이행의 주요형태는 두 가지가 있다. 먼저 토지이용사업인데 예로는 산림 보존, 조림, 식림, 지속가능한 산림 관리 등이 있다. 두 번째 형태는 에너지 프로젝트이다. 이는 연료전환, 열병합발전, 신재생에너지, 에너지 효율성을 통해 온실가스배출을 감소시킨다. 이외에도 화석연료 사용을 감소시키기 위해 산호초와 플랑크톤의 탄소 흡입능력에 기초한 프로젝트, 매립지와 대목축장의 메탄 흡입 프로젝트도 개발 중이다(김종달, 2001).

3. 청정개발체제

1) 개념

청정개발체제(Clean Development Mechanism: CDM)는 선진국과 개도국이 공동으로 온실가스 감축사업을 실시하여 감축분을 투자국(선진국)의 배출감축 목표에 이용 가능하도록 하는 제도이다. CDM사업[11]은 사업자가 사업계획서를 작성하여 CDM 운영기구에서 타당성 확인을 받아 국가 승인 기구로부터 지속가능한 발전에 기여하는 지에 대한 승인을 받아야 한다. 국가 승인이 있으면 CDM 집행위원회의 등록을 거쳐 사업자의 모니터링과 CDM 운영기구의 검증을 거쳐 CDM 집행위원회에서 CER(배출권)을 발행한다. 개도국의 사업자는 발행받은 CER을 선진국의 정부나 기업에 판매하여 경제적 이익을 얻는다.

이 제도는 지금까지의 국제협력은 선진국으로부터 개발도상국으로의 일방적인 협력인 것에 반해 CDM에서는 쌍방향간 협력이 필요하다. 지금까지 국제

11 CDM 사업의 대상은 교토의정서에서 정한 여섯 가지의 온실가스를 대상으로 하며, 풍력, 수력과 같은 에너지 설치 사업, 효율 향상을 통한 에너지 절감 사업, 산업 공정에서 제품을 생산할 때 부산물로 발생하는 온실가스 감축 사업, 폐기물 매립지에서 발생하는 메탄가스를 회수하여 활용하는 것이 대표적인 사업이다(김형국, 2011).

협력과는 크게 다르며, CDM은 지금부터 발전성이 높은 형태이다(打川和男 · 內藤高志, 2008).

2) 제도의 목적

청정개발체제의 목적은 개발도상국의 지속가능한 발전을 돕는 동시에 부속서 국가(선진국)의 온실가스 감축의무를 비용 효과적으로 달성하는 것이다. 따라서 청정개발체제를 통해 부속서 국가는 비부속서 국가에서 보다 적은 비용으로 온실가스를 감축할 수 있는 사업을 수행하고, 그 결과 발생한 온실가스 감축실적을 자국의 감축실적으로 인정받는다. 그리고 비부속서 국가(개발도상국)는 선진국의 자본을 유치하거나 기술이전을 받음으로써 지속가능한 발전에 기여한다.

3) 제도의 편익

선진국은 후진국에 기술, 자본을 투자하고 배출권을 확보함으로써 비용 효율적인 온실가스 감축을 달성한다. 그리고 개도국은 선진국으로부터 선진 기술, 자본을 투자받음으로써 국제적인 온실가스 감축 노력에 동참하고 신기술을 확보하는 편익을 달성하는 장점이 있다(윤영채 · 김종서, 2009).

4. 기타

순배출 기준은 배출목표를 설정할 때 산림, 해양 등에 흡수되는 온실가스의 양만큼을 빼는 것으로, 흡수되는 만큼 더 많이 배출할 수 있도록 하는 것이다. 즉 순수하게 대기에 영향을 미치는 수량 만큼만 적용하려는 것으로 미국, 캐나다, 뉴질랜드 등이 적극 지지했던 기준이다. 교토회의에서 채택된 수단 중 하나인 공동이행을 통해서 순배출 기준을 적용할 수 있다. 순배출 기준은 그 취지는 합리적이나, 산림에 의한 흡수 정도가 과학적으로 불확실하고 총 배출량 기준에 비해 더 많은 배출을 허용하기 때문에 한계점이 있다.

자발적 협정은 온실가스저감을 위해 개발도상국의 참여를 유도하고, 이를 통해 전 세계의 국가, 그리고 각 나라의 소비자와 사회에 책임을 인식시키려고 하는 것이다. 제3차 당사국 총회에서 미국 등 선진국들은 한국, 멕시코 등을 포함시키는 자발적 의무국가군을 조직하려고 하였으나, 개발도상국가들의 강한 반대로 무산되었다(김종달, 2001).

제4절 | 국제협약의 전망과 과제

1. 전망

IPCC는 세계 온실가스 추계 배출량 시나리오를 토대로 21세기말까지 지구의 온도상승을 산업화 이전 대비 2℃ 이하로 억제하라는 목표를 제시했다. 이에 따라 2050년까지 대기 중 이산화탄소의 농도를 450ppm 이하로 유지하도록 권고하고 있다(김형국, 2011). 지구온난화라는 범 지구적인 환경문제를 해결하기 위해서는 전 세계국가의 협력 등 국제협약이 필연적으로 요구된다. 현재 지구온난화의 온실가스 원인을 제공한 선진국과 국제사회에 대한 기술적 · 재정적 지원확대를 요구하는 개발도상국간의 상반된 이해관계는 인류의 지속가능한 발전이라는 대전제하에서 상호간의 양보가 필요하다. Post-2012 체제에서 선진국은 통일된 기준에 의한 온실가스 감축목표의 설정과 철저한 이행이 요구된다. 또한 개발도상국에 대한 온실가스 저감기술, 대체에너지개발 및 기술이전과 재정적 지원이 점진적으로 이루어질 것으로 전망된다.

개발도상국은 온실가스 감축을 통한 지구온난화 대응에 자발적인 노력을 구체적이고 장기적인 계획수립으로 이행하는 것이, 궁극적으로 자국의 경제발전을 가져올 것이라는 확신을 가져야 하며 국제협약에도 적극적인 참여가 요망된다. 그러나 지구온난화에 따른 온실가스배출규제, 환경규제는 그린보호주의, 탄소세, 벌과금부과 등 새로운 무역규제로 이어져 새로운 세계경제질서체계를 구축할 것으로 예측되며 국제협력은 향후에도 그다지 순탄하지 않을 것으로 전망된다.

2. 과제

1) 국제협약의 명확한 목표설정

선진국, 개발도상국은 공히 온실가스 감축의 명확한 목표설정이 있어야 하며, 특히 온실가스배출량이 많은 국가들은 보다 긴밀한 협력으로 지구온난화방지에 선도적인 역할을 하여야 한다.

2) 달성수단의 구체화

국제협약의 이행을 지원하기 위하여 공동의 국제연구를 통해 불확실한 기존의 개념을 재정립하고 과학적이고 객관적인 논의와 자료의 확보가 필요하다. 무엇보다도 온실가스의 개념정립부터 요구되며 과학적 논의를 토대로 온실가스감축방안, 대체에너지 적응, 선진국의 환경관련기술의 과감한 개도국 이전과 개도국에 대한 재정지원의 수단을 구체화하는 것이 요구된다.

3) 피드백을 통한 이행의지 강화

온실가스감축 목표 대비 실행여부에 대하여 일관된 기준에 의한 평가가 이루어져야 하며, 이를 토대로 실적이 미흡한 국가에 대한 제재가 필요하다. 즉 합리적인 피드백을 통한 검증으로 이행의지를 강화하도록 할 필요가 있다. 국제협약에 적극적인 참여는 에너지를 절감하고, 신에너지 관련기술로 세계시장의 선도, 새로운 고용창출 등 개별 국가경제발전에도 도움이 된다는 인식의 전환이 요구된다.

탐구학습

1. 주요개념

- 국제협약
- 기후변화협약
- 교토의정서
- 교토메커니즘
- 발리로드맵

2. 토론과 과제

- 지구온난화와 국제협약의 관계
- 기후변화관련 주요협약
- 교토메커니즘의 종류와 내용
- Post-2012이후의 국제협약

참고문헌

김남진(1995), 행정법 I, 법문사.
김종달(2001), 환경과 사회, 경북대학교.
김형국(2011), 녹색성장 바로 알기, (주)나남.
윤영채 · 김종서(2009), "지구온난화 방지를 위한 실효적 방안 연구", 사회과학연구, 제20권 제1호, 충남대학교 사회과학연구소.
이진행(2002), "기후변화협약에 따른 교토의정서 체제", 고려대학교 대학원 박사학위논문.
한국방송신문연합회(2009), 녹색성장과 신환경정책 I.
환경부 · 그린스타트 네트워크(2009), 그린리더 업무 매뉴얼.
환경부(2008), 기후변화의 이해.
御園生 誠(2008), 温暖化と 資源問題の 現實的 解法, 丸善株式會社.
打川和男 · 內藤高志(2008), 温暖化對策の 基本と 構造みが よ くわかる本, 秀和株式會社.
http://geis.kemco.or.kr(온실가스배출량 정보시스템)

제2장

지구온난화와 주요국가의 대응

제1절 | 지구온난화와 국가대응의 의의

1. 지구온난화와 국가대응의 배경

지구온난화에 대한 우려와 국가적인 대응방안 마련의 시급성은 이제 새삼스러운 이슈가 아니다. 기후변화에 대한 영향은 어느 한 지역 혹은 한 나라에 그치는 것이 아니며, 우리가 살고 있는 지구환경에 심각한 영향을 미치는 만큼 모든 국가는 지구온난화 대책수립에 다 같이 나서야 할 때이다.

산업혁명 이후 다량의 온실가스가 대기로 배출됨에 따라 지구대기 중 온실가스의 농도가 증가하여 지구의 표면온도가 상승하는 지구온난화 현상이 초래되었다. 세계 기후 및 환경 분야를 이끌어 가고 있는 과학자들로 구성된 IPCC 3차 보고서는 북반구의 빙산이 봄과 여름 동안 1950년 이래로 약 10~15% 감소하고 있다고 발표하였다. 인위적 온실가스 배출량은 1970년 대비 2004년에 약 70% 증가하였다. 또한 전 세계 평균기온이 지난 100년(1906~2005년)간 0.74℃ 상승하였다고 발표되었다. 21세기에는 기후변화의 속도가 더욱 빨라질 전망이다.

2. 지구온난화와 국가대응의 의의

온실효과에 따른 지구온난화로 지구의 평균 온도가 상승하면서 빙하 감소, 해수면 상승, 국지적인 침수, 이상기후에 의한 자연재해, 농작물 피해, 말라리아, 뎅기열 등 각종 질병을 야기하여 세계 각 국은 엄청난 경제적 손실을 입고 있다.

온실가스 감축에 관한 세계 각 국가의 공감대 형성은 기후변화협약, 교토의정서 등을 체결하는 성과를 낳고 있다. 글로벌 환경문제에 대하여 선진국은 적극적인 대응을 통해 환경 분야 일자리 창출과 에너지 효율화 노력으로 경제성장의 동력으로 삼고 있다. 따라서 온실가스 감축을 통한 지구온난화 방지에 대한 주요국가의 대응내용을 살펴봄으로써, 우리나라의 대응방향 설정에도 참조할 필요가 있겠다.

3. 지구온난화와 국가별 주요대응 내용

지구온난화 문제를 해결하기 위해 지구상의 국가들은 각종 기후변화 국제협약을 체결하고 글로벌 차원의 대응을 진행하고 있다. 이와 관련하여 국가별로 중 · 장기 온실가스 감축목표를 설정 및 공포하고, 관련 법률을 제정하여 추진하고 있는 실정이다. 영국은 2050년까지 1990년 대비 80% 감축, 미국은 2025년까지 배출량 증가억제를 목표로 설정하였고, 중국도 2010년까지 GDP당 에너지 소비량 20% 감축 목표를 설정하였다. 또한 기후변화 대책을 국가 성장동력으로 활용하는 차원에서 영국은 2020년까지 신 · 재생에너지 비율을 15%로 확대할 계획을 갖고 있다.

지구온난화에 선도적으로 대처하는 나라들은 온실가스의 감축 목표를 설정하고, 일정에 따라 추진하고 있으며 관련 정책을 분야별로 적응하고 산업화하는 방식으로 대처하고 있다. 한 단계 나아가서 온실가스 감축을 새로운 세계 경제체제에 활용하려는 움직임이 일어나고 있다. 미국은 온실가스 감축을 적극 이행하지 않는 국가의 수출품에 대한 추가관세 부과와 같은 구체적인 무역제재 방안을 고려하는 등 세계 각국은 자국의 이해관계에 맞추어 지구온난화와 관련된 환경문제에 대하여 적극적인 대응을 하고 있다.

표 2.2.1 주요국가의 지구온난화 및 기후변화방지 대책

국가명	주요내용
- EU	· 교토의정서에 의한 1차 공약기간 이전부터 온실가스 감축을 위한 노력 지속 · EU집행위는 2020년까지 EU의 온실가스 배출량을 1990년 대비 최소 20%, 여타 선진국 동참 시 30%까지 감축하겠다는 정책 기조 설정, 2050년까지는 60~80% 감축(전 지구적으로는 50% 감축), 신재생에너지 비율 20% 확대 및 에너지효율 개선촉진 · 2005~2007년까지 EU내에서 배출권거래제 시행후 2단계 배출권거래제 시행
- 영국	· 2050년까지 '90년 대비 온실가스 배출량 80% 감축 설정('07.11) · 에너지 효율향상과 연료전환, 재생가능에너지 확대 위해 기후변화부과금, 배출권거래제, 기후변화 자발적 협약 등 시행 · 기후변화 대응 강화(하이브리드카 구매 촉진책, 신재생에너지 보조금 증액 등)
- 독일	· 지구온난화문제에 빠르게 대응하여 신재생에너지 관련 기술개발과 시장선점 주력 · 2020년까지 1990년 대비 40% 감축 · 2020년 감축목표달성 위한 "종합에너지 · 기후프로그램"은 온실가스의 배출을 줄이기 위해 에너지효율의 향상과 재생가능에너지 확충목적('07. 8)
- 미국	· 2012년까지 온실가스배출집약도(온실가스배출량/GDP)를 18%까지 낮춘다는 자체 목표 수립시행, 동북부(RGGI)와 서부(WCI)의 주를 중심으로 배출권거래제(Cap & Trade) 도입준비 · 2025년까지 배출량 증가억제를 목표로 설정, Lieberman-Warner's Act 상원 환경위 통과('07.12) · 2050년까지 2005년 대비 70% 감축, 2017년까지 휘발유 소비량 20% 감축을 위한 대체에너지 비중 확대(3% 15%) 등 대책 발표('07.1) · 켈리포니아주는 온실가스 배출을 2020년까지 25% 감축하는 법안 제정('06년), 그밖에 버몬트, 뉴욕 등 29개 주에서 온실가스 감축 목표 수립 · 오바마 정부출범이후 미 의회는 기후변화 관련 10개의 법안제출 등 활발한 대응 논의
- 일본	· 지구온난화 대책의 추진에 관한 법률 제정('98) 및 개정('06) · 내각총리를 본부장으로 하는 「지구온난화대책 추진본부」운영 중 · 2005년부터 자발적 배출권거래제도 시행 · 2050년까지 현재수준에서 60~80%의 온실가스 배출량 감축을 설정('08.6)

국가명	주요내용
- 일본	2020년까지 2005년 대비 14% 감축이 가능할 것으로 전망 · 가계-상점-기업간 삼각 CO_2 배출권거래제도('08.9), 이산화탄소 삭감 은행의 도입 · 2003년 기후변화캐피탈(climate change capital)이 창업, 탄소시장에 투자
- 중국	· 『National Climate Change Programme』발표('07.6) · GDP당 에너지소비량을 2010년까지 2005년 대비 GDP당 에너지 소비량 20% 감축, 2020년까지 30% 추가 감축, 신재생에너지 10% 확대 목표 설정 · 2020년까지 온실가스 배출량을 45%줄이겠다고 약속('10.2) · "개발과 동시에 에너지 보존을 우선시하는 것"을 원칙으로 에너지 효율 개선, 에너지 구조의 최적화 및 에너지 보존에 대한 국가목표 수립
- 멕시코	· 『National Climate Change strategy』발표('07.5) 주요 산업별로 2007년~2014년까지 CO_2 약 1억 톤 감축잠재량 제시함 · 2012년까지 매년 탄소의 배출을 5천만 톤씩 줄여나가겠다고 발표('09.6.5)

자료 : 기후변화홍보포털 웹사이트.

제2절 | 유럽 주요국의 대응내용

1. 독일

독일은 지구온난화 문제에 빠르게 반응하여 이미 1980년대 후반부터 연구와 대책을 내놓기 시작했다. 이러한 배경에는 당시의 독일에서의 산성비에 의한 산림파괴, 1986년 4월 체르노빌 원자력폭발사고에 의한 죽음의 재, 1986년 11월 화학물질유출에 따른 라인강의 오염 등 환경재해가 있었다.

1990년대 초 독일의 온난화대책에 있어 눈길을 끄는 것은 전력거래법의 제정이다. 이 법률은 전력공급회사에 대하여 풍력, 태양광, 바이오매스 등의 재생가능에너지에 의한 전력을 거래하도록 의무화한 것이다. 매수가격은 에너지원의 종류에 따라 전력소매가격의 65~90%로 설정하였다. 이 법률의 제정에 때맞추어 보조금제도(250MW 풍력보조프로그램)도 도입되어 풍력발전시설의 설치가 급속하게 진행되면서 1990년대 전반에 온실가스의 배출량을 대폭 감소하는 데 성공했다.

그리고 콜 정권은 2005년까지 CO_2 배출량 25% 감축이라는 목표달성을 위해 1990년 후반부터 신재생에너지 관련 기술 개발과 시장선점에 주력하였다. 환경세제 개혁에 의한 환경세의 도입(1999년), 재생가능에너지법의 제정(2000년), 에너지절약관련 법령제정(2001년) 등의 제도가 독일의 온난화대응 정책의 골격을 구체화하게 된다. 그러나 독일이 2005년 삭감목표(CO_2를 1990년 대비 25% 감축)는 달성하지 못했지만, 교토의정서 제1공약기간(2008~2012)의 감축의무(21%)를 달성하는 것은 확실한 상태로서 현재의 온난화대응 정책은 2020년까지 배출량을 1990년 대비 40% 감축을 목표로 하고 있다(淺岡美惠, 2009).

한편 2007년 8월 멜켈 정권이 2020년의 감축목표 달성을 위해 의결한 '종합에너지 · 기후프로그램' 은 온실가스의 배출을 줄이기 위해 에너지효율의 향상과 재생가능에너지 확충을 골자로 하고 있다. 이외의 온난화대책으로는 자발적 협약의 한 형태인 산업체의 자체공약(Climate Change Self-Commitment), 10만 태양지붕 프로그램, 단열기준 설정과 같은 건물규제, 에너지절약투자에 대한 저금리대출프로그램, 열병합발전 확대를 위한 열병합발전보호법안 등이 있다(윤순진, 2007).

2. 영국

영국은 2000년 11월 영국 기후변화 프로그램(UK Climate change Programme)을 발표하여 2010년까지 이산화탄소 배출량을 20% 감축하기로 발표하였다. 또한 2050년까지 1990년 대비 온실가스 배출량 80% 감축목표를 결정하였으며, 에너지공급산업의 구조조정과 에너지 효율향상, 산업부문의 오염통제장치, CO_2 이외 다른 온실가스 감축정책 등을 시행하여 상당한 성과를 얻었다. 또한 에너지 효율향상과 연료전환, 재생가능에너지 확대를 가능하도록 하기 위하여 2001년 4월에 도입된 온실가스(Green House Gasses: GHG)를 배출하는 산업계의 다양한 연료소비에 대해 부과하는 세금인 기후변화부과금

(Climate Change Levy: CCL), 기업들이 거래에 직접 참여하여 합의한 감축목표 이하로 배출량을 줄인 경우 배출허가권을 거래할 수 있는 배출권거래제(Emission Trading Scheme: ETS)와 기업이 자발적으로 에너지 사용이나 CO_2 배출 감축목표를 정하여 정부와 협약을 맺으면 이들 기업에 대해서는 CCL을 80% 경감해 주는 제도인 기후변화 자발적 협약(Climate Change Voluntary Agreement) 등을 시행하고 있다(윤순진, 2007).

영국은 기후변화 대응 방안을 크게 강화하기 위해 2008년 12월 에너지와 환경담당 두 개 부처를 에너지·기후변화부(Department for Energy & Climate Change)로 개편하였다. 이를 계기로 하이브리드카 구매를 촉진하기 위해 소비세를 감면하고, 런던 시내 진입시 부과하던 혼잡유발세를 폐지하였다. 또한 태양광 패널 설치 가구에는 수 천 파운드에 달하는 비용 지원 등 신재생에너지 보조금을 크게 증액하여(박재목, 2009), 2020년까지 신재생에너지 비율을 15%로 확대할 계획을 갖고 있다.

3. EU

EU는 지구온난화 대책을 가장 엄격히 실행하고 있는데 공동대응을 원칙으로 유럽의회 차원에서 공동정책을 구상하고 있다. 기후변화문제를 1980년대부터 주요 지구환경문제로 분류하여 유럽이 주도권을 행사해야 한다는 입장이다.

EU집행위는 2020년까지 1990년 기준으로 EU의 온실가스 배출량을 1990년 대비 최소 20% 감축하고 신재생에너지 비율 20% 확대, 에너지효율 개선 촉진 및 여타 선진국이 동참할 경우 온실가스를 30%까지 감축하겠다는 정책 기조를 설정하고 2050년까지는 60~80% 감축(전 지구적으로는 50% 감축)을 계획하고 있다. 이를 위하여 2005에서 2007년까지 EU내에서 배출권거래제를 시행한 후 2단계 배출권거래제를 시행 중에 있다. 또한 2011년부터는 항공기 배출가스 거래제를 적용하는 준비를 하고 있다. 교토의정서에서 선진국은 5.2%의 온실가스 감축을 결정하였지만, 대기 중 온실가스를 안정화시키기 위해서는 50~70% 수준의 감축이 필요함을 주장하였다.

또한 유럽의 에너지 2020정책을 수립하여 6% 이산화탄소 감축계획을 수립하고 있으며, 유럽의 자동차제조자협회(ACEA)는 2008년까지 신규 자동차 이산화탄소 배출량을 1990년 대비 25%를 감축(140g/㎞)하고 2012년까지 신규 자동차 이산화탄소 배출량을 120g/㎞ 이하로 줄이기로 합의하였다(기후변화홍보포털 발췌 · 재작성).

제3절 | 아시아 · 태평양 주요국의 대응내용

1. 일본

일본은 세계 제4위의 에너지 소비국가로서 지구온난화 대책의 추진에 관한 법률을 제정('98) 및 개정('06)하여 내각총리를 본부장으로 하는 지구온난화대책 추진본부를 설치하였다. 또한 2050년까지 현재 수준 대비 60~80% 감축계획을 발표('08.6)하였는데, 2020년까지 2005년 대비 14% 감축이 가능할 것으로 전망될 정도로 교토의정서에 대응한 환경정책을 적극적으로 추진하고 있다.

2003년 초부터 화석연료에 대한 세금을 점차 인상하였는데, 환경세는 일본의 사회적 의제인 동시에 온실가스 6% 저감 목표를 충족시키기 위한 기후변화세로서 2004년 도입이 제안되어 논의가 계속되고 있다. 환경세의 도입은 정부의 간섭을 의미하지만 배출권거래제도는 시장경제를 통한 자율의 의미를 갖고 있는 것으로 2005년부터 자발적 배출권거래제도가 시행되고 있다.

또한 가정에서 에너지 절약을 장려하기 위한 정책을 도입하고 있는데, 일본 교토부(京都府)가 2008년 9월부터 시행하고 있는 '가계-상점-기업간 삼각 이산화탄소 배출권거래제도'를 대표적 예로 들 수 있다. 이는 가계가 이산화탄소를 줄인 만큼 확보한 환경포인트를 수퍼마켓 등 상점에서 물건으로 구매할 수 있는 제도이다. 이산화탄소 삭감 은행을 도입하여 이 은행이 가계-상점-기업간 삼각거래의 연결고리 역할을 담당한다.

일본에서는 2003년 기후변화캐피탈(climate change capital)이 창업되어 탄소배출권 시장과 관련된 펀드를 조성하고, CO_2 감축프로젝트를 비롯하여 탄소시장에 투자하고 있다. 일본 환경성은 2004년 장기적인 기후정책을 위한 과학적 평가 프로젝트를 시작하여 2006년에는 일본 에너지청(MOEJ)과 영국 환경부(UK Defra)가 공동으로 '2050년까지 저탄소배출사회' 를 추진하기 위한 방안들을 조사하기 위해 합동연구 프로젝트에 착수하였다(김정인 · 김진욱, 2008).

2. 중국

중국은 2007년에 'National Climate Change Programme' 을 발표하여 GDP당 에너지소비량을 2010년까지 2005년 대비 20%를 감축하고, 2020년까지 30% 추가 감축 및 신재생에너지 10% 확대를 목표로 설정하였다. 2009년 코펜하겐 협정에 따라 제출한 동의안에서는 2020년까지 온실가스 배출량을 2005년 대비 45%를 줄이겠다고 약속하였다(연합뉴스, 2010).

중국은 1980년대 중반부터 몇몇 온실가스 저감(mitigation) 및 적응(adaptation)[12]프로그램에 착수하였다. 이를 통해 개발과 동시에 에너지 보존을 우선시하는 것을 원칙으로 에너지 효율 개선, 에너지 구조의 최적화 및 에너지 보존에 대한 국가목표를 수립했다.

중국은 기후변화에 대응하는 감축의 정책수단으로 첫째, 에너지의 효율개선을 최우선시하고 있다. 둘째, 대체에너지 이용을 장려하고, 셋째, 이산화탄소 경

---

12 기후변화에서 저감이란 온실가스를 저감하기 위한 각종 정책수단을 의미하는 것이며 적응이란 현재 이미 지구상의 온도가 평균 0.75℃ 올랐는데 이는 단기간에 하락시킬 수 있는 것이 아니므로 최소 20~30년 동안은 현재의 온도가 유지될 것인 바, 기후, 토양, 생태계 변화, 기상상태의 변화 등에 대한 모니터링을 통해 인류가 기후변화에 적응해가는 것을 의미한다(김정인 · 김진욱, 2008).

감을 위해 삼림지 조성을 장려하며, 넷째, 이산화탄소 저감을 위해 기술개발과 기술이전을 하고 있다. 그러나 많은 도전에 직면해 있는데 첫째, 석탄(세계 1위 이용국) 및 석유(세계 2위 소비국)에 대한 의존도가 높으며, 이로 인해 온실가스 배출량은 74억 톤으로 세계 1위이다. 둘째, 방대한 영토와 다양한 기후조건으로 인해 기후변화에 적응이 어렵다는 것이다.

적응과 관련된 정책수단으로는 ① 식량안보 및 삼림, 생물다양성 보존을 위한 정책, 수자원보존을 위한 이니셔티브 등 자연자원관리, ② 홍수방지, 제방강화 및 남에서 북으로 물길 변환, 벌목의 제재, 조류에 반하는 해안 기반시설의 건축 강화를 위한 수단 등 기반시설 관리, ③ 산불과 질병을 비롯한 해충의 제어를 위한 모니터링 및 예보와 조기 경보시스템의 강화 및 구축방안 등이 있다. 이외의 대응으로 중국에서는 현재 100여건 이상의 청정개발체제(CDM)가 개발중에 있다(김정인 · 김진욱, 2008).

3. 호주

호주는 교토의정서 비준을 거부하고 개도국들의 감축의무 참여와 국가 경제 고려 등 미국의 입장에 동조하였다. 하지만 호주는 2050년까지 2000년 대비 온실가스 배출량 60% 감축을 목표로 설정하였다. 특히 2020년까지 재생에너지 비율 20%라는 목표달성을 위해 1,000MW급 규모의 세계 최대 규모 태양에너지 발전소 건립을 추진하고 있다(환경부 · 그린스타트 네트워크, 2009).

호주 정부는 온실가스에 관련된 연구활동을 광범위하게 지원하고 있으며, 기후변화 및 잠재적 영향에 관한 정보를 향상시키고 있다. 환경부 산하에 기후변화 전담기관인 온실청을 설립하여 국가온실가스 전략을 1998년에 수립하여 통계구축, 기후변화 관측, 에너지 이용 등 8개 부문 86개 정책을 추진하고 있다(한국방송신문연합회, 2009).

제4절 | 아메리카 주요국의 대응내용

1. 미국

미국은 2001년 교토의정서에 대하여 당시 세계 최대의 이산화탄소 배출국[13]이면서도 기후변화에 대한 과학적 불확실성, 개발도상국 불참 및 자국 경제에 미치는 파급영향을 이유로 참여를 거부하였다. 그러나 2003년 3월에 2012년까지 온실가스배출집약도(온실가스배출량/GDP)를 18%까지 낮춘다는 자체 목표를 수립하여 시행하고 있으며, 동북부(RGGI)와 서부(WCI)의 주를 중심으로 배출권거래제(Cap & Trade) 도입을 준비하였다. 2025년까지 배출량 증가억제를 목표로 설정하고 Lieberman-Warner's Act가 상원 환경위를 통과('07.12)하였다. 또한 2050년까지 2005년 대비 70% 감축목표를 제시하고 2017년까지 휘발유 소비량 20% 감축을 위한 대체에너지 비중 확대(3%→15%) 등 대책을 발표('07.1)하였다. 주차원에서도 켈리포니아주는 온실가스 배출을 2020년까지 25% 감축하는 법안을 제정('06)하였고 그밖에 버몬트, 뉴욕 등 29개 주에서 온실가스 감축 목표를 수립하였다.

오바마 정부가 출범하면서 미국 의회는 기후변화 관련 10개의 법안을 내놓는 등 활발한 대응을 논의하고 있는데, 이들 법안에는 온실가스 감축을 적극 이행하지 않는 국가의 수출품에 대한 추가 관세 부과 등 구체적인 무역 제재 방안까지 포함하고 있다. 석유화학, 기계공업 등 구기술(old technologies) 대신 1990년대 IT에 이어 신재생에너지와 같은 녹색기술(green technologies)을 새로운 국가 주력산업으로 육성하기로 하였다. 녹색기술에 향후 10년간 1,500억 달러 이상을 투입하여 500만개 이상의 일자리를 창출하는 새로운 성장동력으로 확보한다는 계산이다.

---

13 미국은 1990년을 기준으로 했을 때 전 세계 CO_2배출량의 약 23.2%를 차지하여 세계 1위였다. 2007년 기준으로는 세계 전체 배출량 중 중국이 28.7%, 미국이 27.5%를 점유하고 있다.(환경부, 2008).

미국이 준비하고 있는 기후 관련법으로는 탄소세(carbon tax) 도입, 무역제재, Climate Round와 같은 새로운 지구적 경제질서 구축을 내용으로 하며 탄소세나 탄소배출권 판매를 통해 부족한 세수를 보충할 계획이다(박재목, 2009).

2. 멕시코

멕시코는 전 세계 배출량의 1.6%를 배출하고 있으며, 2005년 기준 세계 10위의 온실가스배출국이다. 멕시코는 'National Climate Change Strategy'를 발표('07.5)하였는데, 주요 산업별로 2007년에서 2014년까지 CO_2 약 1억톤 감축 잠재량을 제시하였다. 2009년 6월 5일 세계환경의 날에는 2012년까지 매년 탄소의 배출을 5천만 톤씩 줄여 나가겠다고 발표하였는데, 이는 멕시코 전체 배출량의 약 8%에 해당한다.

또한 멕시코에서 기후변화의 사회적 · 경제적 비용을 평가하기 위한 사업 착수 계획을 발표하였으며, 에너지절약 전구의 개발, 학교 환경교육의 강화, 캐리비언 해안의 고래 · 상어보전지역을 포함한 5개의 새로운 보전지역의 지정 계획 등을 발표하였다(국제연합환경계획 한국위원회).

제5절 | 지구온난화와 국가대응의 전망과 과제

1. 전망

전 세계 각국은 지구온난화의 원인이 되는 온실가스 감축과 관련된 산업 및 기술에 대하여 선도적인 위치를 차지하려는 움직임이 증가할 것으로 전망된다.

첫째, 경제 · 사회 각 부문별로 탄소집약도(Carbon Intensity: CI)[14]를 개선하고, 신재생에너지 등 기후친화산업을 국가적인 신성장동력으로 육성하려는 적극적인 노력이 치열해지고 있다. 둘째, 저탄소형 생활양식과 국민의식의 확산이 추진될 것이며 산업, 농업, 산림, 해양, 생태계 등 부문별로 감축 및 적응대책을 추진하고 산업화할 것으로 전망된다. 셋째, 온난화에 따른 기후변화 대처에서 국제사회에서의 입지를 강화하고 선도해가려는 움직임이 커질 것으로 전망된다. 그리고 이를 활용한 새로운 경제질서를 구축하려는 국가들에 의해 그린라운드와 같은 세계 경제질서의 새로운 패러다임 형성이 가속화될 것으로 전망된다.

2. 과제

세계 주요국가의 지구온난화에 따른 대응을 토대로 하여 우리나라도 국제사회의 일원으로서 지구온난화에 따른 기후변화에 대처하기 위하여 다음과 같은 능동적이고 적극적인 대처가 필요하다.

---

14 탄소집약도(Carbon Intensity)란 소비한 에너지에서 발생된 CO_2 량을 에너지 총 에너지소비량으로 나눈 값을 말한다. 탄소집약도가 높다는 의미는 상대적으로 탄소함유량이 높은 에너지 사용비율이 높다는 것을 말한다. 예를 들어 같은 열량의 에너지를 얻기 위해 전체를 석탄으로 소비하는 경우와 전체를 천연가스로 소비하는 경우를 비교하면 전자의 경우가 후자에 비해 탄소집약도가 높다(CI = TC(탄소톤) / TOE(석유환산톤)).

1) 국가 온실가스 감축목표 설정에 따른 감축 · 적응노력

우리나라는 2010년 G20 의장국으로서 온실가스 감축목표를 배출전망치(BAU)[15] 대비 30% 감축하기로 2009년말 코펜하겐 회의에서 발표하였다. 우리나라는 개발도상국의 지위를 부여받아 온실가스 감축 의무 국가는 아니지만, 주요 온실가스인 이산화탄소 배출량이 세계 9위로서 저탄소사회로의 전환을 위해 목표치를 공포한 것이다. 따라서 목표를 달성하기 위해서는 산업 · 국토 · 교통 · 산림(탄소 흡수원) · 생태계 · 농업 등 부문별로 실질적인 감축 및 적응노력을 선행함으로써 선도자(early mover) 역할을 수행하여야 할 것이다.

2) 기후관련분야 산업화 전략 추진

환경문제를 새로운 세계경제 패러다임으로 형성하려는 움직임에 대응하여 기후관련 산업분야에 있어서 탄소포집 · 저장(CCS) 등 신재생에너지관련 핵심기술을 개발하고 보급을 확대하는 등 국가적인 차원에서 지원을 하여야 한다. 또한 해외 CDM 추진 등 기후변화위기를 국가성장의 동력으로 활용하는 기회로 전환하도록 추진하여야 한다.

3) 국제협력분야의 활성화

'동아시아 기후 파트너십' 등 개도국 기후변화대응 지원 사업 확대를 통한 기후산업의 해외진출 기반을 조성하고(기후변화대책기획단, 2008 : 85), 아시아 · 태평양 파트너십, 한 · 중 · 일 기후변화협의체 등 선진국과 차별화된 국제협력의 강화를 추진하여야 하겠다.

---

15 BAU(Business As Usual)는 특별한 조치를 취하지 않을 경우 배출될 것으로 예상되는 미래 전망치를 나타낸다. 따라서 2020년의 BAU라고 하면 인위적으로 감축 노력을 하지 않을 경우 현재의 추세로 볼 때 오는 2020년 배출될 온실가스의 총량을 추정한 것이다. 여기에는 경제성장률, 국제 유가, 에너지효율 개선 추이 등 온실가스 배출과 관련한 다양한 요소들이 감안돼 있다.

탐구학습

1. 주요개념
- 배출권 거래제
- 탄소집약도
- 배출전망치(BAU)

2. 토론과 과제
- 지구온난화와 국가대응의 필요성
- 영국의 지구온난화 방지대책
- 미국의 지구온난화 방지대책
- 국제사회의 일원인 한국의 지구온난화 방지를 위한 대책방안

참고문헌

국무총리실 기후변화대책기획단(2008), 기후변화대응 종합기본계획.
김정인 · 김진욱(2008), "한중일의 기후변화 대응 정책에 대한 비교 연구", 동북아경제연구, 제20권 제2호.
박재목(2009), 제1기 녹색성장과 기후변화 대응전략 교육, 한국지방행정연구원.
윤순진(2007),영국과 독일의 기후변화정책, ECO 제11권 1호.
윤영채 · 김종서(2009), "지구온난화 방지를 위한 실효적 방안 연구", 충남대학교 사회과학연구소 사회과학연구, 제20권 1호.
한국방송신문연합회(2009), 녹색성장과 신환경정책 Ⅰ.
환경부(2008), 기후변화의 이해.
환경부 · 그린스타트 네트워크(2009), 그린리더 업무 매뉴얼.
淺岡美惠(2009), 世界の地球温暖化對策, 學藝出版社.
http://geis.kemco.or.kr(온실가스배출량 정보시스템)
http://www.gihoo.or.kr(기후변화홍보포털)
http://www.unep.or.kr(국제연합환경계획 한국위원회)
http://www.yonhapnews.co.kr(연합뉴스)

제3장

지구온난화와 한국의 대응

제1절 | 저탄소 녹색성장과 국가적 대응의 의의

1. 저탄소 녹색성장의 한국적 추진배경

지난 2008년 8 · 15 경축사를 통해 이명박 대통령은 저탄소 녹색성장을 우리나라의 새로운 국가비전으로 선포하고, 녹색성장 국가전략을 수립 · 추진하고 있다. 이렇게 우리나라가 저탄소 녹색성장을 국가의 최우선 과제로 하여 추진하는 것은 경제 · 사회발전 과정상 새로운 패러다임이 필요한 측면도 있겠으나, 지구온난화, 에너지 위기, 그리고 신성장동력 창출의 필요성 등 세계적 환경변화와 도전에 대응할 필요가 있기 때문이다(녹색성장위원회, 2009b).

1) 지구온난화

지구온난화 문제가 세계인의 공통 관심사가 되고 있다. 대기 내 온실가스의 증가로 인한 지구온난화는 기상재해, 생태계 파괴 등의 형태로 표출되어 인류 생존의 위협요인으로 작용하기에 이르렀다. 온실가스의 배출은 지구의 평균온도를 지속적으로 상승시켰고, 지구온난화는 유럽 폭염, 미국 허리케인, 그리고 태풍 루사 등으로 막대한 피해를 유발하였다. 앞으로도 지구온난화는 생태계, 수자원, 식량, 해안 등 우리 생활과 관련된 다양한 분야에 피해를 줄 것으로 보인다. 따라서 이러한 문제를 해결하기 위해 선진국을 중심으로 국가 간 기후협약을 체결하는 등 글로벌 차원의 대응책을 마련하고 국제적 규제도 강화하고 있다. 온실가스 배출량이 많고 국제적 기후변화 규제정책에 신속하게 대응하기 어려운 산업구조를 가지고 있는 우리나라는 신속하고 강력한 국가차원의 대응책이 필요하다.

2) 에너지 위기

세계 인구증가와 삶의 질 향상에 따른 에너지 소비는 급격히 증가한 반면, 석탄, 석유 등 주 에너지 자원인 화석연료의 매장량은 한계가 있어 에너지 고갈과 공급부족의 에너지 위기감이 고조되고 있다. 특히 에너지의 97%를 해외 수입에 의존하고 있고, 화석연료의 의존도가 80%나 되는 우리나라의 경우, 심각한 환경오염과 기후변화에 선제적 대응을 하기 위해 친환경에너지 개발과 사용확대를 위한 정책개발이 절대적으로 필요한 실정이다.

3) 신 성장동력 창출의 필요성

미국, EU 등 선진국 경제의 소비부진, 투자둔화 등으로 실물경제의 하강이 본격화되고, 중국, 인도 등 개발도상국의 성장률 하락, 구제금융 신청 등 신흥경제권의 어려움도 가중되고 있다. 최근 선진국들을 중심으로 이러한 경제위기를 타개하고 에너지 자립국으로 변모하기 위해 녹색성장에 대한 관심이 확산되고 있다. 과거 중화학 공업을 주력산업으로 하여 고도의 경제성장을 달성한 우리나라는 최근 저성장국면에 접어들었고, 종래의 가격경쟁과 따라가기형 경제성장 전략은 경제 · 환경 · 에너지 등이 복합적으로 작용하는 세계시장에는 부적절하기 때문에, 기존의 주력산업을 대체할 신성장 동력이 필요한 실정이다.

2. 한국의 저탄소 녹색성장 개념

1) 한국의 저탄소 녹색성장

저탄소 녹색성장의 개념은 학문적으로는 다양하게 정의할 수 있겠으나, 여기서는 저탄소 녹색성장 기본법에서 정하고 있는 법적개념을 중심으로 정의하고자 한다. 저탄소 녹색성장 기본법에 의하면, 저탄소란 화석연료에 대한 의존도를 낮추고 청정에너지의 사용 및 보급을 확대하며 녹색기술 연구개발, 탄소흡수원 확충 등을 통하여 온실가스를 적정수준 이하로 줄이는 것으로 규정하고 있다(제2조 제1호). 그리고 녹색성장이란 에너지와 자원을 절약하고 효율적으로 사용하여 기후변화와 환경훼손을 줄이고 청정에너지와 녹색기술의 연구개발을 통하여 새로운 성장 동력을 확보하며 새로운 일자리를 창출해 나가는 등 경제와 환경이 조화를 이루는 성장이라고 정의하고 있다(제2조 제2호).

2) 유사개념과 구별

저탄소 녹색성장의 개념을 명확히 하기 위하여 유사개념인 지속가능발전과 지구온난화에 대하여 살펴보고자 한다. 지속가능발전법에 의하면, 지속가능성이란 현재 세대의 필요를 충족시키기 위하여 미래 세대가 사용할 경제 · 사회 · 환경 등의 자원을 낭비하거나 여건을 저하시키지 아니하고 서로 조화와 균형을 이루는 것으로 규정하고 있다(제2조 제1호). 그리고 지속가능발전이란 지속가능성에 기초하여 경제의 성장, 사회의 안정과 통합 및 환경의 보전이 균형을 이루는 발전으로 정의하고 있다(제2조 제2호). 한편 녹색성장개념은 지속가능발전(경제발전, 사회적 통합, 환경보호) 개념의 추상성, 광범위성을 정책실현 가능성면에서 그 한계점을 보완한 개념이라고 할 수 있다. 그리고 저탄소 녹색성장 기본법에 의하면 지구온난화란 사람의 활동에 수반하여 발생하는 온실가스가 대기 중에 축적되어 온실가스농도를 증가시킴으로써 지구 전체적으로 지표 및 대기의 온도가 추가적으로 상승하는 현상으로 규정하고 있다(제2조 제11호).

3. 한국의 국가적 대응 필요성

우리나라의 경우 제조업의 국제경쟁력이 상실되고 고용 없는 성장이 지속되며 에너지와 환경이 새로운 경제이슈로 급부상함에 따라 패러다임의 전환으로 새로운 경제도약의 계기를 마련할 필요가 있다. 먼저 기후변화와 에너지문제는 적극적으로 변환하고자 하는 의지가 있는 경우, 위기가 아닌 기회로 작용할 수 있고, 강화되고 있는 국제 환경규제에 효율적으로 대응하여 이를 경제성장 동력으로 활용해야 한다. 그리고 에너지 효율성 및 친환경성이 기후변화시대 경쟁우위결정의 핵심요소로 부각되고 있는 시점에서 선진국들의 탄소 저감압력에 능동적으로 대응하고, 포스트-교토 체제의 연착륙을 유도하여 사회전반에 끼칠 혼란을 최소화 할 필요가 있다. 또한 주요 성장동력인 지식 · 기술 집약형 산업을 저탄소형 구조로 전환함으로써 산업발전과 환경문제 해결의 선순환 구조를 정착시키고, 지속가능한 성장 잠재력 확충을 모색하기 위해서는 국가차원에서 적극적 대응이 필요하다(녹색성장위원회, 2009b).

제2절 | 저탄소 녹색성장 관련법률과 추진체계

1. 저탄소 녹색성장 관련법률

1) 저탄소 녹색성장 기본법

2008년 말, 정부는 녹색성장위원회 설립 준비팀을 중심으로 저탄소 녹색성장 관련 정책과 법률을 통합적 · 유기적으로 연계한 저탄소 녹색성장 기본법 초안을 마련하였다. 국회에 제출된 정부안은 2009년 12월 29일 여야 합의로 통과되었고 국회를 통과한 기본법은 정부로 이송되어 2010년 1월 13일 대통령의 재가를 거쳐 공포되었다. 기본법의 제정과 공포에 따라 후속작업으로 시행령 제정 작업이 추진되었다. 온실가스 감축대상, 방법, 절차, 목록 등을 규정한 기본법 시행령은 관계부처 협의, 입법 예고, 공청회, 규제 개혁 심사, 법제처 심사를 거쳐 2010년 4월 6일 국무회의에서 최종 의결되었다. 이후 대통령 재가를 얻어 2010년 4월 14일에 기본법과 함께 시행되었다.

2) 녹색성장위원회

녹색성장위원회 설립을 위해 정부는 2009년 1월 5일 녹색성장위원회 설립 및 운영에 관한 규정을 대통령 훈령으로 제정하면서 위원회의 설립근거를 마련했다. 그리고 1월 21일 위원회의 업무 지원을 위해 녹색성장기획단을 설치했다. 이어서 녹색성장위원회가 2009년 2월 16일 1차 회의를 개최하면서 공식적으로 출범했다. 그리고 2010년 4월 14일 저탄소 녹색성장 기본법이 시행됨으로써 위원회는 법적 기관으로서 강력하고 확고한 지위를 갖게 되었다. 해당 법조항은 저탄소 녹색성장 기본법 제14조이다. 이는 녹색성장위원회의 구성 및 운영에 관한 조항으로서 국가의 저탄소 녹색성장과 관련된 주요정책 및 계획과 그 이행에 관한 사항을 심의하기 위하여 대통령 소속으로 녹색성장위원회를 두고 있다.

2. 저탄소 녹색성장 추진체계

우리나라 저탄소 녹색성장의 추진체계를 추진계획 측면과 추진조직 측면으로 나누어 정리하고자 한다(녹색성장위원회, 2009b).

1) 추진계획 측면

우리나라 저탄소 녹색성장 추진계획은 크게 종합계획과 부문별계획으로 나눌 수 있다. 그리고 종합계획은 다시 국가전략, 5개년계획 및 기관별 계획으로, 부문별 계획은 다시 핵심계획과 연관계획으로 나눌 수 있다. 먼저 국가전략이란 정부가 저탄소 녹색성장을 위한 정책목표 · 추진전략 중점 추진과제 등을 포함하는 장기비전과 추진방향을 제시하는 계획(2009년~2050년)을 말하고, 5개년계획은 녹색성장 비전 달성을 위한 5년 단위로 수립하는 상세한 실시계획(2009년~2013년)이며, 기관별 계획은 녹색성장 국가전략을 효율적 · 체계적으로 이행하기 위하여 중앙행정기관의 장과 지방자치단체의 장이 수립 · 시행하는 소관분야별 중앙추진계획과 지방추진계획을 말한다.

그리고 부문별 계획 중 핵심계획은 녹색성장 국가전략목표와 직접 관련된 핵심계획으로 녹색성장위원회의 심의를 거쳐 국무회의에서 확정(국가에너지기본계획, 기후변화대응기본계획, 지속가능발전계획 등)하고, 연관계획은 타 법령에 따른 소관위원회에서 확정되는 계획으로 사전에 기본방침을 녹색성장위원회와 협의하여 의견을 반영하며, 연관계획의 범위는 저탄소 녹색성장 기본법 시행령으로 정하도록 하고 있다(국가과학기술기본계획, 국토종합계획, 국가균형발전계획 등).

2) 추진조직 측면

저탄소 녹색성장의 추진조직은 중앙행정조직과 지방행정조직으로 나눌 수 있다. 중앙행정조직은 녹색성장 컨트롤타워 역할을 수행하고, 정책실행 집행을 위한 역할 분담 및 협의기구 총괄운영을 하며 녹색성장위원회와 정부 각 부처로 구성된다. 녹색성장위원회는 녹색성장 전략 및 정책방향을 설정하고, 정부 각 부처에서는 녹색성장기획관 지정, 녹색성장 과제 발굴 및 사업추진을 하게 된다.

그리고 지방행정조직은 지역차원의 녹색성장 추진체계를 마련하고, 장애물 해소 및 의견수렴을 하며 지방자치단체, 지방녹색성장위원회, 녹색성장지자체협의회 및 민간협의체로 구성된다. 또한 지방자치단체는 지방추진계획을 수립 추진하고, 지방녹색성장위원회는 자치단체별 학계, 경제계, 시민단체 등 대표로 구성된다. 한편 녹색성장지자체협의회는 지방녹색성장위원장들이 회원으로 참여하는 협의체이고, 민간협의체는 산업, 과학기술, 금융 등 분야별 민관 파트너십을 통해 이루어진다.

제3절 | 한국의 국가적 대응을 위한 주요 정책내용

1. 정책비전과 정책수단

1) 정책비전

우리나라 저탄소 녹색성장의 정책비전은 2020년까지 세계 7대 녹색강국, 2050년까지 세계 5대 녹색강국에 진입하는 것이다. 그리고 이러한 정책비전을 달성하기 위하여 3대 국가전략과 10대 정책방향을 제시하고 있다. 3대 국가전략은 기후변화 적응 및 에너지 자립, 신성장동력 창출, 삶의 질 개선과 국가위상 강화 3가지이며, 10대 정책방향은 ① 효율적 온실가스, ② 탈석유 · 에너지자립 강화, ③ 기후변화 적응역량 강화, ④ 녹색기술개발 및 성장동력화, ⑤ 산업의 녹색화 및 녹색산업 육성, ⑥ 산업구조의 고도화, ⑦ 녹색경제 기반 조성, ⑧ 녹색국토 · 교통의 조성, ⑨ 생활의 녹색혁명, ⑩ 세계적인 녹색성장 모범국가 구현 등이다.

2) 정책수단

효율적인 시장원리를 적극 원용한 녹색성장 목표 달성을 위한 정책수단으로 정부 직접투자, 규제활용, 유인책, 외부경제의 내부화 및 도덕적 설득 등 다섯 가지를 들 수 있다. 먼저 국가 직접투자를 통해 녹색 신기술개발과 시장화를 위한 인프라를 구축하고, 규제수단을 활용해서 저탄소 효율상승과 청정에너지 활용관련 명확하고도 직접적인 규제 및 방향제시를 할 수 있다. 그리고 유인책으로 신규 시장창출 및 기술개발을 위해 세제지원, 보조금 지급 등 인센티브를 제공하거나, 외부경제의 내부화로 상품이나 서비스 가격에 생산과 소비로 인한 오염발생의 사회적 비용이 포함될 수 있도록 할 수 있다. 마지막으로 도덕적 설득 방법으로 녹색성장의 생활화를 위해 국민에 대한 교육과 홍보를 통한 시민의식 전환을 추진할 수 있다(녹색성장위원회, 2009b).

2. 3대 추진전략과 10대 정책방향

2009년 7월 정부는 녹색성장 국가전략의 시행계획으로서 녹색성장 5개년계획을 수립하였다. 녹색성장 5개년계획에는 3대 전략, 10대 정책방향, 그리고 50대 실천과제가 포함되었다. 여기서는 3대 전략과 10대 과제의 내용을 요약하고자 한다. 첫 번째 전략인 기후변화 적응 및 에너지 자립을 위해 효율적 온실가스 감축, 탈석유 에너지 자립 강화, 그리고 기후변화 적응 역량 강화 등 3개의 정책 방향과 15개의 세부 실천과제를 제시했다. 두 번째 전략인 신성장 동력 창출을 위해 녹색기술개발 및 성장 동력화, 산업의 녹색화 및 녹색산업 육성, 산업구조의 고도화, 녹색경제기반 조성 등 4개의 정책방향과 21개의 세부실천과제를 제시했다. 마지막으로 삶의 질 개선 및 국가위상 강화를 위해 녹색국토 · 교통의 조성, 생활의 녹색혁명, 세계적인 녹색성장 모범국가 구현 등 3개의 정책방향과 14개 세부실천과제를 제시했다(녹색성장위원회, 2009b).

3. 행위주체별 책무

저탄소 녹색성장 정책의 추진은 국가의 노력만으로는 한계가 있다. 국가 외에도 지방자치단체, 기업인, 그리고 일반 국민들의 적극적인 참여와 협력이 필수적이다. 저탄소 녹색성장 기본법에서는 각 행위주체별 책무를 규정하고 있다(제4조~제7조).

우선 중앙정부는 정치, 경제, 사회, 문화 등 국정의 모든 부문에서 저탄소 녹색성장 기본원칙이 반영될 수 있도록 노력하고, 각종 정책을 수립할 때 경제와 환경의 조화로운 발전 및 기후변화에 미치는 영향 등을 종합적으로 고려하여야 한다. 그리고 지방자치단체의 저탄소 녹색성장 정책을 지원하고, 녹색성장의 정착 · 확산을 위해 지방자치단체, 사업자, 국민, 민간단체에 정보제공 및 재정지원 등 필요한 조치를 하여야 한다. 또한 자원위기 및 기후변화에 대한 문제점을 점검하고 국제협상에도 적극 참여하고 적절한 대책을 마련하여야 한다.

아울러 지방자치단체는 먼저 지역적 특성과 여건을 고려하여 저탄소 녹색성장대책을 추진하되 저탄소 녹색실현을 위한 국가시책에 적극 협력하여야 한다. 그리고 지역주민에게 저탄소 녹색성장에 대한 교육과 홍보를 강화하고, 구역 내 사업자, 주민 및 민간단체에 정보제공 및 재정지원 등 필요한 조치를 강구하여야 한다.

한편 기업 활동 전 과정에서 온실가스와 오염물질을 배출하는 기업인은 녹색경영을 선도하여야 하며, 녹색기술 연구개발과 녹색산업에 투자를 확대하는 등 환경에 대한 사회적 · 윤리적 책임을 다 하여야 한다. 그리고 중앙정부와 지방자치단체가 실시하는 저탄소 녹색성장정책에 적극 참여하고 협력하여야 한다.

그리고 국민은 가정과 학교 및 직장 등에서 녹색생활을 적극 실천하고 기업의 녹색경영에 관심을 기울이며 녹색제품소비 및 서비스 이용을 증대함으로써 녹색경영을 촉진하여야 한다. 또한 국민은 스스로가 인류가 직면한 심각한 기후변화, 에너지 및 자원위기의 문제해결자임을 인식하고 건강하고 쾌적한 환경을 후손에게 물려주기 위하여 녹색생활운동에 적극 참여하여야 한다.

제4절 | 한국의 국가적 대응을 위한 전망과 과제

1. 녹색성장정책의 대외적 여건

지구온난화 문제를 해결하기 위해 선진국을 중심으로 국가 간 기후협약을 체결하는 등 글로벌 차원의 대응을 추진 중에 있다. 교토의정서, 발리로드맵 등을 통해 온실가스 감축방안을 마련하고, 다보스포럼, APEC 정상회담 등에서도 지구온난화가 주요의제로 채택되었다. 그리고 화석연료 중심의 기존의 에너지 소비구조는 자원고갈을 가속화시키고 환경을 오염시키는 등 구조적 한계를 드러냄에 따라, 주요 선진국들은 친환경에너지의 개발과 사용 확대를 정책적으로 지원하고 있다. 또한 선진국을 중심으로 탄소배출권 시장, 신재생에너지 등 녹색시장 · 녹색산업을 새로운 국가성장 동력으로 활용하려는 움직임이 증가하는 추세를 보이고 있다(녹색성장위원회, 2009b).

2. 한국의 저탄소 녹색성장 전망

우리나라는 녹색한국의 발전단계를 4단계로 나누어 2010년까지 녹색성장 인프라를 확립하고, 2013년까지 녹색기술 및 산업분야 강국을 실현하여 2020년에는 녹색성장 7대 선도국가, 2050년에는 세계 5대 녹색선진국 달성을 목표로 하고 있다. 이렇게 목표가 달성되면, 국가는 온실가스의 효과적 감축 및 기후변화 적응역량을 강화하고, 녹색성장 글로벌 리더국으로써 국제적 위상을 확립하여, 저탄소 녹색성장을 통한 녹색일류 국가 구현이 가능할 것으로 보인다. 그리고 기업은 녹색 신산업분야 시장 확대 및 기술력 제고와 녹색 중소기업 경쟁력 강화로 녹색기술 등을 통한 국제경쟁력을 제고할 수 있다. 국민들 또한 녹색마을·녹색시민·녹색가정을 확산하고, 녹색 국토공간·건축물 확대 및 친환경 녹색교통 체계확산으로 녹색생활을 통한 녹색 선진국민 구현이 가능할 것으로 보인다. 취약계층에 대해서도 서민대상 녹색사회안전망 확충과 서민층 녹색일자리 창출 및 교통 의료서비스 확충이 이루어질 것으로 기대된다(녹색성장위원회, 2009b).

3. 향후 한국의 국가적 대응과제

1) 추진주체별 효율적인 역할분담

저탄소 녹색성장정책추진을 효율적으로 추진하기 위해서는 추진주체별로 체계적으로 역할분담을 하고 총체적으로 추진하여야 한다. 정부, 기업, 국민 간, 중앙과 지방간, 그리고 정부 내 소관 부서별로 이해가 다양하기에 효율적인 역할분담이 절실히 요청된다. 탄소배출권 거래제도와 관련하여 여러 중앙부처간 의견대립을 하는 것을 보아도 알 수 있다. 정부는 구체적으로 방향제시, 기업은 투자, 과학기능계는 연구 개발, 시민단체는 녹색생활실천에 앞장 설 필요가 있다. 이를 위하여 정부와 민간전문가로 태스크포스팀(task force team)을 구성하여 합리적으로 역할분담을 추진하되 의견이 상충되는 경우에는 효율적이고 합리적으로 결정할 수 있는 시스템을 구축하여야 한다.

2) 국민적 공감대 형성과 참여확대

녹색성장 국가전략을 효율적으로 추진하기 위해서는 중앙정부나 지방자치단체 등 행정주체의 노력만으로는 한계가 있다. 따라서 민간부문의 실질적 인식과 행동변화를 이끌어 내고, 국민들의 적극적인 참여를 유도하기 위해서는 민간협의체 등을 구성 운영할 필요가 있다. 그리고 국민들의 경제사회발전에 대한 패러다임 전환과 녹색생활의 정착을 위해서 적극적인 대국민 홍보와 교육을 통한 국민운동으로 확산할 필요도 있다.

3) 소외계층에 대한 녹색사회 안전망 확충

저탄소 녹색성장정책의 추진은 사회적 약자인 소외계층에는 큰 부담으로 작용할 수 있으므로 소외계층에 대한 안전망 확충계획도 병행 추진되어야 한다. 따라서 안정적인 공급체계 구축, 저소득층 주택냉난방 효율성 제고 등 저소득층에 대한 에너지 복지 사각지대를 해소하고, 서민들을 위한 녹색일자리 창출, 대중교통편의 증진 및 교통비경감, 원격의료 보건서비스 등도 사전에 충분히 고려되어야 한다.

4) 국제적 위상 및 역할제고

국제사회에서 저탄소 녹색성장정책의 주도권을 확보하기 위해서는 글로벌 기후변화대응 및 녹색성장논의에 적극적으로 참여하고 협력하여 녹색성장모범

국가로서의 위상을 정립할 필요가 있다. 그리고 동아시아 기후파트너십에도 참가하고 공적개발원조(ODA) 등 기금에 대한 공여확대로 개발도상국의 녹색성장을 도와주는 노력도 병행하며 녹색인프라, 녹색정책, 녹색기술 분야 등에 국제적 허브를 구축하여 녹색성장의 모델을 제시할 필요가 있다.

탐구학습

1. 주요개념

- 저탄소 녹색성장
- 저탄소 녹색성장 관련법률 및 추진체계
- 저탄소 녹색성장 3대 국가 추진전략
- 저탄소 녹색성장 10대 정책방향

2. 토론과 과제

- 국민적 합의 도출을 위한 합리적인 민간협의체 구성 운영
- 저탄소 녹색성장 정책 추진을 위한 효율적 역할분담
- 중소기업 및 저소득층 대책
- 국제적 기대에 부합하는 국제적 위상정립

참고문헌

녹색성장위원회(2009a), 녹색성장국가전략.
녹색성장위원회(2009b), 녹색성장 5개년계획(2009~2013).
녹색성장위원회(2010), 녹색성장바로알기.
http://likms.assembly.go.kr(국회법률지식정보시스템)
http://www.greengrowth.go.kr(녹색성장위원회)

제3편

저탄소 녹색산업의 성장과 관리

제1장 | 녹색산업
제2장 | 녹색기술
제3장 | 녹색농업
제4장 | 녹색식품
제5장 | 녹색관광

저탄소 녹색산업의 성장과 관리에 대하여 살펴보기로 한다. 구체적으로는 녹색산업, 녹색기술, 녹색농업, 녹색식품, 그리고 녹색관광에 대하여 중점적으로 살펴본다.

제1장

녹색산업

제1절 | 녹색산업의 의의

1. 배경

우리나라는 세계 10대 에너지 소비국으로 총 에너지의 97%를 수입에 의존(전체수입액의 27%)하고 있어 유가급등 등 국제적 상황변화에 매우 취약하다. 석유수입 규모는 세계 4위에 해당하고, 수입량의 82% 이상을 중동지역에 의존하고 있다.

2006년도 우리나라의 1차 에너지원별 비중을 보면, 석유가 43.6%로 가장 높고, 다음은 석탄 24.3%, 원자력 15.9%, LNG 13.7% 등의 순으로 나타났으며, 신재생에너지는 2.5%에 그치고 있다. 이처럼 화석연료 의존도는 높고, 신재생에너지 보급 수준은 미미한 실정이다.

한편 선진국을 중심으로 경제위기를 극복하고 에너지 자립국으로 발전하기 위한 정책수단으로 녹색산업 성장전략 수립과 추진이 요구된다. 이는 주요 성장동력인 지식 · 기술집약형 산업구조를 저탄소형 산업구조로 전환함으로써 산업발전과 환경문제를 동시에 해결할 수 있는 선순환구조화와 지속가능한 경제성장을 위한 동력원을 확보하는 의미가 있다.

그리고 글로벌 경제체제에서 온실가스 배출규제가 새로운 무역장벽으로 등장함으로써, 신경제 경쟁구도의 선점을 위한 각축전이 예상된다.[1] 전 지구적으로 감축계획의 이행에 따른 온실가스 감축 비용 증대로 인하여 기존 산업계가 저탄소형 산업구조로 전환될 것으로 전망되고, 저탄소형 산업과 관련하여 거대한 시장이 형성될 것으로 보인다.

2. 개념

세계적인 관심에도 불구하고 녹색산업의 범위에 대해서는 아직까지 많은 논란이 있으며, 그 분류 또한 다양하다. 일부에서는 녹색산업의 정의를 OECD의 환경산업[2]과 동일시하는데, 이는 환경적 위험을 측정, 예방, 억제하고 최소화하거나 바로잡기 위한 재화나 서비스를 생산하는 산업으로 정의된다. 이를 바탕으로 일부 학자들은 녹색산업을 개선 · 치유, 경감, 예방, 지속가능성 등과 관련된 산업으로 규정한다.

녹색성장에 관한 논의가 활발해짐에 따라 녹색산업의 범위 역시 점차 다양해지는 경향이 있다. Chapples(2008)는 녹색산업에 대한 기존 연구를 종합한 결과 에너지 및 공급 · 처리업과 녹색건축, 녹색제조업과 교통 등을 제외하고는 학자에 따라 다양한 의미로 사용된다고 주장하고 있다. 통일된 개념의 부재는 녹색산업이 매우 빠르게 성장하는 신생산업이라는 특징 및 연계된 부문이 광범위하다는 점과 연관된다. 그러나 이러한 학문적 개념규정의 다양성에도 불구하

1 2007년 파이낸셜타임즈에 의하면 세계 500대 기업의 70% 이상이 기업경영 위기요인으로 온실가스배출 규제를 지목하고 있다.

2 환경산업은 물, 공기, 토양에 대한 환경적 피해 및 폐기물, 소음, 생태시스템 등과 관련한 문제를 측정, 방지, 제한, 최소화 또는 시정하는 재화와 서비스를 생산하는 활동으로 환경적 위험요인을 감소시키고 오염과 자원사용을 최소화하는 청정기술, 청정제품 및 청정서비스를 포함한다. 이러한 환경산업은 오염관리군, 청정기술군, 자원관리군 등 세 종류의 그룹으로 구분할 수 있다.

고, 정책적으로 볼 때 대부분의 논의는 에너지와 환경을 핵심으로 하고 있다. 독일 환경부에서는 녹색산업을 환경산업과 같은 개념으로 사용하며, 환경친화적 발전, 에너지 및 자원 효율화, 폐기물 관리 및 순환, 지속가능한 물 관리, 지속가능한 교통 기술 등을 선도부문으로 간주하고 있다. 우리나라 또한 녹색산업을 신재생에너지 및 친환경 산업을 포함하는 용어로 사용하는 경향이 있다(류승한, 2009).

녹색산업은 학술적 용어가 아니라 정책적 용어로 이해할 수 있다. 녹색산업의 개념은 저탄소 녹색성장 기본법을 통해서 살펴볼 수 있다. 저탄소 녹색성장 기본법은 녹색산업을 경제 · 금융 · 산업 · 건설 · 농수산업 · 관광 등 경제활동 전반에 걸쳐 자원 · 에너지의 효율을 높이고 환경을 개선하는 재화의 생산 및 서비스의 제공 등을 통하여 건실한 녹색성장을 이루는데 이바지하는 1 · 2 · 3차 산업으로 규정하고 있다.

이러한 연장선에서 녹색산업은 저탄소 녹색성장을 위한 일련의 인력개발, 기술개발, 시설구축에서 발생하는 산업분야를 비롯하여 그에 따르는 효과인 환경관련 산업, 관광산업 등에 이르는 산업분야라고 볼 수 있다(이세찬, 2009). 한편 녹색산업도 하나의 산업이라는 측면에서 저탄소 청정에너지 · 자원의 생산, 에너지 · 자원의 이용효율성 제고, 온실가스의 저감, 환경오염의 저감 또는 자원순환 등이 당해 산업의 주된 활동이 되는 산업으로, 이러한 활동에 따른 매출 또는 부가가치가 당해 산업 전체의 총매출 또는 총부가가치의 의미있는 비율을 구성하면서 녹색성장에 기여하는 산업이라고 정의하기도 한다(조창현 외, 2009).

3. 중요성

경제적 측면에서 녹색산업의 중요성이 점차 높아지고 있는데, 주로 세 가지 측면에서 살펴볼 수 있다. 첫째, 녹색산업은 경제적 이윤 창출에 그치지 않고 범지구적으로 기후변화에 대응하는 노력에 동참하는 성격을 가지고 있으며, 지속가능한 발전을 위한 기술을 개발하는 데에 핵심을 두고 있다(이세찬, 2009). 즉 환경이 경제성장의 제약요인이라는 전통적 관점에서 벗어나, 지속가능한 성장을 위한 새로운 기회요인으로 작용한다는 점에서 중요성을 찾을 수 있다(금한승, 2009).

둘째, 녹색산업화 기반구축에 따른 다양한 경제적 이익의 창출이 가능하다. 먼저, 녹색산업 집적에 따라 산업활동에 필요한 지원서비스 집중, 정보 교환 및 이에 따른 기술의 발전과 전문인력 풀의 형성 등 다양한 경제적 이익의 창출이 가능하다. 그리고 녹색산업 집적에 따라 기업 발전에 필요한 다양한 공공재의 투입을 유발하고, 기업지원 서비스 투자를 더욱 확대시켜 역동적 혁신클러스터 형성을 촉진한다. 뿐만 아니라, 지역내 녹색산업 기반 구축을 통해 지역의 그린에너지 관련 R&D 허브역할을 성공적으로 수행할 수 있는 공동연구, 연구인력 육성, 벤처기업 육성과 같은 경제성장을 위한 기반 구축이 가능하다.

셋째, 현재 우리나라의 그린에너지 기술 수준은 분야별로 세계 최고 수준 대비 50~85%에 불과하며 세계적인 선도기업이 거의 없는 상태이므로 시장을 선점해야 한다는 점에서 녹색산업의 중요성을 찾을 수 있다. 에너지기업의 67.4%는 원천기술 확보보다 1~2년내 활용 가능한 기술개발에 집중하고 있다. 예를 들어, 태양광에 있어서 실리콘계 태양광 분야는 세계 최고 수준의 88%까지 기술격차가 좁혀졌으나, 박막형 태양광은 61%로 아직 낮은 수준이고, 풍력에 있어서는 육상 풍력과 해상 풍력의 기술 수준은 세계 최고 수준의 79%, 68%로 추가적인 기술개발 노력이 필요하다.

표 3.1.1 우리나라 그린에너지 산업의 국제 경쟁력

분야	기술분야	선도기업	세계시장 규모	국내산업현황	
				시장점유율	기술수준
태양광	실리콘계	Sharp, Sanyo	200억불	0.7%	88%
	박막	Kaneka. Wurth Solar			61%
풍력	육상	Vestas, GE	375억불	1.1%	79%
	해상	Enercon, Vestas			68%

분야	기술분야	선도기업	세계시장 규모	국내산업현황	
				시장점유율	기술수준
수소연료 전지	수송용	Honda, Toyota	32억불	0%	70%
	가정용	Sanyo, Ebara-Ballard			69%
	발전용	FCE, Siemens, Power			62%
청정연료	GTL	Sasol, ExxonMobil, hell	285억불	0%	50%
	CTL	Sasol, HTI			50%
IGCC	IGCC	Shell, GE	86억불	0%	56%
CCS	연소후	MHI, Kansai Electric Power	-	0%	70%
	연소전 · 연소중	MHI, Alstom, Texaco			60%
에너지 저장	kW급	SANYO, USABC	5억불	0%	70%
	MW급	NGK, VRB			50%
LED	광효율 80lm/W이하	Nichia, GE, Osram	140억불	8.3%	80%
	광효율 100 lm/W이상	Nichia, GE, Osram	140억불		50%
전력 IT	지능형 송 · 변 · 배전시스템	ABB, 지멘스	130억불	0.6%	85%

자료 : 지식경제부(2008).

제2절 | 녹색산업의 주요내용

1. 녹색산업의 유형

녹색산업의 유형은 국무총리실에서 발표한 '기후변화대응 종합기본계획'을 통해서 구분할 수 있다. 기후변화대응 종합기본계획에서는 녹색산업의 유형을 신재생에너지산업, 에너지효율향상산업, 친환경산업, 그리고 원자력산업 등 4개의 산업으로 구분하고 있다.

1) 신재생에너지산업

신재생에너지산업은 태양열, 태양광, 풍력, 바이오, 수력, 연료전지, 폐기물, 지열 등과 관련된 산업으로 신재생에너지 보급률 제고, 신재생에너지 초기시장 창출 및 보급 프로그램 확대, 그린홈(green home) 조성 및 태양에너지 마을(solar town) 조성, 바이오디젤 비율과 목질계 바이오에너지 비율 제고, 생활폐기물의 에너지화, 가스화복합발전(IGCC), 석탄 액화기술 등 무공해 석탄에너지 상용화 공정 개발 등과 관련된 산업을 의미한다.

신재생에너지산업에 대한 문제점으로는 기존의 정책이 수요확대에 초점을 맞추고 공급측면에서는 기초 R&D에 집중한 결과 산업화 기반이 매우 취약하다는 점이다. 이 정부에서 신재생에너지를 기존의 화석연료와 같은 에너지적 관점에서 주로 취급하는 것에서 기인한다. 그 결과 주요 신재생에너지원별 기술수준 및 국산화율은 여전히 선진국 및 선진제품에 비해 낮은 실정이다.

2) 에너지효율향상산업

에너지효율향상산업은 그 중요성에도 불구하고 녹색산업의 영역 가운데 가장 미흡한 분야이다. 그리고 에너지효율향상산업은 에너지효율향상 기술개발, 투자확대를 통한 기술수준 선진화, LED융합 산업의 성장저변 확대, 공공부문에서의 LED 초기시장 수요 창출을 포함한다. 또한 하이브리드차 및 연료전지차 양산으로 세계 4대 그린카 생산국 진입, 철강, 석유화학 등 에너지다소비 업종에 대한 에너지 효율향상 강화, 에너지효율향상 보급지원 제도 강화 등을 추진하고 있다.

3) 친환경산업

친환경산업은 물, 기상, 폐기물, 청정개발 등으로 나누어 볼 수 있다.[3] 세계 물시장은 연평균 5.5%씩 성장하여 2003년 830조원에서 2015년 1,600조원으로 확대될 전망이다. 이에 따라 향후 수출산업화를 비롯하여 하수처리수 재이용, 해수담수화 등 해외시장 진출을 위한 경쟁력 있는 글로벌 물관리 전문기업을 육성해야 한다. 그리고 국내 기상산업이 2007년 290억원에서 2012년 1,000억원 이상으로 확대될 것으로 전망되어 이에 대한 투자가 필요한 실정이다. 2006년 폐기물 에너지는 신재생에너지 총생산량(523만toe) 중 76%에 달한다. 2012년까지 폐기물 에너지화시설을 57개소 설치하여 폐기물 에너지화율을 현재의 1.8%에서 31%로 제고하며, 2012년까지 가용폐기물의 31%를 에너지 자원화하여 1만 7천여개의 일자리 창출 및 연 1조 3천억원 경제적 편익이 창출될 것으로 예상되고 있어, 이에 대한 적극적인 투자가 필요하다. 또한 청정개발체제 수출지원단 운영을 통해 해외시장 진출전략 컨설팅, 수출협상 · 계약 등 수출지원서비스 등을 제공해야 한다.

우리나라에서는 환경 및 에너지기술에 대한 개발투자의 미흡, 개발된 기술에 대한 신뢰도 부족으로 인한 사용의 기피, 신기술보급 촉진제도의 미흡, 공급-수요업체간 연계부족에 따른 개발기술의 유통의 경직성, 환경산업의 규모의 영세성, 인력수급의 불균형과 산학연간 연계 결여, 환경기술의 표준화 미흡 등이 문제점으로 지적되고 있다.

3 환경산업의 산업분류를 보면, OECD에서는 오염관리그룹, 청정기술 및 관련제품 그룹, 자원관리그룹 등으로 분류하고 있고, 우리나라에서는 오염관리관련 생산업, 자원관리관련 생산업, 오염관리관련 건설업, 자원관리관련 유통업, 오염관리관련 서비스업 등으로 구분한다.

4) 원자력산업

원자력산업[4]은 원자력발전소 건설 및 운영 경험으로 설비 및 기술(인력)의 수출 확대, 원전 핵심기술의 조기개발을 통한 한국형 원전 수출을 추진하고 있다. 한편 한국형 원전 2기 수출시 5만명의 고용효과와 더불어 약 5조원의 수출효과를 기대하고 있다.

2. 녹색산업의 특징

녹색산업은 다양한 특징을 지닌다. 우선 녹색산업의 가장 큰 특징으로 국가산업발전 수준에 관계없이 많은 국가에서 동시에 높은 성장성을 기록하고 있다는 점을 들 수 있다. 이는 녹색산업의 육성을 위한 지역간 경쟁이 다른 어떤 산업보다 치열할 수 있음을 의미한다. 미국 제조업 전반의 침체에도 불구하고 청정에너지 분야는 지속적으로 성장하여 2016년에는 미국 시장 규모가 2,260억 달러에 달하고, 태양에너지 및 풍력의 수요는 향후 20년간 지속적으로 성장할 것으로 전망된다.

둘째, 녹색산업이 고용에 미치는 영향은 매우 크다. 2020년까지 프랑스의 이산화탄소 배출을 30% 감축할 경우 총 고용은 68만 4천명이 증가할 것으로 평가되었으며, 이외에 유가가 배럴당 100달러를 유지할 경우 추가적으로 약 4만 8천명의 고용이 증가할 것으로 전망되었다. 또한 독일에서는 2030년까지 추가적으로 80만명의 고용이 증가할 것으로 추정되고 있다.

셋째, 높은 성장성과 육성의 시급성에도 불구하고, 아직까지 기술적 · 비용적 측면에서 시장이 기능하지 못하는 분야가 많다는 점을 들 수 있다. OECD는 대부분의 신재생에너지 산업이 핵심기술분야에서 기술적 장애요인이나 비용적

---

4 우리나라 원자력 현황은 고리, 영광, 울진, 월성 등 4개 지역에 총 21기를 운영 중(세계 6위 규모)이며, 국내원전은 운영효율성 및 안전성에서 세계 최고수준을 자랑하고 있다.

장애요인을 지니고 있다고 지적하고 있다. 이러한 장애요인의 존재는 녹색산업의 육성 필요성에도 불구하고 핵심분야의 육성이 쉽지 않다는 것을 암시한다. 많은 국가들이 녹색산업육성을 위한 정부 개입의 필요성을 강조하는 것은 이와 관련되어 있다.

넷째, 대부분 다른 산업과의 연계관계 속에서 존재하고, 산업성장의 파급효과 역시 광범위한 분야에 걸쳐 나타난다는 점이다. 신재생에너지 등 신산업의 성장은 기존 제조업의 시장확대와 고용증가에도 매우 큰 영향을 미친다. 기존 산업과의 연계성이 높기 때문에 녹색산업의 성장이 다른 산업의 성장에 미치는 영향 또한 매우 크며, 광범위한 분야에 걸쳐 나타난다. 녹색산업은 제조업, 서비스업, 건설업 등에 다양한 영향을 미치며, 고용의 창출규모는 매우 클 것으로 전망되고 있다.

3. 녹색산업 관련 주요정책과 제도

녹색산업과 관련한 정부의 현행 정책과 제도는 크게 세 가지 측면에서 볼 수 있다. 첫째는 정부가 녹색성장을 위하여 발표한 다양한 육성 · 지원방안이고, 둘째는 녹색성장의 법적 기초와 근간을 이루는 저탄소 녹색성장 기본법, 셋째는 녹색산업에 속한 개별 산업들에 대한 정부의 규제 및 지원제도이다.

정부가 발표한 주요 녹색성장전략으로 그린에너지산업 발전전략, 신성장동력 발전전략, 녹색뉴딜사업, 그린 IT 전략, 녹색기술 연구개발 전략 등을 들 수 있다. 저탄소 녹색성장 기본법의 주요내용은 녹색경제 · 녹색산업의 창출 및 단계적 전환 촉진, 녹색산업투자회사 설립, 기후변화 · 에너지 목표관리제 도입, 총량제한 배출권거래제 도입, 녹색국토 조성, 저탄소 교통체계 구축 등으로 구성되어 있다.

녹색산업에 속한 개별 산업들에 대한 정부의 규제 및 지원제도는 신재생에너지 지원제도, 에너지효율 관련 산업 지원제도, 환경산업에 대한 지원제도 등이 있다. 신재생에너지 지원제도는 신재생에너지의 사업화와 직·간접적으로 연관된 대부분의 제도를 포함하는데, 신재생에너지 사업화 지원과 관련한 제도는 크게 보급지원제도, 기술개발사업, 그리고 기반조성사업 등으로 구분할 수 있다.

에너지효율 또는 에너지절약과 관련한 정책과 사업은 주로 에너지이용합리화법, 에너지기본법, 집단에너지사업법 등을 근거로 시행되고 있다. 에너지 효율 정책의 근간이라 할 수 있는 에너지이용합리화 기본계획은 에너지이용합리화법에 근거하여 5년마다 입안·시행된다. 제4차 에너지이용합리화 기본계획(2008~2012)은 고유가 극복, 기후변화협약 대응, 무역수지 개선 등을 목표로 원천적인 에너지 낭비 요인을 줄일 수 있는 인센티브 개발에 중점을 두고 있으며, 백열전구 퇴출, 에너지 효율 목표관리제 등 신규 시책의 도입을 통해 에너지 절약과 기후변화 협약에 능동적으로 대응한다는 방침을 세워두고 있다. 에너지 효율과 관련한 정책 입안과 제도 및 사업 시행의 책임은 원칙적으로 중앙정부와 지방자치단체에 있으나, 실질적인 집행은 에너지관리공단이 담당하고 있다.

에너지관리공단에서는 효율관리제도, 에너지절약전문기업 제도, 집단에너지 보급, 소형 열병합발전사업 관리, 자발적 협약(VA) 제도, 에너지절약 기술정보협력 제도, 건물에너지 절약, 수송에너지절약, 에너지사용계획 협의제도, 열사용기자재 검사제도, 고효율기기 장려금 지원제도 등을 관장·시행한다.

정부의 환경산업 지원 정책은 크게 네 가지 방향을 지향하고 있다. 첫째, 환경산업의 기술개발이다. 둘째, 환경산업체의 전문화와 대형화를 유도하여 환경산업체의 규모의 경제와 범위의 경제를 실현하는 것이다. 셋째, 환경산업의 수출전략화 지원이다. 넷째, 환경산업에 필요한 인력 양성이다. 환경산업에 대한 지원제도는 주로 환경기술 개발 및 지원에 관한 법률을 통해 구체화되어 있다.

한편 녹색산업의 발전을 위해서는 표준화 사안이 중요한 이슈가 된다. 1995년 세계교역시장이 GATT체제에서 WTO체제로 변경됨에 따라 표준이 비관세장벽화되어 각국은 국가경쟁력 확보전략으로 표준화 정책의 중요성을 인식하게 되었다. 우리나라는 표준화 정책에 대한 국제적 협력의 중요성을 인식하고

2009년 6월까지 25개국 32개 기관과 표준화 관련 MOU를 체결하였다. 여타 산업발전과 마찬가지로 녹색산업 발전도 시작 단계에서부터 표준이 먼저 확립되어야 하므로 우선 탄소배출량 측정의 표준화가 확립되어야 한다. 또한 여타 환경규제 대상이 되는 물질에 대해서도 측정의 표준화가 필요하며, 신재생에너지 산업의 경우도 태양에너지, 태양전지, 수소에너지 등의 측정 및 평가와 관련하여 표준화가 필요하다.

제3절 | 녹색산업의 사례

1. 미국의 그린카산업 육성전략

미국 자동차산업은 2050년까지 자동차 배출가스를 70% 감축할 계획인데, 이를 위해 미국 정부는 2007년 기후 안전법(Climate Security Act)을 통해 완성차업체와 부품업체들에게 향후 20년간 400억 달러를 지원할 계획이다. 우선 연료전지차 개발 및 하이브리드카 양산을 위해 Freedom CAR 사업 등을 통하여 2003년에서 2015년 동안 27억 달러를 지원할 계획이다. 특히, 2015년까지 플러그인 하이브리드카를 100만대 보급할 계획으로 있는데, 2014년까지 경쟁력 확보를 목표로 플러그인 하이브리드카(PHEV) 개발과 관련하여 리튬이온전지 성능향상, PHEV의 상업적 대량생산, PHEV 장착이중전지시스템 등 3개의 프로젝트를 진행 중에 있다.

또한 미국은 2020년까지 수소연료전지 자동차를 대중에게 보급한다는 목표를 위해 민·관 공동의 연구개발을 진행 중에 있다. 또한 미국 정부는 하이브리드카, 플러그인 하이브리드카 등의 성능을 획기적으로 개선할 수 있는 고성능 배터리 기술을 집중개발하기 위해 차세대 자동차용 고성능배터리 개발과 연료효율적 첨단자동차(ATVM)의 개발 지원을 위해 에너지부는 250억 달러 규모의 직접프로그램을 운영 중에 있다.

2. 오바마 정부의 신재생에너지산업 육성

미국 오바마 행정부는 온실가스 배출량을 2020년까지 1990년수준으로 낮추고 2050년까지 1990년 대비 80% 감축을 목표로 설정하였다. 이를 위해 그린에너지 육성을 통한 신성장동력화를 위해 향후 10년간 1,500억 달러를 투자할 계획이다. 신재생에너지 공급기준을 2012년 1월까지 전력의 10%, 2025년까지 25%를 신재생에너지로 공급할 계획을 마련하고 있다. 또한 2007년 에너지독립보안법에서 재생연료기준(renewable fuel standard)을 도입하여 2022년까지 바이오연료를 현재의 7배 수준인 360억갤런을 생산할 계획이다. 태양광 장비(photovoltaic devices)의 경제성을 2015년 1월까지 여타 대체에너지 수준으로 향상시키는 등 태양광 기술개발을 확대하고, 아울러 태양광 급탕시스템, 태양광 히터, 태양광 전지(solar shingles)의 보급 · 확산도 중점적으로 추진할 계획이다. 그리고 풍력발전을 위해서는 풍력터빈 운영의 비용절감과 효율향상을 위한 기술개발, 연방정부 소유지의 활용 · 확대 등을 추진하여 2030년 3월까지 전체 전력의 30%를 풍력발전을 통해 공급할 계획이다. 이밖에도 전세계 석탄부존량의 1/4 정도를 보유하고 있는 미국은 부존량이 풍부한 석탄을 전력생산의 에너지원으로 최대한 이용하면서 오염물질의 배출을 줄이기 위한 기술을 집중적으로 개발하고 있다.

3. 후쿠다 정부의 신경제성장전략

일본의 녹색성장전략은 2008년 후쿠다 정부가 발표한 신경제성장전략에 제시되어 있는데, 저탄소사회를 비전으로 제시하고, 환경 · 에너지 의제를 국가 최상의 의제로 격상하여 기후변화대응을 신성장동력의 기회로 만들기 위한 전략을 마련하였다. 자원고갈 및 기후변화에 대해 소극적 국내 대응이 아닌, 아시아시장을 활용하고 세계시장을 선도하겠다는 전략을 제시하는 한편 세계 수준의 환경 · 에너지 기술의 지속적인 혁신을 통해 세계시장을 선도하고 우수한 연구거점을 정비하는 등의 새로운 시스템을 구축할 계획이다.

일본의 녹색성장산업은 태양전지 · 축전지 · 연료전지 등 신에너지산업을 핵심산업화하기 위해 세계 수준의 에너지 절약 및 신재생에너지기술 추진에 중점을 두고 있다. 재생에너지를 사용한 전력생산을 20%까지 늘릴 계획이며, 그린에너지 예산의 70%를 태양광발전에 집중투자하고 있는데, 2030년까지 태양광발전비용을 화력발전 수준으로 낮추기 위한 차세대 기술획득프로젝트(APVG)를 추진하고 있다.

일본은 현재 태양전지 및 축전기의 세계시장 점유율이 각각 40% 및 60%를 차지하고 있고, 세계 1위의 연료전지 특허를 보유하고 있다. 그린 IT 기술개발을 통한 글로벌 경쟁력 강화 및 시장창출을 위해 그린 IT 프로젝트를 추진하고 있다. 하이브리드자동차, 전기자동차, 플러그인하이브리드자동차, 연료전지자동차, 클린디젤차, CNG자동차 등 차세대 자동차 개발 및 연료혁신을 통해 차세대 신성장동력화를 위한 차세대자동차 · 연료운영전략을 2007년에 발표하고, 3대혁신(엔진, 연료 및 인프라), 5개부문 전략(배터리, 수소연료전지, 클린디젤, 바이오연료, 그리고 세계 최고의 편리한 자동차사회 구현)을 제시하였다. 또한 플러그인 하이브리드차와 관련해 배터리용량, 배터리비용, 주행거리 등의 개선을 위한 기술개발과 대체재료 획득, 차량감소 등을 동시에 추진하고 있다. 이러한 전략을 통해 2030년까지 수송부문의 석유의존도를 현재의 80% 수준으로 낮추고 에너지 효율을 현재보다 30% 향상시킬 계획이다.

4. EU의 에너지 환경정책

EU 역시 미국, 일본과 마찬가지로 고유가의 지속, 기후변화 및 환경이슈의 대두 등에 따라 경쟁력 강화를 통해 지속가능한 성장을 달성하고, 에너지 공급의 안정적 확보를 위해 새로운 에너지 환경정책을 수립 · 추진 중에 있다. 구체적 정책수단으로는 역내 에너지시장의 통합, 에너지 공급의 안정과 국가간 연대강화, 기후변화에 대한 대응, 에너지 기술의 전략적 개발을 들 수 있다.

EU 산업의 경쟁력 강화와 지속적인 성장 · 일자리 창출을 위해 역내 국가간 에너지 시장을 효율적으로 통합하는 것이 필요하다는 인식 하에 역내 에너지망을 연결해 에너지 사용원가를 절감하고 설비활용의 효율성 향상을 도모하고 있다.

또한 EU는 e-헬스, 산업용섬유, 지속가능한 건설, 바이오제품, 자원재활용, 재생가능 에너지 등 조기에 글로벌 경쟁력 확보가 가능한 6개 분야를 중점 육성하여 글로벌시장 개척에 나설 계획이다. 자동차 분야의 경우 클린디젤 및 디젤 하이브리드차 시장 확대에 주력하고, 온실가스규제에 대응하기 위해 마이크로 하이브리드차를 출시할 계획이다. 또한 수소연료전지 공동개발사업 등을 통해 수소연료전지상용화사업 등에 71억 유로를 지원하고 있다.

그리고 개발된 기술이 활용될 수 있는 선도적 시장의 개발을 위해 민간기업의 역할강화를 포함한 EU 차원의 총체적 노력을 강구하고 있고, EU 배출권거래제, 녹색인증제(green certificate) 등 다양한 수단을 통해 환경 친화적 에너지기술개발의 경제성을 입증함으로써 민간기업이 장기 투자를 할 수 있는 환경을 조성하기 위해 대책을 마련 중에 있다.

4. 시사점

녹색성장을 견인하는 녹색산업의 사례를 통해 세 가지 시사점을 제시할 수 있다. 핵심주력산업의 녹색화, 저탄소형으로 산업구조의 재설계, 그리고 생산-물류-마케팅-서비스-자원순환에 이르는 가치사슬의 전 과정을 친환경화하는 것이다.

첫째, 핵심주력산업의 녹색화이다. 이는 신성장동력으로 녹색산업을 개발하는 것과 같은 의미이다. 즉 신성장 동력으로 선정된 그린카(green car) 산업은 그 자체가 신규사업이면서 동시에 자동차 산업이 녹색화되는 것을 의미한다. 녹색산업은 지금과는 완전히 동떨어진 분야가 아니므로 기존 산업을 발전시키면서 새로운 경쟁력을 확보하는 전략이 현실적으로 타당한 것이다.

둘째, 저탄소형으로 산업구조를 재설계하는 것이다. 핵심적인 녹색산업 외에도 산업전반을 저탄소형으로 전환하기 위해서는 구조조정이 필요하다. 우리나라는 제조업 및 에너지 다소비 산업의 비중이 높으므로 이산화탄소와 같은 온실가스의 감축 비용이 선진국에 비하여 높은 것이 현실이다.

셋째, 생산-물류-마케팅-서비스-자원순환에 이르는 가치 사슬을 녹색화하는 것은 녹색성장에 대한 인프라를 제공하는 것으로 이해할 수 있다. 산업과 시장은 기본적으로 민간 부문의 몫이므로 자율성을 보장함으로써 민간분야의 창의성을 최대한 발현시킬 수 있다. 이 때 정부의 역할은 시장이 제대로 기능하도록 하는 인프라를 제공하는 것이다.

제4절 | 녹색산업의 전망과 과제

1. 전망

향후 녹색산업에 대한 영역이 점점 확대되며, 녹색산업의 성장을 위한 국제적 협력과 경쟁이 치열하게 전개될 것으로 전망된다. 우리나라의 경우 신재생에너지 보급률은 2006년 2.24%에서 2012년 4%, 2030년 11%, 2050년 20% 이상으로 높이고, 신재생에너지산업의 고용인력은 2007년 1만4천명에서 2012년 약 10만명, 2030년에는 95만명으로 증가할 것으로 전망된다. 그리고 하이브리드차 생산은 2007년 1,062대에서 2013년에는 10만대로 증가할 것으로 전망된다. 그리고 세계 10대 에너지 소비국으로서 온실가스 감축에 대한 국제적 규제가 강화될 것으로 보이는 바, 이는 녹색산업의 지속적 성장에 대한 기회로 작용할 것이다.

2012년 이후에는 그린에너지 산업이 성장동력으로 가시화되고, 신재생에너지 보급도 본격적으로 확대될 것으로 전망된다. 그린에너지산업 생산규모는 2012년 170억불, 2030년 3,000억불, 고용규모는 2012년 10만 5천명, 2030년 154만명에 이를 것으로 전망된다.

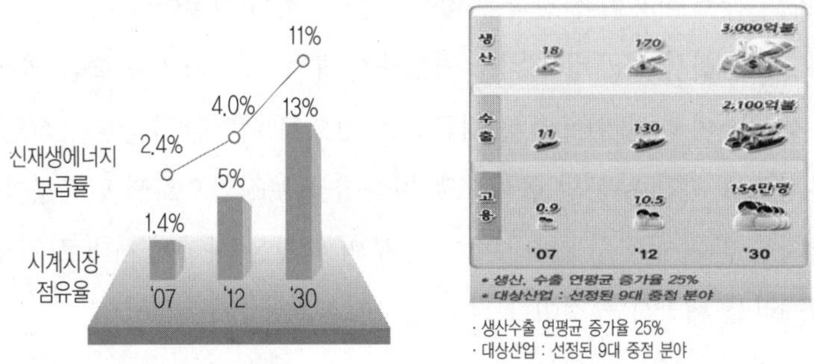

자료 : 지식경제부(2008), p. 12.

[그림 3.1.1] 그린에너지 산업의 성장전망

2. 과제

녹색산업의 성장에 따른 과제는 국가적 차원, 지역적 차원과 같은 추진주체를 대상으로 살펴볼 수 있고, 기능별로 구분해서 볼 수도 있다. 우선 국가적 차원의 과제로는 기초연구의 지속적 발전을 위한 지원체계 구축을 들 수 있다. 이를 위해서는 녹색기술에 대한 정부의 기초연구 지원 비중을 확대해야 한다. 그리고 부처별 · 산업별 맞춤형 전략 마련 및 범부처 차원의 연계 및 협력을 통한 녹색기술의 연구개발사업 추진이 필요하다.

그리고 지역적 차원의 과제는 기존산업군의 오염물질 배출여부 확인 및 대응전략 수립이다. 이를 위해서는 특정범위에서의 환경오염 총량 및 환경오염

저감시설 설치 등이 요구된다. 그리고 지역차원의 생태에너지 발전전략 구상 등의 장기적 발전전략 수립과 탄소시장에 대한 관심과 대응이 요구된다. EU를 중심으로 탄소시장이 형성되고 있으며, 그 규모는 2010년 1,500억 달러에 이르고 있다. 향후 기하급수적으로 증가하는 탄소시장에 대한 선제적인 대응이 요구된다.

한편 기능에 대한 과제는 다음과 같다. 첫째, 기술 혁신역량 강화이다. 녹색산업에 대한 중장기단계별 기술 및 투자로드맵을 동시에 수립하여 기술개발과 제품상용화 투자가 연계되어 이루어질 수 있도록 전략을 마련해야 한다. 연관산업과 기술융합화 등을 통해 단기간내에 기술개발과 함께 상용화가 가능한 분야, 5년내에 기술개발이 이루어질 분야, 기술개발력이 축적되어 있지 않지만 선진국으로부터의 기술이전 가능성이 희박한 분야 등을 구분하여 단계별로 체계적인 투자가 이루어져야 한다. 이를 위해 녹색산업전문기술연구소 설립이 필요하다.

둘째, 스트림간 · 이업종간 상생협력 촉진이다. 중장기 국가기술개발과제 선정시 소재-부품-모듈-완제품으로 이어지는 스트림간 · 이업종간 협력과제가 우선 선정될 수 있도록 기술과제 선정방식을 개선해야 하며, 소재-부품-모듈-시스템/완제품 연계형 클러스터 조성이 필요하다. 또한 완제품 개발단계에서 소재업체가 참여하여 제품성능향상에 필요한 소재를 공동으로 개발하는 제품성능향상형 상생협력관계 구축도 필요하다.

셋째, 중소 부품소재기업의 육성이다. 중소기업 R&D 지원효율화 및 혁신형 중소기업을 집중적으로 지원해야 한다. 이를 위해 KOSBIR(Korea Small Business Innovation Research) 제도를 통한 정부 · 공공기관의 중소기업 R&D 지원을 확대하고, 중소기업분야에 전략적 지원을 강화해야 한다. 아울러 KOSBIR 대상 중소기업지원 프로그램을 종합 점검 · 분석하고, 우선 지원 사업 연계 등 중소기업 지원을 적극적으로 추진해야 한다.

넷째, 국제협력 강화이다. 녹색기술과 녹색산업의 육성을 위해서는 자체 기술개발도 중요하지만, 선진국과의 기술협력을 통한 원천기술확보 전략이 시간 및 투자면에서 효율적일 수 있다. 따라서 단기간내에 국내기술개발이 어려운 분야에 대해서 한 · 미 및 한 · EU FTA 등을 활용한 국제기술협력을 통해 기술력을 배양할 필요가 있다. 국제공동 R&D에 대한 외국기관의 실질적 참여를 위한 제도 · 사업체계 개선이 필요하다. 국제공동 R&D 사업에 대한 외국기관의 실시기관(주관기관, 참여기업 등) 참여허용 등 국내기관과 동등한 자격을 부여하여 국제공동 연구를 활성화해야 한다. 이를 위해 지배권 분배, 기술료 징수, 사업비 정산 등의 유연성을 제고하는 국제공동 R&D 시스템 개선이 필요하다.

다섯째, 수출산업화를 위한 해외시장 개척 지원이다. 녹색제품의 수출마케팅 지원을 위해 녹색제품 전문국제전시회를 개최하여 홍보 · 마케팅력을 강화해야 한다. 중소기업 녹색제품의 브랜드화를 추진하고, 국내외 전시회 참가 및 해외시장개척단 파견을 지원하고 해외마케팅 지원을 위한 전담조직을 설치해야 한다. 아울러 그린에너지산업의 해외진출, 해외수주, 개발도상국의 기술지원 및 인력파견 등을 통해 그린에너지용 부품소재 및 발전설비의 수출을 촉진시켜야 한다.

탐구학습

1. 주요개념
- 녹색산업
- 신재생에너지산업
- 에너지효율향상산업
- 친환경산업

2. 토론과 과제
- 녹색산업 육성의 배경
- 녹색산업의 육성을 위한 과제

참고문헌

경상북도(2009), 경상북도 저탄소 녹색성장추진계획.

금한승(2009), "녹색성장을 위한 환경기술 · 산업 정책방향", 대한환경공학회지, 제31권 제3호, 대한환경공학회.

김용진(2009), "녹색산업 발전을 위한 플랜트 기계 기술", 녹색성장과 국민복지, 아산재단 창립 32주년 기념 심포지엄, 아산사회복지재단.

녹색성장위원회(2009a), 녹색성장 5개년계획.

녹색성장위원회(2009b), 녹색성장 국가전략.

박희경(2009), "녹색기술과 녹색도시 조성사례", 국토, 제327호, 국토연구원.

배준강(2009), "녹색성장을 위한 기업의 발전전략", 녹색성장과 국민복지, 아산재단 창립 32주년 기념 심포지엄, 아산사회복지재단.

이귀호 · 주홍신(2009), "녹색기술 연구개발 정책방향", 대한환경공학회지, 제31권 제3호, 대한환경공학회.

이세찬(2009), "차세대 성장 동력으로서 녹색산업의 비전", News & Information for Chemical Engineers, 한국화학공학회.

임응순 등(2008) "한국과 핀란드의 지식서비스산업 비교 분석", 산업경제연구, 제21권 제3호, 한국산업경제학회.

정상기(2009), "녹색산업의 비전과 발전전략", 녹색성장과 국민복지, 아산재단 창립 32주년 기념 심포지엄, 아산사회복지재단.

조창현 외(2009), 녹색산업 발전방안 연구, 산업연구원.

지식경제부(2008), 보도자료 : 저탄소 녹색성장의 열쇠.

최근희(2009), "쾌적한 환경 조성기반 고부가가치 산업유치", 지방행정, 제58권 제668호, 대한지방행정공제회.

http://www.greengrowth.go.kr(녹색성장위원회)

http://www.kiet.re.kr(산업연구원)

http://www.me.go.kr(환경부)

http://www.mke.go.kr(지식경제부)

제2장

녹색기술

제1절 | 녹색기술의 의의

1. 배경

인류가 지속가능한 발전을 도모하기 위하여 지구평균온도 상승을 2℃ 이내로 제어하려면 CO_2 농도를 450ppm에 안정시켜야 한다. 이 경우 재생에너지 발전 비중을 40%로 확대해야 한다.

한편 자원 고갈에 대한 우려가 고조되고 있는 가운데, 2008~2015년의 유가는 배럴당 평균 100달러, 2015~2030년에는 평균 120달러로 상승할 것으로 전망된다.[5] 따라서 에너지원 고갈에 대한 우려가 커지면서 재생 에너지 및 에너지 효율화 기술이 부상할 것으로 보인다.

이러한 글로벌 위기의 해결책으로 녹색기술이 각광받게 되었다. 탄소배출량 삭감, 에너지 효율화를 통해 환경위기와 자원위기에서 벗어나기 위해서는 괄목할 만한 기술의 발전이 필수적이고, 세계적 경제위기의 해독제이자 저탄소

5 2010년 12월 현재 유가는 서부텍사스유(WTI) 기준으로 배럴당 약 85달러이고, 2015년에는 현재 유가의 1.5배에 달할 것으로 전망된다.

녹색 경제 사회로 이행을 위한 기회의 원동력으로 녹색기술에 대한 관심이 높아지고 있다(조환익, 2009). 우리나라의 에너지와 환경 분야와 같은 녹색기술에 대한 기술수준은 선진국의 약 60% 수준에 그치고 있는 실정이다.

2. 개념

녹색기술은 녹색산업과 밀접한 관련성을 지니고 있으며, 다양하게 정의되고 있다. 예컨대 녹색기술의 기본개념은 경제활동에서 발생하는 환경저해물질의 배출량을 감축시켜 환경친화성을 증가시킴과 동시에 에너지 사용의 효율성을 제고하고, 이를 통해 새로운 시장을 창출해 경제성장까지 견인하는 광의의 기술적 트렌드라고 정의된다. 또한 장기적으로 물질 및 에너지소비를 최소화하고 순환과 재생가능물질 및 에너지를 활용하며 자연의 원리를 따르고 촉진하는 것을 지향하는 특성을 가진 기술로 정의된다. 따라서 녹색기술의 기조는 물질순환을 촉진시키고 복원시키는 순환과 자연계의 동적 평형을 따르고 촉진하는 평형과 과학기술의 적용에 수반되는 에너지 및 물질이용과 엔트로피 무질서의 최소화 지향과 자연 생태계에서 처리할 수 있는 범위내의 적정규모와 속도, 인류와 생태계의 안전 등을 포함해야 하는 것으로 규정되기도 한다(유의선, 2008). 이는 녹색기술에 대한 광의의 개념이라 할 수 있다.

녹색성장 및 기술 등에 대한 근거법률인 저탄소 녹색성장 기본법에서는 녹색기술을 경제활동의 전 과정에 걸쳐 에너지와 자원의 사용을 줄이고 온실가스 및 오염물질의 배출을 최소화하는 온실가스 감축기술, 에너지이용 효율화 기술, 청정에너지 기술, 자원순환 및 친환경 기술 등으로 규정하고 있다. 즉 녹색기술은 제품생산에서 소비까지 경제활동의 전과정에 걸쳐 에너지 사용을 줄이고, 오염물질 및 폐기물 배출을 최소화하는 기술을 의미한다.

저탄소화와 녹색산업화에 기여하여 환경보호와 경제성장이 선순환되는 녹색성장의 전략적 구심점으로서 자원이용의 효율성을 제고하고 오염물질 배출을 최소화하는 기술을 비롯하여 재생 및 청정에너지 자원을 포함한 환경친화적 자원활용기술을 의미한다. 따라서 물질 및 에너지 소비 최소화, 순환 및 재생가능 물질과 에너지의 활용, 자연의 원리를 따르며 촉진하는 것을 장기적으로 지향하며 IT, BT, NT와 함께 활용하는 특징이 있다.

녹색기술의 개념을 요약하면 저탄소 청정에너지 · 자원의 생산, 에너지 · 자원의 이용효율성 제고, 온실가스의 저감, 환경오염의 저감, 자원순환 등이 주된 내용과 기능으로 구성하면서 녹색산업 발전 및 녹색성장에 기여하는 기술로 규정할 수 있다.

한편 녹색기술과 유사한 개념으로는 청정생산기술, 자원순환기술 등이 있다. 우선, 청정생산기술은 환경 오염물질이 인간과 환경에 미치는 위험을 최소화하기 위하여 생산과정에 적용하는 사전 예방적인 기술로서 원료물질의 채취에서부터 최종적으로 폐기하는 단계에 이르기까지 제품의 전 과정에 투입되는 에너지나 자원의 사용 및 오염물질 발생을 감소시키는 생산기술을 의미한다. 그리고 자원순환기술은 환경오염을 낮추고 에너지와 자원을 절감하기 위하여 폐기물을 효율적으로 회수하고 재이용하기 위하여 투입하는 일련의 기술이라고 할 수 있다.

3. 중요성

녹색기술은 녹색성장을 위한 핵심적인 역할을 담당한다는 측면에서 볼 때 매우 중요한 분야이다. 즉 녹색기술이 저탄소화와 녹색산업화에 기여하여 환경보호와 경제성장이 선순환되는 녹색성장의 전략적 구심점의 역할을 수행한다. 환경기준에 따라 산업이 재편되면서 녹색성장사회의 핵심적 기술로 인식되고 있다.

녹색기술은 기존산업에 비해 높은 일자리 창출효과를 가지고 있으므로 고용없는 성장(jobless growth)[6]의 문제해결에도 크게 기여할 것으로 기대하고 있다. 즉

6 국가경제는 전체적으로 성장해 생산이 늘어나는 데도, 고용은 늘어나지 않는 현상을 말한다. 즉 경제성장에도 불구하고 일자리가 늘어나지 않거나, 오히려 줄어드는 현상이 고용없는 성장이다.

지속가능한 경제발전의 주요한 성장동력원으로의 역할을 수행할 것으로 보인다.

그리고 지역내 녹색산업 기반구축을 통해 첨단 녹색산업을 유치하고 육성함으로써 지역경제 활성화가 기대된다. 지역내 녹색산업 관련 전문기업들의 체계적인 실용화 지원을 통한 제품의 브랜드화로 대외 경쟁력을 확보한 부품 · 소재 분야의 핵심기업을 육성함으로써 지역경제가 활성화될 것으로 보인다. 또한 지역 산업체의 기술이전 및 자문을 담당함으로써 산업현장이나 대학, 연구소가 효율적으로 정보 및 기술을 공유하여 산업화를 위한 기술이전이 활발해질 것으로 보인다.

녹색산업 분야 첨단기업의 유치와 집적이 이루어질 경우 전후방 연관산업의 지속적인 집적과 기술확산을 통하여 고용창출뿐만 아니라 높은 생산유발 및 부가가치유발효과를 창출할 것으로 보인다. 녹색기술은 저탄소화와 녹색산업화에 기여하여 환경보호와 경제성장이 선순환되는 녹색성장의 전략적 구심점 환경기준에 따라 산업이 재편되고 녹색기술이 핵심적인 기술로 부상하고 있다. 녹색기술이 지속가능한 경제발전의 주요 성장동력원으로 부상하면서 탄소배출권 거래, 신재생에너지, 친환경 소재 등 녹색시장 규모가 급속히 성장하여 2020년 3천조원 규모로 전망된다.

경제학자들은 산업구조의 고도화에 따른 공장자동화, 정보기술(IT)산업에 대한 의존도 확대, 전통업종인 노동집약형 산업체들의 해외 투자 확대 등을 고용없는 성장의 주요원인으로 보고 있다. 경제가 성장하면 이에 비례해 일자리도 늘어나야 하는데, 반도체 · 휴대폰 같은 정보기술산업은 기술 · 자본집약형 산업의 특성상 수출이 크게 늘어나도 사람은 그리 늘어나지 않는다. 다시 말해 정보기술산업은 다른 산업에 비해 고용 창출력이 상대적으로 낮다. 또 자본과 노동의 경쟁에서 자본 경쟁력이 우세한 산업구조 아래서는 노동 가격인 임금은 계속 상승하기 때문에 기업들은 노동 수요, 곧 고용을 줄이는 방향으로 나아가게 된다. 따라서 섬유나 식품 등 많은 노동력을 필요로 하는 제조업체들은 국내보다 임금이 싼 해외에서 노동력을 충당하는 경우까지 생기게 되는데, 이런 경향이 심해지면 국내 기업들의 고용 창출은 당연히 줄어들 수밖에 없다. 이를 해결하기 위해서는 무엇보다도 국내 투자 확대가 선행되어야 한다는 것이 경제 전문가들의 공통적인 견해이다. 세부적으로는 투자 확대를 막는 각종 정책의 불확실성 최소화, 노동시장의 유연성 확대 등이 해결 방안으로 꼽힌다.

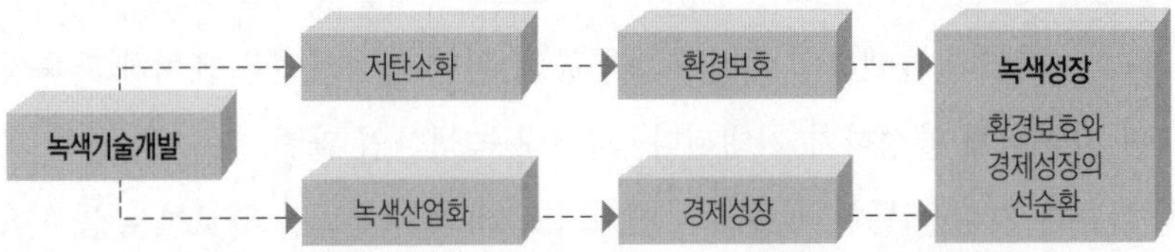

자료 : 김석준(2009).

[그림 3.2.1] 녹색기술과 녹색성장

제2절 | 녹색기술의 주요내용

1. 녹색기술의 유형

1) 기술분야별 유형

녹색기술은 에너지자원기술과 기후변화대응기술 그리고 환경기술로 구분된다. 에너지자원기술에는 신연료기술과 자원탐사기술, 신에너지기술, 재생에너지기술, 미래형원자력기술, 핵융합기술, 에너지효율향상기술, CO_2 포집 및 저장기술, 기후변화 예측 및 대응기술 등이 있고, 환경기술에는 청정생산기술, 자원순환기술, 환경오염방지기술, 수처리기술 등이 있다. 이 가운데 신에너지기술, 재생에너지기술, 미래형원자력기술, 핵융합기술, 에너지효율향상기술, CO_2 포집 및 저장기술, 기후변화 예측 및 대응기술을 특히 기후변화대응기술이라 한다.

그리고 신에너지 및 재생에너지개발 · 이용 · 보급 · 촉진법에 따라 신에너지와 재생에너지로 분류할 수 있으며, 신에너지는 연료전지, 석탄액화가스화 및 중질잔사유가스화, 수소에너지 등 3개 분야이고, 재생에너지는 태양광, 태양열, 바이오, 풍력, 수력, 해양, 폐기물, 지열 등 8개 분야에 이른다.

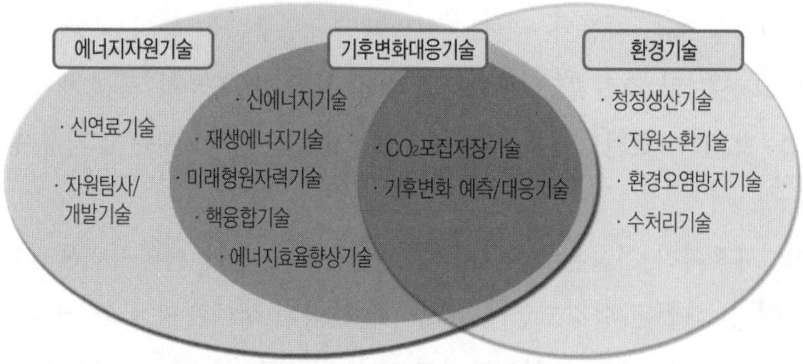

자료 : 미래기획위원회(2009).

[그림 3.2.2] 부문별 녹색기술

2) 기술단계별 유형

녹색기술은 기술의 활용단계에 따라 예측기술, 에너지원 기술, 고효율화 기술, 사후처리 기술 등으로 구분된다. 첫째, 예측기술은 배출된 환경오염물질과 생태계의 변화를 감시 계측, 분석 실험 등의 과학적 연구를 통해 미래 환경변화를 예측하여 향후 발생할 다양한 영향을 사전적으로 평가하는 기술로, 기후변화예측, 지구환경변화영향평가, 기후변화적응 등이 이에 포함된다.

둘째, 에너지원 기술은 고갈성 자원인 화석연료를 대신하여 재생에너지, 원자력 및 핵융합, 수소연료전지와 같은 재생가능한 자연에너지 또는 탄소를 포함하지 않는 미래에너지로 에너지원을 대체하는 기술이다. 태양광, 풍력, 바이오에너지, 해양에너지, 지열, 태양열, 수력, 복합 · 기반, 원자력, 핵융합, 수소제조, 수소저장, 연료전지 등이 여기에 해당한다.

셋째, 고효율화 기술은 산업 활동의 공정개선 및 효율향상을 통해, 동일한 산출을 얻는데 필요한 투입자원의 양을 줄여 소비되는 에너지 자원과 배출되는 환경오염물질의 양을 절감하는 기술로, 석탄액화(CTL) 및 가스화, 가스액화(GTL), 신화석연료, 자동차 · 철도 · 선박해양 · 우주항공 등의 교통 · 물류, 그린시티, 그린홈 및 그린빌딩, 친환경공정 및 제품, 제조공정 및 소재효율성 향상, LED · IT기기, 초전도활용 · 전력IT, 발전효율성 향상, 에너지 저장 등을 포함한다.

넷째, 사후처리 기술은 산업활동의 부산물로 발생한 환경오염물질의 배출 확산 제어 및 배출된 환경오염물질에 의해 변화된 생태계의 복원 처리 기술을 의미한다. 여기에는 CO_2 포집저장처리, Non-CO_2 모니터링 및 처리, 수처리, 수자원 확보, 생태계 복원, 토양지하수 복원, 폐기물 자원화 및 에너지화, 폐기물 처리, 위해성 평가 등이 있다.

표 3.2.1 기술단계에 따른 녹색기술의 범위

대분류	중분류	소분류
– 예측기술	· 기후변화 예측 및 영향평가	· 기후변화 예측
		· 지구환경변화 영향평가
		· 기후변화 적응
– 에너지원기술 (input)	· 재생에너지	· 태양광
		· 풍력
		· 바이오에너지
		· 해양에너지
		· 지열
		· 태양열
	· 재생에너지	· 수력
		· 복합기반
	· 원자력/핵융합	· 원자력
		· 핵융합
	· 수소 · 연료전지	· 수소제조
		· 수소저장
		· 연료전지
– 고효율화기술 (process)	· 화석연료 활용성 향상 및 고효율화	· 석탄액화 및 가스화
		· 가스액화
		· 신 화석연료

대분류	중분류	소분류
- 고효율화기술 (process)	· 수송부문 효율성 향상	· 자동차, 철도, 선박, 우주항공 등
	· 녹색국토	· 그린시티
		· 그린홈/그린빌딩
	· 친환경제조공정 / 소재 효율성 향상	· 친환경 공정 및 제품
		· 제조공정/소재 효율성 향상
	· 전력 효율성 향상	· LED, IT 기기
		· 초전도활용 · 전력 IT
		· 발전효율성 향상
		· 에너지 저장
- 사후처리기술 (by-product)	· 대기오염 모니터링 및 제어	· CO_2 포집저장처리
		· Non-CO_2 모니터링 및 처리
	· 수질환경	· 수처리
		· 수자원 확보
	· 환경복원	· 생태계 복원
		· 토양지하수 복원
	· 폐기물	· 폐기물 자원화 및 에너지화
		· 폐기물 처리
	· 환경보건	· 위해성 평가

자료 : 배용호 외(2009).

2. 녹색기술의 특징

1) 자연원리에 순응

녹색기술은 자연 원리의 모방을 포함하여 자연 원리를 따르고 촉진하는 것을 지향한다. 녹색기술의 기조는 순환, 평형, 저엔트로피, 적정한 규모와 속도, 안전, 분산화, 그리고 하이터치 등으로 요약할 수 있다.

첫째, 녹색기술은 순환이다. 녹색기술은 물질순환을 촉진시키고 복원시키는 기술이다. 경제순환은 장기적으로 자연계의 물질순환의 범위 내에 있다고 볼 수 있다.

둘째, 녹색기술은 자연계의 동적 평형을 따르고 촉진한다. 예컨대 온실가스로 지구 열수지의 평형이 훼손되는데 녹색기술은 지구 복사열 평형을 회복하여 기후변화 완화에 기여한다.

셋째, 녹색기술은 재생가능 에너지 기술과 같이 과학기술의 적용에 수반되는 에너지 및 물질이용과 엔트로피의 최소화를 지향한다.

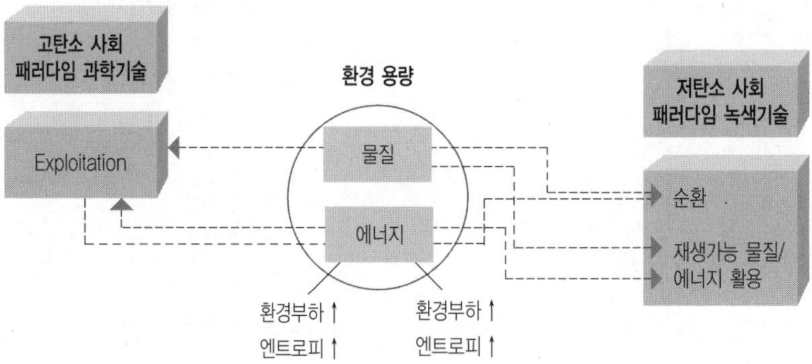

자료 : 김석준(2009).

[그림 3.2.3] 고탄소 사회의 과학기술과 저탄소 사회의 녹색기술

넷째, 적정한 규모와 속도이다. 녹색기술은 자연생태계에서 처리할 수 있는 범위 내의 적정한 규모와 속도로 영향을 주는 바, 대기에 수세기 이상 잔류하는 온실가스나 자연계에서 쉽게 분해되지 않아 장기간에 걸쳐 독성을 주는 잔류성 유기오염물질(POPs)의 배출을 피하거나 대체한다.

다섯째, 녹색기술은 인류와 자연생태계의 안전을 도모한다.

여섯째, 녹색기술은 분산화를 통해 적정 규모와 속도를 유지하며 리스크를 분산하고 지역경제에도 기여하는 것을 지향한다.

마지막으로 하이터치이다. 이는 최상의 서비스와 기술이 집약된 하이테크의 개념에서 한걸음 더 나아가 인간의 감성과 기술의 조화를 추구하는 것으로, 인간성을 수호하는 기술은 받아들이고, 인간성을 저해하는 기술은 거부하는 것이다.

2) 경제적 파급효과 창출

녹색기술은 경제적으로 높은 파급효과를 지니고 있다. 부문별로 보면, 우선 고효율 이차전지 기술의 경우 중소형 위주의 리튬이차전지의 2019년 세계시장 규모가 214조 3,160억원으로 형성되며, 이차전지 기술을 활용하여 전력에너지 효율을 5% 향상시키면 연간 약 62조원 이상 절감 효과를 거둘 수 있다.

고효율 저공해 차량기술은 저탄소 사회에 대한 요구 및 삶의 질 향상 등에 따른 친환경 및 인간친화형 자동차에 대한 수요가 확대될 것으로 전망됨에 따라, 고효율 저공해 자동차 기술개발은 지역 자동차산업의 생존에 중요한 의미를 가진다.

태양전지의 고효율 및 핵심원천 기술은 세계 최고수준의 반도체 기술 인프라 활용을 통한 초기 박막화 시장의 고효율 저가화 기술 선점이 필수적이며, 2012년까지 발전용량을 400MW로 확대하여 2020년엔 화석연료 수준의 경제성을 확보할 것으로 예상된다.

고효율 수소 및 연료전지 시스템 기술에 있어서 수소에너지는 이산화탄소를 발생시키지 않는 청정에너지원이며, 2040년까지 최종에너지의 15%를 수소로 대체시 약 1조 7,000억톤의 CO_2 절감효과가 기대되며, 연료전지 기술은 환경 친화적 고효율 기술로써 2030년까지 약 6조 8천억원의 국내시장 창출과 8만 4천개 일자리 창출효과를 거두며 세계시장 점유율 30% 달성을 통해 60조 규모의 수출을 예상하고 있다.

조명용 LED, 그린 IT 기술의 조명용 LED는 반도체, 디스플레이 등 IT기술과 접목하여 화석에너지 고갈 대비 및 CO_2 배출량를 감소하고, U-City 감성 조명 등 신산업 창출이 가능하며, 그린 IT 기기는 당해 기술 자체가 태동기로 향후 유무선망 고도화 및 관련 계획의 본격적 추진에 따라 시장 규모가 더욱 확대될 것으로 전망된다.

전력IT 및 전기기기 효율성 향상 기술은 전력산업구조 변화에 따른 패러다임의 전환 및 전력과 IT간의 융합에 의한 새로운 성장동력 창출이 필요하며, 기존 전동기 70% 교체 시 연간 에너지 4천억원 절감 및 초전도 전력기기 적용에 따른 18조원의 부가가치가 예상된다.

3. 녹색기술 관련 주요정책과 제도

정부는 녹색기술을 육성하기 위하여 다양한 부처에서 정책을 추진하고 있다. 우선 지식경제부는 저탄소 청정에너지의 비중을 확대하기 위하여 풍력, 조력, 바이오 에너지 등에 기반한 그린홈(green home) 100만호 공급사업을 추진하고 있다. 이와 더불어 태양열, 풍력, 수소연료 등 차세대 핵심에너지의 원천기술에 대한 연구개발을 지원하고 있다.

그리고 환경부에서는 2012년까지 CO_2 배출량을 40% 이상 저감하고 연비를 50% 이상 향상하는 그린카 기술개발, 수처리 선진기술, 기후변화대응기술, 온실가스대체물질 기술, 고효율 자원회수 기술, 토양 · 지하수 오염정화기술, 생물자원 활용 · 복원기술, 생활공감형 친환경제품 기술, 환경보건 선도 기술, 융합기반 환경오염 개선기술 등의 10대 환경기술개발, 그리고 하수처리수 재이용 BTO, Blue-Green 네트워크, 클린코리아 실천사업 등의 그린뉴딜사업을 수행하고 있다.

국토해양부에서는 녹색국토 해양산업 육성정책으로 CO_2 해양처리기술 개발 및 산업화, 2015년까지 핵심기술 개발, 미래형 철도기술개발 등을 추진하고 있다.

행정안전부에서는 U-Green 도시 구현과 IT를 활용한 에너지 절감 및 탄소배출 저감 활동, IT를 통한 대기, 수질, 토양오염 방지 활동 등을 수행하고 있다. U-Green 도시 구현을 통해 실시간 환경모니터링 시스템 구축, 국가정보자원 개방 · 공유체계를 구축한다. IT를 활용한 에너지 절감 및 탄소배출 저감 활동을 통해 스마트그리드(smart grid), 텔레프레즌스(telepresence), 건물에너지관리시스템, 클라우드 컴퓨팅 등을 구현한다. 또한 IT를 통한 대기, 수질, 토양오염 방지 활동을 통해 그린 IT 전문가 양성, 그린 IT 솔루션 Awards 추진, 국내 기업간 친환경 공동인증제 도입지원, 산업분야 EMS(Energy Management System) 표준제정, 환경경영시스템 인증제 도입, 기반조성, 제도개선, 연구개발지원, 산·관·학 협력 등을 구현하고 있다.

제3절 | 녹색기술의 사례

1. 태양광 발전기술

국내 태양광 발전은 2006년 이후 2008년까지 연평균 43.4%씩 용량이 급증하여 신재생에너지발전의 약 48%를 차지하는 핵심 에너지산업으로 성장하고 있다. 우리나라는 폴리실리콘부터 최종 발전시설까지 국내 일관생산체제를 갖추었으나, 국내 생산량의 65%가 외국에 수출되는 셀은 2008년에 들어서 여러 기업이 양산하기 시작했다. 그러나 국내 태양광 발전소에는 외국산 모듈이 67%로 큰 부분을 차지하고 있는 실정이다. 기존 결정질 실리콘 태양전지는 글로벌 경기침체로 인한 수요감소로 가격경쟁이 심화됨에 따라 고효율·저가격화 기술확보가 필요하다. 창문형 집광판 등 응용분야가 다양한 박막형 태양전지 관련 제품은 미래수요 증가에 대비하여 시장선점의 기술이 절대적으로 필요한 실정이다.

이에 고효율 저비용 결정질 실리콘 태양전지, 결정질 실리콘 태양전지용 모듈화, 패키징 부품 소재, 고효율 실리콘 박막 태양전지, 실리콘 박막 태양전지용 유리기판 및 기판 대체 소재, 실리콘 박막 태양전지의 응용제품, 태양전지용 친환경 화합물 반도체 소재, 저비용 고효율 박막 태양전지 등이 핵심과제로 선정되었다.

자료 : 김천시청 내부자료.

[그림 3.2.4] 태양광 발전을 위한 시설

2. 풍력발전기술

풍력발전은 신재생에너지 중 발전단가가 비교적 저렴하고 소요면적이 작아 국내 보급이 2006년 이후 연평균 20%씩 급증하여 2030년에는 신재생에너지원의 13%를 차지하는 우리나라 핵심 에너지산업으로 성장할 전망이다. 국내 풍력발전시스템의 보급 여건 조성은 상당히 진전되었으나 거의 대부분의 풍력발전시스템을 수입에 의존하고 있으며, 기술력은 선진국에 비해 5~10년 정도의 기술격차가 존재하고 있다. 우리나라 풍력산업은 메인샤프트 · 타워플랜지 등 단조품을 중심으로 수출에 주력하나 신규진입장벽이 낮고 풍력터빈 원가의 5~7%에 불과한 단조품 등의 부품이 대부분인데, 중소기업의 경우 소형풍력발전시스템이나 대형풍력발전기의 고부가가치 핵심부품 개발에 선택과 집중이 필요하다. 풍력발전에 있어서의 전략기술 및 제품은 피치 · 요 시스템, 로터 · 피치 · 요 베어링, 유압 및 제동장치, 발전기 및 제어장치, 전력변환장치 · 변압기, 동력전달장치, 블레이드 소재, 소형풍력발전시스템, 풍력발전시스템설계, 풍력발전시스템 시험기기, 풍력자원 조사기기 등이 있다.

자료 : 영덕군청 내부자료.

[그림 3.2.5] 영덕풍력발전소

3. LED 기술

세계 각국이 백열등 퇴출계획을 수립하고 에너지절감에 유리한 LED를 각종 조명기기에 적극 도입함에 따라, LED 세계시장규모가 2008년 218억불 규모에서 연평균 26%상승하여 2012년 546억불 규모로 성장 전망이다. 우리나라는 휴대폰 모듈을 중심으로 LED 시장규모가 2008년 약 24,385억원으로 세계시장의 9.3%를 차지할 만큼 성장하였으나, 수익률이 높은 칩은 수입산이 70%를 차지하고, 국내 LED업체의 82%가 5인 미만 영세기업이다. 원천기술 분야는 선진 몇몇 기업들이 대부분 차지하고 상호 특허공유 및 전략적 M&A를 통해 후발기업을 견제하고 있으며, 우리나라가 주력해온 응용기기 분야는 진입장벽이 낮아 중국 등의 저가 대량생산으로 어려움에 처해 있다. 이에 상호특허공유 및 특허기한 만료 임박에 따라 칩성능 향상보다는 LED의 고효율 및 긴 수명을 위해서 필요한 방열 및 컨버터 기술 등이 중요해지고 있으며, 이에 따라 중소기업은 대규모 반도체 설비를 필요로 하는 소자 분야보다 광학, 방열, 구동회로 등 모듈의 효율향상을 위한 분야에 집중할 필요가 있다. LED의 핵심제품은 가시광 통신용 LED 조명, 의료용 파장가변 LED 조명, 연색성 및 효율향상 LED 형광등, 차세대

LED 소재, LED 조명용 구동장치, 긴 수명 및 눈의 피로가 적은 LED 전구 등을 개발하는 것이다.

4. 그린 IT 기술

그린 IT 기술은 전기 · 전자기기들의 에너지소모량 절감과 함께 IT 기술을 기반으로 전력소비량 감소 등 환경친화적 기술을 개발하는 기술분야로서, 국내 그린 IT 시장규모는 2008년 8,000억원에서 연평균 57%씩 증가하여 2013년 7조 6,500억원으로 성장할 전망이다. 고효율 전동기, 대기전력 절감, 고효율 정보기기, 고효율 공조기기 등 전체 그린 IT 분야 기술수준은 선진국 대비 80% 수준이며, 고효율 전동기, 대기전력 절감, 고효율 정보기기, 고효율 공조기기 등을 위한 기술개발이 요구된다.

5. 시사점

녹색기술의 사례를 통해 본 시사점은 효율적 녹색기술개발체계 구축, 녹색기술이전 및 사업화 촉진, 녹색기술 · 산업 개발을 위한 인프라 확충, 녹색기술개발을 위한 국제협력 활성화, 녹색기술분야 신성장동력 육성 등 다섯 가지로 제시하고 있다.

첫째, 효율적 녹색기술개발체계 구축을 위하여 녹색기술개발종합조정체계 강화, 녹색기술연구개발의 가치사슬을 고려한 산학연 연계체제 구축, 그리고 녹색기술연구개발 거점 조성과 지역녹색기술개발 거버넌스 확립이 필요하다.

둘째, 기술이전 및 사업화 촉진을 위해서는 녹색기술개발사업 성과의 사업화 기반 강화와 녹색기술이전 및 사업화 촉진을 위한 녹색기술 실용화사업 추진이 필요하다.

셋째, 녹색기술 · 산업 개발을 위한 인프라 확충은 녹색기술의 성장동력화를 위한 핵심 녹색기술인력 양성, 녹색성장을 위한 글로벌 선도 시험 · 인증 · 표준화 기반 구축, 민간 및 정책금융기관에 의한 녹색기술금융 지원의 활성화, 세계 수준의 녹색기술정보체계 구축 등을 통해서 효율적으로 추진할 수 있다.

넷째, 녹색기술개발을 위한 국제협력 활성화는 녹색기술 개발 · 확산의 글로벌화를 통한 녹색혁신역량의 제고, 녹색기술개발 국제협력 하부구조의 확충을 통해 가능하다.

다섯째, 녹색기술분야 신성장동력 육성을 위해서는 국제표준, 제품인증기준, 구매의무화제도 등을 통해 초기시장 창출과 적극적인 해외시장 개척을 통해 새로운 수출 동력화 추진이 필요하다.

제4절 | 녹색기술의 전망과 과제

1. 전망

녹색기술은 정보통신기술 이후 가장 유망한 기술로 각광받고 있다. 즉 환경위기 및 자원위기에서 벗어날 수 있는 대안으로 부상하고 있으며, 태양광 등 재생 에너지 기술, 이산화탄소 포집 및 저장(Carbon Capture & Storage: CCS) 기술 등 녹색기술은 기후변화대응에서 핵심적 역할을 수행하는 녹색성장의 원동력으로 부상하고 있다. 우리나라를 비롯하여 세계 각국의 정부도 녹색기술 개발을 우선 과제로 추진하고 있다(조환익, 2009).

한편 녹색기술의 융합 및 복합화가 지속적으로 전개될 것으로 전망된다. 즉 전통적인 녹색기술이 IT, NT, BT 등과의 융합 및 복합화되는 추세가 가속화될 것이다.

산업분야별 전망을 보면 에너지효율향상에 대한 기술개발에 집중적인 투자가 이루어질 것으로 보인다. 즉 2008~2012년간 전력 IT에 5,000억원, LED조명에 1,000억원, 그리고 에너지저장분야에 1,100억원의 연구비가 투입될 것으로 보인다. 이를 통하여 현재 선진국의 약 60% 수준인 에너지효율향상 기술수준을 전력 IT의 경우 2007년 85%에서 2012년 95%를 거쳐 2030년 100% 수준으로 높일 계획이다. 그리고 LED조명은 2007년 65%에서 2012년 90%, 2030년에는 역시 100% 수준으로 높이고, 에너지저장기술은 2007년 60%에서 2012년 85%, 그리고 2030년에는 다른 분야와 마찬가지로 100%까지 높일 계획이다.

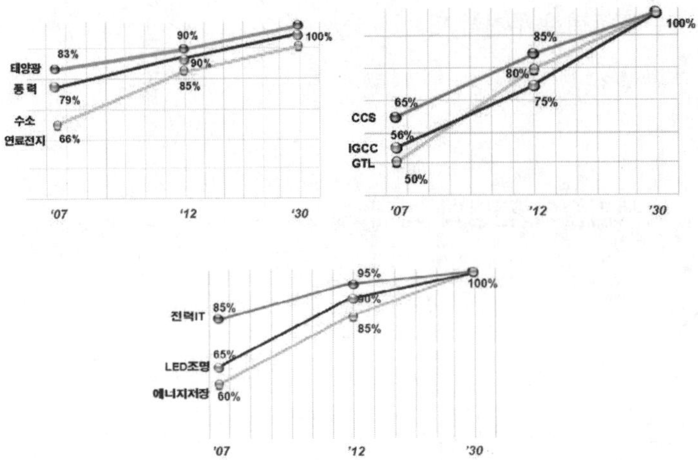

자료 : 지식경제부(2008), p. 5.

[그림 3.2.6] 신재생녹색기술의 전망

2. 과제

선진국 수준의 녹색기술을 확보하기 위해서는 기술개발에 대한 투자를 포함하여 다양한 분야의 노력이 필요하다. 우선 민간의 수요를 파악하고 이를 반영해야 한다. 기술육성정책의 수립에 있어 민간분야의 수요를 보다 폭 넓게 진단하고 이를 반영하는 것이 필요하다. 둘째, 효율적인 연구개발체계를 구축해야 한다. 민간기업은 확보된 기술을 바탕으로 응용연구 위주로 개발하고, 대학과 연구기관에서는 기초 및 원천연구를 주도하는 역할분담이 필요하다. 셋째, 에너지, 자원, 환경기술의 균형을 유도해야 한다. 녹색기술이 주로 에너지기술에 치중되어 왔으며, 녹색성장사회를 구현하기 위해서는 에너지관련 기술 이외에 자원활용과 환경기술에 대한 관심과 정책의 우선순위화도 필요하다 할 수 있다. 넷째, 국가차원의 녹색기술에 대한 분류체계를 정립해야 한다. 각 부처에서 수행하는 사업중심의 녹색기술의 분류체계에서 탈피하여 저탄소 녹색성장 기본법에 따른 새로운 기술의 분류체계 도입이 필요하다. 이때 기존 로드맵과 연계하되 미래에 활용가능한 기술분류체계를 도입해야 한다. 마지막으로 녹색기술과 관련된 투자의 확대가 필요하다. 녹색기술의 개발과 활용에 대한 효율성을 제고하기 위해서는 신규사업에 대한 투자도 중요하지만, 기존사업에 대한 투자확대도 필요하다.

녹색기술 분야는 에너지, 자동차, 온실가스 저감, 친환경 건축물, 그린 IT 기술분야에 대한 집중투자가 필요할 것으로 예상된다. 녹색성장을 위해서는 화석연료에 의해 생산된 기존 에너지를 가장 효율적으로 사용하는 기술을 개발하는 한편 신재생에너지 기술을 개발하여 화석연료의 사용을 줄이는 것이 동시에 필요하다.

탐구학습

1. 주요개념
- 녹색기술
- 청정생산기술
- 자원순환기술
- 순환-평형-저엔트로피

2. 토론과 과제
- 저탄소 녹색성장을 위한 녹색기술의 역할
- 녹색기술의 개발을 위한 산학연 주체별 역할

참고문헌

경상북도(2009), 경상북도 저탄소 녹색성장추진계획.

금한승(2009), "녹색성장을 위한 환경기술 · 산업 정책방향", 대한환경공학회지, 제31권 제3호, 대한환경공학회.

김명수 외(2009), 녹색성장 개념정립과 국토분야 정책과제, 국토연구원.

김석준(2009), "저탄소 녹색성장 실현을 위한 과학기술정책 방향", 일자리 창출과 녹색성장 전략 추진을 위한 대토론회, 경제인문사회연구회.

녹색성장위원회(2009a), 녹색성장 5개년계획.

녹색성장위원회(2009b), 녹색성장 국가전략.

미래기획위원회(2010). 녹색성장의 길, 중앙북스.

박희경(2009), "녹색기술과 녹색도시 조성사례", 국토, 제327호, 국토연구원.

배용호 외(2009), 저탄소 녹색기술개발과 녹색성장전략의 연계, 과학기술정책연구원.

배준강(2009)," 녹색성장을 위한 기업의 발전전략", 녹색성장과 국민복지, 아산재단 창립 32주년 기념 심포지엄, 아산사회복지재단.

유의선(2008), 기후변화 대응의 과학기술정책과제, 과학기술정책연구원.

이귀호 · 주홍신(2009), "녹색기술 연구개발 정책방향", 대한환경공학회지, 제31권 제3호, 대한환경공학회.

이세찬(2009), "차세대 성장 동력으로서 녹색산업의 비전", News & Information for Chemical Engineers, 한국화학공학회.

정상기(2009), "녹색산업의 비전과 발전전략", 녹색성장과 국민복지, 아산재단 창립 32주년 기념 심포지엄, 아산사회복지재단.

조창현 외(2009), 녹색산업 발전방안 연구, 산업연구원.

조환익(2009), 세계를 이끌어갈 차세대 녹색기술, Kotra Executive Brief 09-013, KOTRA.

최근희(2009), "쾌적한 환경 조성기반 고부가가치 산업유치", 지방행정, 제58권 제668호, 대한지방행정공제회.

http://www.greengrowth.go.kr(녹색성장위원회)

http://www.kiet.re.kr(산업연구원)

http://www.me.go.kr(환경부)

http://www.mke.go.kr(지식경제부)

제3장

녹색농업

제1절 | 녹색농업의 의의

1. 배경

기후변화에 관한 정부간 협의체(Intergovernmental Panel on Climate Change: IPCC) 보고서에서는 지구온난화의 원인을 인간의 인위적인 활동에 의한 온실가스의 증가때문이라고 지적하였다. 산업혁명이후 산업화, 도시화에 따른 화석연료의 무분별한 사용은 태풍, 이상기온, 홍수, 가뭄과 같은 기상재해를 야기시켰다. 농업부문의 생산 활동은 산소를 배출하고 이산화탄소를 흡수하는 긍정적인 측면이 있는 반면, 축산업 분야에서 아산화질소와 메탄 등은 상당량의 온실가스를 배출하면서 지구온난화의 원인 중 하나로 대두되어 자연 생태계는 물론 인간의 생활에 피해를 끼치고 있다.

이러한 인위적인 기후변화의 부정적인 영향을 줄이기 위해 유엔 기후변화협약(United Nations Framework Convention on Climate Change: UNFCCC)은 일본 교토에서 개최된 1997년 기후변화협약 제3차 당사국 총회에서 미국을 비롯한 선진국의 온실가스(이산화탄소, 메탄, 아산화질소 등)를 의무적으로 감축하도록 규정한 교토의정서(Kyoto Protocol)를 채택하였다. 농업부문에서도 바이오연료 사용, 탄소고정(저장), 유기농업 육성, 에너지 절약 등 미국, EU, 일본을 비롯한 온실가스 의무감축국들의 기후협약 대응방안에 대한 관심이 증가되고 있다.

2005년 기준으로 온실가스의 배출규모가 세계 16위인 우리나라도 이러한 국제사회의 요구에 따라 2008년 8월 에너지 위기에 대응하고 미래의 신성장동력 창출을 위한 저탄소 녹색성장을 새로운 국가비전 및 패러다임으로 제시하고, 2010년 저탄소 녹색성장 기본법을 제정하여 시행하기에 이르렀다. 이에 따라 농업부문에서도 농업에너지, 영농기술이나 자재 등의 녹색농업을 위한 기술혁신이 필요한 시점이 되었다. 또한 인간생활의 가장 기초적인 의식주 생활패턴이 변화되면서 먹거리에 대한 소비자의 인식전환으로 친환경 유기농 생산물 및 식품에 대한 수요와 소비가 증가 추세에 있다.

2. 개념

녹색농업은 농업생태계의 환경용량을 고려하여 환경적으로 건전하고 경제적으로 수익성이 보장되는 농업이다. 즉 지역별, 수계별 환경용량을 고려하여 재배기술을 전환하고 이를 통한 환경친화적 저탄소 농업활동으로 지속가능한 농업보다 포괄적인 개념으로 정의할 수 있다. 농업부문의 녹색성장은 친환경농업과 저탄소농업 확대 등 지속가능한 농업체계로의 전환과 환경친화적 농업, 농촌 기반정비 등을 통해 이루어질 수 있다(농촌경제연구원, 2009b). 또한 녹색농업의 유사개념으로 친환경농업, 자원순환형농업, 유기농업 등이 있다.

친환경농업은 농업과 환경을 조화시켜 농업생산을 지속 가능하게 하는 농업형태로서 농업생산의 경제성 확보, 환경보전 및 농산물의 안전성 등을 동시에 추구하는 농업이다(이승헌, 2008). 자원순환형농업은 농업부산물과 임산부산물을 농업생산에 재활용함으로써 농업환경 및 생태계를 보전하고 지역 내의 농산업간 연계성을 높여 농업생산의 순환구조를 구축하는 농업이다. 또한 유기농업은 비료, 농약 등 합성화학 농자재를 일절 사용하지 않고 미생물과 유기물 등의 천연자원을 활용하여 안전한 농산물 생산과 농업생태계의 선순환을 유지·보전하는 농업으로 정의할 수 있다.

3. 중요성

농업부문의 녹색성장은 경제성과 환경성이 통합된 개념으로 사람(people), 지구환경(planet), 이윤(profit)의 3P의 측면에서 접근가능하다. 첫째, 사람측면에서는 농업부문 녹색성장 실천과 관련된 생산자, 소비자, 정책담당자, 연구자, 관련단체 등의 적절한 역할분담과 협력체계 구축이 요구된다. 둘째, 지구환경 측면은 토양, 물, 공기 등 농업생태계를 구성하는 환경요소에 대해 환경용량 범위에서의 지속적인 유지관리이다. 셋째, 이윤측면은 농업을 생명산업 또는 생업으로 지속적으로 유지하고 경영하기 위해 녹색경영 능력제고, 녹색기술 혁신, 정책지원 등을 통한 경쟁력 제고 및 수익성의 유지이다(김창길 외, 2008).

녹색농업의 근간이 되는 유기농업, 친환경농업 등은 사회, 경제, 환경적 측면에서 중요한 기능을 하고 있으며, 앞으로 우리가 추구해야 할 미래지향적인 농업형태이다. 첫째, 사회적 측면에서는 안전한 웰빙 농산식품의 생산과 공급으로 소비자의 건강증진 도모이다. 둘째, 경제적 측면에서는 국내농산물 경쟁력 제고로 인한 수입억제는 농업 생산자의 소득보장이다. 셋째, 환경적 측면에서는 생물다양성, 생물순환, 토양생물활동 촉진으로 자연생태계 보전이다. 특히, 최근에는 웰빙과 로하스 등의 트렌드 확산에 따른 고품질의 안전한 농산물에 대한 수요가 증가하고 있다. 이는 기존의 증산위주 농업정책에 의한 환경부하 증가로 인한 지속가능한 농업의 위협에 따른 유기농업의 세계적인 증가 추세에서도 그 중요성을 알 수 있다.

제2절 | 녹색농업의 주요내용

1. 녹색농업 관련법률 및 주요내용

저탄소 녹색성장 기본법은 제23조에서 녹색경제 · 녹색산업의 육성 · 지원을 위한 녹색산업의 신성장동력으로의 육성 · 지원에 관한 사항, 녹색경제 · 녹색산업의 촉진에 관한 사항을, 제24조에서 자원순환의 촉진을 위한 에너지자원으로 이용되는 목재, 식물, 농산물 등 바이오매스의 수집 · 활용과 자원순환 관련 기술개발 및 산업의 육성을, 제55조에서 친환경 농림수산의 촉진 및 탄소 흡수원 확충에 관한 사항을 규정하고 있다.

그리고 친환경농업육성법은 친환경농업의 발전을 위한 각종 기술개발 방안에 관한 사항, 친환경농업시범단지 육성 방안에 관한 사항, 친환경농산물의 생산 · 유통 활성화 및 소비촉진 방안, 농업의 공익적 기능 증대 방안에 관한 사항, 친환경농업의 발전을 위한 국제협력 강화 방안에 관한 사항(제6조)을 규정하고 있고, 그외에 농업으로 인한 환경오염 방지에 관한 사항(제9조), 농업자원의 보전 및 농업환경의 개선에 관한 사항(제10조), 농업자원 및 농업환경의 실태조사에 관한 사항(제11조), 친환경농업기술의 개발 및 보급에 관한 사항(제13조) 등을 규정하고 있다.

2. 녹색농업 관련 주요정책

우리나라의 자원순환형 농업정책 프로그램은 친환경농업 육성과 연계되어 추진되고 있고, 친환경농업 육성은 1994년말 농림수산식품부의 환경농업과의 신설과 1997년 친환경농업육성법의 제정, 1999년 친환경농업 직접지불제의 도입 등을 통해 구축되었다. 특히 친환경농업육성법의 제정으로 농업의 공익적인 기능을 증진하고 농업생산을 지속적으로 유지하는 친환경농업의 본격적인 육성과 경종농업, 축산, 임업이 연계된 자원순환농업이 시작되었다. 2005년 광역 친환경농업단지 조성사업과 자원순환형 사회촉진을 위한 중장기 비전 및 국가 자원순환 기본계획, 2006년 가축분뇨를 활용한 자연순환농업 추진대책 등이 순환농업을 위한 주요정책 프로그램이다(한국농촌경제연구원, 2009a).

우리나라는 농업부문의 저탄소 녹색성장 시스템을 구축하기 위해서 2030년을 목표년도로 기반구축단계, 활용단계, 정착단계 등 3단계로 나누어 단계적으로 추진한다. 기반구축단계(2009~2012)에서는 친환경농업육성, 신재생에너지 기반구축, 교토메커니즘 활용 시범사업 등을 추진한다. 활용단계(2013~2018)에서는 온실가스 배출량 D/B구축, 온실가스 저감기술의 보급 · 확대, 교토메커니즘 활용 확대, 흡수 제고를 위한 인센티브 적용 등을 추진한다. 정착단계(2019~2030)에서는 저탄소 농업생산시스템 구축, 온실가스 저감, 온실가스 흡수, 온난화 적응 등 각 분야 프로그램에 최적의 정책적 결합을 추진한다(한국농촌경제연구원, 2009b).

3. 녹색농업의 특징

농촌현장에서 발생하는 농산부산물(바이오매스) 가운데 일부는 퇴비, 사료, 열에너지원으로 이용되고 있으나 대부분은 폐기되고 있다. 그러나 농산부산물의 이용은 폐자원 활용, 환경문제 해소, 대체에너지 개발 등 광범위한 부문에서 효과를 기대할 수 있다. 무엇보다도 부산물을 이용한 에너지 및 제품화가 농업 · 농촌 및 농업인들에게 새로운 사업영역을 제공하고 고용기회를 창출함으로써 농업 · 농촌의 활성화에 기여할 수 있다는 점이다. 부산물을 이용해 농업이 지금까지 담당해 오던 식량생산이라는 것 외에 지속가능한 친환경적 에너지와 바이오 제품의 공급이라는 새로운 영역까지 확장되고 있다.

또한 산업화 이후 내몰렸던 농업이 다양한 가치를 인정받으면서 도시농업이 활성화되기 시작했으며, 특히 에너지, 기후 온난화 위기 시대에 도시에서 농업을 실천할 수 있는 방안으로 각광받고 있다. 도시농업은 영국의 채원 할당지, 독일의 분구원, 일본의 시민농원, 미국의 수직농원, 쿠바의 유기농 도시농업 등 다양한 형태로 변모해왔다. 우리나라는 도시근교 농지와 그린벨트를 활용한 주말농장, 도심텃밭, 상자텃밭, 옥상농원과 같은 다양한 형태의 도시농업이 시도되고 있다. 최근에는 도심 속의 식물공장에 대한 논의가 활발하게 진행되고 있다.

제3절 | 녹색농업의 사례

1. 일본 야마가타현 레인보우 플랜

일본 야마가타현 나가이시는 순환형 폐기물의 재활용과 지역활성화를 성공시킨 지방자치단체로 유명하다. 나가이시의 이 프로젝트를 레인보우 플랜(부엌과 농업을 연결하는 계획)이라 한다. 즉 유기물 자원의 지역순환을 통해 지방자치를 도모하는 프로젝트이다. 이 프로젝트의 주목적은 유기물 자원의 재활용을 통한 환경개선, 건강한 식생활, 농가소득 증대에 있다. 이 프로젝트는 단순한 음식물 처리사업이 아니라 지역 만들기, 순환농업, 주민자치 사업이다.

이 지역의 지역순환 구조는 음식물 쓰레기를 비롯하여 지역에서 나오는 유기물을 이용한 퇴비센터의 퇴비생산에서부터 출발하고 있다. 화학비료나 농약을 최대한 억제하는 대신 생산한 퇴비를 작물에 사용하고 그 작물을 시민에게 제공하고 있다. 나가이시는 일반 가정의 음식물 쓰레기와 축산 폐기물을 원료로 이용하여 퇴비를 만들고 유기농산물을 생산한다. 나가이시 9천세대 중 도심지 5천세대의 음식물 쓰레기가 227개소에서 수집되는데, 가구당 음식물 쓰레기는 연간 40kg미만 수준으로 배출되고 있다. 그리고 이 프로젝트 실시 후 가장 눈에 띄는 효과는 음식물 쓰레기가 약 34% 줄었다는 것이다.

퇴비공장에서 생산된 퇴비를 이용한 농산물은 인증심사위원회가 직접 농가를 방문하여 인증한다. 인증심사위원회는 농지관리와 재배관리를 통해 농산물을 인증하고 있으며, 레인보우 플랜 추진위원회는 홍보활동, 심포지엄 개최를 통해서 유기농산물 판매촉진과 시스템의 관리 및 개선을 담당하고 있다. 나가이시의 역할은 지역의 쓰레기 배출분석과 농산물 수급이며, 농가와 소비자의 신뢰 및 협력관계를 이끌어 내는 것이다. 이는 지방자치단체와 시민, 시민단체의 자발적인 참여와 상호 협동정신이 만들어낸 결과이다.

정부가 주도하는 사업에 단순히 지역주민이 참여하는 시스템이 아니라, 정부와 지역주민이 함께 하는 시스템이라고 할 수 있다. 자원봉사자들은 견학이나 강의 활동을 하는 등 추진위원회를 구성하여 자율적으로 활동하고 있다. 또한 해외 42개국에서 견학을 위해 방문하고, 퇴직자, 주부, 농민들이 자발적으로 참여하는 레인보우 플랜 시민농장을 만들어 레인보우 플랜 시민시장을 개설하였다. 현재 시민시장은 레인보우 인증활동, 견학 등 교류의 거점으로 자리 잡았다.

2. 중국 류민잉 생태농장

류민잉(留民營) 생태농장은 베이징시 다싱구 창쯔잉내(北京市 大興區 長子營鎭)에 위치해 있다. 전 농장의 부지면적은 145ha이며, 농가호수는 240호, 농가인구는 861명이다. 이 농장은 중국에서 가장 일찍 생태농업을 실시한 시범지역으로 1982년에 베이징 환경과학연구원과 각급 정부의 적극적인 지원 하에 조성되었다. 그 후 생산구조 조정을 통하여 새로운 에너지를 개발하여 사용하고 식수조림을 적극 실시하여 빈곤하고 낙후한 마을에서 자연친화적이면서 현대화된 농촌으로 변화하였다.

현재 농장 단지에는 기계제작, 환경보호, 식품, 여행제품, 자동차냉동, 물류저장 등을 담당하는 8개 기업이 있으며, 직원은 약 600명이 있다. 1980년대 초부터 조성되기 시작한 류민잉 생태농장은 기초시설과 보조기능체계를 갖추고 있는데, 전체 구조는 지상 4개 구역과 지하 3개 망으로 구성되어 있다. 4개 구역은 농산물재배구역, 목축양식구역, 무오염 공업단지와 농민생활구역이고, 3개

자료 : 베이징 관광국 웹사이트.

[그림 3.3.1] 중국 류민잉 생태농장

망은 물, 전기, 가스(메탄가스) 공급 네트워크 체계이다.

류민잉 생태농장은 관련 전문가의 지도하에 생태학의 원리에 따라 조성되었고, 농업생산 및 생활 부산물을 이용하여 에너지를 생산하고 이용함으로써 경제적, 환경적 편익을 거두고 있다. 초기에는 단순 작물재배에서 현재는 농업, 임업, 어업, 가공업 등을 도입한 종합화된 생태촌을 이루고 있다. 현재 류민잉 생태농장은 메탄가스를 이용한 농업, 임업, 목축업, 어업의 생태시스템을 형성하고 있으며, 가공까지 포함한 일관생산시스템을 유지하고 있다.

생태농장에서는 매년 북경시장에 유기채소 1,000만kg, 계란 260만kg, 우유 25만kg, 육류 90만kg, 가금류 20만 마리를 공급하고 있다. 류민잉 생태농업은 홍보와 부가소득 창출을 위해 관광농업, 생태관광을 도입하였는데, 이 부분이 새로운 소득원으로 부상하고 있다. 이를 위해 생태원, 농업관광원, 농업공원, 낚시, 오락프로그램, 음식 등을 개발하고 있다. 재배 및 양식업 외에 요구르트공장, 사료공장, 밀가루공장과 육류식품가공공장 등을 건립하여 생산구조를 입체형으로 발전시킴으로써 단지의 시너지 효과에 의한 경제적 후생이 농민들에게 돌아가고 있다.

3. 아산시 자원순환형 친환경농업시스템

아산시 자원순환형 친환경 지역농업은 생산주체, 가공 및 유통주체가 핵심 주체를 형성하고 있다. 생산주체는 한살림아산생산자연합회이고 현재 500여 농가가 참여하고 있다. 가공 및 유통주체는 생산자연합회가 출자하여 설립한 법인인 푸른들영농조합이다. 여기에 판매를 담당하는 한살림천안아산생활협동조합과 한살림사업연합이 소비주체를 형성하고 있다.

아산지역은 지역의 혁신역량을 결합하는 클러스터를 추진함으로써 자원순환형 친환경농업시스템을 구축하고 있다. 생산자 조직만으로는 자원순환형 지역농업시스템 구축에 한계가 있다. 따라서 생산자조직을 중심으로 지방자치단체, 대학(단국대, 호서대, 순천향대, 연암대), 한살림사업연합, 아산영농법인 등이 긴밀히 연계함으로써 자원순환형 친환경농업의 기틀을 마련하고 있다.

아산지역의 자원순환형 농업시스템은 친환경 농산물을 생산하는 경종농업의 부산물을 유기축산용 사료로 이용하며, 이 사료로 육성되는 유기축산물의 축분을 퇴비화하여 다시 경종농업에 지원하는 형태이다. 즉 경종농업을 기반으로 유기축산 시스템을 구축하는 것으로 경종, 원예, 축산업의 연계를 통해서 이루어지고 있다.

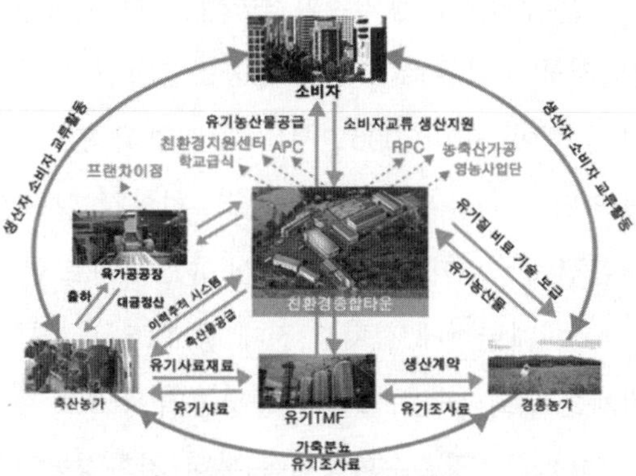

자료 : 푸른들영농조합법인 웹사이트.

[그림 3.3.2] 아산시 자원순환형 친환경농업시스템

자원순환형 친환경농업 시스템의 핵심은 자원의 효율적인 이용을 통해서 생산과 소비를 연결하는 지속가능한 생산형태를 이루는 것이다. 이와 함께 물질순환형 사회구축을 지향함으로써 농업과 농촌에서 발생하는 부산물을 친환경적이고 유기적인 순환구조에 이용하여 농산물 생산비를 절감하고 저소득 농가에 일자리를 제공하여 소득을 보전하는 효과를 얻는 것이다.

4. 울진군 친환경 농업경영

울진군의 친환경 농업의 성공기반은 우선 소규모 경험적 친환경농업에서 과학적, 체계적 친환경 농법을 도입하여 확대 · 육성시키는 일이었다. 그래서 처음부터 과학적 친환경 농법으로 오리 농법과 우렁이 농법, 쌀겨 농법, 태평 농법, 이들을 섞은 혼합 농법 등을 꾸준히 도입하였다. 여기에 더하여 농산물 재배와 축산을 연계한 자원순환형 유기농 및 친환경농업을 육성하기 시작했다.

초기에는 실험 재배를 통하여 지식을 전달하는 체계적인 보급으로 의외의 높은 성공률과 호응을 얻을 수 있었다. 친환경농업의 성공은 농법과 더불어 농업의 규모화 · 집단화에 달려 있다고 판단하고, 광역친환경농업단지를 조성하기로 하였다. 이를 토대로 기술연구와 마케팅, 운영관리 등을 공동으로 대응함으로서 효율성을 높일 계획으로 광역친환경농업단지를 추진하였다.

이 사업은 사업지구 농가들로 구성된 영농조합법인 울진광역친환경농업단지조성 사업단이 주축이 되어 2006년부터 추진하고 있다. 사업대상 지구에 2007년 말까지 광역단지 기반시설을 확충하고, 친환경 실천면적의 규모화, 집단화를 도모해 친환경 인증단계를 무농약에서 유기재배로 한 단계 끌어올렸다. 2010년까지 1,030ha 재배면적에 걸쳐서 전체 총 1,080농가를 친환경 인증농가로 전환시키고 현재는 우리나라 유일의 친환경농업 메카로 자리매김 하였다.

또한 친환경광역단지는 경축순환농업을 통한 친환경농업을 육성하기 위해 사업의 핵심적 기반시설인 경축순환자원화센터를 비롯해 액비 및 친환경 농약

자료 : 디지털 울진문화대전 웹사이트.

[그림 3.3.3] 울진군 친환경 농업단지

제조시설, 수도작용 공동육묘장, 원예용 공동육묘장, 농기계 보관창고, 친환경 벼 건조저장시설, 친환경 농산물 유통시설, 농업인 교육시설 등의 각종 시설들을 구축하고 있다. 그 결과로 2005년 제1회 친환경농업대상 지방자치단체 부문 우수상을 수상하였고, 2006년 친환경농산물 품평회에서 곡류부문(쌀) 우수상을 수상하였다. 특히 울진세계친환경농업엑스포(2005, 2009)의 성공적 개최와 로하스농업특구 지정, 친환경분야 각종 학술대회 유치 및 대한민국 LOHAS 인증 등 명실상부한 친환경농업의 으뜸 군으로서 입지를 확고히 다지게 되었다(http://uljin.grand culture.net).

5. 미래농업의 대안 식물공장

식물공장은 기후나 장소에 영향을 받지 않고 사막이나 극지처럼 농업환경이 열악한 곳에서도 연중 농작물 재배가 가능한 자동화 생산시스템을 말하며, 빌딩농장, 수직농장과 같은 다양한 형태로 발전하고 있다. 식물공장은 정서적으로 관행적 전통농업에 반한다는 지적이 있을 뿐만 아니라, 초기 설치비가 지나

자료 : (주)한국시티팜 웹사이트.

[그림 3.3.4] 식물공장 개념도

치게 많이 든다는 비난도 따르고 있다. 그러나 식물공장은 식량위기와 물 부족에 대비하고 식품오염을 방지하기 때문에 미래농업의 대안으로 꼭 필요하다.

또한 식물공장에는 LED, 온도와 습도조절, 환경제어의 최첨단 기술과 장비가 들어가기 때문에 농업 전후방 연관산업에 미치는 효과는 매우 크다. 수직농장의 개념은 미국 컬럼비아대학 데스포미어 교수가 이론화했다. 그는 기후변화나 식량위기에 대응하기 위해서는 도심형 빌딩농장이 불가피하다고 생각했다. 이론적으로는 30층 규모의 빌딩농장으로 5만 명의 먹을거리를 생산할 수 있음은 물론 조류와 물고기도 사육할 수 있다고 주장했다. 이미 수직농장은 미국, 일본에서 식물공장, 도심 속의 농장형태로 추진되고 있다.

식물농장에 대한 우리나라의 연구나 참여수준은 아직 미흡하다. 농촌진흥청에서 1990년대 후반부터 식물공장의 필요성을 인식해서 배양액 공급, 실내환경 제어, 원격 환경 제어, 온도와 습도 및 육묘생산 자동화 시스템의 기초연구를 했다. 그 결과 상당 부분이 현장에서 실용화되고 있지만 추가연구가 필요한 실정으로 최근에는 경기도 용인 죽전의 도심형 식물공장이 수경 재배한 오비레드와 멀티그린 등의 희귀 샐러드용 채소를 국내 처음으로 대형 백화점에 납품하고 있으나, 아직까지 시범재배 수준이다(김형국, 2011).

6. 시사점

일본 야마가타현 레인보우 플랜은 지역소비자의 먹거리를 지역에서 해결하는 지역내의 유통을 통해 지역민의 건강을 지키고 농가소득을 향상시키고자 시도하였다. 즉 지방자치단체와 농협, 소비자단체 3주체가 물적 · 인적 순환을 통해 지역순환농업을 실현하고 있다.

중국 류민잉 순환농업은 생태농업 개념으로 추진되고 있는데, 환경적 관점보다는 농촌주민의 생활개선과 농산부산물을 이용한 생산비 절감차원에서 진행되고 있다. 생태농업의 핵심은 사람과 가축의 분비물을 이용하여 메탄가스를 생산한 후 이를 이용한 에너지 활용이다.

아산시 자원순환형 친환경농업시스템의 성공요인은 생산자조직과 가공 및 유통주체의 적극적인 참여, 도시발전에 따른 인구유입으로 안정적인 소비시장 확보, 산지조직의 체계적인 관리시스템 구축이다. 그리고 울진군의 사례는 오지라는 지역발전의 저해요인을 지방자치단체와 지역주민의 협력으로 친환경농업을 군 역점시책으로 추진하여 이를 기회요인으로 승화시킨 대표적인 성공사례이다. 또한 식물공장의 경우 선진국에서는 활발하게 추진되고 있으나, 우리나라의 경우 아직까지 기초연구가 진행된 수준으로 초기단계에 머물러 있는 실정이다.

제4절 | 녹색농업의 전망과 과제

1. 전망

우선 전 지구적 차원에서 천연자원의 한계로 공급측면에서 농업부문 역시 저탄소 녹색성장이 불가피해지는 시대가 될 것이다. 세계는 고도산업화 과정에서 에너지원으로 화석연료를 고갈시키고 온실가스 방출로 인한 지구온난화와 대기오염, 수질오염을 심화시켜 환경에 대한 규제가 확대되고 있다. 도시화가 진행되어 지구환경에 과부하로 작용하고 있다. 이러한 여건으로 농업부문은 더 이상 지금과 같은 상황을 지속하기 어렵게 될 것이다. 우리나라 역시 생산 중심의 농업적 패러다임에서 벗어나 지구온난화 문제해결에 기여하고 환경과 농업이 공생하는 농업으로 전환될 것이다.

다음으로 친환경농업 및 자원절약형 농업이 확대될 전망이다. 안전식품에 대한 수요증가로 친환경적인 생산방식이 강조될 것이다. 특히 지방자치단체에서 친환경적인 생산방식에 대한 관심이 커져 지역의 자원을 지역 내에서 순환시키는 지역순환형 농업이 각광받을 것이다. 그리고 물 부족이 심화됨에 따라 수자원 관리의 중요성이 증대되고, 물 절약형 작물과 농법이 개발될 것이다. 유류대와 전기료 등 에너지 비용이 급증함에 따라 시설원예 등 에너지 고소비 농업의 쇠퇴도 일부 예상된다. 이와 반대로 바이오매스 활용사업 등이 적극적으로 추진될 것이다(농촌경제연구원, 2009b).

2. 과제

첫째, 일상생활에서 발생되는 각종 부산물을 자원화하기 위한 지역단위의 부산물 자원화센터가 필요하다. 자원화센터는 농축산부산물, 산림부산물, 식품폐기물, 음식물쓰레기 등을 이용하여 퇴비, 사료 등 제품과 가스 및 전기 등을 생산할 수 있는 설비와 운용 인력 확보가 선결 과제이다(한국농촌경제연구원, 2009a).

둘째, 농업부문이 국가의 신성장동력으로서의 역할을 하는 녹색농업으로 나아가기 위해서는 무엇보다도 현재의 친환경농업 정책의 한계를 극복하기 위해 농업정책에 대한 재편이 필요하다. 다른 부문, 특히 저탄소 환경정책 등과의 연계를 모색하여 정책 간 시너지 효과를 높여야 할 것이다.

셋째, 선진국의 경우처럼 탄소배출권 거래제 도입과 농산물의 경우 저탄소 친환경농산물 인증제의 실시 등은 많은 효과가 예상된다. 또한 온실가스 감축 및 흡수를 위한 농경지 등 토양관리 및 농축산물 생산 · 소비 과정에서의 에너지 사용 절감 등 실용 가능한 저탄소 녹색기술의 개발이 필요하다.

넷째, 개발도상국도 탄소배출 감축 프로그램을 실행하여야 하는 시점에서 국내의 농업여건을 반영하고 온실가스 감축에 기여하는 부분에 상응하는 대가를 받기 위해 기후변화 관련 국내외의 회의나 협상에 적극적으로 참여하여야 한다.

탐구학습

1. 주요개념
- 지속가능농업
- 자원순환농업
- 유기농업

2. 토론과 과제
- 저탄소 녹색농업의 필요성
- 우리나라의 녹색농업과 관련된 주요법률과 정책
- 선진국의 도시농업 유형 및 특징과 우리나라 도시농업의 발전방향

참고문헌

강종원(2009), 녹색성장 : 농업정책패러다임의 변화, 강원발전연구원 뉴스레터.
김창길(2008), 농업 · 농촌경제동향 가을호, 한국농촌경제연구원.
김창길 · 정학균(2008), "농업부문 녹색성장의 개념과 추진과제", 농업부문 녹색성장 심포지움 자료집, 한국농촌경제연구원.
김형국(2011), 녹색성장 바로 알기, 나남출판.
녹색성장기획단(2009), 그린 코리아 2009 국제회의 발표자료.
이승헌(2008), "자연순환형 농업", 농어촌과 환경, 제98호.
한국농촌경제연구원(2009a), 농업전망 2009(Ⅰ).
한국농촌경제연구원(2009b), 신농업 비전과 전략 2009.
한국농촌경제연구원(2007), 주요국의 농업부문 기후변화협약 대응 방안.
http://likms.assembly.go.kr(국회법률지식정보시스템)
http://uljin.grandculture.net(디지털울진문화대전)
http://visitbeijing.com.cn(베이징관광국)
http://www.greengrowth.go.kr(녹색성장위원회)
http://www.koreacityfarm.com(한국시티팜)
http://www.naas.go.kr(농촌진흥청 국립농업과학원)
http://www.prundle.co.kr(푸른들영농조합법인)

제4장

녹색식품

제1절 | 녹색식품의 의의

1. 배경

세계인구는 지난 50년간 2배 이상 증가하여 왔다. 현재 68억명에 달하는 세계인구는 향후 50년간 30억명이 더 증가할 것으로 예상된다(세계인구시계, 2011). 인구의 증가와 함께 인류의 식량생산량 역시 기하급수적으로 증가하여 왔는데 이는 식량생산과 관련한 기술발전에 힘입은 결과이다.[7] 이러한 기술발전을 통해 식량생산의 비약적인 증가를 녹색혁명(green revolution)[8]이라고 표현하기도 한다. 녹색혁명은 품종개량, 농법개발, 비료개발 등으로 이루어졌다.

---

7 맬더스(Thomas R. Melthus)는 '인구론(Essay on the Principle of Population)'을 통해 인구가 식량공급보다 더 빠르게 증가하는 경향 때문에 인류는 빈곤의 굴레를 벗어날 수 없다는 주장을 하였다. 그러나 인류는 기술진보를 통해 식량생산의 비약적인 증가를 이루었다. 다만 선진국과 후진국의 식량격차 문제와 식량자원의 무기화는 인류가 해결해야할 과제로 남았다.

8 녹색혁명은 1944년 미국 록펠러재단의 연구진이 멕시코에서 소맥생산을 획기적으로 증대시킨 것이 그 효시이다. 이후 1960년대 중반부터 미국을 중심으로 식량생산의 증대를 위한 품종개량 연구가 활발히 진행되었다(브리태니커백과사전, 2010).

녹색혁명은 전통적인 농업에 비해 높은 생산력을 가져왔지만 막대한 연구개발비 투자가 필요하고 관개시설 고도의 농업생산기반이 요구된다. 이러한 요인으로 인류가 이룩한 녹색혁명은 일부 거대 다국적 농식품회사가 주도하였는데, 농산물의 생산확대를 위해 적정한 수준 이상의 화학비료(chemical fertilizer)와 농약을 사용하고 농작물의 유전자를 재조합하기도 하였다.

1960년 이후 화학비료와 농약의 사용량은 급속히 늘어났다. 또한 유전자재조합을 통해 병해충에 강하고 생산량이 높은 품종의 개량이 활발히 진행되어 왔다. 그러나 화학비료와 농약의 무분별한 사용은 다양한 부작용을 초래하고 있다. 무분별한 화학비료는 토양의 황폐화를 초래하고 농약은 토양과 수질을 오염시킨다. 또한 유전자재조합은 식물종 변이 등의 문제가 심각한 것으로 알려져 있고, 유전자재조합 농산물로 얻어진 식품은 그 안전성이 검증되지 않고 있다. 이러한 까닭에 유기농 비료의 사용과 천적농법을 통한 농약사용의 감축, 유전자재조합 식품의 안전성 확보가 시급한 과제로 대두되고 있다.

2. 개념

녹색식품의 사전적 의미는 화학비료나 농약을 사용하지 않고 재배한 식물로 만든 식품을 말한다(국립국어원, 2010). 이는 식품의 재료를 식물로 한정한 협의의 개념이다. 그러나 광의의 녹색식품은 화학비료나 농약을 사용하지 않고 재배한 식물로 만든 식품뿐 아니라 유전자를 재조합하지 않은 식품까지 포함한다. 또한 이들 식물을 먹이로 하는 동물로 만든 식품까지 포함한다. 식품의 재료로 식물뿐 아니라 동물도 사용된다는 점에서 녹색식품은 일반적으로 광의의 개념으로 이해되는 경우가 많다.

녹색식품의 유사개념으로는 친환경식품, 유기농식품 등이 있는데 친환경식품은 친환경농산물의 생산기준인 화학적 농자재를 사용하지 않거나 최소량을 투입하여 생산된 농산물을 사용한 식품을 말한다. 그리고 유기농식품은 농약과 화학비료를 일절 사용하지 않고 생산된 농산물을 사용한 식품을 말한다.

표 3.4.1 녹색식품의 개념

구분	개념
– 협의	· 화학비료나 농약을 사용하지 않고 재배한 식물로 만든 식품
– 광의	· 화학비료나 농약을 사용하지 않고 재배한 식물로 만든 식품과 유전자재조합을 하지 않은 그대로의 식품 · 이들 식물을 먹이로 하는 동물로 만든 식품

3. 중요성

화학비료와 농약의 사용은 농산물의 생산을 비약적으로 증가시켜 왔으며, 이를 통한 지구적인 식량문제의 해소에 기여하여 왔다. 화학비료와 농약의 사용은 식량생산을 단기간에 비약적으로 증가시켜 왔으나 최근 들어 이로 인한 환경문제가 제기되고 있다. 녹색농산물의 생산과 이를 재료로 한 녹색식품은 화학비료와 농약의 사용을 최소화함으로써 환경과 인간에 해가 없기 때문에 선진국과 개발도상국을 막론하고 녹색식품에 대한 중요성이 부각되고 있다.

녹색식품의 중요성은 다음과 같다. 첫째, 녹색식품의 생산은 토양의 산성화를 촉진하는 화학비료와 농약을 사용하지 않아 자연친화적이기 때문에 자연환경의 파괴를 최소화할 수 있다. 산성화된 토양에는 각종 병원균, 세균 등이 더욱 잘 번식하기 때문에 토양의 산성화는 사람의 질병을 유발한다. 또한 화학비료의 사용은 토양의 단립화를 초래하여 흙이 굳어지면서 식물의 생육부진을 초래하고 유실되어 강이나 바다의 부영양화를 초래하면서 2차적인 자연환경 파괴를 초래하기도 한다.

둘째, 녹색식품은 환경호르몬으로부터 안정적이다. 현대사회를 살아가는 남성들의 정자활동성이 과거에 비해 부족하고 여성의 경우에도 유산, 조산, 기형아출산 등의 비율이 증가하고 있는데 이의 주원인은 각종 먹거리로부터 오는 환경호르몬 때문이다. 우리나라에서는 67종의 환경호르몬을 규정하고 있는데 이중 43종이 농약과 제초제에서 검출되고 있다(식품의약품안전청, 2010). 그럼에도 불구하고 농약사용으로 생긴 병균과 해충의 내성으로 농약의 사용량은 매년 증가하고 있다. 농약사용에 따라 병균과 해충의 내성이 생기고 이로 인해 농약의 사용이 증가하는 악순환이 초래되고 있다.

셋째, 녹색식품은 유전자재조합으로부터 안전하다. 농산물의 생산량을 위해 유전자재조합을 한 농산물은 필요한 유전자를 취하거나 제거하여 목적에 맞는 새로운 생물체를 만드는 것이다. 이러한 유전자재조합 농산물은 원래의 유전자에서 어떤 유전자의 기능이 사라지게 되어 불안정하게 되고 새로운 독소가 생기기도 한다. 또한 생태계 속의 야생생물에 영향을 미치기도 한다. 실제 유전자재조합 옥수수를 수입하여 운송하는 경로인 항구, 운송도로변, 가공공장의 주변에 떨어진 유전자재조합 옥수수가 발아하여 기존의 토종식물 생태계를 침해하기도 한다. 유전자재조합 농산물에 대한 장기적인 피해는 밝혀지지 않고 있으나 몇세대에 걸친 장기간의 시간이 흐른 후 부작용이 나타날 수 있다는 것이 대체적인 의견이다.

넷째, 녹색식품은 가축사료의 첨가제로부터 안전하다. 거대 다국적기업은 가축의 성장을 촉진하고 병을 예방하기 위하여 성장호르몬, 항생제 등을 가축사료에 첨가하고 있다. 가축사료 첨가제 사용은 거대 다국적기업 뿐만 아니라 일반 축산농가에서도 광범위하게 이루어지고 있으며 정도의 차이일 뿐이지 대부분의 현대축산에서 가축사료의 첨가제 사용은 일반적이다. 그러나 이는 축산물을 소비하는 인간의 몸에 축적되어 항생제로 인한 내성문제, 성장호르몬으로 인한 청소년의 조기조숙 등의 문제를 초래하는 것으로 알려져 있다(김종덕, 2009).

식량생산성을 증가시키기 위한 화학비료, 농약, 가축사료 첨가제의 무분별한 남용은 식품안전을 위협하고 있으며 장기적으로 큰 부작용을 초래할 것으로 예상된다. 따라서 자연에 무해하고 환경친화적인 농법과 축산방법의 개발 및 보급은 더 이상 늦추어서 안될 시급한 과제로 대두되고 있다.

제2절 | 녹색식품의 주요내용

1. 관련법률 및 정책

녹색식품과 관련된 법률은 식품위생법, 건강기능식품에 관한 법률, 어린이 식생활안전관리 특별법, 국민건강증진법, 농산물품질관리법, 축산물품질관리법, 친환경농업육성법 등을 들 수 있다. 녹색식품은 식재료, 가공, 유통 등 다양한 영역에서 제조와 관리가 이루어져야 하므로 농업, 제조업, 유통서비스업을 포괄하고 있다.

한편 녹색식품의 유형은 기준에 따라 다양하게 구분할 수 있으나 일반적으로 재료가 되는 농산물에 대한 농약 및 화학비료 사용 정도에 따라, 그리고 가공 및 조리방법에 따라 구분할 수 있다.

먼저 재료가 되는 농산물에 대한 농약 및 화학비료의 사용정도에 따라 유기농농산물, 무농약농산물, 저농약농산물로 구분할 수 있다(친환경농업육성법). 첫째, 유기농농산물은 농약과 화학비료를 일절 사용하지 않고 재배된 유기농산물이다. 둘째, 무농약농산물은 농약은 사용하지 않고 화학비료는 권장시비량의 1/3 이내를 사용한 농산물이다. 셋째, 저농약농산물은 화학비료는 권장시비량의 1/2 이내를 사용하고 농약살포 횟수는 농약안전사용기준의 1/2 이하를 사용하여 재배한 농산물을 말한다.

또한 농산물에 대한 농약과 비료의 사용기준에 의한 녹색농산물 구분 외에도 식품의 가공 및 조리방법을 기준으로 하여 패스트푸드(fast food), 슬로우푸

표 3.4.2 녹색농산물의 유형

구분	농약사용	화학비료
– 유기농농산물	· 미사용	· 미사용
– 무농약농산물	· 미사용 혹은 최소사용	· 권장시비량의 1/3 이내 사용
– 저농약농산물	· 농약안전사용기준의 1/2이하 사용	· 권장시비량의 1/2 이내 사용

드(slow food) 등으로 구분하기도 하는데 이 중 슬로우푸드가 녹색식품에 해당한다.

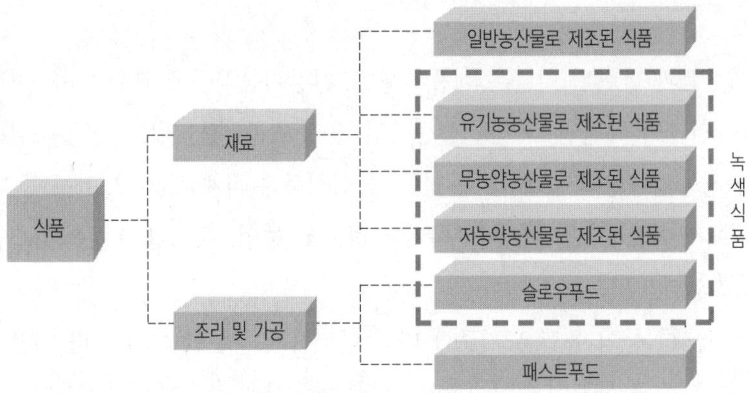

[그림 3.4.1] 녹색식품의 유형

2. 주요내용과 특징

녹색식품의 조리에 사용하는 재료는 유기농, 무농약, 저농약농산물로 제조된 식품을 들 수 있다. 또한 조리 및 가공에 있어서 슬로우푸드를 녹색식품으로 들 수 있다. 슬로우푸드는 대량생산 · 규격화 · 산업화 · 기계화를 통한 맛의 표준화와 전지구적 미각의 동질화를 지양하고 나라별 · 지역별 특성에 맞는 전통적이고 다양한 음식 · 식생활 문화를 계승발전시킬 목적으로 1986년부터 이탈리아의 작은 마을에서 시작된 식생활운동을 말한다(두산백과사전, 2010). 슬로우푸드 운동은 특히 미국의 세계적인 햄버거 체인인 맥도널드의 패스트푸드에 반대해 일어난 운동으로 맥도널드가 이탈리아 로마에 진출해 전통음식을 위협하자 미각의 즐거움, 전통음식 보존 등의 가치를 내걸고 유럽을 중심으로 시작되었다.

반면 패스트푸드는 식당에서 주문하면 곧 먹을 수 있다는 뜻에서 나온 말이다. 용기는 종이로 되어 있어 한번 쓰고 버리며 조리도 오븐에서 데우는 정도로 간편하다. 그러나 패스트푸드의 재료가 되는 농축산물은 생산성을 강조하기 때문에 일반적으로 농약, 비료, 첨가제 등의 사용이 많은 편이다.

한편 녹색식품의 특징은 다음과 같다. 첫째, 녹색식품은 화학비료와 농약 등 화학적 처리가 일절 없거나 거의 없이 유기농비료, 천적 등을 이용하여 생산한 농산물을 재료로 만든 식품이다. 즉 녹색식품은 자연속에 있는 물질과 생물을 이용하여 생산한 식품을 말한다. 따라서 녹색식품은 자연에 끼치는 영향이 작아 환경친화적이다.

둘째, 녹색식품은 유전자재조합 등의 인위적 처리가 없는 식품이다. 최근 유전자재조합 농산물에 대한 우려와 비판이 제기되고 있다. 당장의 피해가 보이지 않으나 거대 다국적 농식품기업은 장기적인 측면에서 이러한 우려와 비판을 불식시키지 못하고 있는 것이 사실이다. 녹색식품은 인류가 몇 천 년에 걸쳐 섭취하던 동식물의 그대로이기 때문에 유전적 안정성이 있는 식품이다.

셋째, 녹색식품은 제초제, 농약, 그리고 화학비료로 인해 초래되는 환경파괴로부터 자유롭다. 제초제, 농약사용은 환경호르몬을 발생시켜 동식물의 생존과 번식에 치명적인 해를 끼치기도 한다. 또한 화학비료는 토양의 산성화를 촉진하고 강이나 바다로 흘러들어 부영양화를 초래하기도 하는데 녹색식품은 제초제, 농약, 화학비료의 사용을 억제함으로써 환경에 해가 없다.

제3절 | 녹색식품의 사례

1. 영국의 로컬푸드 운동

영국에서는 장거리 운송을 거치지 않은 지역농산물을 소비하자는 로컬푸드(local food) 운동이 활발하다. 영국의 런던에는 737개의 도시텃밭에 3만명이 임대텃밭 농사를 짓고 있으며, 런던가구의 14%가 자신의 집 정원에서 농사를 지을 정도로 로컬푸드 운동이 활성화 되어 있다.[9] 로컬푸드에서 가장 중요한 개념은 푸드마일리지(food mileage)이다.[10] 푸드마일리지는 농산물이 이동한 거리를 말한다. 일반적으로 소비지에서 50㎞ 이내에서 생산된 농산물을 로컬푸드라고 한다. 영국에서는 로컬푸드를 장려하기 위해 농민과 소비자가 직접 만나는 농민장터, 소비자들이 생산자와 사전계약을 맺고 농산물을 공급받는 소비자참여형 농업, 지역사회에서 노인이나 어린이가 참여하여 채소 등을 재배하는 공동텃밭 등의 보급정책을 펼치고 있다.

오늘날 전세계를 가로질러 이동하는 먹거리는 생산지와 소비지의 거리가 수천 킬로에 달할 뿐 아니라 중간에 여러 단계를 거치면서 신선도가 떨어지고 가격도 높아진다. 또한 먼거리를 통한 농산물의 생산과 유통이 활발해지면서 유통에 필요한 에너지의 소비와 탄소의 배출이 발생한다. 초국적 기업이 대량생산과 유통을 장악하여 식품산업을 이끌다보니 자국의 식량주권이 훼손되기도 한다(Halweil, 2006). 이에 따라 세계적으로 로컬푸드 운동이 활발해지고 있다. 로컬푸드 운동은 지역에서 생산한 농축산물을 그 지역에서 직접 소비함으로써 농업인들에게 안정적인 소득을 보장하고 소비자는 안전하고 믿을 수 있는 식품을 제공받을 수 있게 한다. 지역에서 생산한 농산물을 소비함으로써 운송과정에서 사용하는 농약과 방부제의 사용을 줄일 수 있다. 소비자는 제철에 나는 싱

9 문화일보, 2010년 3월 12일자, "외국 로컬푸드 사례, 런던 3만명 737개 텃밭농사재미 푹".

10 푸드마일리지는 "수입상대국별 식량수입량(ton), 수출국과 수입국간의 수송거리(㎞)"로 계산한다.

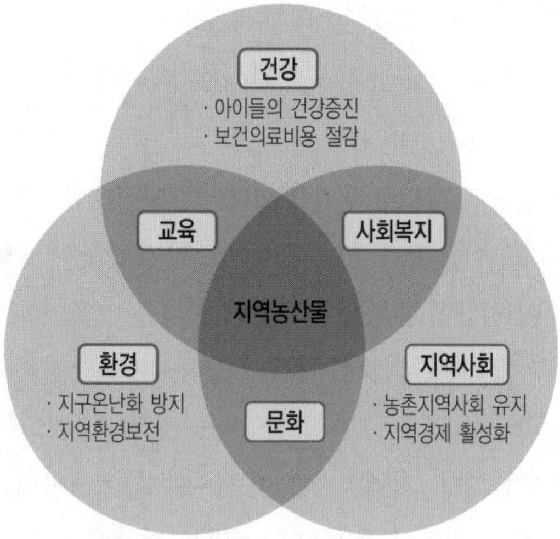

자료 : 행복나눔재단(2009).

[그림 3.4.2] 로컬푸드의 이점

싱한 농산물의 섭취가 가능하고 지역경제의 활성화에도 기여할 수 있다.

또한 로컬푸드를 통해 친환경농법을 활용하고 재배과정을 가까이에서 볼 수 있어 교육적인 효과도 가져올 수 있다. 한편 가공식품과 패스트푸드, 육식 위주의 식생활에서 벗어나 지역에서 생산된 신선한 과일과 채소를 더 많이 섭취하여 비만이나 아토피, 당뇨병 같은 질병도 줄일 수 있다. 해마다 브라질과 아르헨티나 등의 열대우림 지역이 수출할 콩을 재배하기 위해 농지로 바뀌고 있다. 로컬푸드 움직임이 활발해져 지역농업이 활성화되면 국제 농산물의 변덕스런 가격 급등에 따른 피해도 줄일 수 있고 장거리 운송으로 인한 여러 환경적 피해도 줄일 수 있다. 먹거리 운송거리를 줄이면 비행기나 트럭에서 나오는 이산화탄소의 양을 줄임으로써 온난화 방지에 기여할 수 있다. 로컬푸드 운동에 동참하는 방법으로는 집주변의 재래시장 이용하기, 식품원산지 확인, 텃밭 가꾸기 등이 있다.

2. 아일랜드의 굿푸드 운동

아일랜드의 굿푸드(good food ireland) 운동은 굿푸드 아일랜드라는 인터넷사이트를 이용한 일종의 신토불이 운동이다. 이 인터넷사이트는 생산자, 식당, 소비자를 연결하는데 이를 통해 좋은 음식재료를 생산하여 식당에 납품하고 식당은 이를 이용하여 영양이 풍부하고 안전한 음식을 만들어 소비자에게 제공하게 된다. 이를 세부적으로 살펴보면 다음과 같다. 먼저 안전하고 신선한 식재료를 생산하는 지역농가는 굿푸드 아일랜드라는 인터넷사이트를 이용하여 지역식당에 식재료를 납품한다. 지역식당은 이 사이트를 이용하여 신선한 식재료를 공급받을 뿐 아니라 식재료의 특성을 살리면서 건강에 좋은 신선한 음식으로 조리하여 소비자에게 제공한다. 마지막으로 소비자는 굿푸드 아일랜드 인터넷사이트를 통해 지역내 굿푸드를 제공하는 식당을 찾아 이용한다. 이 운동은 여행사를 운영하던 민간인이 처음 시작하여 아일랜드 전체로 확산되었으며, 현재는 아일랜드 정부로부터 인터넷사이트 운영비를 후원받고 있다.

[그림 3.4.3] 굿푸드 아일랜드 홈페이지 운영개념

이 운동의 특징은 다음과 같다. 첫째, 인터넷사이트를 운영하면서 발생되는 이익의 일부를 다시 굿푸드 식당을 지원하는데 사용한다는 것이다. 이렇게 함으로써 식당에서 제공하는 음식의 품질을 향상시키고 또다시 많은 소비자가 식당을 이용하게 하는 선순환구조를 마련하고 있다. 둘째, 굿푸드 아일랜드 지도를 제작 및 보급하여 굿푸드를 제공하는 식당을 적극적으로 홍보한다. 이는 자연스럽게 식재료 생산자인 지역농민과 굿푸드를 제공하는 식당의 수익확대로 이어진다. 또한 굿푸드를 찾아 오는 소비자의 확대에 따라 지역관광의 활성화로 나타나고 있다. 여행사를 운영하던 민간인의 작은 아이디어가 지역농가, 식당의 소득창출은 물론 좋은 음식을 먹을 수 있는 국민들의 권리까지 지켜주고 있다.

자료 : 굿푸드아일랜드 웹사이트.

[그림 3.4.4] 굿푸드 생산자 및 제공식당

3. 친환경농산물인증제

친환경농산물인증제는 전문인증기관이 엄격한 기준으로 소비자에게 보다 안전한 친환경농산물을 선별 및 검사하여 그 안전성을 인증해 주는 제도이다. 친환경농산물인증제는 농업의 환경보전 기능을 증대시키고 농업으로 인한 환경오염을 감소시키는 것이 목적이다. 또한 일반농산물을 친환경농산물로 허위 또는 둔갑표시하는 것으로부터 생산자와 소비자를 보호하고 유통과정에서의 신뢰구축으로 친환경농산물 생산 · 공급체계를 확립하는 것이다(친환경농업육성법). 우리나라의 농업정책은 증산위주의 생산성을 강조하여 왔으며 그 결과 고투입농법으로 농업환경이 악화되어 지속가능한 농업생산을 위협하고 있다. 또한 지나친 농약사용은 토양미생물, 천적감소 등 생태계 교란, 수질오염 및 농산물의 농약잔류문제를 야기하고 있다.

우리나라의 친환경농산물인증제는 1993년 유기 · 무농약재배 농산물에 대한 품질인증을 실시하였으며 1996년에는 저농약재배농산물에 대한 품질인증을 실시하였다. 1997년에는 환경농업육성법을 제정하고 1998년에는 유기농산물 가공품에 대한 품질인증을 시행하였다. 그리고 2001년에는 친환경농산물에 대한 의무인증제를 시행하고 2007년에는 무항생제 축산물 및 재포장과정 인증을 시행하고 있다. 인증은 인증신청 및 심사, 심사결과 통보, 생산 및 출하과정 조사, 시판품조사의 과정으로 진행된다.

인증의 종류는 농산물의 경우 유기농산물, 무농약농산물, 저농약농산물으로 구분된다. 그리고 축산물은 유기축산물, 무항생제 축산물로 구분된다. 인증기준은 농산물의 경우 경영관리, 재배포장 용수 종자, 재배방법, 생산물의 품질관리 등이며 축산물은 사육장 및 사육조건, 자급사료기반, 가축의 출처 및 입식, 사료 및 영양관리, 동물복지 및 질병관리, 품질관리 등이다. 인증 유효기간은 인증서를 교부받은 날로부터 2년이다.

4. 어린이 식품신호등표시제

우리나라에서는 2011년부터 어린이 식품안전을 위해 식품신호등표시제를 본격적으로 시행한다. 어린이 식품신호등표시제는 어린이가 영양정보를 쉽게 알 수 있도록 식품에 들어있는 4개 영양성분(포화지방, 총지방, 당, 나트륨) 함량의 많고 적음에 따라 식품업체나 수입업체가 해당 식품에 적 · 황 · 녹색으로 표시토록 권고하는 제도이다. 식품신호등표시제는 식품에 들어있는 성분을 함량에 따라 그 등급을 정하여 어린이들이 알아보기 쉽도록 초록색, 노란색, 빨간색 등의 색상으로 표시토록 하고 있다.

어린이 식품신호등표시제는 간식류의 경우, 성분중에서 총지방이 100g당 9g, 포화지방이 4g, 당이 17g이 각 기준을 넘으면 빨간색으로 표시된다. 또한 햄버거, 샌드위치 등 끼니를 대신할 수 있는 식사대용품의 경우 총지방이 12g, 포화지방이 4g, 나트륨이 600mg이 넘으면 빨간색으로 표시된다(식품안전교육센터, 2010). 녹색신호의 경우 지방, 당, 나트륨 등의 성분이 전혀 들어있지 않거나 아주 적게 들어 있어 비교적 열량이 낮은 제품에 해당한다. 우리나라는 2008년부터 어린이 식품신호등표시제 시행을 준비하여 왔으며 2011년부터 시행하고 있다.

주표시면	열량	탄수화물	당류	단백질	지방	포화지방	트랜스지방	콜레스테롤	나트륨
간식용	140kcal	15g 5%	2g	2g 4%	10g 20%	0g 14%	0g	0mg 0%	50mg 3%
식사대용	272kcal	39g 12%	2g	7g 12%	11g 22%	1.5g 1%	0g	18mg 0%	800mg 40%

자료 : 농림수산식품부(2010).

[그림 3.4.5] 어린이 식품신호등표시제

5. 시사점

영국 등의 선진국에서는 지역에서 생산한 농축산물을 그 지역에서 직접 소비하자는 로컬푸드 운동이 활발히 전개되고 있다. 지역에서 생산한 농산물을 소비함으로써 농약과 방부제의 사용을 줄일 수 있다. 또한 소비자는 식품안전을 확보할 수 있다. 그리고 아일랜드에서는 굿푸드 운동을 통해 지역농가, 식당, 소비자가 좋은 식재료를 생산하고, 이를 이용한 음식을 소비하자는 운동이 활발하다. 이를 통해 생산자는 좋은 식재료를 공급하고 소비자는 좋은 음식을 섭취하고 있으며 지역상권의 발달까지 이루어지고 있다.

우리나라 역시 식품안전에 대한 관심이 증대되고 있으며 친환경농법을 이용한 친환경 식재료에 대한 의식 역시 높아지고 있다. 그러나 이를 확보하기 위한 구체적인 정책은 미흡한 실정이다. 농민과 도시민의 직거래 장터 등이 자발적으로 생겨나는 등 로컬푸드운동이 확산되고 친환경농법에 의한 녹색식품의 생산이 활발하게 일어나고 있다. 그러나 녹색식품의 보급을 위한 제도화 방안과 안전한 먹거리의 공급을 장려하고 소비자의 식품선택권을 확대하는 방안이 필요할 것이다.

제4절 | 녹색식품의 전망과 과제

1. 전망

식품안전은 우리 건강에 밀접한 영향을 미친다. 따라서 식품안전에 대한 엄격한 기준의 적용이 필요하다. 유럽, 미국, 일본 등의 선진국에서는 식품안전에 대한 기준을 설정하고 이를 어길시에 강력한 벌칙을 부과하고 있다.

세계 각국은 식품안전의 중요성에 대해 인식하고 이를 확보하기 위한 정책을 펼쳐나가고 있으나, 우리나라의 경우 녹색식품 및 로컬푸드의 생산과 소비를 장려하기 위한 제도의 마련이 미흡한 것이 사실이다. 그러나 최근 들어 농산물직거래장터가 증가하고 녹색식품인증제를 준비하는 등 우리나라도 식품안전을 확보하고 녹색식품을 보급하기 위한 노력을 기울이고 있다. 우리나라를 비롯한 세계 각국의 식품안정성에 대한 인식은 지속적으로 확대될 것으로 전망된다.

2. 과제

선진국에서 시작된 로컬푸드 운동이 최근 우리나라에서도 활성화되고 있다. 녹색식품과 관련한 우리 국민의 의식이 높아지고 있으나 이의 제도화는 아직 부족한 실정이다. 녹색식품의 보급을 위해서는 다음과 같은 과제가 필요하다.

첫째, 녹색식품의 범위에 대한 명확화가 필요하다. 즉 식품원료의 구성, 화학적 합성품 사용의 범위는 물론이고 생산환경, 가공과정, 포장재질 등 전생산공정에 있어서 녹색식품의 기준을 설정할 필요가 있다. 둘째, 녹색식품의 보급을 위한 정부의지가 필요하다. 즉 녹색식품 생산자를 장려하고 유통망을 확충하여 주는 등의 정책적 지원이 필요하다. 셋째, 어린이 식품신호등의 활용범위를 확대하여야 한다. 넷째, 로컬푸드의 소비를 촉진하기 위한 직거래 장터, 계약재배 등을 활성화해야 한다. 녹색식품의 보급을 통해 국민건강을 증진하고 건전한 식품생산-유통-소비가 이루어지기 위해서는 녹색식품의 인식제고를 위해 지속적인 홍보와 정책적 활성화 방안이 필요하다.

탐구학습

1. 주요개념

- 녹색혁명
- 녹색식품
- 친환경식품
- 유기농식품
- 로컬푸드 운동
- 푸드마일리지

2. 토론과 과제

- 녹색식품의 개념과 유형
- 녹색식품의 특징
- 로컬푸드의 이점
- 실생활에서 로컬푸드를 이용할 수 있는 방법

참고문헌 및 관련 사이트

김종덕(2009), 먹을거리 위기와 로컬푸드, 도서출판 이후.
양인목(2009), 그린오션, 토네이도미디어.
윤병선(2004), "농업관련 산업의 세계화 전략과 그 영향", 산업경제연구, 제17권 제5호, 한국산업경제학회.
행복나눔재단(2009), 해피플러스, 제10호.
Halweil, Brian(2006), Local Food, 도서출판 이후.
http://www.census.gov(세계인구시계)
http://www.encyber.com(두산백과사전)
http://www.foodinfo.or.kr(식품안전정보센터)
http://www.foodsafetyinfo.net/home/main.asp(서울대 식품안전위생교육센터)
http://www.goodfoodireland.ie(굿푸드 아일랜드)
http://www.korean.go.kr(국립국어원)
http://www.kfda.go.kr(식품의약품안전청)
http://www.localfoodgrants.org(Local Food)
http://www.makinglocalfoodwork.co.uk(Making Local Food Work)
http://www.moleg.go.kr(법제처)

제5장

녹색관광

제1절 | 녹색관광의 의의

1. 배경

1990년대 이전의 관광은 환경 중심에 입각한 자연자원보전, 환경오염방지 차원의 개발이었다. 지속가능한 관광은 1992년 유엔환경개발회의가 개최되어 지속가능한 발전이 전 세계의 패러다임으로 부상하고, 1995년 세계관광기구와 유네스코 등이 지속가능한 관광헌장(Charter for Sustainable Tourism)을 제정하면서부터 본격적으로 시작되었다.

지속가능한 관광헌장은 환경자원의 적정이용과 문화다양성 존중, 경제적 편익 및 형평성을 추구하는 지속가능한 관광개발로 전환되었으며, 2007년에 세계관광기구와 유엔환경계획, 세계기상기구가 다보스선언(Davos Declaration)을 채택하고 2008년에는 기후변화 대응을 핵심의제로 채택하면서 저탄소경제 시대에 부응한 녹색관광 개발이 새로운 패러다임으로 부상하고 있다(김임순, 2009).

2. 개념

녹색관광(green tourism)이란 도시민들이 농촌다움이 보전된 농 · 산 · 어촌에 머물면서 그곳의 생활을 체험하고 생태환경과 지역문화를 이해하며, 문화유산과 자연을 향유하면서 여가를 즐기는 일련의 과정이다. 또한 여기에는 생태관광, 대안관광, 농촌관광 등을 모두 포함하는 관광형태로 정의할 수 있다. 녹색관광의 유사개념으로 지속가능한 관광(sustainable tourism)과 생태관광(eco-tourism), 농촌관광(rural tourism) 등이 있다.

지속가능한 관광이란 미래세대를 위한 관광기회를 보호 · 증진시키는 동시에 현 세대의 관광객 및 지역사회 욕구충족을 위해 문화보전, 생태계 유지, 생물다양성을 유지하고 경제적 · 사회적 · 심미적 욕구가 충족될 수 있도록 하는 관광이다(김남조 외, 1998). 생태관광은 자연보전을 위한 활동을 주목적으로 하고, 관광객에게 환경보전의 학습기회를 제공하며, 관광으로 날로 오염되는 지구환경의 심각성을 깨닫고 생태계 보호를 체험하는 관광으로 정의할 수 있다. 농촌관광은 대중적 관광에 대한 대안적 형태의 관광으로 농촌환경, 자연생태계, 농촌생활, 전통문화 등을 관광소재로 소규모 관광객들을 대상으로 하는 관광으로 정의된다.

3. 중요성

대규모 관광시설을 조성하고 대자본을 유치하여 관광산업을 진흥시키는 기존의 대중적 관광은 대량의 관광객 유입으로 자연환경을 파괴하는 부정적인 현상을 초래하였다. 이러한 현상을 최소화하기 위하여 농촌이 지니고 있는 자연적, 역사적, 문화적 자원을 이용하여 도시민에게 휴식공간을 제공하고 지역특산물을 판매하여 농촌지역의 소득증대, 도시민과 농촌주민의 유대 강화, 자녀들의 농촌체험학습 효과를 나타낼 수 있는 녹색관광이 주목받고 있다(노봉옥, 2008).

최근에는 농촌지역의 아름다운 경관자원과 문화자원을 활용한 관광산업이 부각되기 시작했으며, 관광으로 인한 수입으로 농가경영을 안정시켜 농촌지역의 안전한 사회경제 구조를 유지하려는 생각에서 녹색관광에 관심을 갖기 시작하였다. 특히 녹색관광은 농촌환경, 자연생태계, 농촌생활, 농촌의 전통문화 등을 관광소재로 삼아 관광객들을 대상으로 지속가능한 관광활동을 추구하고 마을공동체 유지와 지역활성화에 기여하고 있다는 점에서 그 중요성이 있다.

제2절 | 녹색관광의 주요내용

1. 녹색관광 관련법률 및 주요내용

저탄소 녹색성장 기본법 제23조에서 녹색경제 · 녹색산업의 육성 · 지원을 위한 녹색산업의 신성장동력으로의 육성 · 지원에 관한 사항과 그 밖에 녹색경제 · 녹색산업의 촉진에 관한 사항, 제56조에서 생태관광의 촉진 등에 관한 사항을 규정하고 있다. 또한 농어업 · 농어촌 및 식품산업 기본법 제50조에서 농어촌지역산업의 진흥 및 개발에 관한 사항, 제51조에서 도시와 농어촌 간의 교류 활성화 등에 관한 사항, 도시와 농어촌 간의 교류촉진에 관한 법률 제6조에서 농어촌체험휴양마을사업의 육성 및 지원에 관한 사항 등을 규정하고 있다.

농림어업인 삶의 질 향상 및 농산어촌지역 개발촉진에 관한 특별법 제35조의 도시와 농산어촌의 교류확대에 관한 사항, 자연환경 보전법 제41조의 생태관광의 육성에 관한 사항, 임업 및 산촌 진흥촉진에 관한 법률 제23조의 산촌진흥 기본계획 등에 관한 사항, 관광진흥법 제48조의 관광홍보 및 관광자원 개발에 관한 사항, 농어촌정비법 제81조의 농어촌 관광휴양의 지원 · 육성을 위하여 농어촌지역과 준 농어촌지역의 자연환경을 보존하고 농어촌의 소득을 늘리기 위한 시책추진에 관한 사항이 있다.

2. 녹색관광 관련 주요정책

녹색관광관련 주요정책으로는 문화체육관광부의 생태녹색관광 자원개발사업이 2000년부터 전국 48개소를 목표로 추진되고 있고, 농림수산식품부의 녹색농촌체험마을조성사업이 2017년까지 850개소, 어촌체험마을조성사업이 2013년까지 363개소, 농촌진흥청의 농촌전통테마마을조성사업이 2002년부터 1개소에 1억원, 산림청의 산촌생태마을조성사업이 2013년까지 300개소를 목표로 추진되는 등 다양한 사업들이 추진되고 있다.

또한 정부는 녹색성장 주요 축으로 녹색관광의 추진을 위하여 ① 농어촌체험마을 및 농어촌테마공원 등의 농어촌체험 기반시설확대, ② 산림휴양시설, 산촌생태마을, 치유의 숲 등의 산촌생태관광 인프라구축, ③ 어촌관광 등의 개발여건이 우수한 어항을 선정하여 관광과 레저 등의 친환경 다기능어항 개발, ④ 경관, 습지, 당산 숲 등의 농촌 어메니티 자원발굴로 쾌적한 정주공간조성과 녹색문화상품 개발 등을 추진 중에 있다(박시현, 2009).

3. 녹색관광의 특징

녹색관광은 기존의 도시형, 리조트형 관광과는 다른 특성을 내포하고 있다. 녹색관광은 틈새시장을 대상으로 특정 계층의 수요를 만족시키며, 관광활동에 있어서는 큰 규모의 부지가 필요하며, 실내활동보다 야외활동이 주가되고, 계절적인 요소에 많은 영향을 받으며, 농업과 겸업의 경우가 많다. 또한 농업이 관여되며, 지역적인 분위기가 많이 좌우하는 특징을 가지고 있다(우찬복, 2002). 즉 녹색관광은 농촌지역을 기반으로 한 여가활동뿐 아니라 산악구보, 어드벤처, 스포츠와 체험관광 등 자연과 생태를 중심으로 한 다중적인 관광활동이다.

관광분야에서는 아직 초기단계이지만 다양한 방법으로 저탄소 녹색관광을 실현하려고 노력하고 있다. 그 대표적인 예로 그린글로브 환경인증 제도(에코라

벨)와 슬로우시티운동이다. 그린글로브는 관광지, 관광시설 등 대중관광에서 생태관광까지 저탄소 녹색성장을 추구하는 관광인증마크로써 세계적 환경 자문기관인 EC3 글로벌(global)에 의해 운영되고 있으며, 슬로우시티운동은 자연친화적인 환경 속에서 그 지역 생산물을 최대한 활용하고 그 지역의 전통문화를 향유하면서 삶의 질을 음미하자는 현대인의 인간다움 회복운동이라고 볼 수 있다.

제3절 | 녹색관광의 사례

1. 일본 가고시마현 야쿠시마

가고시마현 야쿠시마는 큐슈의 따뜻한 기후와 홋카이도의 추운 기후가 공존하고 있는 지역으로 섬의 상당부분이 국립공원으로 지정되어 있다. 섬의 전체 면적은 500㎢이고 인구는 약 13,500명 정도이며, 연간 20~25만명이 방문하고 있다. 1일 방문객수는 약 1,000명 정도로 이들의 체류기간은 평균 2~3일 정도이다. 다양한 생태계와 산맥, 특이식물, 수령 천년 이상의 거목, 바다거북의 서식지 등으로 인해 1993년에 세계자연유산으로 등록되었다. 특히 섬 중앙부에는 1,700m를 넘는 산들이 자리하고 있다. 해안 부근에는 아열대성 활엽수가 자라고 있으나, 표고가 올라가면서 식생이 달라져 500m를 넘어서면 삼나무 등 침엽수가 나타나고 해발 1,600m 이상은 고산식물이 나타난다. 특히 야쿠시마 숲에는 삼나무가 유명하다.

야쿠시마는 수려한 자연환경을 보호하고 자연과 공생하는 새로운 지역 만들기를 추진하기 위해 1992년 11월 환경문화촌 종합구상을 작성하였다. 이 종합구상을 토대로 1993년 가고시마현 가미야쿠초, 야쿠쵸의 출연으로 야쿠시마 환경문화재단을 설립하였다. 1993년 12월 일본 최초로 세계자연유산으로 등록되면서 이러한 구상의 본격적인 실천에 착수하였으며, 야쿠시마 환경문화촌 종합구상의 기본방향은 첫째, 풍요롭고 생명력이 넘치는 자연이 있는 야쿠시마, 둘째, 숲의 문화와 자연과 함께 살아온 생활의 지혜가 남아 있는 환경문화의 섬 야쿠시마, 셋째, 일본문화의 근본인 공생과 순환의 야쿠시마를 만들어 가는 것이다.

야쿠시마 생태관광의 기본이념은 공생과 순환의 원칙을 교감하기 위해서 자연을 이용하여 전통적인 섬의 생활이나 문화 등을 체험하도록 하는 것으로 자연의 파괴를 최소화하기 위해서 버스보다는 자전거와 도보를 권장하고 있다. 또한 관광으로 인해 환원되는 혜택이 없음에도 불구하고 지역주민들의 환경보전 의식은 항상 마음속에 자리 잡고 있다. 이러한 것을 실천하기 위해 섬 주민과 관광객이 지켜야 할 야쿠시마 컨트리코드를 제정하였으며, 환경문화재단을 중심으로 환경보전지원사업, 자연보호사업, 환경학습사업, 문화사업, 지역가꾸기 사업, 환경문화촌 핵심시설 관리운영사업 등 자연과 공생하는 새로운 지역만들기 사업들을 전개하고 있다.

2. 일본 후쿠오카현 우키하쪼

우키하쪼는 후쿠오카현의 동남부 키쿠고 평야의 동단에 위치한 오지마을이다. 그리고 키쿠고강과 3개의 지류, 비옥한 토지와 온난한 기후를 가진 곳이다. 우키하쪼는 원래 특별한 관광자원이 없는 산촌지역이었지만, 계단식 논을 상품화 시켜 현재는 농촌문화체험과 녹색관광을 할 수 있는 곳이다. 총 인구는 17,116명, 세대수는 4,836가구, 경지면적 1,408ha 중 과수원이 682ha, 밭이 652 ha, 논이 74ha를 차지하고 있는 산간지역으로 특산품으로는 감, 배, 포도, 복숭아, 차, 쌀, 토마토, 꽃, 도자기, 청주 등이 있다.

우키하쪼는 1994년 농업활성화 추진협의회를 구성하고, 지역의 자원재발견을 위한 아이디어 발굴에 착수했다. 그 형태로서 지역의 보물찾기 운동, 우키하쪼 보물지도 작성 운동 등을 전개하기 시작했다. 1996년에 남아있는 계단식 논을 관광자원화하기로 결정하고 계단식 논 보전협의회를 만들어 계단식 논 탐방

이벤트, 계단식 논을 도시민들에게 분양하는 계단식 오너제 등을 실시하였다.

또한 계단식 논의 사계절과 생태를 테마로 하여 반딧불이 축제, 모내기 및 벼수확 체험프로그램을 실시하여 도시민들을 유치하고 있다. 이후 1997년 중앙정부의 녹색관광 모델지역으로 지정됨으로써 경관 10년, 풍경 100년, 풍토 1,000년이라는 주제로 아름다운 마을 가꾸기에 매진하였다. 그리고 농특산물의 선전, 판매, 소비를 촉진하는 교류거점들을 정비하고 1998년 계단식 논을 분양받은 도시민들이 농사체험 와서 묵을 수 있는 사계절의 집을 건립하기 시작하면서 도시와 농촌의 교류를 위한 시설들을 확충해 나가고 있다.

우키하쪼의 계단식 논은 농림성의 계단식 논 100선으로 선정되기도 하였으며, 그린 투어리즘 사업을 통해서 도시의 사람들로부터 이해와 응원을 받을 수 있는 마을, 전 주민이 자신감과 자랑을 가질 수 있는 마을을 강조하고 있다. 사회환경의 변화에 따라서 소실 등이 급속히 진행되고 있지만, 우키하쪼 돌담보존 실행위원회를 결성해서 보존에 힘을 기울이고 있다. 한편 우키하쪼의 주민들은 반딧불이가 서식할 수 있는 환경을 만들어 가고 있다. 우키하쪼는 다양한 축제와 이벤트가 연중 실시되고 있다는 것이 가장 큰 특징이다.

3. 화천군 간동면 용호리 초록마을

강원도 화천군 용호리는 화천 수력발전소가 건설된 후 대부분의 마을이 수몰되고 남은 지역에 자리잡은 마을로서 북한강 상류에 위치하고 있으며, 강원도에서 시행하는 새농어촌건설운동의 일환으로 생태마을 가꾸기 운동을 하고 있다. 용호리는 1989년 유정란을 생산하는 11가구가 모여 유기농업을 시작하였으며, 생산된 유정란을 풀무원과 유기농 직거래 단체에 납품하면서 참여농가도 늘고 일일 2,500개의 계란을 생산하는 규모로 성장하였다. 그리고 유정란을 생산하면서 계분을 이용한 유기농법으로 채소류를 생산하고 있다.

용호리 초록마을을 이용하는 방법에는 농가체험형, 설계형, 개별예약을 통한 이용 등 3가지 방법이 있다. 농가체험형은 자녀들과 농가에서 숙식을 해결하면서 현장체험 노동을 할 수 있으며, 설계형은 휴가기간과 비용을 제시하면 휴가설계 도우미가 용호리에서의 휴가계획을 짜주는 맞춤형 방법이다. 개별예약은 홈페이지 정보를 바탕으로 스스로 계획을 만들어 필요한 시설들을 이용하는 방법이다. 또한 사이버 주민제를 이용하여 농산물 구입과 휴양시설의 이용가격 등에 있어서 5%의 할인혜택을 받을 수 있으며, 사이버 주민들은 마을행사와 도농교류 행사시에 우선적으로 참여할 수 있는 자격을 주고 있다.

자료 : 화천 파라호 생태마을 웹사이트.

[그림 3.5.1] 화천군 간동면 초록마을

4. 남해군 남면 가천 다랭이마을

경상남도 남해군 가천 다랭이마을은 설흘산이 바다로 내리지르는 45° 비탈에 석축을 쌓아 100층이 넘는 계단식 논을 일구어 놓은 곳이다. 바다를 끼고 있지만 배 한척 없는 마을로 벼가 주 소득 작목이다. 최남단에 위치해 한겨울에도 눈을 구경하기 어려운 따뜻한 마을로 쑥과 시금치 등의 봄나물이 가장 먼저 고개를 내미는 곳이다. 가천마을의 경우 인구의 90% 이상이 이곳에서 조상 대대로 살아온 사람들이지만, 갈수록 인구가 줄어들고 있고 노령화 비율이 높다. 반면 해풍의 영향으로 작물의 병해충 발생률이 낮아 친환경농업을 하는데 매우

자료 : 가천 다랭이마을 웹사이트.

[그림 3.5.2] 남해군 남면 가천 다랭이마을

유리한 마을이다. 주요 특산품으로는 자연산 들미역, 톳나물, 고동, 홍합, 쑥, 시금치, 냉이, 보리, 마늘, 완두콩, 김, 들미나리 등이 있다.

가천 다랭이마을은 한려수도 청정해역의 깨끗하고 아름다운 해안절경을 끼고 자리 잡은 마을로서 계단식 다랭이 논밭과 주변의 해안절벽이 어우러지는 아름다운 환경을 보전하고 있는 지역이다. 해안가에는 매년 가마우지가 겨울을 나기 위해 집단 서식을 하고 마을 일대에는 천연기념물인 매, 고라니, 족제비 등이 자주 발견되고 있으며, 이러한 이유로 인해 2002년에는 환경부의 자연생태 우수마을로 선정되었다. 또한 이러한 마을 여건을 최대한 보전하기 위해 농촌진흥청에서는 2002년 농촌전통 테마마을로 선정하고 지원하였다. 주민들은 자연환경을 지키기 위해서 스스로 마을의 환경을 가꾸고 하천정화활동, 야생동물 먹이주기 등 다양한 노력을 활발히 전개하고 있다. 체험프로그램은 계절별로 다양하게 구성하고, 사계절 병행 가능한 프로그램을 마련하여 운영하고 있다.

5. 시사점

야쿠시마는 자연환경을 생태관광으로 연결시켜 연간 50만명의 관광객을 유치하여 자연환경과 공생하는 가운데 지역발전을 도모하고 있다. 우키하쪼는 계단식 논 등을 활용한 차별화된 테마발굴과 주민들의 자발적인 참여가 성공요인이며, 최근에 우키하쪼를 방문한 관광객이 100만여명으로 연평균 5.3%수준으로 증가하고 있다.

용호리의 초록마을은 주민들이 생활하는 모습과 농산물을 판매하는 방식이 자연생태계와 조화를 이루고 경제적으로 자립이 가능한 마을이다. 가천마을은 전통적인 농업마을로 계단식의 다랭이 논을 지역주민 스스로의 노력과 행정의 적극적인 지원하에 보존하고 있는 지역으로 성장 잠재력이 높은 곳이다.

제4절 | 녹색관광의 전망과 과제

1. 전망

기후변화는 직접적으로는 관광자원을 변화시키고, 간접적으로는 자연환경, 사회경제, 정책환경을 변화하게 하여 관광객의 선호와 이동 흐름에 영향을 미친다. 예컨대 스키장은 시즌이 단축되고 제설비용이 증가하는 등 경영여건이 악화된다. 눈, 얼음, 꽃 등 자연자원을 주제로 하는 축제는 쇠퇴하고 기상이변으로 인프라 파괴, 항공기 결항, 여행예약 취소 등이 증가하며, 온실가스 배출규제로 관광원가 및 여행비용도 증가한다. 결국 기후변화로 관광활동과 목적지에 대한 소비자의 선호가 바뀌고 국내외의 관광이동 흐름이 계절적, 지리적으로 재편될 것이다.

기후변화가 관광에 미치는 영향력은 지역에 따라 다르며, 일반적으로 연안과 도서, 산악지역 등 기후에 대한 의존도가 높은 지역일수록 기후변화에 취약하다. 기온 상승, 물 부족, 해수면 상승, 생태계 변화, 기상재해 등이 가져올 영향과 취약성 평가를 토대로 적응력을 향상시키고 적응대책을 마련하여야 한다. 뿐만 아니라 환경 지향적 관광객이 증가하는 추세이므로 저탄소 녹색관광을 위한 상품을 개발하여 새로운 수요와 시장을 창출하고 선점하는 등 녹색성장의 기회로 활용하여야 한다(문화관광부, 2009).

2. 과제

지속가능한 녹색관광이 실현되기 위한 과제로는 개발방식의 전환, 타당성 있는 수익모델의 설정, 재원확보 및 효율적인 추진체계 구축, 추진주체의 조직화 및 협력, 환경친화적인 관광자원의 이용과 관리 등이 있다. 구체적으로 지속가능한 녹색관광을 위해 요구되는 과제는 다음과 같다.

우선 개발방식의 전환을 위한 세부과제로 지역사회 중심형 관광개발 방식으로 전환, 주민 참여형 관광개발, 하드웨어에서 소프트웨어 개발로 전환되어야 하며, 타당성 있는 수익모델의 설정을 위해서는 지속적인 생태관광 및 녹색관광 수요확보, 수익원 발굴 및 수익창출 모델개발 등이 필요하다. 그리고 재원확보 및 효율적인 추진체계 구축을 위하여 재원의 다각화 및 사업시행 체계개선 등이 필요하고, 추진주체의 조직화 및 협력을 위한 지역리더의 양성, 주민참여 및 역할 증대, 이해관계자의 협력체계 구축이 필요하다. 그리고 환경친화적인 관광자원의 이용과 관리를 위해서는 지속가능한 개발 및 관리체계 확립, 생태 및 녹색관광자원의 발굴과 활용 등이 필요하다.

탐구학습

1. 주요개념

- 지속가능한 관광
- 생태관광과 대안관광
- 그린글로브 환경인증제도

2. 토론과 과제

- 저탄소 녹색관광의 중요성
- 우리나라 녹색관광의 바람직한 발전방향
- 슬로시티운동

참고문헌

김남조 · 조광익(1998), 지속가능한 관광개발과 지역주민 참여, 한국관광연구원.

김임순(2009), 저탄소 녹색성장 : 기후변화를 중심으로, 도서출판 북힐스.

노봉옥(2008), "녹색관광 활성화 방안에 관한 연구", 한국사진지리학회지, 제18권 제4호, 한국사진지리학회.

박시현(2009), "녹색성장 동력축으로서의 농촌관광 역할과 기대", 농촌관광학회 정책토론자료, 농촌관광학회.

우찬복(2002), "농촌지역의 녹색관광개발에 관한 연구", 인문사회학연구 제9권, 인문사회학회.

장근조(2004), "전북지역 녹색농촌관광 활성화 방안에 관한 연구", 관광정보연구, 제16호, 한국관광정보학회.

http://darangyi.go2vil.org(다랭이 마을)

http://likms.assembly.go.kr(국회법률지식정보시스템)

http://paraho.invil.org(화천파라호 생태마을)

http://www.greengrowth.go.kr(녹색성장위원회)

제4편

저탄소 녹색공간의 체계적 관리

제1장 | 녹색국토
제2장 | 녹색도시
제3장 | 녹색건축
제4장 | 녹색농촌

저탄소 녹색성장사회의 주요한 활동이 공간적으로 어떻게 체계화되고 정착되는가에 대하여 살펴보기로 한다.
이를 위하여 녹색국토, 녹색도시, 녹색건축 그리고 녹색농촌에 대한 현황과 국내외 사례, 향후 과제 등을 중점적으로 살펴본다.

제1장

녹색국토

제1절 | 녹색국토의 의의

1. 배경

녹색국토 조성은 녹색성장 5개년계획 10대 정책목표 중 하나이다. 1971년 제1차 국토종합개발계획이 수립된 이후 지난 40년 동안 우리나라는 친환경적 국토관리를 지속적으로 추진해 왔다. 그러나 그간의 친환경적 국토관리는 주로 방재와 오염방지라는 소극적 측면에서 접근해 온 것이 사실이다. 반면 녹색성장에서 다루고 있는 녹색국토는 친환경적인 도시 · 지역 관리체계 구축, 그리고 국토 생태망 구축이라는 보다 적극적인 개념으로 전환된 개념이다. 현재 우리나라 국토전략의 기조는 기본적으로 광역개발을 통한 경쟁력 강화에 초점을 두고 있지만, 저탄소 녹색성장이라는 국정철학과 결합되면서 저탄소 녹색국토 실현을 위한 내용과 전략이 강조되고 있다.

2. 개념

녹색국토라는 용어는 제4차 국토종합계획에서 최초로 제시되었다. 계획의 5대 목표 중 하나로 지속가능한 녹색국토를 설정하고, 하위 3개 전략을 제시하고 있다. 녹색국토 실현을 위한 3대 전략은 ① 지속가능한 국토개발을 통해 인간과 자연이 더불어 살아가는 건강하고 쾌적한 녹색국토 조성, ② 국토의 지속가능성을 고려하여 환경친화적 개발을 강화하고 국토 생태망 구축과 연결성을 강화하여 아름다운 국토 조성, ③ 깨끗한 물의 안정적 공급체계를 확보하고 전방위 재난관리체제를 구축하여 재해 걱정없는 안전한 국토 조성이다.

녹색국토의 실현을 위해 인간과 자연의 공생, 개발과 보전의 조화, 국토정책과 환경정책의 통합, 참여와 협력의 거버넌스 등에 기반을 둔 환경친화적인 개발이 중요시되고 있다. 또한 국토공간구조를 저탄소 녹색성장구조로 개편하기 위해 기존 도시의 관리와 재생, 신도시 개발은 콤팩트 시티형 저탄소 공간구조를 지향하여 재해로부터 안전한 국토 및 지역개발을 지향하고 있다(문화체육관광부, 2008).

협의적 개념의 녹색국토는 저탄소 실현과 성장 동력 확보를 위한 공간조성 및 첨단기술을 활용한 국토의 개발 및 이용이라 할 수 있다. 이는 환경용량을 확대시키는 기술적 노력이 중요하고, 녹색에너지 및 자원순환 기술을 고려한 녹색도시 및 생태산업단지 조성, 에너지 · 자원이용 효율화 관련 첨단기술을 융합한 녹색 SOC 공급 등을 내용으로 하고 있다. 한편 광의의 녹색국토는 환경친화적인 시설 공급 뿐만 아니라 사회경제와 생활양식 변화까지를 의미한다. 따라서 녹색국토는 궁극적으로 자연을 배려하는 생활양식으로 유도할 수 있는 국토공간 형성을 목표로 하게 된다(한국토지공사 국토도시연구원, 2009).

제2절 | 녹색국토의 주요내용

1. 관련법률 및 정책

2008년 8 · 15 대통령 경축사에서 경제성장의 새로운 비전으로 저탄소 녹색성장이 제시되었고, 대통령 아젠다를 뒷받침하는 후속조치로 국가에너지기본계획, 기후변화대응 종합기본계획, 녹색성장 10대 추진방향, 지식 · 혁신 주도형 녹색성장 산업발전전략, 녹색기술연구개발 종합대책, 저탄소 녹색성장을 위한 녹색정보화 추진, 일자리 창출을 위한 녹색뉴딜사업 추진방안 등 다양한 계획이 수립되었다. 그리고 녹색성장위원회에서 녹색성장을 위한 다양한 계획을 종합적으로 체계화하여 녹색성장 국가전략 및 5개년계획을 발표하였다.

녹색국토 실현을 위한 제도적 기반은 저탄소 녹생성장 기본법이며, 이는 각종 개발 및 보전 관련법률과 지침에 구체화되어 있다. 현재 우리나라는 녹색국토 실현을 위하여 ① 온실가스 감축을 위한 국토 도시공간 구조의 개편을 통한 저탄소 녹색성장 기반 마련, ② 국토, 지역, 도시 차원의 생태공간 확충을 위한 다양한 프로그램 도입과 질적 향상을 도모하는 등 물리적 확충과 제도개선 방

표 4.1.1 녹색국토 실현을 위한 관련법률 및 정책

관련법률 및 정책	주요내용
- 녹색성장 5개년계획(2009.7)	· 녹색국토 · 교통의 조성을 10대 정책목표 중 하나로 설정
- 국가에너지 기본계획(2008.5)	· 에너지 자립사회 구현, 에너지 저소비 사회로의 전환, 탈석유 사회로의 전환 등 5개 비전 제시
- 기후변화 대응 종합기본계획 (2008.9)	· 주요기후변화 지표와 목표치 설정
- 지식 · 혁신주도형 녹색성장 산업발전 전략 (2008.12)	· 핵심 주력산업의 녹색변환을 통해 에너지 효율성 및 친환경성을 경쟁우위 요소로 세계시장을 선도
- 제4차 국토종합계획 (수정계획)	· 건강하고 쾌적한 녹색국토의 조성을 통한 지속가능한 녹색국토 실현을 위한 세부계획을 제시
- 저탄소 녹색성장 기본법	· 녹색국토를 조성하기 위한 시책 제시(제49조~제51조)

안 추진, ③ 에너지 효율적이며 소비를 대폭 감축할 수 있는 녹색건축물 설계기준 강화, ④ 저탄소 배출형 녹색교통수단으로 전환, ⑤ 자전거 활용 극대화를 위한 기반조성 등을 추진하고 있다(녹색성장위원회, 2009).

2. 주요내용과 특징

녹색성장을 국토공간에서 구현하기 위해서는 자원의 효율성, 살기 좋은 환경, 환경용량 증대, 지속가능한 공동체라는 4가지 요소가 필요하다. 자원의 효율성은 에너지, 물, 토지 등 자연자원의 최소 이용과 폐기물 배출을 최소화하는 것을 의미한다. 살기 좋은 환경이란 공기, 물, 위생, 수로 등 삶의 공간이 쾌적한 것이고, 환경용량 증대란 기술 및 인력양성을 통해 환경용량을 창조하는 것이며, 지속가능한 공동체란 민간, NGO, 대중, 개인, 정부 등 사회구성원의 공동체 의식과 협조가 이루어지는 것을 의미한다.

정부는 녹색국토 구축을 위하여 ① 환경과 경제가 함께하는 자원순환형 녹색국토 구축, ② 한반도 생명의 뿌리인 국토생태축 관리 및 보전계획 수립, ③ 4대강, 새만금, 연안지역 등 녹색 지역거점 조성 및 확대를 추진하고 있다. 한편 국토 공간에 구현되는 녹색국토의 형태는 ① 자연에너지 마을, ② 생태산업단지, ③ 녹색수변공간, ④ 녹색국가 정보 등이 있다.

1) 자연에너지마을

자연에너지마을은 일상생활에 필요한 전기를 한국전력공사에서 공급받지 않고, 해당 마을의 잠재된 자연에너지 자원(태양광, 풍력, 지열, 소수력, 바이오매스 등)을 이용하여 전기, 가스 등의 동력을 생산해 해당 지역에서 직접 소비하거나 외부로 공급하는 마을이다(한국토지공사 국토도시연구원, 2009). 자연에너지마을은 신재생에너지 보급을 위한 정부의 지속적 재정지원이 없다면 보급

확산이 어려웠을 것이다. 그리고 지리적 자연적 요소에 의해 에너지 발전량 및 시설설치가 기본적으로 제한된다는 문제점이 있다. 또한 신재생에너지 부지확보를 위해 산림을 파괴하는 경우도 있고, 주변 경관과 어울리지 못하거나 풍력발전의 프로펠러 가동에 따른 소음으로 주민의 일상생활에 장애를 줄 수 있다. 한편 자연에너지는 에너지 밀도가 높지 않기 때문에 고밀화된 대도시에는 적용이 곤란하므로, 도시 지역에서 활용할 수 있는 연료전지 등의 개발과 실용화가 필요하다.

2) 생태산업단지

산업환경정책은 단순히 폐기물을 처리하는 전통적 방식에서 벗어나 개별기업 차원에서는 청정생산을, 그리고 산업적 차원에서는 자원순환적 산업구조로 이행되고 있다(한국토지공사 국토도시연구원, 2009). 따라서 효율적인 자원의 공유와 자본의 확보, 환경적 성과 획득, 그리고 기업과 지역사회가 협력하는 생태산업단지 건설이 중요시 되고 있다(한국산업단지공단, 2008). 생태산업단지 건설을 위해서는 환경 및 산업 통계 DB, 산업공생 네트워크 DB 구축 등을 통한 정확한 자료 획득 및 생태산업의 지속성 확보가 필요한데, 생태적 공간계획 및 개발에 대한 정책적, 제도적인 장애 요인이 존재하여 기업 간 네트워크 구축에 현실적인 어려움이 있다.

3) 녹색수변공간

정부는 2008년 12월 제3차 국가균형발전위원회를 개최하여 4대강 살리기 사업을 추진하기로 하였다. 이 사업은 이수 및 치수를 위해 하천의 기능을 끌어올리고 잘 정비된 수변공간을 적극적으로 활용해 국민들에게 녹색공간을 제공해주는 것을 목적으로 한다. 또한 집중적이고 체계적인 사업추진과 투자의 집중을 통한 고용 및 산업파급효과에 기대를 걸고 있다. 또한 2009년 186억m^3에서 2020년 214억m^3, 2050년 222억m^3의 수자원 확보가 가능할 것으로 전망되며, 복개 · 훼손하천 복원, 시민참여 기반의 저탄소 녹색림 조성, 도시생태 네트워크 구축을 통한 생활체감형 생태공간의 조성을 추진하고 있다.

4) 녹색국가정보

녹색국가정보 구축이란 녹색성장을 지리공간정보 차원에서 지원할 수 있는 인프라를 구축하는 것을 의미한다. 이는 환경보호라는 시대적 필요와 네트워크를 통한 다양한 환경정보의 공유와 환경관련 문제해결을 가능케 하는 다양한 기술적 발전 요소를 결합시킨 녹색기반으로, 일반적인 ICT 기반의 녹색정보화와는 달리 실제 환경과 관련된 문제를 지리공간정보라는 도구를 통한 공론의 공간 제공과 정보 공유에 초점을 두고 있다(한국토지공사 국토도시연구원, 2009).

수치지도가 보급되고 다방면에서 활용되기 시작하면서 종이지도에 대한 수요가 감소하고 있으며, 교통안내지도 제작 · 판매업체의 매출이 줄어들고 있다. 따라서 온라인을 통해 지도 PDF 파일을 제공한다든지, 사용자가 필요로 하는 경우에만 프린터를 이용하여 하드 카피를 하는 등 Paperless Map 환경 구축 등 새로운 방식의 지도 유통에 대한 연구와 제도 도입이 필요하다. 또한 녹색국가 달성을 목표로 하는 친환경 시스템은 시민참여가 필수적이므로 시민참여 지향적 공간정보시스템을 통합 운영할 필요가 있다.

제3절 | 녹색국토의 사례

1. 영국 베드제드 생태주거단지

런던 근교 남부 웰링턴(Wallington)에 위치한 베드제드는 영국의 대표적인 생태주거단지 개발 사례이다. 가동이 중단된 오수처리시설 부지(16,500㎡)에 에너지 제로 개발기법을 도입하여 조성하였다. 2000년부터 시작하여 2002년 9월에 걸쳐 개발된 주거단지로 환경친화적이고 에너지를 효율적으로 쓸 수 있도록 화석연료 제로 컨셉을 도입한 단지이다. 교통수단으로는 도심지의 환경오염과 이산화탄소 배출량을 감축하는 방법 중의 하나로 가솔린을 연료로 하는 차량을 사용하고, 특히 개인적으로 차량이 필요한 경우 사전 예약을 통해 렌터카 개념의 공동 차량(Car Cub)을 이용할 수 있다. 100여 가구의 단독, 연립주택과 재택근무자를 위한 사무 및 커뮤니티 공간(2500㎡)도 조성하였으며 단지 내 모든 주택의 난방수요가 일반주택의 1/10이 되도록 설계하였다(국토연구원, 2008).

2. 독일 윤데 에너지자립마을

윤데 에너지자립마을은 독일 중부 니더작센주 괴팅엔 남쪽 15㎞에 위치해 있으며, 면적 24.49㎢에 약 750명의 인구가 거주하는 마을이다. 1998년 괴팅켄 대학 지속가능한 발전을 위한 학제 간 연구센터(IZNE)에서 선정한 40곳 후보지 중의 한 곳이다.

2001년 협조조합을 결성하여 시작하였으며 바이오매스를 이용한 열병합발전소를 운영하여 연간 4,000㎿를 생산하여 전량 판매하고, 전기 생산시 나오는 연간 5,500㎿의 열로 지역난방이 가능하다. 또한 지역의 낙농업을 통한 가축 분뇨, 건초를 열병합발전에 사용 후 부산물을 유기비료화 하고 있다. 바이오에너지 마을인 윤데는 바이오가스플랜트를 운영, 연간 3,300톤의 이산화탄소 배출 감소를 통해 세계 최초의 에너지마을이라는 명성을 획득하였다. 이로 인하여 관광객이 증가하게 되어 고용창출효과 등 다양한 경제적, 정책적 효과가 나타나고 있다(지속가능발전협의회, 2008).

[그림 4.1.1] 독일 윤데 에너지자립마을

3. 미국 테네시강 유역 개발사업

미국 테네시강 유역 개발사업은 1930년대 미국의 대공항 시대에 경기회복을 위해 수행했던 대표적 뉴딜 프로젝트이다. 루스벨트 대통령은 1933년 TVA법을 제정해 테네시강 유역을 중심으로 테네시, 앨라바마 등 7개 주에 걸친 10.4㎢ 지역에 사업을 추진하여 수자원 및 지역 개발 등 복합적인 사업내용을 포함한 세계 최초의 대규모 지역 종합개발 사업으로 평가받고 있다.

사업내용으로는 침수지역 대체 신도시개발, 주운 및 관광개발, 자연생태 보호, 홍수 방지, 용수공급, 산림녹화 등 자원의 개발 및 보전, 테네시강 본류와 지류에 26개의 대형 댐을 건설하였다.

4. 울산 생태산업단지

울산 생태산업단지 네트워크 정보시스템은 개별 기업에서 배출되는 오염물질, 부산물, 폐열 등을 재활용하여 수요 기업의 원료로 재사용 할 수 있게 지원한다. 또한 부산물 재자원화를 위한 기업 간 자원네트워킹(eco-networking) 을 통해 효과적인 네트워크 및 정보시스템을 구성할 수 있게 하였다. 생태산업단지 웹사이트를 구축하여 생태산업단지의 소개와 사업안내, 사업 추진 현황 및 각종 정보 제공 안내, 사업분야에 대한 질의 응답을 할 수 있도록 하고, 자원순환정보시스템 구축을 통해 기업의 각종 배출물질의 현황 및 순환구조를 정보화하여 배출 물질을 재활용 할 수 있도록 하고 있다.

5. 시사점

영국에서는 2050년까지 1990년 대비 온실가스 배출량 80% 감축을 목표로 건설사들에게 건물에너지 이용효율을 높이도록 요구하였으며, 2011년에는 개인탄소할당제도 도입을 계획하고 있다. 일본에서도 2050년을 목표로 저탄소 사회로 가기 위한 온난화 종합대책을 발표하였는데 온실가스 배출량 거래제를 도입하고 태양광 발전소를 2020년까지 10배 확대하는 등 각국에서 저탄소 정책을 꾸준히 추진하고 있다. 해외의 녹색국토 실현을 위한 사례와 비교해 보면, 우리나라는 태동단계에 불과하다. 추진과정상 해결해야 할 과제들이 많이 있으나 보전과 성장을 균형있게 추진하기가 쉬운 일이 아니다. 혁신도시 등 신개발지역에서 기업유치를 위해 조성가격을 낮출 목적으로 녹지면적을 축소하는 것이 그 예일 것이다. 따라서 국토공간의 녹색화는 현실 여건을 감안하여 녹색도시, 녹색건축, 녹색교통, 녹색산업단지 조성, 녹색수변공간 조성, 녹색국가정보 구축 등 다양한 분야에서 가시적 효과를 제시할 수 있도록 추진하되, 장기적인 관점에서 지속적으로 추진하는 것이 무엇보다 중요하다.

제4절 | 녹색국토 전망과 과제

1. 전망

녹색성장이 추구해야 할 목표는 환경과 경제를 연결하는 새로운 엔진을 만드는 동시에 삶의 질 제고를 위한 녹색사회를 구현하는 것이다. 이를 위해 녹색성장은 녹색기술과 녹색산업 등 성장동력을 확보하는 동시에 녹색생활 여건을 조성하여 사회전반이 녹색화되도록 하는 것이 중요하다.

이렇듯 녹색성장은 기후변화에 대응하기 위한 전략이지만 이를 성공적으로 추진하기 위해서는 여러 분야에서, 특히 국토분야에서 녹색 혁명적 대응이 요구된다. 국토는 녹색성장의 터전이고 녹색성장의 다양한 정책과 사업들이 표현되는 장소이다. 따라서 녹색국토는 녹색기술, 녹색산업, 녹색경제, 녹색생활의 중심에서 연결고리 역할을 하며 녹색국토의 실현은 바로 녹색사회 구현과 맥을 같이 한다고 할 수 있다.

녹색성장 5개년 계획에서 녹색국토 조성을 위한 주요과제로는 저탄소 녹색성장 지향형 신 그랜드 녹색 공간 구축, 생태공간의 양적 · 질적 향상, 녹색건축물 확대, 녹색교통 체계 구축, 자전거 이용활성화 등이 있다. 이를 성공적으로 추진하기 위해서는 산업구조의 전환, 국토공간체계의 개조, 녹색기술에 의한 국가 인프라의 개선이 필요하다. 그러나 가장 중요한 것은 국민의 인식과 행동이 녹색으로 바뀔 수 있도록 철도와 같은 저탄소형 녹색교통체계의 공간구조를 만들거나 그린건축 등을 통하여 녹색생활을 실천할 수 있는 국토공간 여건 조성이 우선되어야 할 것이다.

2. 과제

그 동안 국토분야는 환경을 고려한 국토개발 및 이용, 지속가능발전 등의 관점에서 환경을 고려한 정책들이 추진되어 왔다. 이제 녹색성장을 위해서는 지구온난화 방지, 온실가스 저감 등을 목표로 하는 녹색국토 정책이 구체적으로 실행되어야 한다. 무엇보다도 기후변화에 강한 저탄소형 국토 · 도시공간을 조성하는 것이 필요하다. 기존의 요소투입 위주의 성장을 위한 공간구조가 아니라 화석연료 사용을 최소화한 교통시스템이 구축되어 있고, 재생에너지가 활용되고 있으며 에너지 효율이 극대화된 국토 · 도시 공간, 이른바 친환경 모범도시를 혁신도시 등에 조성하여야 한다.

아울러 국민의 동참을 이끌어 내기 위해서는 녹색성장의 성공사례를 가시적으로 보여주는 것이 중요하다. 국토분야 녹색성장은 교통수단간 용이한 연계체계 확보, 자전거 이용여건 개선, 에너지 효율과 신재생 에너지를 활용한 그린주택과 빌딩 확대를 통한 공간구조 형성 등 저탄소 자원절약형 국토 · 도시공간 조성을 포함한다. 따라서 녹색기술을 접목한 생태도시 조성, 자전거 이용여건 개선, 저탄소형 녹색교통체계 구축, 기후변화 대응을 위한 실천 수단의 적용 등 다양한 분야에서 녹색성장의 실천사례를 만들어 추진해야 한다.

탐구학습

1. 주요개념

- 녹색국토
- 자연에너지마을
- 생태산업단지
- 녹색수변공간
- 녹색국가정보

2. 토론과 과제

- 녹색국토 실현을 위한 법률과 정책
- 국내외 사례의 시사점
- 녹색국토 공간에 구현되는 사례

참고문헌

강성진(2008), 녹색 신성장 동력산업의 국민경제파급효과.
김승택(2008), 녹색성장을 통한 일자리 창출 촉진방안.
김효석(2004), "환경친화적 도시조성을 위한 모델 개발", 연세대학교 석사학위논문.
국가균형발전위원회(2008), 저탄소 녹색성장과 지역발전 정책방안 연구용역.
국토연구원(2008), 탄소제로도시 건설을 향한 영국 베드제드의 혁신사례와 시사점, 국토정책 Brief.
국토해양부(2009), 녹색기술산업 첨단그린토시, 신성장동력 설명회 자료집.
국토해양부(2006), 2005 전국산업단지 통계.
녹색성장위원회(2009), 녹색성장 5개년 계획(2009~2013).
대한국토 · 도시계획학회(2000), 도시의 계획과 관리, 보성각.
문화체육관광부(2008), 녹색성장 대한민국의 그린오션 전략.
미래기획위원회(2009), 녹색성장의 길, 중앙북스(주).
이상문(2009), 저탄소 녹색도시 계획설계기술 사례, 워크샵 자료.
에너지관리공단(2007), 신에너지 통계.
정대연(2002), 환경사회학, 아카넷.
지속가능발전협의회(2008), 에너지자립마을 만들기 가이드 북.
한국산업단지공단(2008), 생태산업단지 구축 정책방향.
한국토지공사(2006), 한국토지공사 환경가치제고 방안에 관한 연구.
한국토지공사(2007), 살고싶은 도시건설을 위한 도시개발편람.
한국토지공사 국토도시연구원(2009), 녹색성장으로 가는 길.
환경부(2008), 저탄소 녹색행사 가이드라인.

제2장

녹색도시

제1절 | 녹색도시의 의의

1. 배경

도시는 대내외적 여건 변화에 능동적으로 적응하기 위해 변화의 과정을 거쳐 왔다. 산업혁명시대의 도시공해 문제로부터 벗어나기 위해 전원 속에 도시를 조성한 전원도시가 최초로 환경문제에 대응한 도시유형이라 할 수 있다. 전원도시 이후 개발에 따른 환경훼손 문제를 해결하기 위해 도시 분야에서 생태도시가 부각되었다. 생태도시는 친환경도시, 지속가능한 도시, 환경공생도시와 유사한 개념으로 기존 도시보다 상대적으로 생태적이고 생물자원의 훼손을 최소화하며 자연환경을 보전하는데 주요목표를 두고 있다.

그러나 최근 들어 환경문제와 경제위기가 동시에 발생함에 따라 환경적으로 지속가능한 경제성장을 도모함과 동시에 신성장동력을 발굴하는 것이 세계적인 과제로 등장하게 되었다. 지금까지 논의된 환경친화적 도시, 생태도시 등은 전 세계가 공동으로 직면한 온실가스 문제해결과 새로운 녹색경제를 통한 신성장동력 확충이라는 목표를 달성하는데 한계가 있다. 따라서 녹색도시는 생태도시 등이 지닌 생물다양성 확보라는 접근법에서 탈피하여 환경적으로 지속가능한 성장을 선도할 신개념의 도시조성 패러다임 전환이 요구되고 있는 상황에서 탄생된 것이다(한국토지공사 국토도시연구원, 2009).

2. 개념

녹색도시는 과거 전원도시, 1990년대 이후 생태도시에 이어 2000년 이후 탄생한 개념으로 저탄소 상태의 도시조성과 녹색일자리 창출을 통한 경제성장을 포함하는 능동적인 개념이다. 녹색도시는 탄소중립도시, 녹색성장도시, 저탄소도시와 유사한 개념으로 사용된다. 윤영한(2009)은 녹색도시를 기존에 제시되었던 친환경도시에 탄소저감, 지속가능성 등의 개념을 포함하여 생태계를 보존하고 환경친화적인 도시, 탄소배출을 최소화하는 도시, 지속가능한 발전을 추구하는 도시라고 정의하였다(한국토지공사 국토도시연구원, 2009). 기존의 생태계획 또는 환경계획에서 생물종 다양성 확보가 최대의 목표였다면, 저탄소 녹색도시계획은 도시에서 배출되는 탄소를 저감하는 것이 주요 목표다.

따라서 녹색도시는 도시의 공간구조와 기능을 배치할 때 불필요한 차량이동을 줄여주고, 건축물 배치시 밀도를 고려하여 에너지 저소비 및 탄소배출을 줄여주는 도시구조를 형성하도록 해야 한다.

표 4.2.1 녹색도시 관련개념 비교

관련개념	개념정의	연구자
- 탄소중립 도시	· 지구온난화의 주범인 탄소배출을 가능한 줄이고 발생된 탄소를 흡수하여 대기 중의 CO_2 농도를 궁극적으로 제로화한 도시	변병설 (2009)
- 녹색성장도시	· 녹색성장 개념을 도시적 차원에서 구현한 미래도시로서 탄소배출을 최대한 억제하고 친환경 도시계획 및 녹색산업기반을 통해 지속가능한 도시경쟁력을 추구하는 도시	한국토지공사 (2009)
- 저탄소 녹색도시	· 탄소배출을 최대한 억제하고, 친환경 도시 및 산업기반을 통해 세계화, 지방화에 따른 도시경쟁력 강화를 도모하고 지속가능한 도시로의 구조변환을 추구하는 도시	이재준 (2009)

자료 : 한국토지공사 국토도시연구원(2009), p. 69.

3. 중요성

녹색도시는 화석에너지 사용에서 벗어나 재생가능한 에너지로 전환함으로써 도시기후와 탄소저감 문제를 해결하는 것에 출발점을 두고 있다. 녹색도시 계획기법을 적용하게 되면 에너지 효율형 토지이용 및 공간구조 형성, 녹색교통, 신재생에너지 도입 등을 반영하게 되고, 이는 결국 기후변화의 원인이 되는 탄소저감 효과를 가져오게 된다. 또한 녹지와 수공간을 연계한 블루, 그린네트워크 형성을 통해 도심열섬 현상을 완화시키고, 도시 내 녹지 및 수공간 확충과 질적 재구조화를 통해 탄소를 흡수하는 적응효과를 도모하게 된다. 따라서 녹색도시 구현을 통해 저탄소형 녹색사회체계를 형성하게 되고, 탄소중립도시, 저탄소 녹색도시 등 신개념의 도시가 만들어지는 것이다.

제2절 | 녹색도시의 주요내용

1. 관련법률 및 정책

우리나라는 건강하고 쾌적한 환경과 아름다운 경관이 경제발전 및 사회개발과 조화를 이루는 국토를 조성하기 위해 국토종합계획, 도시기본계획 등 대통령령으로 정하는 계획을 녹색생활 및 지속가능발전의 기본원칙에 따라 수립 · 시행하도록 하고 있다. 저탄소 녹색성장 기본법 제51조에서는 녹색국토를 조성하기 위하여 에너지 · 자원 자립형 탄소중립도시를 조성하도록 규정하고 있고, 최근 들어 대규모 신도시의 개발에 대한 회의론이 제기되면서 재생개념이 도입된 규모가 작은 신도시 개발에 대한 관심이 높아지고 있다. 신도시 개발계획 및 실시계획을 수립함에 있어 지속가능한 녹색성장이 이루어질 수 있도록 하기 위하여 필요한 사항을 지속가능한 신도시 계획기준에서 규정하고 있다(택지개발

촉진법 제8조 및 동법시행령 제7조 제5항). 또한 기후변화에 따른 자원 · 환경 위기를 극복하고 저탄소 녹색성장 도시공간을 조성하기 위하여 국토의 계획 및 이용에 관한 법률 제12조 제2항 및 동법 시행령 제10조에 따른 광역도시계획, 동법 제19조 제3항 및 동법 시행령 제16조에 따른 도시기본계획, 동법 제25조부터 제28조 및 제30조에 따른 도시관리계획 수립기준에서 정하고 있다.

우리나라는 저탄소 녹색성장을 지향하는 지역 · 도시구조로 개편하기 위해 도시 · 농촌 · 산림자원 연계, KTX역 등을 중심으로 한 초광역 녹색 자원순환형 지역개발을 추진하고 있다. 광역경제권 개발전략, 동서남해안권 발전계획, 시도 장기발전계획 등 다양한 광역차원 계획수립 시 농촌 어메니티, 산림 · 해양자원 등과 연계되는 탄소순환관리시스템 구축방안을 강구하도록 추진하고 있다. 또한 저탄소 녹색도시 조성을 위해 도시관련 제도 개선을 추진하고 있는데, 도시계획 수립 시 바람길 조성, 친수 · 생태 공간 확보 등 기후변화 대응요소를 반영하도록 제도화하고 있으며, 지자체별 온실가스 배출량 현황과 함께 저탄소 녹색성장 실천계획으로서 신재생에너지 도입 가능여부 등을 검토하여 지역별 감축잠재력을 구축하도록 하고 있다.

한편 도시개발에 있어서는 한국형 저탄소 녹색도시 모델, 저탄소 도시재생사업, 저탄소 에너지 절약형 신도시 개발 및 시범도시 선정하여 지원토록 하고 있다. 신도시 개발 및 실시계획 수립 시에는 친환경 대중교통 중심의 토지이용계획 수립, 신재생에너지를 활용한 건축물 등 탄소중립형 구조를 적극 도입하고, 태양열 및 지열 등 신재생에너지 건축물 시범마을을 조성하며, 그린홈을 공급하여 지속가능도시를 선도하는 미래형 정주모델을 창출하도록 노력하고 있다. 압축도시(compact city), new urbanism 등 선진 도시모델을 국내 실정에 맞게 적용한 한국형 공간집약적인 저탄소형 도시공간구조 실현 등 한국형 저탄소 도시모델 개발을 추진하고 있다.

2. 주요내용과 특징

녹색도시는 물리적인 환경친화성 구현과 환경복원에서 벗어나 저탄소 녹색기술 구현과 이를 통한 녹색고용 창출을 담아내기 위한 공간을 창조하는 것이다. 녹색도시 실현을 위해 탄소저감, 탄소흡수, 녹색일자리 창출을 목표로 하는 환경계획을 개별건축물, 개별단지, 도시전체에 적용하고 있다. 녹색도시의 핵심 계획요소는 녹색토지이용, 에너지, 교통, 자원순환, 공원녹지, 물순환을 포함하는 생태공간을 조성하는 것이다.

표 4.2.2 녹색도시의 핵심요소

기본목표	계획부문	핵심요소
– 탄소저감	· 토지이용계획	· 복합적 토지이용, 직주근접 등
	· 에너지	· 신재생에너지 도입, 집단에너지시스템 공급 등
	· 교통	· 대중교통 연계시스템, 보행자 도로, 자전거도로 등
	· 자원순환	· 중수시스템 도입, 우수집수시설 설치, 폐기물 재활용 등
– 탄소흡수	· 공원녹지	· 그린네트워크, 생태공간 조성, 입체녹화 등
	· 생태공간	· 자연형 하천도입, 실개울 조성, 생태면적률 도입 등

자료 : 한국토지공사(2009).

1) 녹색토지이용

녹색도시를 위한 토지이용의 추진방향은 직주근접, 압축도시를 통한 녹지공간 최대화, 바람길 계획 등 자연과 어우러진 공간계획, 그리고 도심 내 자동차 통행제한을 통해 교통량 및 에너지 소비를 줄이고 토지 효율성을 고려한 계획을 적용하는 것이다.

녹색도시는 일반적 도시유형과 도시성격이나 계획기법이 다르다. 특히 조성 후에도 생태적 건강성과 탄소저감을 유지할 수 있는 수준으로 개발이 요구되므로, 일반적인 도시개발 보다는 낮은 밀도를 유지해야 한다. 또한 중심상업지구 내 주거, 상업, 문화, 체육, 커뮤니티 시설 등을 복합적으로 배치한 용도계획을 수립해야 한다. 이를 통해 교통량을 줄이는 동시에 토지의 효율성을 높임으로써 에너지 저소비형 도시로 전환해야 한다.

2) 녹색에너지

녹색도시는 에너지 다소비형 토지이용에서 벗어나 복합적 토지이용을 통해 에너지 수요를 절감시킬 수 있도록, 신재생에너지 도입지구 확대를 통해 에너지 이용효율을 개선해야 한다. 이를 위해 신재생에너지의 보급과 집단에너지 공급을 확대하고, 에너지 절약형 공공시설 등의 건축을 장려해야 한다.

한편 공동주택은 주차장 등 공용구간 및 부대시설의 전력사용을 태양광 발전시스템을 통해 공급하도록 하고, 단독주택의 태양광 발전시스템은 주택의 규모를 고려해 세대당 적정수준으로 설치해야 한다. 그리고 대규모 풍력단지의 경우 발전단가도 기존의 발전방식과 경쟁가능한 수준으로 기술력이 발전해 있는 상황이므로, 기상여건 등 지역여건을 감안하여 풍력발전시스템 도입을 적극 검토해야 할 것이다. 또한 도시개발지역 전체에 집단에너지를 공급하여 기존 난방방법에 비해 CO_2를 저감토록 해야 한다. 이를 위해서는 건물자체의 에너지 소비량을 줄일 수 있도록 효율이 좋은 단열재를 사용하고, 단열성능이 뛰어난 창호 사용 및 옥상을 녹지공간으로 조성하여 단열효과로 인한 에너지 절감을 유도해야 한다.

3) 녹색교통

저탄소 배출형 도시구조로 전환을 위해서는 대중교통 중심의 압축도시 구축과 더불어 차량중심의 도시구조가 아닌 보행자 중심의 도시구조로 전환되어야 한다. 따라서 도심 교통에너지 소비를 최소화할 수 있도록 도시구조를 직주근

접형으로 개편하기 위해 간선급행버스체계(BRT) 시스템의 확대, 대중교통 간의 환승시스템의 원활화, 신교통시스템의 적극적 도입 등이 필수적이다. 그리고 보행 중심으로 도시구조를 변화시키기 위해서는 보행 뿐만 아니라 자전거교통의 체계적 도입이 적극 검토되어야 하는데, 이를 위해 도로 다이어트를 통한 자동차 공급량 조절 및 자전거의 이용 확대가 필요하다.

4) 자원순환형 도시기반 구축

자원의 재활용 및 바이오시스템 등을 통해 에너지원으로 재활용하는 자원순환형 도시를 구현해야 한다. 오폐수 활용 등의 절수를 통한 경제적 자원순환과 수질오염 방지효과를 증진시킬 수 있도록 해야 한다. 그리고 수자원의 유효 이용을 위하여 상수 사용량의 절감이나 하수 방류량의 절감을 위해 중수시스템을 도입해야 하고, 신선한 물 부족, 지하대수층 감소 등 물 부족에 효과적으로 대응하며, 상수도 및 전력소비를 절감하기 위해 우수를 외부로 유출시키지 않도록 해야 한다. 또한 신도시 건설시 폐기물 수거차량 대신 관로를 통해 폐기물을 수집하는 쓰레기 자동집하시설 설치를 확대해야 한다.[1] 우리나라는 태양광, 태양열 등 다양한 에너지를 종합 관리하여 탄력적으로 공급할 수 있는 복합적 관리시스템을 2010년에 시범 적용하고, 2014년에 상용화를 추진할 예정이다. 한편 물순환 관리의 효율성을 높이기 위해 빗물관리시스템 개발 및 시범도입으로 첨단 저에너지 물순환 도시기반을 구축해야 한다.

---

1 국내의 쓰레기 자동집하시설 설치 사례로는 수지 2지구(1만세대), 송도 2공구(2천세대), 송도 3공구(3.5천세대), 용인 흥덕(9천세대), 판교(2만 9천세대) 등이 있다.

제3절 | 녹색도시의 사례

1. 스웨덴 하마비 허스타드

스웨덴 하마비 허스타드(Harmarby Sjostad)는 스톡홀름 도심에서 남쪽으로 약 5㎞ 떨어진 면적 200만㎡ 규모의 계획도시로서 인구는 약 25,000명이다. 하마비 허스타드는 과거 제조업 쇠퇴로 산업기능을 상실하면서 도시기능이 쇠퇴한 도시로 1996년에 '2004년 올림픽' 유치를 위한 선수촌과 경기장 건설을 계획하였으나, 유치실패 이후 주변 환경과 생태계를 고려한 지속가능한 복합도시 개발(1995~2017년)을 추진하고 있다.

주요 사업내용을 보면 주변 환경과 생태계를 고려한 도시를 조성하기 위해 에너지, 폐기물, 물순환 과정 전반에 걸쳐 자체 자원순환모델인 하마비 모델을 개발하여 친환경적인 친수 · 자원순환 모델을 구축하였다. 이는 하마비에서 발생하는 생활폐기물, 오수 등에서 에너지를 생산하고 이를 다시 도시내에서 재사용하며, 태양광, 바이오가스(Biogas) 등의 신재생에너지를 이용한 에너지 사이클 모델을 적용한 것이다.

하마비 허스타드 외곽의 기존 소규모 공업시설을 유지하면서, 수변공간은 주거공간으로 계획하여 자연환경에 밀접한 주거공간의 형성이 특징적이다. 그

[그림 4.2.1] 스웨덴 하마비 허스타드

리고 대중교통은 스톡홀름 중심부까지 경전철(Tvarbanan), 버스, 수상서비스에 우선권을 부여하고, 자동차는 하수처리시설에서 나온 바이오가스를 주연료로 사용하고 있다. 그리고 수변공간의 물이 빠지고 들어오는 부분에 초지를 조성하여 넓은 오픈스페이스를 확보하고 있고, 녹지에 많은 식용작물을 재배하여 나무로 만들어진 담장을 사용하고 있다. 특히 바이오가스 등 신재생에너지를 통한 에너지순환시스템으로 친환경적인 재생에너지를 조달하고, 폐수 및 폐기물로부터 재생가능에너지를 추출하는 자원순환시스템을 구축하고 있다.

2. 파주 교하 생태도시

파주 교하 생태도시는 서울 도심에서 25㎞ 거리에 위치하며 통일로, 자유로, 경의선 철도 등 남북교류협력 축에 해당하는 주요 간선교통체계의 거점으로서 수려한 자연환경과 첨단산업단지를 배후로 IT와 친환경생태가 어우러진 최첨단 신도시 조성을 목표로 계획되었다.

파주 교하 생태도시는 우리나라 신도시 역사상 처음으로 계획지구 전체에 생태수로를 도입하였다. 이러한 계획으로 녹지체계(green network)와 생태수로가 형성되는 물순환체계(blue network)가 신도시의 품격을 높일 수 있는 주요 계획요소로 고려되었다. 파주 교하 생태도시에 위치하는 용정저수지와 연계하여 대규모 중앙 생태공원과 인공호수공원을 조성하여 주민들의 휴식, 레저, 문화 활동, 생태체험 활동이 가능하고, 동시에 각종 생물의 서식처 기능도 함께 하는 신도시 녹지체계와 물순환체계의 중심지를 조성하였다.

또한 도시 전체에 안전하고 쾌적한 보행자도로, 조깅로, 자전거도로를 조성해 생태계와 연결이 이루어질 수 있도록 계획하였고, 단지내부에 주요시설을 연결하는 보행자도로망과 자전거도로망을 조성, 신도시 주민들이 친수공간 및 녹지공간과 밀접한 삶을 누릴 수 있도록 배려해 계획하였다.

그리고 파주 교하 생태도시는 자동차 중심의 도시개발(Car-Oriented Deve -

lopment: COD) 방식에서 탈피하여 대중교통 중심의 도시개발(Transit-Oriented Development: TOD) 방식을 도입하였다. 이를 통해 도시 내 승용차에 의한 교통 혼잡을 줄여 통행시간 단축, 대기 질 개선, 쾌적한 도시환경 확보 등을 도모하고 있다. 특히 운정역을 중심으로 한 상업 및 업무시설, 주거시설, 공원녹지시설, 관광 등을 중심으로 TOD방식을 적용하였다. 또한 고급 급행버스(BRT) 등의 대중교통과 보행 및 자전거 통행이 상호 연결될 수 있도록 구상되어 있다.

또한 이들 지역에는 주차장 확보를 최소화하며, 교통수요관리(Transportation Demand Management: TDM)의 경제적, 제도적 규제를 통하여 승용차 이용을 억제하도록 되어 있다(토지주택연구원, 2010).

[그림 4.2.2] 파주 교하 생태도시

3. 평택 소사벌지구

평택 소사벌지구는 LH에서 택지개발한 사업지구로서, 평택시 비전동 · 죽전동 일대에 위치한 약 300만㎡의 계획도시로 수용인구는 45,000명이다. 소사벌지구는 우리나라 최초로, 그리고 택지개발지구로는 세계 최초로 태양광 · 태양열부문 CDM(Clean Development Mechanism) 사업을 UN에 등록(2009. 2. 13)한 곳이다. 평택 소사벌지구의 신재생에너지 도입 건축물은 공동 · 단독주택, 학교, 공공청사, 수질복원센터, 홍보관 등이고, CDM 등록량은 4,511톤/년(태양광 3,568톤/년, 태양열 943톤/년)이다. 소사벌지구는 다양한 건축시설에 태양광, 태양열, 지열, 연료전지 등 신재생에너지 시설을 설치하여 단지 전체 에너지의 5% 이상을 신재생에너지로 공급할 계획이다. 아울러 환경처리시설 집적화를 통한 에너지 이용효율화를 도모하고, 생태녹지 및 물순환시스템을 적용하고 있다.

평택 소사벌지구를 녹색도시로 조성함에 따라 택지지구로써는 세계 최초로 CDM사업을 UN에 등록하게 되었다. 그리고 평택 소사벌지구는 앞으로 2014~2034년까지 향후 21년간 약 9만 6천톤의 CO_2를 절감하게 될 것이고, 이에 따른 예상 수익은 약 21.9억원 정도이다(토지주택연구원, 2010).

4. 시사점

파주 교하 생태도시 등 신개발지역에 녹색도시 시범사업 지구를 지정하여 녹색도시 계획요소를 적용하고 있는데, 주요 계획요소는 Passive House와 신재생 에너지를 도입하여 화석연료를 사용하지 않는 것이다. 이를 통해 국내 최초 탄소배출 제로 단지 조성을 목적으로 하고 있다.

또한 기존 도시의 녹색화를 위해 도시계획수립 지침(2009)을 제정하여 도시계획 변경시 녹색도시계획 요소를 반영하는 경우 계획수립 비용을 지원하게끔 되어 있다. 또한 저탄소 녹색도시 경연대회[2]를 추진하여 자치단체별로 녹색도시 조성에 대한 이니셔티브를 제공하고, 전국적 확산을 통해 국토 패러다임 전환을 시도하고 있다.

이러한 녹색도시 프로젝트는 우리나라 뿐만 아니라 전 세계적인 추세이기

---

2 녹색위원회가 추진중인 '생생도시 경연대회' 를 확대 · 발전시켜 녹색도시 조성을 위한 도시계획 및 개발사례를 공모하는 콘테스트를 의미한다. 생생도시(生生, EcoRich)는 가치지향적 언어로서, '생동하는 생태' 를 의미한다. 이는 Eco City와 같이 브랜드화를 고려한 용어로 Energy(에너지), Commuting(녹색교통), Oasis(물순환), Recycle(자원재활용), Industry(녹색산업), Corridor(녹지축), Humanism(시민참여) 등 7개 부문이 통합된 도시모델이다.

때문에 향후 디자인, 설계, 컨설팅 등 도시개발 초기에 투입되는 서비스업 분야가 동반 성장할 것으로 예상된다. 현재 영국, 미국, 일본 등 선진국이 시장을 선점해 나가고 있지만, 우리나라도 해외 도시수출 방안과 연계하여 녹색도시 관련 기술 및 산업 수출을 도모하고 있다.

제4절 | 녹색도시 전망과 과제

1. 전망

녹색도시는 녹색국토와 마찬가지로 개별로 분산되어 있는 요소의 집합체가 아니라 건물 · 단지 · 도시 · 국토라는 공간적 연계선상에서 통합되어야 한다. 그리고 단순히 물리적 시설 설치 뿐만 아니라 환경저감기술 · 친환경 문화 등을 포함해야 함은 물론 관리 및 일상적인 생활측면까지 고려한 종합적인 해결책이

표 4.2.3 녹색도시 단계별 실행방안

단계	추진방향	녹색도시 추진 내용
1단계 (~'09)	– 계획수립 및 선도사업 착수 〈준비기〉	· 탄소중립도시 건설 지속(행복도시, 혁신도시, 화성제2동탄, 검단신도시 등) · 녹색지구 단위계획 기법 수립(건물에너지 절약기법 확립, 보행우선구역 · 자전거도로 · 바람길 형성 등) · 녹색도시 조성 매뉴얼 및 설계지침 작성
2단계 (~'12)	– 선도사업 완결 및 연계사업 착수 〈발전기〉	· 자연에너지 · 미이용에너지 · 신재생에너지 공급으로 사업자 CDM 확보 · 녹색연계교통체계 구축 및 녹색물류 활성화 · 그린인프라 체계 구축 · 물순환 건전화 도시 조성, 녹색산업단지, 생태공단 조성
3단계 (~'20)	– 연계사업완결 및 성과확산 〈성숙기〉	· U-Eco 테스트베드 도시 완공 · 유역권역별 지역연계사업 추진 · 제3세계 녹색도시 · 녹색산업 수출

자료 : 한국토지공사(2009), p. 389.

필수적인 분야이다. 녹색도시는 녹색도시 수출 및 미래 세대를 위한 녹색국토 조성이라는 목표하에 단계적으로 추진되고 있다.

우선 1단계는 준비기로 녹색지구단위 계획 기법 및 탄소중립도시 건설 등 계획수립 및 선도 사업착수 단계이고, 2단계는 발전기로 선도사업 완결 및 연계 사업 착수단계로 물순환 건전화 도시를 조성하고, 녹색산업단지와 생태공단을 조성한다. 그리고 3단계는 성숙기로 연계사업 완결 및 성과확산 단계로 제3세계에 녹색도시 개발 및 관리방안을 패키지로 수출하는 것을 목표로 한다.

2. 과제

도시를 푸르게 만들려는 노력은 주요 선진국의 거대한 흐름이자 변화이다. 앞으로 우리도 도시의 지속가능성과 시민의 건강을 위하여 우리에게 적합한 전략을 만들고 실천하는 노력이 필요하다. 다른 도시개발과 정책부문에서도 그렇듯이 녹색도시를 만들기 위해 공공과 민간의 협력은 필수적이다. 녹색도시 만들기는 민간이 자발적으로 참여하여 추진하는 것이 바람직하지만, 경제성의 문제로 망설이는 경우도 많다. 이때 공공이 경제적 유인을 제공하거나 선도적인 사업을 통해 녹색기술을 대량 구매하여 민간의 활동을 촉진할 수 있다.

녹색도시를 만드는 데는 실증연구와 녹색도시의 수준을 측정하기 위한 지표 개발도 필요하다. 녹색도시에 대한 비전과 구체적인 실천방안을 만들기 앞서 도시가 처한 현실을 정확하게 진단해야 한다. 도시의 환경은 어떤 상황에 있으며, 이로 인해 시민의 건강과 도시경제는 어떤 영향을 받고 있는지를 실증적으로 규명해야 한다. 이와 더불어 녹색도시의 다양한 측면을 측정할 수 있는 지표의 설정과 공표도 시민의 참여를 통해 이루어져야 할 것이다.

녹색도시를 만드는데 필요한 다양한 건축기술의 채택 여부는 결국 사회적 합의에 달려있다. 아무리 좋은 건축기술이 있다고 하여도 녹색도시에 대한 민간과 공공의 동의 없이는 도입하기 어렵다. 또한 녹색도시에 대한 시장의 수요는 녹색도시를 만드는데 필요한 기술의 개발을 촉진하게 될 것이다. 따라서 도시가 처한 상황을 정확하게 인식하고, 문제해결의 열쇠가 녹색도시 개발이라는 점에 대한 합의가 선행되어야 할 것이다.

탐구학습

1. 주요개념

- 녹색도시
- 탄소중립도시
- 녹색성장도시
- 저탄소도시

2. 토론과 과제

- 녹색도시의 핵심요소
- 국내외 사례의 시사점
- 녹색도시의 수준을 측정하기 위한 지표개발

참고문헌

국토연구원(2009), 저탄소 녹색도시 조성사례 발표 자료.
국토해양부(2009), 4대강살리기 마스터플랜 보고서.
김형국(2011), 녹색성장 바로알기, 녹색성장위원회, (주)나남.
김효석(2004), "환경친화적 도시조성을 위한 모델 개발", 연세대학교 석사학위논문.
녹색성장위원회(2009), 녹색성장 5개년 계획(2009~2013).
대한주택공사(2009), 미래를 여는 저탄소 녹색성장 이야기.
문화체육관광부(2008), 녹색성장 대한민국 그린오션 전략.
변병설(2009), "기후변화에 대응한 탄소중립도시 조성기법", 저탄소 녹색도시 조성을 위한 세미나 자료집.
이재준(2009), 녹색도시의 꿈 : 저탄소 녹색도시 조성방안, 경기도 도시계획위원 워크샵 발표자료.
토지주택연구원(2010), 녹색의 나라 보금자리의 꿈, 한국토지주택공사.
한국토지공사(2006), 한국토지공사 환경가치제고 방안에 관한 연구.
한국토지공사(2007), 살고싶은 도시건설을 위한 도시개발편람.
한국토지공사(2009), 동탄(2) 신도시 탄소중립도시 도입 연구용역 보고서.
한국토지공사 국토도시연구원(2009), 녹색성장으로 가는 길.
환경부(2008), 저탄소 녹색성장으로 가는 길 발표자료집.
http://www.biotope.co.kr((주)한국도시녹화)
http://www.kemco.or.kr(에너지관리공단)

제3장
녹색건축

제1절 | 녹색건축의 의의

1. 배경

지구온난화 문제를 해결하기 위해 선진국을 중심으로 국가간 기후협약을 체결해 글로벌 차원의 대응을 추진하고 있다. 교토의정서, 발리 로드맵을 통해 온실가스 감축의무를 부과하고 있으며, 최근 주요 선진국들은 에너지 효율, 신재생에너지 등을 저탄소 녹색성장의 신성장 동력으로 육성해 온실가스 감축정책의 최우선 과제로 추진하고 있다.

특히 우리나라의 경우 건축물 분야는 국가 온실가스 배출량의 22%, CO_2 배출의 약 13%를 차지하고 있으며, 그 비중이 점차 증가할 것으로 전망되어 녹색건축물 보급을 통한 온실가스 감축이 더욱 중요한 실정이다.

따라서 우리나라는 탄소배출이 적은 그린홈, 그린빌딩의 보급 확산을 위해 건축물 에너지절약 설계 기준(2001), 친환경건축물 인증 제도(2002), 주택성능등급 표시 제도(2006), 친환경 주택 건설기준 및 성능 고시(2009), 건축물 에너지 효율등급 인증 제도(2009)를 시행하는 등 다각적인 노력을 기울이고 있다. 그러나 사업간 연계 부족, 민간의 참여 부족, 관련 기술 및 인력의 부족으로 인해 정책추진에 많은 문제점이 있다. 따라서 범정부적인 대책 마련과 함께 민간의 자발적인 참여 유도가 필요하다.

2. 개념

저탄소 녹색성장 기본법 제54조에 의하면, 녹색건축물이란 에너지이용 효율 및 신재생에너지의 사용비율이 높고 온실가스 배출을 최소화하는 건물로 규정되어 있다. 따라서 녹색건축의 개념은 지구온난화를 유발하는 온실가스의 방출을 최소화하기 위하여 에너지 절약설계와 효율적인 설비시스템, 신재생에너지 시스템이 적용된 건축물로 정의할 수 있다. 그러나 광의로 보면 친환경 건축자재, 물 사용 효율화, 폐기물 배출감소, 주변 환경과 조화 등과 같은 건축 활동을 포함하는 건축물의 설계, 시공, 운용, 유지, 관리, 해체와 같은 건축물의 전 생애주기에 걸친 지속가능한 환경친화적 건축 활동을 의미한다.

지금까지 세계 각국의 녹색건축물은 단열강화, 특수 환기시스템, 3중 특수 유리창 등 단열과 절감을 통해 에너지 소모를 줄이는 패시브 하우스(passive house)에 중점을 두었으나, 앞으로는 태양광 발전 시스템, 태양열 급탕 시스템, 지열 시스템, 풍력발전 시스템 등 신재생에너지를 적극 활용하여 에너지 자립이 가능한 액티브 하우스(active house) 구현에 초점을 두게 될 것이다.

3. 중요성

건축물 부문은 우리나라에서 사용하는 에너지 소비량의 22%를 차지하며 감축주체와 방법이 매우 복잡하고, 한번 지으면 30년 이상 영향을 미치게 된다. 또한 국민생활과 밀접한 관련을 가지고 있기 때문에 온실가스 감축이 쉽지 않은 것이 현실이다. 신규 건축물의 경우에도 에너지 효율이 선진국과 대비하여 낮은 실정이기 때문에 건축 허가 시 에너지 기준을 보다 강화할 필요가 있다.

또한 삶의 질 향상 및 건축물 수 증가 등으로 인해 건축물의 에너지 소비량은 지속적으로 증가하는 추세에 있고, 더욱이 상업, 서비스업 건축물이 지속적으로 증가하여 에너지소비 증가 요인으로 작용하고 있다. 따라서 현 단계에서는 저탄소형 녹색건축물 보급을 통해 건축물의 미래 에너지 수요를 원천적으로 저감해야 할 필요성이 있다.

제2절 | 녹색건축의 주요내용

1. 관련법률 및 정책

저탄소 녹색성장 기본법 중 녹색건축과 관련된 조항으로는 제42조(기후변화대응 및 에너지의 목표관리), 제49조(녹색생활 및 지속가능발전의 기본원칙), 제51조(녹색국토의 관리), 제54조(녹색건축물의 확대), 제57조(녹색성장을 위한 생산 · 소비문화의 확산) 등인데, 이들 조항에서는 녹색건축물 확대를 위한 기준을 제시하고 있다. 아울러 녹색건축을 활성화하기 위한 지속적인 노력을 기울일 것을 강조하고 있다.

한편 건축법에서 녹색건축과 관련된 조항으로는 제65조(친환경건축물의 인증), 제66조(건축물의 에너지 이용과 폐자재 활용), 제66조의2(건축물의 에너지 효율등급 인증) 등이다. 이들 조항에서는 건축물의 설계와 관련하여 에너지를 효율적으로 사용할 수 있도록 정하고 있고, 건축물 효율등급 인정관련 사항과 친환경 건축물의 인증관련 사항을 정하고 있다.

그리고 주택법에서 녹색건축과 관련된 조항으로는 제21조(주택건설기준 등), 제21조의2(주택성능등급의 표시 등), 주택건설기준 등에 관한 규정 제58조(주택성능등급의 표시 대상) 및 제64조(친환경 주택의 건설기준 및 성능) 등이 있다. 이들 조항에서는 에너지절약형 친환경주택의 건설기준과 주택성능등급과 관련한 제반사항을 규정하고 있다. 그 밖에 녹색건축과 관련된 법률로는 에너지 기본법, 에너지이용 합리화법, 신에너지 및 재생에너지 개발 · 이용 · 보급 촉진법 등이 있다.

표 4.3.1 녹색건축 관련 주요정책

구분	주요정책
신규 건축물의 에너지기준 강화	– 에너지 요소별 기준강화 · 건축물 단열기준 강화, 냉방에너지소비 저감기준 마련 · 대기전력차단장치 의무화 · 스마트계량기 시범보급 및 단계적 보급 확대 · 에너지 절약계획서 제출대상 확대 – 연간 총 에너지소비량 기준 도입 및 단계적 강화 · 에너지소비총량제 도입 및 확대 · 연간 에너지소비량 목표 강화 – 공공건축물의 녹색건축물화 · 공공건물의 친환경인증 의무화 · 신재생에너지 의무대상 및 비율 강화
기존 건축물의 에너지효율 개선	– 민간의 자발적 참여 유도 · 에너지소비증명서 발급 의무화 · 저효율 건축물의 에너지 진단 의무화 · 건축물 에너지관련 인증제 활성화 · 신재생에너지이용건축물 인증제 도입 – 에너지효율개선 리모델링 비용지원 확대 · 기존주택 100만호 그린홈화 · 옥상 · 벽면 녹화사업 추진 – 공공건축물의 에너지효율개선 추진 · 공공청사의 그린오피스화 · 그린스쿨, 그린캠퍼스 조성
건축물 사용자의 절약 유도	– 에너지절약에 대한 인센티브 확대(탄소포인트제) – 공공기관의 에너지절약 솔선수범 · 공공기관의 에너지절약 목표관리제 추진 – 대형건축물에 대한 상시적 관리 강화 – 가전제품의 에너지효율 향상 · 에너지효율 목표관리제 도입 · 최저효율제품 기준 강화
기술개발 및 인프라 구축	– 기술개발 지원 확대 · 주요 에너지 설비 효율향상 기술개발 · 초고층건축물 에너지효율화 기술개발 · 한국형 제로에너지공동주택 기술개발 – 저탄소 건축물 활성화 기반 조성 · 설계 · 엔지니어 전문인력 교육 · 저탄소 건축기술 가이드라인 보급 · 국가 건축물에너지관리 통계시스템 구축

자료 : 국토해양부 외(2009), 녹색도시 · 건축물 활성화 방안에서 발췌.

한편 2009년 7월에 발표된 녹색성장 5개년 계획(2009-2013)에 의하면, 녹색건축 관련내용은 10개 정책과제 중 8번째 정책과제에 포함되어 있다. 8번째 정책과제내용을 살펴보면 그린홈, 그린빌딩을 확산하고 국민 생활편의와 직결된 교통체계도 친환경적으로 개편하여 녹색국토, 녹색교통을 조성한다라고 규정되어 있다. 특히 녹색건축 확대를 위하여 ① 기후변화에 대비한 녹색건축물 관련제도 정비 및 기반 구축, ② 녹색건축물 확대를 위한 사회적 여건 조성, ③ 건물 용도별 녹색건축물 확대 방안 등을 수립하도록 하고 있다.

그리고 국토해양부는 2020년까지 건축물에 의한 온실가스 배출량을 31% 감축하기 위해 신규 건축물의 에너지 기준 강화, 기존 건축물의 에너지 효율을 개선, 건축물사용자의 에너지 절약 유도, 녹색건축 인프라 구축 등을 중점 추진한다는 내용을 골자로 하는 녹색도시 · 건축물 활성화 방안을 2009년에 발표하였다. 이에 따르면 주거용의 경우 2012년까지 현 수준 대비 30% 감축하고, 2017년에는 패시브 하우스 수준인 60%까지 감축하여 2025년에는 제로하우스를 의무화할 예정이다. 비주거용은 2012년까지 현 수준 대비 15%를 감축하고, 2017년까지 30%를 감축해야 하며, 2025년까지 제로하우스 수준까지 의무화할 예정이다.

2. 주요내용과 특징

1) 그린홈

그린홈(에너지 절약형 친환경주택)이란 건축물 에너지 효율화 설계, 신재생에너지 적용, 외부자연과의 조화 등의 기술을 활용하여, 주택의 열과 전력에너지 공급을 위해 요구되는 화석연료 사용량을 줄임으로써 기후변화대응에 부합하고 지구온난화 방지에 기여하는 주택을 의미한다(대한주택공사, 2009). 이러한 그린홈과 유사한 개념으로는 저에너지주택, 패시브하우스, 제로에너지 주택 등이 있다. 이러한 유사개념을 간략히 살펴보면 다음과 같다. 우선 저에너지주택(low energy house)은 단열 보강 및 다중창을 적용한 기존의 에너지절약주택보다 훨씬 더 높은 수준의 단열과 기밀성능을 적용함으로써 에너지를 절약하는 주택을 의미한다.

그리고 1991년부터 독일에서 시작되어 2000년 들어서 유럽 전역으로 확산되고 있는 패시브 하우스는 통상적인 냉난방 장치의 설치없이 쾌적한 실내환경을 유지할 수 있는 개념으로 고단열과 고성능 창호, 기밀시공, 폐열회수 등의 기술을 통해 단위면적(㎡)당 연간 난방 요구량 15kWh 이하, 난방 · 급탕 · 전기소비량 120kWh 이하의 성능을 요구하는 주택이다.

저에너지주택과 패시스하우스의 경우 설비적 기법을 배제하고 주로 건축설계적 기법을 통해 기존 건물보다 대략 30~70%의 에너지를 저감하는 것이 기술의 핵심목표라면, 에너지자립주택(self-sufficient house) 또는 제로에너지주택(zero energy house)은 태양열, 태양광, 지열, 풍력, 바이오 등 자연에너지를 이용한 신재생에너지 기술을 추가적으로 적용하여 잔여부하를 해결함으로써 주거건물의 에너지를 100% 자립하는 개념의 주택이다(토지주택연구원, 2010).

우리나라에서는 고효율 창호 · 단열 사용, 신재생에너지 설치 등을 통해 에너지자립을 도모하고, 물 등 자원순환시스템 도입, 옥상녹화 등 생태공간을 확보하는 포괄적인 그린홈 개념을 정립하여, 2009년부터 2018년까지 보금자리주택 등을 통하여 단계별로 100만호 이상 공급할 예정이다.

표 4.3.2 그린홈 신규 공급계획

(단위 : 만호)

구분		계	2009년	2010년	2011년	2012년	2013년 이후
공공	분양	60	5.5	6	6	6	36.5
	임대	15	-	-	1.5	1.5	12
민간		25	-	1	2	3	19

자료 : 녹색성장위원회(2009), 녹색성장 5개년 계획(2009-2013), p. 300.

2) 녹색빌딩

녹색빌딩(green building)은 지속가능 발전(ESSD)과 관련이 있으며, 지속가능한 발전의 연속선상에서 개념을 정의할 수 있다. 이러한 의미에서 녹색빌딩이란 설계, 시공, 운용, 유지, 관리, 철거에 이르는 건축물의 전 생애 주기에 걸쳐 자원 효율적이고 환경친화적인 건축물을 말한다. 협의로는 에너지 절약형 건축물로 인식되지만, 광의로는 친환경 건축자재, 물사용 효율화, 폐기물 배출 감소, 주변 환경과의 어울림 같은 자연공생적인 건축활동도 포함된다고 할 수 있다(김형국, 2011). 친환경 신기술을 통합하여 녹색빌딩을 실현한 건축물 가운데 그린청사, 그린 오피스, 그린스쿨 등이 있다. 전문가들의 연구결과에 따르면 녹색빌딩은 에너지 사용량 30~50% 저감, CO_2 방출량 35% 저감, 물 사용량 40% 저감, 쓰레기 배출 70% 저감 등 기존의 빌딩보다 가시적인 효과가 좋은 것으로 나타나고 있다(최석인 외, 2009).

한편 우리나라는 신재생에너지, 자원순환 · 절약, 생태공간 조성, 건물녹화 등 공공청사를 미래 에너지절감형 녹색청사(綠色廳舍)로 전환하기 위해 일정규모 이상의 청사 건립시 건물에너지효율등급 취득 의무화 및 청사 완공 후 일반인들이 등급증서를 볼 수 있도록 할 예정이다. 또한 일정규모 이상의 공공건물에 대해 친환경건축물 인증을 의무화하고, 노후시설 개보수시 친환경 자재 사용 및 에너지절감시스템을 사용하도록 할 계획이다. 특히 국민들이 가시적으로 체감할 수 있는 녹색오피스 실천 사례를 만들기 위해 청와대를 고효율 친환경 공간으로 개선하는 방안도 추진하고 있다. 이를 위해 에너지 효율 개선, 주변 생태공간 확충, 건물내 생활습관 개선 등 그린오피스 마스터 플랜을 마련한 후, 태양열 급탕, 지열난방, 경량형 옥상녹화 등 녹색기술을 종합적으로 적용하여 단계별로 업무공간을 개선할 예정이다.

또한 우리나라는 획일적이고 충분하지 못한 녹지공간과 에너지 효율이 낮은 학교를 연못조성, 건물 외 · 내부 공간 개선, 에너지절약형 창호교체, 석면이 함유된 텍스교체, 고효율 및 친환경 조명기기 교체, 빗물을 이용한 저수조 설치,

친환경 페인트 도색 등을 적용한 녹색학교(green school)를 조성할 계획이다. 녹색학교의 이 같은 설비는 자라나는 아이들의 감성지수(EQ)를 높이는데 도움을 주고, 색온도가 교육에 긍정적 영향을 미쳐 학생들의 창의성을 높여 주게 될 것이다(최석인 외, 2009).

제3절 | 녹색건축의 사례

1. 영국 베드제드 제로에너지 주택

베드제드 주거단지는 영국 런던시 써튼(Sutton) 자치구에 위치하며, 수용세대는 100가구로 영국 최초의 친환경 탄소중립 복합개발단지이다. 단지 내 전 세대의 옥상정원 또는 옥외 발코니 녹화계획을 통한 그린루프시스템이 특징이며 건축물의 전면에 친환경 텃밭을 제공하여 채소와 야채를 기를 수 있도록 하여 이웃 간의 친목을 도모하고 있다.

제로에너지(zero energy) 단지에서 소비되는 난방과 전력은 단지 내에서 생산되는 신재생에너지를 활용하고, 모든 주택의 지붕 위에 태양광 패널을 설치

[그림 4.3.1] 영국 베드제드 제로에너지 주택

하고 단지 내 열병합 자가발전소에는 산업폐기물(목재)을 소각하여 에너지를 생산하고 있다. 그리고 단지 내 모든 주택의 난방수요가 일반 주택의 10분의 1 수준이 되도록 설계하고 미세한 바람을 이용할 수 있도록 특수 제작된 굴뚝을 설치하여 실내 환기와 건물 내부의 온도를 조절하고 있다. 건물 외벽에는 300㎜의 슈퍼단열재를 사용하여 열손실을 최소화하도록 하며, 모든 주거용 공간은 남향으로 배치하고 3중 유리를 설치하여 열 손실을 최소화하도록 하여 태양에너지 이용을 극대화하였다. wind cowl이라는 독특한 통풍시스템을 가지고 있으며, 연간 약 500kWh의 에너지를 절약하는 효과가 있다(국토연구원, 2009a).

2. 미국 맥키니 초등학교

미국건축가협회(AIA)는 1997년부터 매년 우수 그린빌딩 10개를 선정하는데, 맥키니 초등학교는 교육시설 가운데 유일하게 그린빌딩 Top10에 선정되었다.

기존 나무를 최대한 보존하고 다양한 향토 식물을 심어 생태적 다양성을 높이고 있으며, 외부의 자연과 시각적으로 연속성을 갖는 실내공간을 창출하여 학생들이 학교주변의 숲과 자연을 최대한 느낄 수 있도록 되어 있다. 그리고 빗물을 79,000갤런 용량의 콘크리트 탱크로 모아 수세식 설비에 이용하고 나머지는 조경에 사용하여 물 사용을 획기적으로 줄이고 있다. 또한 지열, 태양광, 순환펌프 컨트롤러, 자연 환기 시스템, HVAC 시스템의 다양한 그린 요소 기술들을 도입하고 있다. 그 결과 이 학교의 전체 에너지 소비량은 인근의 학교에서 사용한 에너지 양보다 32% 절감된 것으로 나타났다.

그린기술과 디자인은 교과과정과 통합되어 학생들이 직접 체험하고 느끼는 교육의 장으로 활용되고 있다. 학생들과 선생님은 학교의 로비에 설치된 그린스크린으로 건물의 에너지 성능 데이터를 실시간으로 모니터링할 수 있다. 그린 스크린은 에너지와 물 소비 데이터 뿐만 아니라 학교의 많은 그린기술에 대한 설명을 포함하고 있어 학생들이 쉽게 에너지 절약에 대해서 이해할 수 있도록 돕고 있다(김형국, 2011).

3. LH 그린홈 아파트

LH는 보금자리 주택단지에 대하여 주변 자연환경과 조화되는 생태기반의 친환경 공간조성을 위해 생태형으로 디자인하도록 계획하였다. 구체적으로 살펴보면, 녹색교통 활성화를 위해 자전거 도로(보 · 차 겸용)를 조성하고 이를 외부의 대중교통 및 자전거망과 연계하고, 친환경 단지계획을 위해 주변 환경과의 조화를 통해 단지내부의 녹지 · 수변공간을 인접한 공원 · 녹지 · 수계 등과 연결하며, 수자원 절감을 위해 집수 · 저류시설을 설치하여 모은 빗물을 정원수, 청소용수 · 소방용수 등으로 활용하도록 하였다. 또한 자원순환 체계구축을 위하여 음식물 쓰레기로 인한 악취 · 위생 및 수송차량에 의한 탄소배출 등의 문제를 해결하기 위해 음식물쓰레기 제로하우스 모델을 개발하여 시범 적용할 계획이다.

보금자리시범지구에 건설되는 주택은 단열 강화, 고효율 열원설비 및 신재생에너지를 적용하여 그린홈 고시 기준보다 에너지 절감률을 2배 이상 강화하도록 설계하였다. 구체적으로 살펴보면, 벽체면적 확대로 창호면적을 축소하여 에너지를 절감하고자 발코니턱 높이 상향 등을 통해 외피(외기에 면하는 벽, 창, 문 등) 대비 창면적을 현행 약 50% 보다 5~10% 축소하였다. 외피 단열성능 강화를 위해 측벽 · 외벽 · 바닥 등 단열재 두께를 20~40㎜ 증가시켰으며, 창호는 아르곤 가스가 주입된 로이(Low E) 복층유리 이중창 설치를 통해 여름철 일사 침입과 겨울철 실내 난방열의 손실을 방지하도록 하였다. 또한 세대내 조명 간소화를 위해 세대 내 실별로 1개씩 설치된 명시조명(중앙등) 중 조명 활용도가 낮은 안방침실의 경우 전력이 불필요하게 낭비됨에 따라 시범적으로 방 3개 이상의 분양주택의 경우 안방침실의 명시조명 대신 LED 조명으로 대체하였다.

또한 단지 내에 태양열과 지열시스템을 설치하여 신재생에너지의 활용을 적극 유도하고 있다. 2010년 LH에서는 우리나라 최초로 대단위 태양열 아파트를 선보였는데, 오산 누읍 국민임대아파트에 적용된 태양열시스템은 집열판의 면적만 1,700㎡이고 축열조 용량은 4.7ton으로 1,179세대에 온수를 공급하고 있다 (토지주택연구원, 2011).

[그림 4.3.2] LH 그린홈 아파트

4. 시사점

주요 선진국들은 주택 및 공공건축물을 중심으로 에너지 효율개선을 촉진하여 건축법규, 인증 프로그램, 세제감면, 재정지원, 보급사업 등을 적극적으로 추진하고 있다. 신규 건축물의 에너지 기준 강화와 함께 2020년부터 신규주택 제로에너지 의무화를 선언하는 등 에너지 감축에 적극적인 입장을 나타내고 있다.

우리나라도 에너지 절감을 위해 태양열 에너지 이용, 지열 냉난방시스템, 옥상녹화 등으로 탄소저감형 주택 보급과 패시브 주택을 보급하기 위해 노력하고 있다. 그러나 제로에너지하우스 건축에는 현재 국내 기준으로 3.3㎡당 평균 건축비가 300만원 증가하는 것으로 추산되어 105㎡ 아파트를 건설할 경우 분양가에 1억원 정도가 추가비용으로 들어가는 것으로 추산된다. 당장은 제로에너지하우스가 현실화되기 어려우나, 10년 내 건축비가 절반 이상 줄어들 것으로 예상되므로 가까운 장래에 현실로 다가올 전망이다.

따라서 녹색건축을 확대하기 위해서는 용적률, 세제지원 등 각종 인센티브를 주는 것과 함께 정부의 직접적이고 적극적인 지원이 필요하며, 그린홈이 공급되기 위해서는 고효율의 자재 개발을 위한 지원 및 투자를 늘려야 한다.

제4절 | 녹색건축의 전망과 과제

1. 전망

건축물은 에너지 소비가 많은 공간인 동시에 낭비요인도 아주 많은 곳이므로 에너지 효율화 및 절약기술을 적용할 경우 에너지를 절감할 수 있는 여력이 많은 분야이다. 현실적으로 건축물을 에너지 절감형으로 설계하는 다양한 기법들이 있지만 비용이나 기술적 문제 등이 복합적으로 작용하여 잘 적용되지 못하는 실정이므로 정부의 녹색건축물에 대한 꾸준한 지원 대책이 필요한 실정이다.

정부의 계획대로 녹색건축물을 보급 · 확산 할 경우에는 2020년 건축부문에서만 최대 약 6,300만 tCO_2 온실가스 감축이 가능하다. 6,300만 tCO_2는 탄소배출권 가격(13£가정)으로 환산시 1조 4천억원 이상의 가치를 가지며, 이는 석유환산 시 약 1,760만 TOE 절감에 해당되어 약 79억불[3]의 에너지 절감 효과가 있다고 할 수 있다(국토해양부 외, 2009).

특히 공동주택은 태양광, 친환경 신재생에너지를 활용한 제로에너지주택이 가능해 2009년 대비(105㎡, 27만원) 아파트 관리비는 2020년에 1/3에 불과하므로 기업들은 그린홈, 그린오피스 등의 녹색건축물 보급 사업을 통해 국내 녹색건축시장을 확대하고, 녹색건축물의 글로벌 모델 개발을 통해, 세계시장 진출을 확대하여 인도, 중국 등 아시아 신흥시장을 선점할 수 있도록 해야 할 것이다.

---

3 1 TOE = 7.41배럴, 1배럴 = 60$, 1$ = 1200₩ 가정

2. 과제

건축물 분야에서 저탄소 녹색성장에 대한 정부의 노력이 성공하기 위해서는 국민의 자발적 참여를 유도할 수 있는 다양한 정보제공과 지원책이 있어야 한다.

이를 위해 우선 일반 국민이 고효율 저에너지 건물의 실질적인 효과를 피부로 느낄 수 있도록 공공기관부터 에너지 효율을 높이기 위한 투자를 강화할 필요가 있다. 둘째, 우리나라는 전체 단독주택 중 단열규정이 적용되지 않았던 1980년 이전에 지어진 주택이 36%에 달한다. 주택에서 소비되는 50% 이상이 난방에 쓰이는 점을 고려하면 단열이 제대로 되지 않는 주택은 에너지 먹는 하마와 같다. 따라서 노후주택에의 개 · 보수를 적극 유도하기 위한 정책적 지원이 시급하다. 셋째, 건물의 에너지 효율성을 입증하기 위하여 정부에서는 2012년부터 에너지 소비증명서 발급을 의무적으로 할 계획인데 이를 인증할 전문인력 공급 등 인프라 구축이 시급하다.

또한 기업측면에서 보면 건물에서 발생하는 온실가스 감축은 새로운 거대시장이 열리는 효과가 있다. 건물 자체뿐 아니라 건물 내에서 사용되는 각종 가전기기, 건축자재, 스마트미터기, 홈에너지 관리시스템과 같은 새로운 제품을 필요로 하므로 기업은 새로운 시장을 개척할 수 있는 기술개발을 통해 경쟁력을 강화해야 한다(도은진, 2009).

탐구학습

1. 주요개념
- 그린홈
- 그린빌딩
- 패시스 하우스
- 액티브 하우스

2. 토론과 과제
- 녹색건축 관련법률 및 주요정책
- 선진국의 녹색건축 사례 및 시사점
- 녹색건축의 전망과 과제

참고문헌

권민철(2009), 녹색성장시대 에너지 이야기, 하이미디어피앤아이.
국토연구원(2009a), 녹색성장 개념정립과 국토분야 정책과제.
국토연구원(2009b), 녹색성장형 국토발전 전략연구(주거부문).
국토해양부 외(2009), 녹색도시 · 건축물 활성화 방안.
김형국(2011), 녹색성장 바로 알기, 녹색성장위원회, (주)나남.
녹색성장위원회(2009), 녹색성장 5개년 계획과 국가전략.
녹색성장위원회 외(2009), 녹색성장을 위한 저탄소 생활 기반구축 방안.
도은진(2009), 에너지먹는 하마 건물을 바꾸자, LGERI 리포트.
대한주택공사(2009), 미래를 여는 저탄소 녹색성장 이야기.
문화체육관광부(2008a), 녹색성장 대한민국의 그린오션전략.
문화체육관광부(2008b), 녹색부국으로 가는길.
매일경제 녹색성장팀(2009), 그린쇼크, 매일경제신문사.
미래기획위원회(2009), 녹색성장의 길, 중앙북스.
장현승 외(2009), 녹색 건설상품 진단 및 전망, 건설산업연구원.
삼성경제연구소(2009), SERI 보고서로 읽는 미래산업.
최석인 외(2009), 세계 녹색건설시장 동향과 시사점, 건설이슈포커스.
토지주택연구원(2010), 녹색의 나라 보금자리의 꿈, 한국토지주택공사.
http://www.greengrowth.go.kr(녹색성장위원회)
http://www.mltm.go.kr(국토해양부)

제4장

녹색농촌

제1절 | 녹색농촌의 의의

1. 배경

저탄소 녹색성장은 환경과 자원, 에너지 관련 문제의 해결없이는 지속적인 경제성장과 삶의 질 향상을 기대하기 어렵다는 시각에서 출발한다. 단기적인 성과보다는 근본적으로 경제의 체질을 개선하는데 초점을 맞춘 것으로 보인다. 따라서 각 부문별로 저탄소 녹색성장이 제대로 이루어지려면 새로운 정책과 기술개발, 시장구조 개편 등을 통해 환경을 각 산업발전의 원동력으로 활용하는 발상의 전환과 구체적인 실천전략이 마련되어야 한다(김창길, 2008).

기존의 농촌정책이 국토의 균형개발과 농촌공간의 경쟁력 확보 차원에서 강조되어 왔다. 최근 기후변화가 전 세계적인 공동문제가 되면서 농촌공간의 지속가능한 발전이 새로운 각도에서 조명되고 있다. 또한 농촌공간은 녹색성장을 선도할 수 있는 가능성을 내포한 공간으로 인식되면서, 농촌정책은 종래와는 질적으로 다른 광범위한 정책환경의 변화에 직면하고 있다. 새로운 농촌정책의 이념과 목표를 정립하고 이를 효과적으로 달성할 수 있는 전략과 수단을 창출해야 하는 시점이다(윤원근, 2009).

2. 개념

녹색농촌이란 농촌공간에서 지역 주민들이 자조적으로 녹색생활을 실천하고, 저탄소 녹색성장을 유도하는 공간적 · 실천적 단위를 말한다. 녹색농촌의 개념을 4가지 측면에서 규정해 보면, 우선 공간개발 측면에서는 환경친화적 농촌개발, 농업생산 측면에서는 자원순환형 농업시스템 구축, 자원이용 측면에서는 에너지 자립기반 구축, 그리고 녹색생활 측면에서는 마을공동체 육성을 의미한다. 이를 보다 구체적으로 살펴보면 다음과 같다.

첫째, 녹색농촌은 농촌지역의 자연경관, 전통문화, 농업자원 등의 부존자원을 활용하여 경제적으로 윤택해지는 환경친화적 농촌개발이다. 둘째, 녹색농촌은 농업자원의 사용량 감축과 농축산 부산물을 재활용하여 농업생태계가 선순환하는 자원순환형 농업시스템 구축이다. 셋째, 녹색농촌은 농촌지역에서 도입 가능한 가축분뇨 자원화, 목재펠릿보일러, 지열에너지 등 신재생에너지를 활용하여 에너지 자립기반을 구축하는 것이다. 넷째, 녹색농촌은 마을단위 공간에서 주민들이 녹색생활을 자발적으로 실천하고 지속가능한 녹색농촌을 조성하기 위한 마을공동체의 강화를 의미한다.

3. 중요성

저탄소 녹색성장은 한마디로 화석연료를 중심으로 한 지금까지의 경제성장을 반성하는 데에서 출발한다. 우리는 이제부터 미래세대의 지속가능한 발전을 위해서는 지구온난화, 생태환경의 파괴 문제를 걱정해야 하며, 나아가 화석연료의 고갈에 대비해야 한다. 연료사용의 최소화, 지구온난화 가스 배출 저감, 화석연료를 대체할 수 있는 신재생 에너지의 개발 등이 저탄소 녹색성장의 중심 과제가 된다. 이것은 단순히 농촌의 범위를 넘어서는 지구촌의 과제이다.

이제 녹색성장으로의 전환이 불가피한 상황에서 녹색농촌은 어떤 모습으로 위치하는 것이 좋은지 고민해야 한다. 적어도 생태적으로 건전하고 에너지 사용면에서 지구온난화 가스배출을 최소화하는 모습이 되어야 할 것이다. 과거 식량증산을 위해서 환경적인 문제를 도외시해 온 것은 더 이상 용납되기 어려우며, 녹색성장의 근간에 포함된 새로운 녹색혁명을 꿈꿔야하는 시대가 왔다. 왜냐하면 그것만이 세계적 녹색성장의 물결 속에서 녹색농촌이 나아가야 할 방향이기 때문이다(강창용, 2008).

제2절 | 녹색농촌의 주요내용

1. 녹색농촌 관련법률 및 주요내용

저탄소 녹색성장 기본법 제23조에서 녹색경제 · 녹색산업의 육성 · 지원을 위한 녹색산업의 신성장동력으로의 육성 · 지원에 관한 사항과 그 밖에 녹색경제 · 녹색산업의 촉진에 관한 사항, 제24조에서 자원순환의 촉진을 위한 에너지 자원으로 이용되는 목재, 식물, 농산물 등 바이오매스의 수집 · 활용과 자원순환 관련 기술개발 및 산업의 육성, 제55조에서 친환경 농림수산의 촉진 및 탄소흡수원 확충에 관한 사항, 제56조에서 생태관광의 촉진 등에 관한 사항이 있다.

농어업 · 농어촌 및 식품산업 기본법 제50조에서 농어촌지역산업의 진흥 및 개발에 관한 사항, 제51조에서 도시와 농어촌 간의 교류 활성화 등에 관한 사항, 도시와 농어촌 간의 교류촉진에 관한 법률 제6조에서 농어촌체험휴양마을사업의 육성 및 지원에 관한 사항, 임업 및 산촌 진흥촉진에 관한 법률 제23조의 산촌진흥 기본계획 등에 관한 사항, 습지보전법 시행령 제8조의 습지의 보전과 이용 · 관리에 관한 사항으로 생물다양성 유지와 습지복원사업 및 기타 습지보전을 위한 사업 등이 있다.

2. 녹색농촌 관련 주요정책

녹색농촌관련 주요정책으로는 환경부의 자연생태 우수마을조성사업이 2010년까지 100개소, 농림수산식품부의 농촌마을종합개발사업이 2017년까지 1,000권역, 녹색농촌체험마을조성사업이 2017년까지 850개소, 어촌마을종합개발사업이 2013년까지 225권역, 산림청의 산촌생태마을조성사업이 2013년까지 300개소를 목표로 추진되고 있다.

정부는 농림수산 분야의 녹색성장 구현을 위해 ① 미래 핵심기술 선점을 위한 저탄소 녹색기술 개발, ② 농식품산업을 저탄소 환경친화형 산업으로 육성, ③ 농어촌을 살기 좋은 녹색공간으로 조성, ④ 녹색 식생활 문화형성, ⑤ 능동적 기후변화 대응체계 구축 및 탄소흡수원 확충, ⑥ 저탄소 녹색성장을 위한 정책과 제도개선 등의 6대 분야에 30개 과제를 선정하여 추진 중에 있다(농림수산식품부, 2009).

3. 녹색농촌의 특징

농촌에서의 녹색성장은 농촌지역의 유무형 자원을 활용한 서비스 산업의 지속적인 발굴과 육성이 필요하다. 식품, 에너지, 문화, 관광 등의 영역에서 소비자의 수요가 확대될 것으로 전망되는 만큼 시대적인 수요에 부응하는 환경의 산업화, 음식의 산업화, 문화의 산업화, 축제의 산업화 등 농촌적 자원을 활용한 신사업화의 가능성을 충분히 발견할 수 있다. 미래의 녹색농촌은 전통적인 산업요소로 토지 및 노동력 공급의 원천에서 바이오산업, 생명공학, 관광산업, 문화산업 등이 이루어져 높은 부가가치를 창출하는 신 산업공간으로 변모될 가능성이 높다(한국농촌경제연구원, 2009b).

최근 들어 녹색농촌 부문에서도 인간적인 속도를 되찾자는 운동으로 느림의 철학 내지는 느림의 미학을 추구하는 슬로우 무브먼트(slow movement) 운동이 주목받고 있다. 또한 중앙정부에서 에너지절약 생활화와 온실가스 감축실천, 친환경농업 활성화 등 녹색성장을 위한 마을공동체를 형성하고 지역주민이 자발적으로 참여하는 제2의 새마을운동을 전개하고 있다. 이와 관련하여 마을유형별(도시형, 농촌형, 도농복합형, 산촌형, 어촌형) 에너지자립 녹색마을, 가축분뇨 에너지화, 농산바이오 에너지화, 산림바이오 에너지화 등의 자원순환형 녹색농촌 시스템 구축을 추진하고 있다.

제3절 | 녹색농촌의 사례

1. 호주 크리스탈 워터스

크리스탈 워터스는 호주 퀸스랜드주의 주도인 브리즈번에서 북서쪽으로 100㎞정도 떨어져 있으며, 퀸스랜드주 동북부 해안선인 선샤인 코스트를 끼고 올라가는 해변에서 그리 멀지 않은 곳에 위치해 있다. 마을의 총 면적은 259ha로서 약 78만평이다. 83가구에 총 220여명이 거주를 하며, 개인소유지가 14%, 마을회관과 관리사무소, 야영장과 같은 공유면적이 6%, 나머지 80%는 공동소유의 땅이며, 각자 쓰고 싶을 때 신청하여 연간 단위로 사용할 수가 있다. 이 마을에서는 무엇보다도 원천적으로 오염을 줄이기 위해 소비자체를 줄이는 생활을 한다.

또한 마을에 상하수도가 없고 빗물을 상수원으로 사용하며, 이를 위해 집집마다 지붕에는 빗물을 받기 위한 홈통이 설치되어 있다. 빗물을 물탱크에 모아 두었다가 식수로 쓰는데 저수량은 약 2만3천리터 정도로 4인 가족이 두 달 가까이 쓸 수 있는 양이다. 이곳의 하루 물 소비량은 가구당 5백리터가 자율적인 상한선으로 목욕이나 설거지에 사용하는 물은 마을을 끼고 흐르는 킬코이 계곡의 물을 끌어다 쓰며, 마을 뒷산에 세운 큰 물탱크에서 11개의 중간 수조를 거쳐 각 가정으로 분배된다. 이 중수는 사용 후 다시 정화조로 모아져 정수되면서 땅으로 스며들어 집 앞뜰과 텃밭에 심은 야채나 과실나무를 재배하는 데 쓰인다. 화장실은 거름화장실(composting toilet)이며, 수세식과 달리 대소변과 음식쓰레기, 폐지 등을 따로 버리지 않고 이것을 함께 썩혀서 퇴비를 만든다. 이곳의 에너지 소비 중 약 95%는 태양에너지이다. 집열판과 축전지, 변압기 등을 설치하지만, 태양열만으로 부족할 경우에는 난로와 취사용으로 프로판가스를 보조적으로 사용한다.

크리스탈 워터스는 마을규정을 마을규약으로 명문화하고 있고 규약준수 여부가 마을거주 자격이다. 이것을 어길 경우에는 주민합의를 거쳐 퇴거시키는 것을 원칙으로 하고 있으며, 주민들이 마을내규를 지키는지를 감시하는 역할을 맡은 레인저(ranger)가 있다. 마을조성 초기에는 지속가능한 농업으로 경제적인 자급자족 마을이었으나, 마을규칙을 잘 이해하지 못하는 신규입주자들이 많이 생겨나면서 구체적 기능 또한 약해져 지속가능한 농업의 비중이 낮아진 실정이다.

자료 : 새마갈노 웹사이트.

[그림 4.4.1] 호주 크리스탈 워터스

2. 독일 킬하세

독일의 킬하세(Kiel-Hassee)의 생태주거단지는 독일연방공화국의 가장 북쪽의 수도 킬(kiel)의 남부 도심으로부터 3km 떨어진 곳에 위치하고 있다. 현재 다양한 형태의 주택들이 자연과 조화를 이루며, 12,000㎡에 21가구의 가정집과 공동체를 위한 공간, 3개의 사무실이 있다. 주거단지는 단지내의 교목, 관목 숲 그리고 습지와 둔덕을 보존하는 것은 물론, 가능한 한 인접지를 원형 그대로 유지하려고 노력했다. 주생활, 레크레이션, 일, 그리고 학교생활 등을 한 곳에서 자유롭게 할 수 있는 주거환경을 조성하고자 건축가들이 조성한 계획적인 주거단지이다.

또한 마을은 자연적인 생물서식공간 개념에 근거하며, 주거단지의 물순환체계의 일부인 빗물 처리시설은 생태학적 사이클을 형성하는 주된 도구이다. 에너지가 절약되는 주거단지는 개방된 배수로를 통해 우수를 흘려 증발을 돕고 또 천연 연못에 빗물이 고이도록 하고 있다. 자갈과 바위 그리고 화강암으로 조성된 배수로 외에 다른 우수 처리시설은 필요가 없다. 자연발효식 화장실은 한 사람이 매일 사용하던 물의 양을 140리터에서 거의 50리터까지 감소시키게 한다. 세대마다 샤워기에 특수꼭지를 부착시켜 물을 절약하고 생활하수는 주거단지내의 생물을 이용한 정화시설에서 모래와 식물의 뿌리로 정화시키고 있다. 정화된 물은 기존의 하수관거가 아닌 다른 유출구를 통해 하천으로 방류되고 자연발효식 화장실은 유지관리가 필요 없고 위생적이다.

주거단지의 전기 생산방식은 열-동력 연계에 근거한 소형 열병합발전 시스템처럼 중앙집중식 에너지체계로 고효율 보일러에 연결된 천연가스로 두 개의 모터가 작동을 하여 주생활에 필요한 전기를 생산하고 이 과정에서 발생하는 폐열로 온수와 난방열을 공급하고 있다. 태양열 이용은 보편화되어 있고 집안 중앙에 따뜻한 거실이 있으며, 그 주위에 열적 위계에 따라 다른 방들이 분포되어 실내 열손실을 최소화하고 있다.

3. 진안군 마을특화 사업

전형적인 농촌지역인 진안군은 지난 10여년간에 걸친 노력으로 읍·면들을 그 특성에 따라 산촌생태마을, 장수마을, 녹색체험마을, 전통테마마을, 팜스테이마을, 청정 농산물 테마파크, 맛체험마을 등으로 특화하였다. 각 마을은 그 특성을 살리기 위해 천문대, 농산물 가공공장, 펜션단지, 관광코스 개발, 폐교를 이용한 농촌수련원, 지역의 에너지 발전소 등을 설립하여 운영해 오고 있다. 또한 군청은 지역농산물 판매소를 진안읍에 개설하였으며, 동시에 군민들의 창업을 지원하기 위한 기구도 설립하고 상호 정보교환을 할 수 있는 장소도 제공하였다.

그 결과는 일자리 창출과 지역경제에 긍정적으로 작용하게 되었으며, 이러한 변화는 귀농인들과 외부 유입인구의 증가에서 잘 파악된다. 1977년 군민 9만1천여 명을 정점으로 2006년 2만7천4백여 명에 이르기까지 지속적으로 감소했으나, 2007년에는 3만여명으로 증가하기 시작했다. 그러나 농촌지역에서 인구증가는 좀처럼 찾아보기 힘든 것이 사실이다.

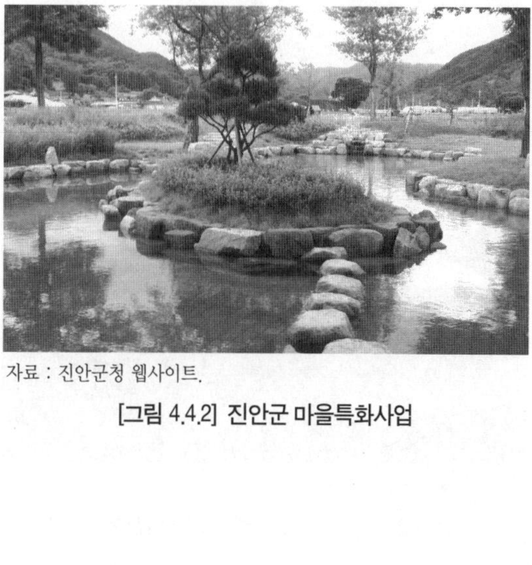

자료 : 진안군청 웹사이트.

[그림 4.4.2] 진안군 마을특화사업

4. 부안군 등용마을

부안군 등용마을은 30가구 60여명이 모여 사는 매우 작은 마을이다. 전형적인 농촌마을이지만 2005년 생명평화마중물 교육관을 설립하고 에너지 자립, 올바른 먹을거리 생산, 생태를 주제로 하는 대안교육 실시 등을 이 마을의 발전 목표로 설정했다. 이의 실천을 위해 우선 시민발전소를 건립하여 태양광 발전소 4기의 태양광 집열판을 설치하여 한전에 판매하고 있으며, 안전한 먹을거리 생산을 위해 2005년부터 제초제 대신 우렁이를 방사하여 유기농업을 시작했다. 이 외에도 태양열을 이용한 난방, 지열을 이용한 농사, 풍력발전, 태양광 조리기와 자전거 자가발전 등을 통해 에너지 자립마을을 실천해 나가고 있다.

이러한 노력의 결과로서 등용마을은 에너지 자립마을로 전국적으로 알려지게 되었고 전국에서 많은 사람들이 이 마을로 견학을 오고 있다. 이 마을에서는 전기 생산뿐만 아니라 유기농산물의 직거래를 통해 부가적인 수익을 올리고 있으며, 지열과 태양열을 이용한 농법으로 제초제와 농약 등을 사용하지 않게 됨으로써 주민들의 건강과 함께 농가 소득도 증대되는 효과를 얻고 있다. 이 외에도 홍천의 패시브 하우스 단지, 생태주거단지가 있는 서천의 산너울 마을 등의 많은 마을들이 마을 만들기를 통한 녹색성장을 추진해 나가고 있다.

자료 : 환경운동연합 웹사이트.

[그림 4.4.3] 등용마을 태양광발전소

5. 시사점

호주의 크리스탈 워터스와 독일 킬하세 등 해외의 녹색농촌 마을은 자연생태, 물리환경, 생활환경, 생산분야의 다양한 기술들을 충분하게 활용하고 자연상태를 그대로 유지하면서 지역내의 산림자원을 복원하고 마을내의 녹지를 창출하고 있다. 물을 절약하기 위해 우수를 적극적으로 활용하고, 주택은 다양한 친환경 건축소재를 사용하며, 도로포장 또한 빗물이 잘 스며드는 자갈이나 포장블록을 사용하여 자연환경을 유지시키고 주택의 지붕을 녹화시키는 등의 다양한 기술을 개발하여 적극적으로 활용하고 있다.

우리나라의 농촌지역은 인구유출로 인한 과소화, 고령화로 인한 노동인력 부족, 미래세대 성장동력의 고갈이라는 문제를 공통적으로 가지고 있다. 그러나 아직까지 초기단계에 불과하지만 진안군의 마을특화를 통한 인구유입 및 일자리창출 사례와 농촌에너지 자립마을인 부안군 등용마을의 사례처럼, 이제 우리농촌도 자연경관, 문화자원, 농업자원 등의 지역자원을 최대한 활용하고 지역주민과 지자체가 협력한다면 녹색농촌의 성공모델로 발전할 것이다.

제4절 | 녹색농촌의 전망과 과제

1. 전망

녹색농촌 부문의 녹색성장은 과거의 거대한 산업단지 조성이나 대규모 건설사업을 통한 고용효과와 비교하면, 아주 작은 규모지만 노동의 질을 제고하고 우리 사회의 새로운 발전방향에 대한 대안을 실현하는 중요한 성장 동력이 될 것이다. 녹색농촌의 녹색산업은 미미하고 소규모지만 전국적인 일자리가 창출되는 의미있는 발전전략이 될 것이다.

또한 녹색성장이 농촌마을 단위에서 효과적으로 추진되기 위해서는 우선 마을지도자의 의지, 주민들의 관심과 참여, 외부 전문가들의 지원이 필수적이며, 보다 거시적인 차원으로는 중앙정부의 정책지원과 지속적인 배려가 중요하다. 특히 발전차액 지원제도 등의 확대 실시는 이러한 농촌마을 단위에서 녹색성장의 성공여부를 가늠하는 핵심적인 변수가 될 수 있을 것이다(차명제, 2009).

2. 과제

지속가능한 녹색농촌을 구현하기 위해서는 농림수산 부문의 녹색 원천기술은 무엇인지, 상용화의 가능성은 얼마나 되는지, 농림수산 부문에서 발생하는 온실가스의 배출량과 배출원에 대한 체계적이고 과학적인 자료구축이 필요하다. 특히, 녹색기술과 관련하여 적용가능한 녹색기술과 추가적인 연구가 필요한 녹색기술을 구분하고 이를 토대로 실용화하는 정책수립과 R&D 투자를 위한 우선순위 결정과 재원마련도 필요하다.

장기적인 차원에서 녹색농촌 부문의 녹색성장을 추진하기 위해서는 우선적으로 강력한 정부조직이 필요하다. 기존조직을 개편하여 농림수산 전 분야에 걸쳐 녹색성장을 위한 강력한 추진체계가 필요하며, 녹색농촌 부문에서의 거버넌스 구축이 바람직하다. 그리고 계획하고 있는 정책과 사업들을 성공적으로 수행하기 위한 안정적인 재원조달 방안마련과 아울러 선도사업에 대해 집중적으로 지원하는 선택과 집중이 필요하다(한국농촌경제연구원, 2009a).

탐구학습

1. 주요개념
- 지속가능한 녹색농촌
- 슬로우 무브먼트 운동
- 녹색성장사회의 제2의 새마을 운동

2. 토론과 과제
- 저탄소 녹색농촌의 필요성
- 자원순환형 농촌시스템과 에너지자립형 농촌마을
- 우리나라 녹색농촌의 바람직한 발전방향

참고문헌

강창용(2009), 한국농자재신문 기고문.
김임순(2009), 저탄소 녹색성장 : 기후변화를 중심으로, 도서출판 북힐스.
김창길(2008), KREI 논단, 한국농촌경제연구원.
녹색성장원회(2009), 녹색성장 5개년계획(2009~2013).
농림수산식품부(2009), 저탄소 녹색성장대책 추진계획(안).
윤원근(2009), "녹색성장시대의 새로운 농촌발전정책의 정립", 한국지역개발학회지, 제21권 제3호, 한국지역개발학회.
차명제(2009), "지자체 생존전략 녹색성장으로 푼다", 지방행정, 제53권 제663호, 대한지방행정공제회.
한국농촌경제연구원(2009a), 농업전망 2009(Ⅰ).
한국농촌경제연구원(2009b), 신농업 비전과 전략 2009.
http://kfem.or.kr(환경운동연합)
http://likms.assembly.go.kr(국회법률지식정보시스템)
http://www.eswn.kr(새마갈노)
http://www.greengrowth.go.kr(녹색성장위원회)
http://www.jinan.go.kr(진안군청)

제5편

순환형 자원시스템의 구축

제1장 | 수자원
제2장 | 녹색산림
제3장 | 청정해양
제4장 | 녹색에너지
제5장 | 도시광산

본 편에서는 사회 및 경제 발전에 활용되는 다양한 자원에 저탄소 녹색성장의 개념을 접목하기 위한 수단과 전략을 살펴보기로 한다.
이를 위하여 수자원, 녹색산림, 청정해양, 녹색에너지, 그리고 도시광산 등에 대하여 중점적으로 검토한다.

제1장

수자원

제1절 | 수자원의 의의

1. 저탄소 녹색성장의 배경

인간은 오랜 역사를 통해 자원을 이용하여 생활해 왔는데, 이러한 자원의 내용은 사회적, 경제적, 기술적 발전에 따라 변화해 왔다. 특히 인구의 증가와 집중, 산업화와 경제성장, 기술의 발전 등에 따라 자원의 이용은 급증하고 있으며, 필요한 자원의 종류도 매우 다양해지고 있다. 이러한 수 많은 자원 중에서 물은 모든 생명체의 근원이 되는 절대자원으로서 생명체의 성장에 필수적일 뿐만 아니라 일반 재화의 생산에도 없어서는 안 될 중요한 원료이다. 인간의 생존과 생활을 위해서 물은 필요한 때에, 필요한 곳에서, 필요한 양만큼, 원하는 수질로 공급되어야 한다(윤양수 외, 1998). 최근 이상강우와 기후변화 등으로 인해 대체불가능한 물의 중요성이 더욱 커지고 있고, 물의 합리적 관리를 위한 다양한 논의와 노력이 필요하게 되었다.

2. 개념

넓은 의미로 자원은 인간의 물질적, 정신적 욕망을 충족시키거나 생활을 유지 향상시키기 위한 원천이라고 정의할 수 있고, 경제학에서는 인간에게 쓸모가 있는 물건을 뜻하는 재화와 그 재화의 생산과 소비에 필요한 인간의 행위를 통칭하여 자원이라 한다. 따라서 수자원이란 자원으로서 이용가능한 물을 의미한다. 수자원은 불확실한 가운데 순환하는 대체불가능자원이며, 기상조건에 따라 그 양이 크게 좌우된다.

이러한 수자원을 이용용도별로 구분하면 생활용수, 공업용수, 농업용수, 유지용수 등으로 구분할 수 있다. 생활용수는 음용, 취사, 세탁, 목욕 등 인간의 생활유지에 소요되는 용수라 할 수 있고, 공업용수는 공장에서 소요되는 제조용수를 의미하고, 농업용수는 각종 농작물의 재배에 사용되는 용수를 말한다. 그리고 유지용수는 하천의 흐름을 유지하고 생물이 서식할 수 있도록 하천기능을 유지하게 하는 용수를 말한다. 즉 하천의 수질오염을 방지하고, 해수의 역류에 의한 염해를 방지하며, 자연생태계를 유지하기 위한 최소한의 유지유량이 유지용수이다. 이외에도 도시 내 살수, 소방, 청소 등 기타 잡용수라는 개념으로서 도시용수를 별도로 분류하기도 한다. 최근에는 한번 쓰고 난 물을 간단히 처리하여 다시 사용하는 중수도의 개념이 도입되는 등 인간생활과 관련되어 수자원의 기능과 분류는 점점 더 복잡해지고 있다(윤양수 외, 1998).

3. 중요성

지구상의 모든 동물과 식물 등 생명체는 물 없이 생존할 수 없고, 인간 또한 생존과 생활을 위해 물을 활용하고 있다. 인간은 물을 마시고, 물로 씻으며, 농업 및 공업에 사용한다. 그리고 물을 교통, 관광, 휴양 등의 목적으로 이용한다. 이처럼 지구상의 모든 생명체와 인간 삶의 본질이 물에서 기인하고 있지만, 수자원에 대한 관심과 관리의 부족 등으로 인하여 홍수와 가뭄 등의 피해가 반복되고 있다.

우리나라도 수자원을 개발 및 관리하기 위하여 많은 사업을 지속적으로 시행하여 왔다. 과거 경제성장이 주도적 이슈가 되었던 80년대 이전까지만 하여도 하천 본류상의 대형 다목적댐 건설과 이를 중심으로 한 광역상수도 시설개발이 수자원 개발의 전형적인 대상이었다(강부식 외, 2009). 그리고 하천관리 측면에서는 대부분 제방축조 또는 제방보강 등 제방관리 위주로 되어왔다(지홍기, 2009).

그러나 녹색성장시대에 수자원에 주목해야 하는 이유는 기존의 중앙정부 주도적 수자원 인프라 개발이 현재의 사회적 수요와 요구에 적절히 대응하지 못하는 한계에 부딪혔기 때문이다. 또한 기존의 치수정책이 기후변화 등의 물리적 변화요인과 사회경제적 환경변화에 적절히 대응하는데 한계를 보이고 있는바, 수자원 개발 및 관리에 있어 새로운 패러다임으로 강력히 요구되기 때문이다(강부식 외, 2009).

제2절 | 수자원의 주요내용

1. 수자원의 현황

우리나라의 연평균(1974~2003) 수자원총량은 [그림 5.1.1]과 같이 1,240억㎥에 달한다. 그러나 이 중에서 517억㎥(42%)는 증발 및 지하침투 등으로 손실되고, 386억㎥(31%)는 바다로 유실되며, 나머지 337억㎥(27%)만 이용하고 있는 실정이다. 이를 공급원별로 살펴보면 댐에 의한 공급량(177억㎥)이 총 이용량의 52.5%를 차지하고, 자연상태의 하천 취수량(123억㎥)이 36.5%, 지하수 이용량(37억㎥)이 11.0%를 차지한다.

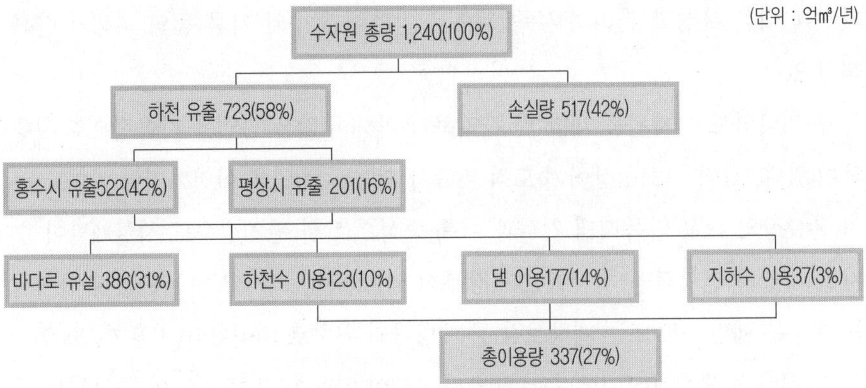

주 : 1. 지하수 이용은 제주도 지하염수 이용량 1,472백만㎥이 제외된 수량임.
2. 수자원총량은 남한의 연평균강수량과 국토면적을 곱한 수량임.
3. 하천유출량은 화천댐 상류의 북한지역 유입량 434백만㎥과 임진강의 북한유역에서 유입되는 역외유입량 1,700백만㎥이 포함된 수량임.

자료 : 국토해양부(2006), 수자원장기종합계획(2006-2020)보고서.

[그림 5.1.1] 수자원의 총량

2. 수자원의 특징

1) 수자원이용량의 저조

우리나라 수자원 이용의 특징을 살펴보면 우선 연평균(1974~2003) 유출량이 수자원총량의 58%(723억㎥)에 해당하여 큰 편이고, 홍수기인 6월~9월의 유

표 5.1.1 수자원의 이용현황

(단위 : 억㎥, %)

구분		1980년	1990년	2003년
– 수자원 총량		1,140	1,267	1,240
– 총 이용량		153	249	337
– 내용	· 생활용수	19(12.4)	42(16.9)	76(22.6)
	· 공업용수	7(4.6)	24(9.6)	26(7.7)
	· 농업용수	102(66.7)	147(59.0)	160(47.5)
	· 유지용수	25(16.3)	36(14.5)	75(22.2)

자료 : 국토해양부(2006), 수자원장기종합계획(2006-2020)보고서.

출량이 총유출량의 72.2%(522억㎥)를 차지하고 있으며, 계절적으로 여름에 집중되어 있다. 이는 우리나라 하천의 유역이 비교적 작고, 유역경사가 급하며, 유로연장이 짧기 때문이다. 즉 우리나라 하천의 이러한 특징으로 인해 집중호우에 의해 일시에 발생하는 대규모 유량이 하천을 통해 그대로 방출된다.

2) 지역별 · 계절별 · 연도별 큰 편차의 강수량

우리나라의 연평균(1974~2003) 강수량은 1,245㎜로서 세계의 연평균 강수량 880㎜의 1.4배에 해당하는 양이지만, 1인당 강수총량은 약 2,591㎥로 세계의 1인당 강수총량 약 19,635㎥의 13%에 불과하다. 이는 우리나라 강수량이 지역별, 계절별, 연도별로 큰 편차를 갖고 있기 때문이다. 우선 지역별로 볼 때, 남해안 지역과 대관령 주변지역은 1,400㎜ 이상의 강수량을 기록하고 있지만, 낙동강 중부지역과 휴전선 주변지역은 1,100㎜ 이하이다. 그리고 계절적 측면에서 볼 때, 강수량의 약 3분의 2가 6월~9월의 홍수기에 집중되어 있다. 연도별로 보면, 최저 754㎜(1939년)에서 최고 1,792㎜(2003년)까지 그 변화폭이 크고 극심한 가뭄과 홍수가 빈발하였다.

한편 기후변화 등의 영향으로 최근 10년간(1999~2008년) 1일 100㎜ 이상의 집중호우가 발생한 빈도는 연평균 97회로 1970~1980년의 연평균 68회에 비해

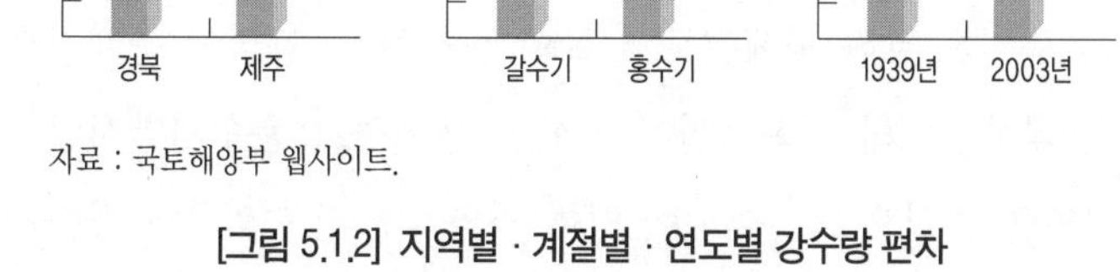

자료 : 국토해양부 웹사이트.

[그림 5.1.2] 지역별 · 계절별 · 연도별 강수량 편차

1.4배 증가하였다. 또한 연간 홍수피해액이 1970년대 1,700억원, 1980년대, 1990년대 4,600억원 수준이었으나, 최근 2002~2006년에는 2.7조원으로 급증하였다(국토해양부, 2009a).

3. 수자원의 기능과 문제

1) 수자원의 기능

수자원의 기능을 구분하면 크게 이수기능, 치수기능 및 환경기능으로 구분할 수 있다. 이수기능은 각종 용수의 공급, 내륙수운, 수력발전, 어업, 골재채취 등이 포함되고, 치수기능에는 홍수조절, 지하수의 함양 및 배제, 하수 · 폐수의 배제 등이 있다. 한편 환경기능에는 수질보전, 친수공간 등이 있다(윤양수 외, 1998).

2) 수자원의 문제

수자원의 문제는 크게 수량문제와 수질문제로 구분할 수 있다. 수량문제는 다시 수량의 과잉과 부족으로 세분할 수 있으므로 결국 3가지로 구분할 수 있다. 첫째, 수자원의 과잉을 들 수 있다. 우리나라는 전 국토가 몇 개의 큰 유역으로 이루어져 있으며, 강우량은 계절적 · 지역적으로 심한 불균형을 이룬다. 또한 지형상 유로연장이 짧고 하상경사가 급해 단기간 내에 많은 양의 홍수가 발생하는 특징이 있다. 둘째, 수자원의 부족이다. 강수량의 부족, 수자원의 낭비 등의 원인에서 나타난다. 셋째, 수질문제, 즉 수자원의 오염을 들 수 있다. 산업화 · 도시화는 수자원의 심각한 오염을 초래하고 있다(윤양수 외, 1998).

수자원의 문제를 보다 구체적으로 살펴보면 첫째, 양적인 문제점으로서 다목적 댐과 광역상수도의 지속적인 건설에도 불구하고 용수개발시설이 주요하천의 본류지역을 중심으로 건설되어 있어 지역적인 용수의 불균형문제가 발생하고 있다. 둘째, 질적인 문제점으로서 생활하수 및 공장폐수량은 급격히 증가하고 있으나 하수처리율은 42%에 불과하다. 더욱이 축산폐수의 방류는 하천수질 오염을 날로 심화시키고 있다. 이처럼 낮은 하수처리율과 고도 정수처리시설의 미비, 수도관의 노후화 등으로 국민들이 수돗물을 불신하게 되어 수돗물에 대한 신뢰회복이 중요한 정책현안이다. 셋째, 홍수피해의 문제로서 우리나라의 하천 개수율은 60.4%에 불과하고, 도시지역의 배수시설의 미흡과 도시화에 따른 토지이용의 증대로 인하여 하천연변의 침수피해가 증가되고 있다. 넷째, 비현실적인 용수단가의 문제점으로서 현행 수돗물은 물가안정을 이유로 지나치게 낮게 책정되어 있어 물의 낭비를 유발할 뿐만 아니라, 재정적자의 요인이 되고 있어 투자재원확보에 어려움이 큰 실정이다(이성근, 2008).

4. 주요법률과 정책사업

1) 주요법률

국무총리실의 녹색성장정책과에서 시행하고 있는 저탄소 녹색성장 기본법 제52조는 기후변화대응을 위한 수자원의 관리에 대하여 규정하고 있다. 정부는 기후변화로 인한 가뭄 등 자연재해와 물 부족 및 수질악화와 수생태계 변화에 효과적으로 대응하고 모든 국민이 물의 혜택을 고루 누릴 수 있도록 하기 위하여 ① 깨끗하고 안전한 먹는 물 공급과 가뭄 등에 대비한 안정적인 수자원의 확보, ② 수생태계의 보전 · 관리와 수질개선, ③ 물 절약 등 수요관리, 빗물 이용 · 하수 재이용 등 순환 체계의 정비 및 수해의 예방, ④ 자연친화적인 하천의 보전 · 복원, ⑤ 수질오염 예방 · 처리를 위한 기술 개발 및 관련 서비스 제공 등의 사항을 포함하는 시책을 수립 · 시행하도록 하고 있다. 구체적으로 수자원과 관련된 주요법률은 표 5.1.2와 같이 우리나라는 수자원 관리주체가 분산되어 있어 관련법률과 정책을 다양한 부처에서 관할하고 있다.

표 5.1.2 수자원관리의 내용

구분	관련부처	관련법률	관련계획	주요내용	
				수자원관리	수자원개발
수량	국토해양부	하천법 댐건설지원법 지하수법 공유수면관리법 한국수자원공사법	하천기본계획 유역종합치수계획 수자원장기 종합계획 댐건설장기계획	국가하천관리 홍수관리 다목적댐관리	다목적댐건설 내륙주운 광역상수도건설 하천정비사업
	농림수산식품부	농어촌정비법 농어촌발전촉진법	농어촌용수계획	관개용수 하구둑(농업용)	저수지건설 간척지담수호 지하수개발 (농업용)
	지식경제부	전원개발특례법	전원개발계획	발전용댐관리	발전용댐건설
	행정안전부	소하천정비법 온천법 자연재해대책법	소하천정비계획 방재기본계획	소하천관리 온천수관리 풍수해(방재청)	지방상수도건설 소하천정비사업
수질	환경부	환경정책기본법 수질 및 수생태계 보전법 4대강특별법 수도법 하수도법 먹는물관리법 오수분뇨처리법	물환경관리 기본계획	수질규제 음용수관리	하천정화사업

주 : 4대강 특별법은 「한강수계 상수원수질개선 및 주민지원 등에 관한 법률」과 「낙동강(또는 금강 · 영산강 · 섬진강)수계 물관리 및 주민지원 등에 관한 법률」의 4개 법률을 말함.

2) 주요 정책사업

수자원과 관련된 시설은 건설에 장기간이 소요되며 지속적인 유지관리가 필요하므로, 기후변화에 대응하기 위해서는 기존의 수자원 관리에 대한 정책을 체계적으로 개편하여야 한다. 정부는 2009년 1월 6일 경제위기를 조기에 극복하기 위해 내수경기 진작효과가 높은 9개 핵심사업을 '녹색뉴딜사업'으로 선정하였는데, 이중 수자원 관련 분야는 대표적인 녹색뉴딜사업인[1] 4대강 살리기와

1 녹색뉴딜(Green New Deal)사업은 2008년 9월 영국의 NEF(New Economics Foundation)보고서

대체 수자원확보 및 친환경 중소댐 건설이 해당한다(송동수, 2009). 다음에서는 일반적인 수자원과 관련된 주요 정책사업에 대하여 살펴보기로 한다.

(1) 하천정비

하천정비사업은 홍수피해를 방지하고 부수적으로 물 부족문제를 감소시키기 위해 실시한다. 최근 국민의 삶의 수준과 환경의식의 향상에 따라 기존 치수위주의 하천정비방식에서 벗어나 하천의 생태를 보존하고 하천을 주민의 휴식 친수공간으로 조성하는 생태하천으로의 정비방식이 일반화되고 있다. 정부의 4대강 살리기사업이 대표적인 사례이다.

(2) 용수수요관리

이는 각종 용수의 절약과 손실량의 최소화를 유도하는 것이다. 이를 위해 수도요금의 현실화, 노후관로의 교체, 중수도제도 활성화, 물절약 의식 고취 등의 정책을 시행하고 있다.

(3) 상 · 하수도시설 확충

상수도는 국민생활과 생산활동에 필수적인 공공시설로서 최우선적으로 확충하여야 한다. 기존 노후관로의 교체 등을 통한 유수율 제고도 필요하다. 한편 하수도의 기능은 도시의 우수배제(雨水排除)와 하수처리이다. 하수도시설 확충을 통해 하천수질의 보전을 도모하고 있다.

에 사용된 이래 UN 및 각국에서 널리 쓰이는 단어로 지속가능한 새로운 방식을 활용하여 경기를 부양하자는 개념이다. 우리나라는 저탄소, 친환경 에너지 정책을 통해 미래 성장 동력을 확보하고, 95만개에 이르는 일자리를 확보하는 것을 목표로 한다. 9개의 핵심사업과 27개의 연계사업 등 36개 사업으로 구성되어, 오는 2012년까지 핵심사업에 39조원, 연계사업에 11조원 등 총 50조원의 재정이 투입될 예정이다. 정부는 핵심사업에서 69만개의 일자리가 창출될 것으로 추정하고 있다. 9개 핵심사업으로는 ① 4대강 살리기 및 주변 정비사업, ② 녹색교통망 구축, ③ 녹색국가정보 인프라 구축, ④ 대체수자원 확보 및 친환경 중소댐 건설, ⑤ 그린카 및 청정에너지 보급, ⑥ 자원재활용 확대, ⑦ 산림 바이오매스 이용의 활성화, ⑧ 에너지 절약형 그린홈 · 오피스 및 그린스쿨 확대, ⑨ 쾌적한 녹색생활공간 조성 등이 있다.

제3절 | 수자원의 사례

수자원의 사례로서 아프리카국가인 리비아의 수자원확보를 위한 대수로 공사, 정부의 녹색성장정책과 관련하여 주요 수자원 관리사업으로 꼽히고 있는 4대강 살리기 사업 및 경인운하사업에 대하여 살펴보기로 한다.

1. 리비아 대수로 공사

리비아는 경작가능 면적이 전국토의 1.4%에 불과하고, 농업용수의 부족으로 관개용지는 0.1%에 불과하여 절대적으로 부족하였고, 석유생산이 주 수입원이나 석유고갈 및 대체에너지 개발에 대비하여 국토의 90% 이상인 사막을 옥토로 바꾸어 경작지를 확보할 필요가 있었다. 따라서 녹색혁명의 일환으로 대수로 공사를 추진하였으며, 공식명칭은 'Great Man-Made River(GMR)' 이다. 대수로 공사는 남부 사하라 사막의 지하수를 끌어올려 북부 지중해안 도시들에 공급하기 위해 건설되는 수로로서 콘크리트송수관(지름 4m, 길이 7.5m, 총길이 4,264㎞)을 지하에 매설하여 사막을 가로질러 하루 650만톤의 물을 공급하는 방안이다. 1단계 : 1984~1991년(1,895㎞), 2단계 : 1992~2005년(1,729㎞),

자료 : Green Prophet 웹사이트.

[그림 5.1.3] 리비아 대수로

3~5단계 : 2006년 이후(1,720㎞) 등으로 구분하여 시행하였고, 공사착공 후에는 GMR Tax를 신설하여 전 국민으로부터 재원을 확보하였다. 이 사업으로 인하여 국가적인 물부족을 해결하고 대규모의 경작지를 확보하는 동시에 국가발전의 원동력으로 활용하는 등 엄청난 효과를 거두고 있다.

2. 4대강 살리기 사업

4대강 살리기 사업은 물 확보와 홍수조절 등의 목적으로 4대강(한강, 낙동강, 금강, 영산강)에 대해 이명박 정부가 시행하는 대표적인 사업이다. 하천의 관리는 국가경영의 기본이며, 홍수 및 가뭄에 대한 근원적인 대책 마련이 절실히 요구되고 있다. 또한 국민의 삶의 질 향상을 위해 하천공간을 여가 문화공간으로 활용하고, 침체된 실물경기 회복을 통해 지역경제 활성화를 도모하고자 추진되었다.

4대강 살리기 사업은 그 내용상 단순히 하천정비사업이 아니라 4대강과 그 주변지역의 관련사업을 모두 포함하는 종합사업의 성격을 지니고 있다. 관련사업의 내용으로는 ① 하천정비사업(하천법에 따른 유역종합치수계획, 하천기본계획), ② 댐건설사업(댐건설 및 주변지역 지원 등에 관한 법률에 따른 댐건설장기계획), ③ 농업용저수지 증고(농어촌정비법에 따른 농업기반정비사업 기본계획 및 시행계획), ④ 농어촌개발사업(농어촌정비법에 따른 생활환경정비사업 개발계획 및 시행계획), ⑤ 수질개선사업(수질 및 수생태계 보전에 관한 법률에 따

표 5.1.3 4대강사업의 개요

관련부처	관련법률	사업
국토해양부	– 하천법	· 하천정비사업
	– 댐건설 및 주변지역 지원법	· 댐건설사업
농림수산식품부	– 농어촌정비법	· 농업용저수지 증고사업
		· 농어촌개발사업
환경부	– 수질 및 수생태계보전에 관한 법률	· 수질개선사업
문화관광체육부	– 관광진흥법	· 문화관광자원개발사업

른 수질오염물질의 총량관리, 비점오염원 관리, 수질 및 수생태계 보전계획), ⑥ 문화관광자원개발사업(관광진흥법에 따른 관광개발기본계획) 등을 들 수 있다.

4대강 살리기 사업은 2008년에 착수하여 2012년 완공예정으로, 공간적 범위로는 4대강(한강, 낙동강, 금강, 영산강), 섬진강 본류 및 주요지류 국가하천을 대상으로 하고 있다.

4대강 살리기는 다목적 녹색뉴딜사업으로 평가되는데, 사업에 따른 기대효과는 다음과 같다. 첫째, 지구온난화 등으로 홍수 및 가뭄 피해가 빈발함에 따라 근원적인 대책 마련이 필요하다. 홍수 피해 규모는 증가하고 있는 반면, 치수사업에 대한 사전 예방투자 부족으로 사후복구에 과다한 비용이 지출되는 악순환이 반복되고 있는 실정이다.[2] 또한 물부족 국가인 우리나라는 2011년 약 8억㎥의 물 부족이 예상됨에도 불구하고 수자원확보를 위한 다목적댐건설은 지역주민 등의 반대로 추진이 어려워 가뭄때마다 제한급수 등 피해가 발생하고 있다. 이러한 문제를 근원적으로 해결하는 사업이 4대강 살리기 사업이다. 둘째, 하천정비로 인하여 수질이 개선되고 하천복원으로 인하여 건전한 수생태계의 조성이 기대된다. 셋째, 하천을 이용한 다양한 수상레저, 문화활동 공간 및 프로그램의 개발을 가능하게 함으로서 여가문화 수준 및 삶의 질 향상에 부응할 수 있다. 넷째, 관광, 레저산업을 육성하는 등 지역경제기반 창출을 통한 지역 경제의 활성화를 견인할 것으로 기대된다. 다섯째, 최근 글로벌 경제위기로 인한 실물경기 침체를 조기에 회복하기 위해서 하천정비 등 SOC사업에 대한 투자를 확대하여 새로운 일자리를 창출하고 내수 진작을 도모할 수 있을 것이다(국토해양부, 2009a). 4대강 살리기 사업은 수해방지나 수자원 확보 등 전통적 가치 외에 국토의 문화적, 미적 가치와 미래경쟁력을 높이는 사업으로 평가되며, 나아가 수자원 관리측면에서의 글로벌리더로서 국가위상을 제고하게 될 것이다(삼성경제연구소, 2009).

---

2 치수사업 투자(국가지방하천정비)는 2001년부터 8년간 동결되었는데 0.3조(1998년)→0.7조(1999년)→1.0조(2001년)→1.1조(2008년) 정도이다. 반면 최근 5년간 평균 복구비용(4.2조)이 사전예방투자비(1.1조)의 4배이다. 일본은 이와 반대로 사전예방투자비가 복구비의 4배이다.

자료 : 4대강 살리기 추진본부 웹사이트.

[그림 5.1.4] 4대강 사업 조감도

3. 경인운하 사업

경인운하 사업은 강과 바닷길을 이어 물류 · 관광의 새지평을 여는 대역사로 1996년 이후 거듭된 난항을 극복하고 최근 서울시 한강르네상스계획과 연계하여 본격적으로 추진되고 있다. 경인운하 사업은 기조성된 굴포천 방수로 14.2㎞를 활용하고 한강쪽으로 3.8㎞를 추가하여 총 18㎞의 주운수로를 건설하는 사업으로, 주운수로 양쪽 끝단에 인천터미널(약 280만㎡) 및 김포터미널(약 200만㎡)을 조성하는 것을 그 내용으로 한다. 터미널 내에는 화물창고, 유통 · 분류 · 조립 · 가공시설 등 배후단지가 조성되고, 인천터미널과 김포터미널을 연결하는 15.6㎞의 제방도로가 건설된다. 경인운하 사업은 사업계획보완(2008. 8), KDI 재검증 등을 거쳐 국가정책조정회의에서 사업추진이 결정되었으며(2008. 12), 경제상황을 감안하여 민자에서 공기업(수공) 직접 시행방식으로 변경되었다(2008. 12). 2009년 3월 착공에 들어갔고, 2011년 12월에 완공 및 선박운항을 목표로 하고 있다.

경인운하 사업이 완공됨에 따른 기대효과로는 첫째, 수해예방 및 효율적인 유지관리를 들 수 있다. 상습 침수지역인 굴포천 유역의 홍수피해를 방지하고, 항만하역료 등 일정한 수익을 통해 국고지원없이 안정적인 유지관리가 가능하

자료 : 4대강 살리기 추진본부 웹사이트.

[그림 5.1.5] 경인운하 조감도

게 된다. 둘째, 물류비 절감, 교통난 완화 및 녹색성장에 기여할 수 있다. 운하를 통해 트럭 250대 수송분량의 컨테이너를 한번에 싣고 운반할 수 있어 1TEU당(부산-김포) 약 6만원의 물류비를 절감할 수 있다. 또한 인천항의 기능분담과 아울러 경부고속도로 등의 물동량을 흡수하여 내륙교통난을 완화할 수 있으며, 친환경적이므로 저탄소 녹색성장에 기여할 수 있다. 셋째, 경인운하는 강과 바닷길을 이어 문화 · 관광 · 레저 등의 다양한 시너지 효과 창출을 기대할 수 있다(국토해양부, 2009b).

4. 시사점

국가경쟁력을 강화하고 기후변화에 대응하는 녹색성장을 지원하는 수자원 정책을 위해서는 사례에서도 알 수 있듯이 국토정책의 측면에서 장기적이고 종합적으로 추진되어야 한다. 첫째, 기후변화에 대처하기 위해서 중앙정부 차원의 통합적이고 지속가능한 종합대책의 수립이 필요하다. 둘째, 치수사업에서도 반드시 하천의 환경을 고려하여 자연과 인간이 공유할 수 있는 공간계획이 수립된다면 정부가 지향하는 녹색성장 정책에 부합할 것이다. 셋째, 대규모 사업의 경우에는 국민의 지원과 공감대 형성이 필수적이다.

제4절 | 수자원의 전망과 과제

1. 전망

전지구적으로 공식적인 기상관측이 시작된 것은 1850년부터이며, 평균적인 관점에서 최근 100년(1906~2005년)간 지구의 기온은 약 0.74℃상승한 것으로 분석된다. 우리나라는 1911년 이후 7개소 관측지점의 평균기온이 100년에 1.5℃ 상승하였는데, 이는 세계평균기온과 비교할 때 약 2배 빠른 경향이다. 우리나라 기온 상승의 특징은 겨울철 기온이 큰 폭으로 상승한 반면, 여름철 기온은 큰 차이가 없다는 것이다. 결과적으로 봄이 빨리 찾아오고 겨울이 짧아지는 계절의 변화가 나타나고 있다.

IPCC는 앞으로 인류가 대기 중에 배출하는 이산화탄소의 농도에 따라 21세기말 지구의 평균기온이 현재보다 1.4℃에서 5.8℃정도 상승할 것이라고 예측하였다. 또 온난화의 결과로 극지방의 빙하가 녹고, 온도상승에 따른 해수의 팽창효과가 겹쳐 21세기 말 해수면은 현재보다 10~90㎝높아질 것으로 예측된다(신경섭, 2003).

물의 수요는 1950~1990년 사이에 3배나 증가했고, 앞으로 35년 이내에 현재보다 2배나 증가할 것으로 보인다. 국토해양부의 수자원장기종합계획(2006~2020)에 의하면, 2020년에 물 수요량은 연간 35,568백만㎥이나 물 공급량은 연간 35,129백만㎥로 예상되어 전국적으로 연간 439백만㎥가 부족할 것으로 예측하고 있다. 따라서 기후변화, 온실효과에 의한 지구온난화 등에 따른 미래예측의 불확실성이 큰 만큼 미래의 수자원정책은 다각도의 측면에서 연구하여 대비하고, 만일의 재해에 대해서는 이를 경감 내지 분산시키기 위한 사전 예방적 조치와 환경을 보다 중시하는 방향으로 추진될 것으로 전망된다.

2. 과제

녹색수자원 정책을 지속적으로 추진하기 위해서는 안정적으로 수자원을 확보하고 효율적으로 이용하여야 하며, 관련 법규정비 등 관리체제를 정비할 필요가 있다.

첫째, 안정적인 수자원 확보와 수질보전이 요구된다. 물공급의 원활한 확보를 위해서는 빗물관리, 해수의 담수화, 해양심층수 개발, 인공강우, 지하수개발 및 활용 등 지역특성에 적합한 대체수자원을 확보하여야 한다. 또한 수자원의 수질은 오염원 유입저감대책, 하수처리율의 제고 및 수질정화기능이 있는 수목・수생식물식재, 습지조성 등을 통하여 안정적으로 보전하도록 하여야 한다.

둘째, 수자원의 효율적인 이용 및 절약 촉진과 물산업 육성이 필요하다. 물 절약기술의 보급 확대 및 노후관 교체 등 물 절약을 위한 인프라를 구축하고 빗물 이용시설, 중수도, 하・폐수처리수 재이용시설 확대보급 등 물 재이용의 활성화를 위한 법적, 제도적 기반을 마련하여야 할 것이다. 한편 세계 물시장이 연평균 5.5%씩 성장하여 확대되고 있는 바, 우리나라는 앞으로 물산업을 육성하고 브랜드화를 통해 수출산업화가 가능하도록 여건을 조성할 필요가 있다.

셋째, 치수대책의 지속추진 및 친환경적인 정비가 요구된다. 현재 정부에서 추진하는 4대강 살리기 사업과 연계하여 4대강 외의 국가 및 지방하천도 치수・이수・환경・문화 등을 고려한 정비가 필요하다. 그리고 하천 주변을 휴식공원화 및 경관하천의 지정을 추진하도록 하여 건전한 여가선용을 위한 친수성 공간으로 조성하도록 한다(녹색성장위원회, 2009).

넷째, 수자원 관리체제를 정비할 필요가 있다. 유역별 생활용수, 공업용수, 농업용수 및 하천유지용수를 총괄하는 장기적이고 종합적인 수자원장기종합계획을 수립하여 체계적으로 수자원을 개발・이용해야 한다. 그리고 부처별로 다양화된 관리체계는 수자원종합관리기구를 설치함으로써 조정기능을 강화하여 합리적으로 운영하도록 해야 한다. 또한 수문 및 수자원에 대한 기초연구와 조사사업을 강화하는 등 유역단위의 종합적인 수자원관리기법을 개발해야 한다

(이성근, 2008). 현재 우리나라는 수자원관리의 기본법 없이 부처별, 기능별 및 개별법에서 각각 규율하여 물 관련 정책의 통합적 수립과 관리가 곤란한 실정이다. 따라서 2006년 입법예고된 물관리기본법의 제정이 시급하다.

탐구학습

1. 주요개념
- 수자원
- 녹색뉴딜사업
- 물부족국가

2. 토론과 과제
- 수자원의 중요성
- 우리나라 수자원의 현황
- 녹색성장과 4대강 살리기 사업의 관련성
- 우리나라 수자원정책의 문제점과 개선방안

참고문헌

강부식 외(2009), 녹색성장을 위한 하천관리방향, 한국수자원학회, 물과 미래, 제42권 제2호.
국토해양부(2006), 수자원장기종합계획(2006-2020)보고서.
국토해양부(2009a), 4대강 살리기 마스터플랜.
국토해양부(2009b), 경인운하사업계획 2009.
녹색성장위원회(2009), 녹색성장 5개년계획(2009~2013).
문태훈(1999), 환경정책론, 형성출판사.
삼성경제연구소(2009), 녹색뉴딜사업의 재조명, CEO Information, 제691호.
송동수(2009), 녹색성장과 국토법제의 대응, 한국법제연구원, 법제연구, 제36호.
신경섭(2003), 물과 기후변화 : 한국의 강수량 추이와 전망, 국토, 국토연구원.
윤양수 외(1998), 자원 및 환경관리정책의 변화와 과제, 국토개발연구원.
이성근(2008), 국토와 환경의 이해, 영남대학교출판부.
지홍기(2009), 녹색성장을 위한 수자원정책과 새로운 리더십, 부동산포커스, 제9권, 한국감정원.
첨단신기술정보분석연구회(2009), 녹색성장 5개년계획과 국가전략, 진한엠앤비.
한국방송신문연합회(2009), 녹색성장과 신환경정책 II.
http://www.greengrowth.go.kr(녹색성장위원회)
http://www.greenprophet.com(Green Prophet)
http://www.kordi.re.kr(한국해양연구원)
http://www.kwater.or.kr(한국수자원공사)
http://www.me.go.kr(환경부)
http://www.mltm.go.kr(국토해양부)
http://www.4rivers.go.kr(4대강살리기 추진본부)

제2장

녹색산림

제1절 | 녹색산림의 의의

1. 배경

녹색산림의 추진배경은 다른 분야와 마찬가지로 저탄소 녹색성장 패러다임의 등장에 기인한다고 볼 수 있다. 이는 화석연료의 사용증가로 인한 심각한 기후변화, 천연자원의 고갈 등 자원위기 전망에 따른 경제위협, 세계적인 글로벌 경기침체 등에 직면해 있음이 원인이다.

세계 각국에서는 이러한 기후변화의 가속화와 자원 및 에너지 위기에 대응하고 경제위기를 극복하기 위해 녹색성장이 빠르게 확산되고 있다. 우리나라도 국가의 신성장동력으로 녹색기술과 청정에너지를 통한 저탄소 녹색성장을 향후 60년의 새로운 국가비전으로 제시하고 녹색성장 국가전략 및 5개년 계획을 수립하여 추진하고 있다.

이러한 흐름 속에서 산림은 녹색국토 조성과 다양한 공익적 기능으로의 가치 제고 및 대체에너지원으로 기후변화에 대응할 탄소 저감원으로 주목을 받고 있다.

2. 개념

녹색산림이란 지속가능한 산림경영(Sustainable Forest Management : SFM)의 개념에 산림분야의 저탄소 녹색성장 패러다임을 더한 것이다. 지속가능한 산림경영은 세계적으로 논의되고 있으며, 우리나라는 UN, 몬트리올 프로세스, 국제열대목재기구 등에 적극 참여하고 있다. 또한 산림기본법에서 지속가능한 산림경영 이념을 채택하여 그 이행을 위해 노력할 것을 명시하고 있다.

산림기본법 제3조에서 지속가능한 산림경영을 산림의 생태적 건전성과 산림자원의 장기적인 유지 · 증진을 통하여 현재 세대 뿐만 아니라 미래 세대의 사회적 · 경제적 · 생태적 · 문화적 및 정신적으로 다양한 산림수요를 충족하게 할 수 있도록 산림을 보호하고 경영하는 것으로 정의하고 있다.

지속가능한 산림경영의 개념은 산림생태계의 다양성 및 장기적인 통합성을 유지하면서 산림에서 다양한 재화 및 서비스 생산이 가능하도록 산림을 관리하는 것을 의미한다. 기존의 보속수확이나 다목적 산림경영 개념보다 발전된 형태의 새로운 패러다임이다(산림청, 2004). 따라서 산림경영은 단순히 산림만의 개념보다는 산림과 그에 따른 경영 및 관리를 포함한 개념으로 이해할 수 있다.

3. 중요성

산림은 재생가능한 에너지원 및 친환경 건축자재 등으로 세계가 주목하고 있다. 선진국에서는 화석연료의 대체에너지로 산림바이오매스를 펠릿, 바이오에탄올 등의 다양한 에너지 형태로 활용하고 있으며, 산림생물자원을 활용한 청정산업육성 등 녹색기술개발과 산업화를 통해 신성장동력 창출 잠재력이 풍부하다.

산림은 기후변화에 대응할 수 있는 능동적인 주체이자 기후변화의 직접적인 영향을 받는 피동적 대상이다. 기후변화에 따른 지역별 이상기후는 산림생태계의 변화를 일으킨다. 따라서 기후변화 완화를 위해서만이 아니라 기후변화에 대한 적응 수단으로 숲의 조성과 적절한 관리가 중요하다(김형국, 2011).

우리나라 국토의 65%를 차지하는 산림의 입목축적으로 생태계 보전과 산림재해예방 및 대응 등을 통해 녹색인프라로서 국토환경의 건전성을 제고할 수 있다. 또한 자연휴양림, 치유의 숲, 등산 환경 개선 등 산림휴양 서비스 및 녹색공간 확충 등 산림의 공익기능을 통해 국민의 삶의 질을 제고할 수 있다.

산림은 우리나라의 IMF 외환위기시 숲가꾸기 공공근로사업, 미국 대공황시 시민보전단(Civilian Conservation Corps: CCC), 핀란드 경제위기시 산림클러스터 등 녹색일자리 창출원으로 국가경제 위기시 경제활성화에 기여하였다. 그리고 유엔환경계획(UNEP)과 국제노동기구(ILO)는 산림분야의 일자리 창출 잠재력을 높이 평가하고 있다.

제2절 | 녹색산림의 주요내용

1. 녹색산림 관련법률 및 주요내용

저탄소 녹색성장 기본법 제23조에서는 녹색경제 · 녹색산업의 육성 · 지원을 위한 신성장동력으로의 육성 · 지원에 관한 사항과 녹색경제 · 녹색산업의 촉진에 관한 사항을, 제24조는 자원순환의 촉진을 위한 에너지자원으로 이용되는 목재, 식물, 농산물 등 바이오매스의 수집 · 활용과 자원순환 관련 기술개발 및 산업의 육성을 각각 규정하고 있다. 그리고 제51조는 녹색국토의 관리를 위한 산림 · 녹지의 확충 및 광역생태축 보전을, 제55조는 친환경 농림수산의 촉진 및 탄소흡수원 확충에 관한 사항으로 정부는 산림의 보전 및 조성을 통하여 탄소흡수원을 대폭 확충하고 산림바이오매스 활용 촉진을 규정하고 있다.

그리고 산림기본법 제7조에서 임업의 육성에 관한 사항, 제8조에서 산촌의 진흥에 관한 사항을 규정하고, 임업 및 산촌진흥 촉진에 관한 법률 제3조는 산림은 자연생태계의 자정능력, 생물다양성, 야생 동 · 식물의 서식조건 및 자연경관의 특성이 유지될 수 있도록 조성 · 관리하여야 함을 규정하고 있다. 또한 산림을 국민의 보건 · 휴양의 증진에 기여할 수 있도록 조성 · 관리하여야 하고, 산촌을 산림관리의 거점지역으로 육성하여 산림자원의 보전 · 증식을 적극 도모하여야 하며, 산림생태계 및 동 · 식물 보존 등 환경에 미치는 영향을 고려하여 산촌을 자연친화적으로 개발하도록 하고 있으며, 산촌의 고유한 문화와 전통을 계승 · 발전하도록 정하고 있다.

산림자원의 조성 및 관리에 관한 법률에서는 지속가능한 산림경영에 관한 사항(제6조), 산림의 육성지원에 관한 사항(제11조), 도시림 등의 조성 · 관리에 관한 사항(제20조), 산림생물다양성의 보전에 관한 사항(제42조)에 대해서 규정하고 있다. 그리고 산림문화 · 휴양에 관한 법률에서는 산림문화 · 휴양기본계획 등의 수립 · 시행에 관한 사항(제4조), 산림문화 · 휴양 교육프로그램 인증 등에 관한 사항(제7조), 자연휴양림의 지정(제13조)과 자연휴양림의 조성에 관한 사항(제14조), 자연휴양림의 휴식년제에 관한 사항(제18조)에 대해서 규정하고 있다. 마지막으로 산림보호법에서는 산림보호구역의 지정에 관한 사항(제7조), 생태숲의 지정 등에 관한 사항(제18조) 등을 규정하여 녹색산림을 보전하고자 노력하고 있다.

2. 녹색산림 관련 주요정책

정부에서는 산림부문의 저탄소 녹색성장을 추진하여 녹색일자리 창출을 통한 국민경제 안정에 기여하고 산림자원의 에너지활용 기반구축, 다양한 해외산림자원 외교로 국가위상을 제고하기 위한 주요 추진과제로 가치있는 산림자원 육성, 산림바이오매스 활용 촉진, 산림생태계의 효율적 보전, 산림복지 서비스 확대, 서민체감형 산지이용 합리화, 해외 산림자원협력 강화 등의 6대 추진과제를 선정하여 추진하고 있다.

주요 추진과제로 탄소흡수원 확충 및 산업용재 공급을 위한 산림자원 육성과 산림의 모습을 정비하여 선진 국가에 걸맞는 산림경관 연출, 목재펠릿의 이용활성화를 위한 수급체계 개선과 목재자급률 제고, 산림보호체계 개선 및 우수 산림생태계 보전 · 관리 강화와 산림재해의 최소화, 서민 생활체감형 산림휴양 · 치유서비스 제공과 녹색공간을 확충하여 행복지수 증진, 산지이용규제 합리화를 통한 서민경제 활성화와 계획적 · 합리적 산지이용을 위한 제도개선, 산림자원 외교 다변화 및 조림투자 기업지원 등 해외조림의 확대 등을 계획하고 있다.

3. 녹색산림의 특징

산림은 공익적 기능이 매우 높은 자산으로 홍수조절기능, 탄소고정기능, 수원함양기능 등을 지니고 있다. 특히 지구온난화를 방지하기 위하여 UN은 기후변화협약을 만들었고, 구체적인 실행을 위해서 1997년 교토의정서를 채택했으며, 이는 러시아의 비준으로 2005년 발효되었다. 환경정책평가연구원은 2002년 연구에서 한반도는 온대림이 감소하고 아열대림이 증가하면서 산림의 이동 가능속도에 따른 시나리오 설정을 근거로 경제적인 손실액을 최소 1억 2천만 달러에서 최대 7억 달러라고 주장하였다.

산림의 흡수원은 특별한 추가적인 노력이 많이 들지 않고도 온실가스를 경제적으로 줄일 수 있는 수단으로 간주되기 때문에 교토의정서에서 가장 첨예한 논쟁이 되었던 의제 중에 하나였으나, 인정해 주는 것으로 결론지었다. 선진국에서는 기후변화협약 중 청정개발체제(CDM)와 공동이행(JI) 등을 통한 크레디트의 확보를 위해서 매우 다양한 기후변화 협약관련 제도를 제공하여 기업과 산주의 투자를 유도하고 있다. CDM의 경우 조림에 투자가 용이하지만 에너지 효율이나 신재생에너지 분야에 대한 CDM은 경제성이 상대적으로 적을 것으로 판단된다.

산림은 이런 다양한 기능과 기후변화 방지의 가장 중요한 역할을 가지고 있음에도 불구하고 우리나라의 산림은 그 존재가치를 인정받지 못하고 있다. 그러나 많은 선진국에서는 직간접적인 경제적인 수단을 이용하여 산림의 생물다양성을 보존시키고자 노력하고 있다. 그 이유는 산과 같은 공공재는 개인의 선호에 의해서 충분히 보존 계승되지 않는 특성이 있기 때문에 국가가 적극적으로 지원해 주어야 하기 때문이다(한국산지보전협회, 2005).

제3절 | 녹색산림의 사례

1. 일본 사이타마현 무사시 구릉산림공원

메이지 백년 기념사업의 일환으로서 쇼와 47년(1972년)에 개원한 국영 무사시구릉삼림공원은 사이타마현의 북동부에 위치하는 일본에서 최초로 만들어진 국영공원이다. 동서 약 1㎞, 남북 약 4㎞로 도쿄돔의 약 65배의 넓이로 총면적 304ha에 이르는 광대한 자연공원이다. 공원 내에는 적송, 상수리나무, 졸참나무 등이 풍부한 잡목림으로 둘러싸여 정취가 있는 무사시노의 모습이 그대로 남아 있다. 습지, 연못 등을 비롯하여 물과 녹지에 둘러싸인 공원내부는 새와 동식물의 보고이다.

그리고 사계절의 변화에 따른 자연관찰이나 산책은 물론 잔디 슬로프가 펼쳐지는 잔디광장, 전망광장, 조각광장 등의 광장과 사이클링 코스, 테니스 코트 등이 정비되어 있다. 자연환경과 사계절이 선명한 꽃들이 조화되어 여유있는 레크레이션을 즐길 수 있는 자연공원으로 전철역에서 무사시공원까지 자전거 전용의 녹도가 정비되어 있고 약 15분 정도면 공원의 남쪽 입구에 도착한다. 역에서 빌린 자전거는 그대로 공원 내부까지 이용할 수 있고 자전거와 보행 동선이 분리되어 있어 자전거로 공원 내부의 풍경을 느낄 수 있도록 조성되어 있다.

또한 거리에 의한 분기점이 있어 체력에 맞추어 코스를 선택할 수 있도록 조성되어 있으며, 자전거를 타고 가면서 각 광장이나 식물원, 레스토랑 등 여러 시설들을 간편하게 이용할 수 있도록 배치되어 여러 공간을 둘러볼 수 있다. 모험코스는 잡목림의 자연지형을 살린 애슬래틱 코스로 조성되어 있고 롤러 미끄럼대, 그네 도르래 등 24 종류의 놀이기구도 있다.

2. 영국 왕립 큐우 식물원

영국의 왕립 큐우식물원은 1759년 조지 3세의 어머니 소유지 360ha를 기초로 발족하여 1841년 식물학자 W. J. 후커가 왕립식물원으로 개원하였으며, 1848년 유선형의 온실인 Palm House를 완공하여 현재의 런던시 서남쪽에 121ha의 규모로 되었다. 보유식물은 약 5만 종류이며, 전문 식물원은 초본식물원, 화본과 식물원, 대나무원, 장미원, 암석원, 경제식물원, Heath Garden, 자작나무속원, 버드나무과수목원, 침엽수원, 참나무속수목원, 오리나무속수목원 등으로 구성되어 있다.

주요시설은 원예학교, 식물표본실과 도서관시설, 정보 및 진열부, 죠드럴 연구실 등 관람용 · 연구용을 포함하여 약 80여동이 있다. 특히, 세계 각지의 각종 식물의 정확한 식별, 경제적으로나 조경적으로 가치있는 식물을 나누어주는 역할, 생물의 다양성과 경제적 관리 확립, 대학 및 학회와 국내외 타 식물원 간의 네트워크 형성으로 식물과학교육을 위한 프로그램 개발, 식물자원의 보존과 지속을 위한 지원활동, 국제적인 정원의 유지와 발전시키는 일 등을 수행하고 있다.

3. 김해시 수릉원 도시숲

수릉원 도시숲은 2004년 2월부터 2005년 4월까지 총면적 3.9ha에 소나무외 35종, 2만 1천 그루의 수목으로 조성되었다. 수릉원은 수로왕과 허왕후가 함께 거닐었던 정원과 같은 이미지로 수로왕릉과 가야왕들의 묘역인 대성동 고분군을 이어주는 단아한 숲이라는 의미가 담겨져 있다. 수릉원은 구 공설운동장 부지를 활용한 도시 숲 조성사례로 단절된 가야시대의 중요문화재인 수로왕릉과 가야왕들의 능역인 대성동 고분군, 봉황동 유적들을 향토수종과 소나무 등을 심어 숲으로 유적들을 자연스럽게 이어주면서 수로왕과 허왕후의 만남을 테마로 조성되었다.

동쪽산책로는 가야의 시조인 김수로왕을 기념하는 공간으로서 구실잣밤나무와 가시나무, 상수리나무 등을 심어 남성적인 느낌이 들도록 하고 정상에는 신단수(팽나무)를 식재하였으며, 서쪽 출입문은 대성동 고분군을 지나 허왕후를 위한 공간으로 오르는 계단 주변에는 돌배, 살구, 개복숭아 등 유실수를 심어 여성의 느낌이 들도록 조성되었다. 언덕에는 허왕후의 고국인 인도불교를 상징하는 피나무 군락을 조성했다.

과거 공설운동장을 역사로 간직하기 위해 중앙에 가야한마당을 조성해 수로왕과 허왕후의 만남의 장소로 다양한 축제행사와 공연, 시민놀이마당 등의 행사를 할 수 있도록 했으며, 운동장 역사를 잘 증명해 줄 수 있는 상징적 건물인 본부석은 리모델링하여 전망대로 꾸며져 있다. 해상왕국인 가야를 표현하고 수로왕과 허왕후가 거닐었던 정원의 연못을 구상해서 조성하였으며, 옛 가야시대 습지에서 서식했던 것으로 추정되는 가시연꽃, 노랑어리연꽃 등이 식재되어 있다.

자료 : 김해시청 웹사이트.

[그림 5.2.1] 김해시 수릉원 도시숲

4. 서울시 성동구 서울숲

서울숲 조성사업은 2003년 1월부터 2005년 7월까지 총면적 116ha에 소나무, 은행나무, 계수나무 등 97종, 약 416천 그루의 수목을 조성한 사업이다. 서울숲은 조선시대부터 임금이 사냥하던 곳으로 중랑천과 한강이 합류되는 지점에 위치하고 있다. 지형의 형태가 주변으로 강이 흘러 마치 섬모양과 같다고 하여 독기를 세운 섬, 뚝섬이라 부르게 되었다. 2005년 6월 서울숲 개원 이전까지는 뚝섬은 생성과 변천을 거듭해 오면서 임금의 사냥터, 군의 검렬장, 최초의 상수원 수원지, 골프장, 경마장, 체육공원 등으로 활용되어 왔다.

이는 116ha 규모의 5개 테마공원으로서 동북부주민은 물론, 1,100만 서울 시민에게 환경친화적인 대규모 공간으로 탈바꿈하였다. 그리고 서울 도심의 새로운 녹지축으로 부족한 녹지 확충 뿐만 아니라 소금쟁이, 말매미충 등 48종의 곤충류와 쇠오리, 고방오리 등 텃새와 계절마다 찾아오는 철새들이 서식하는 도심지 소생물의 생태적인 거점 역할을 하고 있다.

아울러 야외음악회, 조각작품 상시전시, 숲속 작은 도서관 등 자연 속에서 예술 문화 공간으로서의 역할과 함께 곤충식물원, 습지생태원을 활용한 학습장 및 숲에서 놀자, 숲속나라 동화이야기, 서울 숲 자연탐사 등의 자연친화적 학습 프로그램 등을 운영함으로써 명실상부한 서울의 대표 숲으로 거듭나고 있다.

자료 : 서울숲 웹사이트.

[그림 5.2.2] 서울시 성동구 도시숲

대부분의 시설물은 자연친화적 소재인 목재를 사용하였으며, 차폐가 필요한 부분은 목재휀스 및 덩굴식물을 활용하여 차폐하는 등 경관향상을 위한 노력도 기울였다.

5. 시사점

일본 사이타마현 무사시 구릉산림공원의 사례와 영국 왕립 큐우 식물원사례에서처럼 해외선진국의 경우, 도시림에 관하여 도시로부터의 거리나 인구규모 등을 통해 정의하고 도시림의 이용권도 설정하고 있다. 한편 최근 산림관리에 관련한 논의들이 탄소흡수원으로서의 기능만을 강조하는 경향이 있는데, 선진국에서는 오래전부터 산림자원에 대한 휴양가치와 생물다양성가치, 경관가치 등과 같은 공익적인 가치를 주요 의사결정에 포함시켜 왔다.

우리나라의 경우, 산림지역이 전 국토의 약 65%를 차지하고 있음에도 불구하고 산업화, 도시화의 과정에서 가장 많이 희생되어 왔으며, 더욱이 개발논리에 의한 효율적인 토지이용의 명분아래 파괴되어져 왔다. 또한 숲의 유형에 따라 다양한 가치가 있음에도 불구하고 숲의 기능배분과 그에 따른 체계적인 관리가 이루어지지 못했다. 최근 들어 개발로 인한 산림생태의 효과적인 복원과 녹색산림에 대한 생태 · 문화적 가치에 대한 논의들이 활발하게 진행되고 있다. 따라서 산림자원의 다양한 공익적인 가치를 실현시키면서 산림자원의 보전과 개발가치가 조화된 산림생태계의 보전관리와 산림공동체의 활성화가 이루어져야 할 것이다.

제4절 | 녹색산림의 전망과 과제

1. 전망

전 세계 온실가스 배출량의 약 20%를 차지하는 개도국 산림전용에 의한 배출(Reducing Emission from Deforestation and Forest Degradation: REDD)의 감축이 핫 이슈로 떠오른 가운데 발리 로드맵에서는 개도국에서의 산림파괴 억제를 위한 노력을 온실가스 감축활동으로 인정하고 이러한 노력에 대한 인센티브 지급에 합의하였다. 앞으로 선진국의 산림활동을 인정하는 범위가 확대되고 REDD 등에 의해 산림부문의 탄소배출권이 현재보다 확대될 전망이다.

UN은 우리나라를 제2차 세계대전 이후 황폐산림 녹화에 성공한 유일한 국가로 평가하였으며, 세계적인 환경학자인 레스터 브라운(지구정책연구소장)은 한국의 산림녹화 성공사례를 세계적 성공작이라고 평가하고 개도국의 재조림 모델로 평가한 바 있다. 산림분야는 탄소 흡수원 및 재생가능한 원료공급원, 생물다양성 저장원 등 미래에 보다 더 중요한 역할을 할 것으로 전망된다. 따라서 우리나라는 세계가 인정하는 녹화 성공국으로서 기후변화 대응, 개도국 산림복구 등 선진국과 개도국간 가교역할을 통해 국가위상을 더욱 강화할 수 있을 것이다.

2. 과제

첫째, 신규조림 대상지가 거의 없는 우리나라는 숲 가꾸기를 통한 산림의 탄소 흡수원 확대가 중요한 과제라고 할 수 있다. 국가적인 관리에서 벗어나 있는 사유림에 대하여도 탄소 흡수능력을 증진시킬 수 있는 체계적인 시스템의 정비와 임업경영 및 산림관리 개선을 위해서 대리경영의 가능성도 고려해 보아야 한다.

둘째, 전 국토의 65%가 산림지역인 우리나라에서는 산림이라는 천연자원을 활용하여 화석연료를 대체할 수 있는 산림 바이오에너지 생산 · 개발과 선진국의 경우에서 보는 것처럼 건축자재 등 목재이용을 최대한 권장하고 더불어 산림탄소거래제의 시행과 활성화에 노력해야 할 것이다.

셋째, 산림자원의 보전 및 육성은 과거의 예에서 알 수 있듯이 숲 가꾸기, 산림재해 예방사업 등의 추진으로 대규모 일자리창출과도 직접 연계가 되는 가치 있는 산림조성이 되도록 연구 · 추진하여야 한다.

탐구학습

1. 주요개념
- 지속가능한 산림경영(SFM)
- 청정개발제도
- 공동이행

2. 토론과 과제
- 저탄소 녹색산림의 필요성
- 우리나라 녹색산림의 바람직한 발전방향과 향후과제

참고문헌

김갑태(2009), 산림자원을 활용한 저탄소 녹색성장 방향, 녹색성장과 강원도, 강원발전연구원.
김형국(2011), 녹색성장 바로 알기, 녹색성장위원회, 나남출판.
녹색성장위원회(2009a), 녹색성장국가전략.
녹색성장위원회(2009b), 녹색성장 5개년계획(2009~2013).
최성록(2009), "산림의 공적가치 제고: 영국의 사례를 중심으로", 강원발전연구원.
한국산지보전협회(2005), 산지의 생산력 보전을 위한 직접지불제 도입 및 시행방안 연구, 한국산지보전협회.
http://gimhae.go.kr(김해시청)
http://likms.assembly.go.kr(국회법률지식정보시스템)
http://parks.seoul.go.kr(서울숲)
http://www.forest.go.kr(산림청)
http://www.greengrowth.go.kr(녹색성장위원회)

제3장

청정해양

제1절 | 청정해양의 의의

1. 배경

해양은 인류가 생존을 위해 식량, 자원, 환경문제를 해결할 수 있는 마지막 남은 공간으로서 생물, 광물, 에너지 및 공간자원이 막대하게 부존된 자원의 보고(寶庫)이다. 바다를 지배하는 자가 세계를 지배한다는 말처럼 20세기 서구 열강들은 바다로 진출한 해양강국들이었다. 많은 미래학자들이 예견했듯이 21세기는 해양의 세기이다. 따라서 해양개발 능력과 기술력이 국가발전을 결정짓는 중요한 요인으로 부각되고 있다.

우리나라는 삼면이 바다로 둘러싸여 좁은 국토면적에 비해서 긴 해안선(11,914㎞)을 갖고 있으며, 크고 작은 3,170여개의 섬과 육지면적의 4.5배가 되는 443㎢에 대한 해양관할권을 가지고 있는 해양국가이다. 최근 지구온난화와 녹색성장이 화두가 되고 있는 세계적인 추세에 부응하여 우리나라도 국가적인 차원에서 녹색성장에 대한 실천방안 수립을 위해 다양한 노력이 진행되고 있다. 넓은 해양 관할권과 풍부한 해양자원, 천혜의 항만조건과 같은 우수한 조건을 가진 우리나라의 해양은 녹색성장의 잠재력이 매우 크며, 국가의 녹색성장과 미래 준비 정책에 가장 부합하는 키워드라고 할 수 있다.

기후변화로 인해 해수온 상승, 해수면 상승과 그에 따른 해양 생태계의 변화 및 해양 자원의 영향 등이 매우 많았으나, 이들에 대한 영향 분석 및 평가가 미흡한 실정이다. 특히 우리나라의 경우 기후변화로 인한 영향을 받을 연안지역에 25개의 도시와 22개의 임해 공단이 위치하고 있으며, 경제활동의 중심지 역할을 하고 있어 개발과 보전의 조화가 필요한 중요한 국토공간이다. 한편 해양은 육상의 경제활동에서 발생하는 온실가스를 흡수하는 흡수원으로의 기능을 가지고 있으며, 해양은 대기보다 50배가 넘는 CO_2 흡수능력을 보유하고 있는 것으로 추정되고 있다(이홍동, 2001).

2. 개념

청정의 사전적 개념은 맑고 깨끗함의 뜻을 지니고 있으며, 해양의 사전적 개념은 넓고 큰 바다라는 뜻을 지니고 있다. 따라서 청정해양이란 맑고 깨끗한 넓은 바다를 의미한다.

한편 해양은 크게 물질자원과 공간자원으로 구분할 수 있다(김웅서 외, 2005). 물질자원은 다시 생물자원과 무생물자원으로 세분할 수 있다. 생물자원은 해조류와 어류, 갑각류, 연체동물류, 포유류 등 재생산이 가능한 자원을 말한다. 무생물자원으로는 석유, 천연가스와 같은 화석연료와 코발트, 니켈 등을 다량 함유한 망간단괴, 구리 · 아연 등을 다량 함유한 해저열수광상 등이 있다. 또한 모래 · 자갈 등의 골재, 얕은 바다의 표사광상에 분포하는 금 · 주석, 그리고 해수 중에 녹아 있는 우라늄 · 리튬 등도 활용할 수 있는 무생물자원이다. 한편 해양의 공간자원은 해상 · 해중 및 해저의 모든 공간을 말하며, 해상교통과 생산 · 주거 · 저장 등에 바다 공간을 이용할 수 있는 기술들이 발전하고 있다.

이제 해양개발은 더 이상 과거처럼 바다를 메워 육지를 만들거나, 바다를 파헤쳐 구조물을 설치하면서 생태계를 훼손하거나 환경을 파괴하지 않는다. 훼손되는 바다 환경을 개선하여 해양 생태계가 더 풍성해지고, 해안선을 따라 없어지는 갯벌과 모래사장을 새롭게 창조하며, 청정한 에너지를 바다로부터 획득하여 저탄소 사회를 만들고, 사람들이 가까이 찾을 수 있는 공간으로 재탄생시키며, 새로운 환경에서 더 많은 일자리를 창출하는 새로운 개념의 해양개발이 시작되고 있다.

3. 중요성

(1) 기후조절

거대한 바다는 지구 기후변화의 중심으로서 인류 생존을 위한 중추적 기능을 수행한다. 바다는 지구표면 5억1천만㎢의 71%인 3억6천만㎢를 차지하며, 해수의 총량은 약 14억㎦로 지구 전체 수자원의 97%에 해당한다. 지구를 구성하는 막대한 양의 해수는 기온이 급격히 변화하는 것을 방지하여 인류가 생존하기에 적합한 환경을 유지시켜주는 거대한 열 에너지 저장고로서 기능하며, 태양의 복사열을 흡수하고 해류에 의해 시공간적으로 멀리 떨어진 지구의 곳곳에 열을 운반한 후 다시 대기로 방출하는 일련의 과정을 통하여 해양은 지구의 기후변화에 가장 큰 영향을 끼친다. 또한 바다는 플랑크톤의 호흡작용에 의해 지구에 산소를 공급하고 대량의 이산화탄소를 흡수하여 대기중의 산소농도를 안정적으로 유지하며, 해양으로부터 증발되는 수분은 담수자원의 원천으로서 강우를 통해 인류를 포함한 육상생물의 생존에 필수적인 담수를 지속적으로 공급한다(국토해양부, 2000).

(2) 해양생물서식

해양생물은 풍부한 단백질 공급원이며, 새로운 해양산업의 원천이다. 해양생물은 총 30여만종으로서 지구상 동 · 식물의 80%가 해양에 서식하고 있으며, 인류가 섭취하는 동물성 단백질의 16%를 바다에서 공급하고 있다. 해양생물의 생산력은 육상에 비하여 5~7배에 달하고 있으며, 연간 1억톤 이상의 어류자원을 지속적으로 재생산할 수 있다.

(3) 해양광물공급

해양광물은 고갈되는 육상광물자원의 대체재이자 미래 산업원료의 공급처로서 국제적 관심의 대상이다. 해저의 표층과 지질구조 내, 그리고 해수중에는 방대한 양의 다양한 광물자원이 광범위하게 분포하고 있다. 태평양, 대서양 등의 심해저와 해저산에는 니켈, 코발트, 구리 등이 함유된 망간단괴와 망간각이 최대 1,750억톤까지 매장된 것으로 추정된다. 대양저의 지각확장대 열수구 주변에는 열수광상작용에 의하여 구리, 납, 아연 및 카드뮴과 같은 금속이 함유된 해저열수광상이 수십미터 규모의 석순 또는 굴뚝형상으로 발달해 있으며, 그 매장량은 약 3천만톤으로 추산된다. 대륙붕에는 석탄, 사철, 금, 주석, 석회석, 석유 및 천연가스 등이 분포되어 있으며, 세계전체 대륙붕에서의 석유 채굴가능 자원량은 대략 5천 6백억 배럴이다. 동해를 포함한 고위도, 저온의 해저층 내에는 막대한 양의 메탄수화물자원이 부존되어 있으며, 폐기물이 없는 청정에너지로서 미래 신에너지자원으로 평가되고 있다.

(4) 에너지자원생산

해양은 무한 · 청정에너지원의 저장고로서 미래에너지 경쟁력의 원천으로 부각되고 있다. 해양에는 조력, 파력, 온도차, 해류(조류), 염도차, 해양바이오매스 등 영구히 소멸되지 않는 무공해 에너지가 막대하게 부존하며, 10m의 조차를 이용하면 1년에 석탄 380억톤의 에너지에 해당하는 3,000억kwh의 발전이 가능하고, 만일 해양에너지를 충분히 개발할 경우 전 인류의 에너지 수요 충족이 가능하다.

해양에너지의 대부분은 재생 가능한 자연에너지로 환경에 대한 피해가 거의 없고 영구적으로 이용 가능하다. 특히 조력, 조류, 파력 등의 역학에너지는 열에너지나 광 에너지에 비하여 에너지 변환 비율이 높고, 재생가능에너지 중에서 에너지의 밀도가 높다. 예를 들면 해수 4㎧ 유속이 만드는 에너지는 바람의

108㎥/s가 만드는 에너지와 같은 것으로 나타나고 있다. 따라서 이들 해양에너지원은 향후 기술의 개발과 더불어 개발할 경우 저렴한 비용으로 에너지 획득이 가능하고 경제성의 확보가 용이할 것으로 보인다(이홍동, 2001).

(5) 해상교통

해양은 화물선의 고속도로라 할 수 있다. 즉 해양은 세계 교역량의 75%인 약 50억톤의 화물이 수송되는 통로로서 세계무역과 경제성장을 촉진한다. 특히 해양을 통한 화물수송은 대량의 화물을 다른 운송수단에 비해 상대적으로 저렴한 비용으로 수송할 수 있다는 장점이 있다. 또한 화물수송 뿐 아니라 크루즈선을 통한 사람의 이동 역시 증가하고 있는데 이는 일반적으로 국민경제의 발전과 함께 더욱 증가할 것으로 예상된다.

(6) 관광 · 휴양

양호한 자연경관과 건강 · 요양효과를 간직하고 있는 해양은 관광 · 레저 · 스포츠 공간을 제공하는 인류의 휴식처이다. 해양에서 해수욕, 제트스키, 스쿠버 다이빙, 윈드서핑 등을 즐길 수 있다. 바다가 주는 이러한 관광휴양은 좋은 관광자원이 될 뿐 아니라 국민휴양의 공간을 제공한다는 측면에서 큰 가치를 지니고 있다.

(7) 정수 및 폐기물처리

해양은 도시하수나 공장폐수 등에 포함된 각종 오염물질을 정화시켜주며, 엄청난 양의 쓰레기를 처리해주는 쓰레기처리장 역할을 한다. 그러나 바다는 한번 오염되었을 경우에 그 처리비용이 막대하게 소요되기 때문에 바다의 자정능력 내에서 오염물질의 정화를 염두에 둬야 한다. 특히 최근 태평양 한가운데서 발견된 거대한 쓰레기섬은 전세계의 수많은 쓰레기가 조류를 통해 한곳에 모여 생태계를 파괴하고 있는데, 공해(公海)라는 특징과 광활한 면적에 걸쳐 펼쳐진 공간이라는 점에서 그 처리가 곤란한 실정이다. 또한 해양은 육지면적의 2.5배, 11배에 달하는 부피, 300배의 공간을 보유하고 있다. 따라서 해양은 광대한 생활공간 및 산업공간의 공급원이다.

제2절 | 청정해양의 주요내용

1. 해양의 현황

1) 자연적 현황

우리나라는 아시아대륙 동북단의 반도로서 중국, 러시아, 일본과 접하는 동북아 교류의 요충지이자 환태평양 진출의 거점이다. 관할하는 바다의 면적은 44만7천㎢로서 남한 육지면적의 4.5배에 달하며, 대륙붕의 면적은 육지면적의 3.5배이다(국토해양부, 2000). 육지면적 대비 해안선의 길이는 116배로 일본 86배, 영국 51배, 캐나다 9배, 미국 6배 등과 비교할 때 세계 최고 수준이다.

동 · 서 · 남 삼면의 바다는 각각 그 특성이 다르며, 연근해는 한류와 난류가 교차하여 어장형성에 유리한 조건을 형성하고 있다. 동해안은 함경산맥과 태백산맥의 급사면이 해저까지 연속되어 수심이 깊고 해안선이 단조로우며 해안을 따라 모래톱과 모래언덕 및 석호가 발달되어 있다. 서해안과 남해안은 해안선이 매우 복잡하고 연근해에 많은 섬이 산재하는 다도해를 이루고 있으며, 수심이 낮아 갯벌과 대륙붕의 발달이 현저하고 조차가 매우 크다.

표 5.3.1 우리나라 관할해역의 주요 특징

구분	단위	현황	비고
- 해안선 길이	㎞	11,542	· 육지부 6,227㎞
- 배타적 경제수역	천㎢	447	· 국토의 4.5배
- 대륙붕	천㎢	345	· 국토의 3배
- 영해	천㎢	71	· 내수포함, 국토면적의 71%
- 수심 20m이내	천㎢	21	
- 도서수	개소	3,153	· 유인도 464, 무인도 2,689
- 갯벌면적	㎢	2,393	
- 국토면적	㎢	99,373	· 북한 123천㎢
- 연안인구('98)	백만명	15	· 전국인구(46백만명)의 33%

2) 경제적 여건

한반도 주변 해저 및 대륙붕에는 석유 및 천연가스를 비롯, 인광석, 메탄수화물, 석탄 및 중사광물 등이 다량 부존되어 있는 것으로 추정된다. 동해 해저에는 천연가스와 매장량 약 2억톤의 인광석이 부존된 것으로 확인되었고, 최근 메탄수화물 부존이 추정되는 퇴적층과 대규모 해저석탄지층 등을 발견했으며, 서 · 남해안의 해안과 대륙붕에는 자철, 주석, 금 등 각종 중사광물과 골재자원을 다량 부존하고 있다.

국내 동 · 서 · 남해 연안은 세계적 해양에너지 개발 유망지역으로서 조력, 조류, 파력 및 해양온도차 등 총 1,200만㎾ 이상이 부존된 것으로 추정된다. 서해안은 최대조차 10m의 세계적인 조력발전 유망지역이며, 부존량은 약 650만㎾로 추정되며(가로림만 48만㎾, 천수만 60만㎾, 시화호 24만㎾, 인천만, 해주만 등), 동해안은 수심이 깊고 파도가 높아 파력 및 해양온도차 발전에 유리하다. 우리나라 전 연안의 파력에너지 부존량은 약 500만㎾이다.

2. 주요법률 및 정책

1) 주요법률

우리나라에서 해양관리는 주로 국토해양부가 맡고 있으며, 환경부와 농림수산식품부 등도 일부 관할하고 있다. 주요 관련법률은 저탄소 녹색성장 기본법, 해양수산발전기본법, 해양환경관리법, 해양생태계 보전 및 관리에 관한 법률 등을 들 수 있다. 관련법률에 따라 정기적으로 지속가능발전 기본계획, 해양수산발전 기본계획, 해양환경관리 종합계획 등을 통해 해양의 보존과 활용계획 등을 수립하고 있다.

표 5.3.2 해양 관련법률의 개요

구분	관련법률	관련계획 또는 사업
국무총리실	– 저탄소 녹색성장 기본법	· 지속가능발전 기본계획 · 기후변화대응 기본계획 · 에너지 기본계획
국토해양부, 환경부, 외교통상부	– 남극활동 및 환경보호에 관한 법률	· 남극연구활동진흥 기본계획
국토해양부, 환경부	– 습지보전법	· 습지보전 기본계획
국토해양부	– 해양수산발전기본법	· 해양수산발전 기본계획
	– 해양환경관리법	· 해양환경관리 종합계획
	– 해양생태계 보전 및 관리에 관한 법률	· 해양생태계 보전 · 관리 기본계획
	– 연안관리법	· 연안통합 관리계획
	– 공유수면매립법	· 공유수면매립 기본계획
지식경제부	– 신에너지 및 재생에너지 개발 · 이용 · 보급 촉진법	· 신 · 재생에너지 기본계획
농림수산식품부	– 수산업법	· 어장이용 개발계획
	– 어장관리법	· 어장관리 기본계획

2) 주요정책

해양정책은 국가의 이익과 국민의 공공복리증진을 위해 해양을 중심으로 발생하는 다양한 문제를 해결하고자 하는 국가적 노력이라 할 수 있으며(이경호 외, 2001), 해양을 대상으로 하므로 해양의 특성에 기인하는 몇 가지 특성이 있다.

먼저, 해양정책은 공공성을 갖는다. 육지의 자원과는 달리 해양자원은 공공재이며, 그 관리에 대한 책임은 민간부문보다는 정부에 있다. 따라서 해양정책은 광범위한 국가목적을 달성하기 위한 수단이다.

둘째, 해양정책은 국제성을 갖는다. 한 국가의 해양정책은 유엔해양법협약(United Nations Convention on the Law Of the Sea: UNCLOS)이나 유엔환경개발회의(United Nations Conference on Environment and Development:

UNCED)등 해양에 관한 다양한 국제적 조치들의 영향을 받는다.

셋째, 해양정책은 과학기술성을 갖는다. 해양정책을 효율적으로 결정하고 집행하는 일은 해양과학이나 기술의 발달정도에 크게 의존한다. 특히 깊고 넓은 해양은 그 활용에 있어서 고도의 기술과 막대한 자본이 소요된다는 특성을 가진다.

넷째, 해양정책은 통합성을 갖는다. 해양정책은 다른 정책에 비해 통합적으로 수립 · 집행되어야 한다. 수많은 정부기관간, 혹은 비정부적 집행기관간의 조정과 통합을 통해 이루어지지 않으면 효율성을 발휘할 수 없다.

우리나라 해양정책의 주요내용은 다음과 같다. 첫째, 해양정책의 활성화를 위한 정책은 해양관광진흥 및 해양레저 활성화, 해양문화 확산 및 의식 고취, 해양 전문인력 양성 등이 있다. 둘째, 해양과학기술 개발을 촉진하는 정책으로는 해양산업의 신성장동력 확충, 해양자원 에너지의 조사 및 기술개발 등이 있다. 셋째, 해양영토의 체계적 관리를 위해 EEZ(Exclusive Economic Zone, 배타적 경제수역) 등 관할 해역에 대한 전략적 관리, 무인도서 및 독도의 체계적 관리, 해양관측 및 조사 등을 수행한다. 넷째, 지속가능한 연안관리 체계를 구축하기 위해서 연안통합관리계획 수립 및 연안실태조사, 연안정비사업 시행 및 연안관리정보 시스템 구축, 공유수면매립기본계획 및 관리 등을 수행한다. 다섯째, 해양환경정책 인프라 구축을 위해 해양환경관리종합계획의 수립, 주요 해역별 환경관리 강화, 연안오염총량관리제 등을 운용한다. 여섯째, 해양 및 해양생태계 보전을 위해 해양폐기물 처리 및 오염해역 관리 강화, 해양생태계보전 관리 기본계획 수립, 해양생물 종 다양성의 보전 및 복원 등이 필요하다.

한편 저탄소 녹색성장과 관련한 해양정책은 국토해양부 녹색성장 추진계획에 포함되어 있다. 이 중에서 해양부분의 녹색 추진계획은 저탄소 교통 물류체계 구축과 기후친화적인 해양의 이용 관리라는 추진전략으로 구분하고 있으며, 그 내용은 표 5.3.3과 같다.

표 5.3.3 국토해양부 녹색성장 추진계획 중 해양부문의 내용

구분	세부 추진과제
저탄소 교통·물류 체계 구축	- 철도·연안해운 위주의 녹색물류체계 구축 ·녹색교통수단으로 전환 촉진 : 도로수송 화물을 철도 및 연안해운으로 전환
	- 연안해운 활성화 지원 ·연안선박 건조시 신용보증기금 보증을 통해 원활한 자금조달 지원 ·연안화물선에 대한 항만시설 사용료 지속 감면, 면세유 공급, 유가보조금 확대
	- Green Port 구축 및 친환경 항만물류시설 개발 ·Green Port 구축 종합계획 수립, 녹색항만물류 서비스 제공, 해양교통시설물 녹색 에너지 사용
	- 선박무문 온실가스 감축 및 에너지 효율화 ·에너지절약형 선박 및 선박용 탄소포집 기술 개발 ·친환경 에너지 해양운송 기술 개발 ·선박온실가스 관리시스템 구축
기후친화적인 해양의 이용·관리	- 미래 성장동력, 신해양산업 육성 ·해양생명공학을 차세대 중심산업으로 육성 ·해양심층수의 다목적 이용기술 개발 및 산업화 기반 강화 ·해양바이오 에너지 기술개발 본격 착수 ·해외 심해저 광물자원 본격 채광
	- 해양을 이용한 저탄소 녹색국토 구현 ·바다를 CO_2 흡수원으로 활용 ·해조류를 이용한 온실가스 흡수

자료 : 박수진·정지호(2010), p. 48.

제3절 | 청정해양의 사례

1. 미국의 해양환경보호정책

미국의 해양환경법은 크게 연방 법률과 주(州)법률로 구성되어 있으며, 상호간에 밀접한 연관관계가 있다.

2009년 미의회 하원을 통과한 미국 청정에너지안보법(American Clean Energy and Security Act)은 미국의 해양환경 부문을 비롯한 전반적인 기후변화

정책의 근간이 되는 기본 법률로서 청정에너지, 에너지 효율, 온실가스 감축 및 청정에너지경제로의 전환이라는 4개 부분으로 나누어 정책방향과 실천전략을 제시하고 있다. 전반적으로 기후변화로 인한 해수면 상승, 허리케인 등 자연재해, 해양산성화 등의 문제를 핵심이슈로 인식하고, 그에 대한 전략적인 적응문제를 적극적으로 다루고 있다(박수진 · 정지호, 2010).

연안사구자원법(Coastal Barriers Resources Act: CBRA)은 미개발 사구지역을 보호대상으로 지정하고 그 개발에 국가예산의 지출을 제한함으로써 국가재정의 절약과 연안사구의 보전을 동시에 추구하고 있다. 연안습지 및 습지자원의 보호 관리에 관한 법률로서 연안역관리법(Coastal Zone Management Act: CZMA)이 있다.

해양에너지 문제를 다루는 법률로는 해양열 에너지 전환법(Ocean Thermal Energy Conversion Act)과 해양열 에너지 전환에 관한 연구개발 실험법(Ocean Thermal Energy Conversion Research, Development and Demonstration Act) 등이 있으며, 해양 심층수와 일반 해수면 간의 온도차를 이용해 경제적으로 이용가능한 전기를 생산하는 기술개발에 관한 내용 등을 담고 있다. 한편 국가해양정책을 총괄적으로 검토하고 새로운 해양정책을 수립하기 위하여 2000년에 미국해양위원회(United States Commission on Ocean Policy)를 설립하였다.

2. 일본의 간사이 국제공항

일본의 간사이 국제공항(Kansai International Airport)은 해양이 제공하는 공간을 활용하여 대규모 국제공항을 건설한 사례이다. 간사이지방의 교역확대를 위해 공항의 신 · 증설이 필요했으나, 기존의 오사카 국제공항은 인구밀집지역의 인근에 위치하여 많은 건물들에 둘러싸여 확장이 어렵고, 주변 주민의 소음에 대한 민원이 많았다. 따라서 바다에 인공섬을 조성하여 공항을 건설하는 방안을 모색했다.

[그림 5.3.1] 간사이 국제공항

간사이 국제공항은 1987년에 건설을 시작하여 1994년에 준공하였다. 그리고 오사카만에 인공섬을 만들어 공항으로 개발하고 교량으로 육지와 연결하고자 하며, 이를 위해 먼저 바위와 콘크리트블록으로 바다벽을 만들고 그 안을 성토하였다. 또한 지진과 태풍에도 안전한 공항을 건설하고자 했다. 부지면적은 510만 3,000㎡이다. 간사이 국제공항은 2001년 미국 토목공학자회가 주는 토목공학 세기의 기념비상 수상하였으며, 긴키지방의 오사카시, 고베시, 교토시의 국제관문 역할을 하고 있다.

3. 여수세계박람회

2012년 여수세계박람회의 목적은 첫째, 재미와 교훈을 가미하여 해양의 가치와 중요성을 전달함으로서 바다에 대한 친근감과 이해도를 높이고 해양이용의 시대적 소명의식을 확산하는 것이다. 둘째, 21세기 해양에 관한 새로운 국제적 협력과 평화적 이용을 촉구하는 것이다. 셋째, 21세기 해양시대를 주도하고 국가균형발전 및 신경제성장동력을 확보하기 위해 사업을 추진하고 있다.

여수세계박람회는 '살아있는 바다, 숨쉬는 연안(The Living Ocean and Coast)' 을 주제로 전남 여수시 신항지역 일대에 약 141만㎡의 규모로 진행될 예

자료 : 여수세계박람회 웹사이트

[그림 5.3.2] 여수세계박람회 포스터

정이다. 개최기간은 2012년 5월~8월이며 사업비는 1조 6,694억원에 이르는 것으로 추정된다. 참가국은 100개국, 10개 국제기구, 10개 기업이 될 것으로 예상된다.

여수세계박람회를 통해 전국적으로 생산유발효과 12.3조원, 부가가치효과 5.7억, 고용유발효과 7만9천명이 예상되고 있으며, 해양의 중요성에 대한 국제사회의 공감대 형성과 미래 해양이용의 새로운 패러다임을 제시할 것으로 기대된다.

4. 시사점

해양은 기후조절, 해양생물서식, 해양광물공급, 에너지자원생산, 관광 · 휴양 등의 다양한 기능을 가진다. 특히 해양은 다양한 생물이 서식하고 있을 뿐 아니라 막대한 광물자원을 보유하고 있으며, 인류의 관광휴양 기능을 제공한다. 해양은 한번 파괴되면 복원이 불가능할 뿐 아니라 해양환경의 변화는 지구전체의 기후에 영향을 미친다. 해양은 어느 한 국가의 노력으로 보존이 힘들다. 따라서 청정해양을 지키기 위해서는 해양정책에 대한 다양한 국제사회의 협력이 필요하다.

해양을 이용하기 위해서는 생태계의 보전이 선행되어야 한다. 이를 위해 국제사회는 해양의 보전과 활용에 대해 관심을 기울여야 한다. 그러나 해양이 가지는 막대한 광물자원의 활용은 자본과 기술을 가진 일부 선진국들이 독점하고 있어 인류전체가 동의하는 국제협약이 쉽지 않은 상황이다. 그러나 청정해양이 가지는 가치가 지구전체의 공동가치라는 측면에서 국제사회의 보다 높은 관심이 요구된다.

제4절 | 청정해양의 전망과 과제

1. 전망

해양은 지구기후에 미치는 영향이 매우 크다. 또한 다양한 생물종을 보유하고 있을 뿐 아니라 해저에는 막대한 양의 광물자원이 있다. 인류의 기술이 진보함에 따라 해양이 지니는 이러한 경제적 가치는 점차 증대될 것으로 예상된다. 또한 인류는 관광휴양 공간으로서 해양을 보다 적극적으로 활용할 것이다. 향후 관광산업이 21세기의 주도산업으로 부상함에 따라 해양관광수요가 크게 증가할 것이다. 따라서 해양문화, 해양 생태자원을 활용하여 국민에게 다양한 해양관광의 기회를 제공함으로서 삶의 질 향상에 기여하는 것이 필요하다.

해양은 한번 파괴되면 복구가 불가능하다. 해양이 지니고 있는 이러한 기능들을 활용하기 위해서는 해양보전이 우선시되어야 한다. 특히 해양이 지니는 지구기후조절 등의 문제는 해양이 제공하는 경제적 가치보다 중요한 가치라고 할 수 있다. 따라서 청정해양을 보전하고 슬기롭게 이용할 수 있는 국제사회의 관심과 노력이 필요하다.

2. 과제

우리 인류가 청정해양을 유지하고 활용하기 위해서는 해양오염을 방지하는 것이 무엇보다 중요하다. 해양생태계의 보전과 이용의 조화가 필요한데 이를 통해 해양생물종과 서식지 보호를 통한 해양생물다양성을 증진할 수 있다. 인류가 해양을 이용할 때는 해양생태계 훼손의 회피와 최소화가 중요하다. 이를 통해 해양생태계의 보전과 지속가능한 이용을 할 수 있다.

청정해양은 다양한 기능을 인류에 제공한다. 특히 최근에는 해양의 해저에 묻혀 있는 광물자원의 활용, 기후조절 기능, 관광휴양 기능이 부각되고 있다. 그러나 광물자원의 활용을 위해서는 환경파괴를 최소화한 탐색 및 발굴 노력이 선행되어야 한다. 또한 해양관광의 활성화를 위해서는 환경파괴를 최소화하고 지역적 특성에 적합한 해양관광모델을 개발해야 한다. 연안공간에는 해양복합생활공간을 조성하고 해중공간은 해양관광상품으로 개발하여 고부가가치형 해양관광으로 유도할 수 있을 것이다.

탐구학습

1. 주요개념
- 해양의 중요성
- 청정해양의 가치
- 해양정책의 특성

2. 토론과 과제
- 연안관리의 문제점과 대책
- 해양정책 관련법률의 주요내용
- 해외의 해양정책 추진사례

참고문헌

국토해양부(2008), 해양생태계 보전 · 관리 기본계획 수립연구.
박수진 · 정지호(2010), 해양환경 부분 기후변화정책의 개선방안 연구, 한국해양수산개발원.
서경석(2009), "해양생태계 복원 연구개발 추진 방향", 해양국토, 제21권.
송무석(2003), "청정생산과 해양에의 적용성에 관한 연구", 한국해양환경공학회지, 제6권 제3호.
양희철 외(2008), "중국의 해양환경법제 분석과 전개방향에 관한 고찰", Ocean and Polar Research, 제30권 제1호, 한국해양연구원.
이경호 외(2001), 바다와 국가의 정책, 학현사.
이성근(2006), 국토와 환경의 이해, 영남대학교출판부.
이홍동(2001), "기후변화협약 동향과 해양부문의 청정개발체제 이용 가능성", 월간해양수산, 제206호.
이홍재(2006), "새만금 간척사업과 해양환경의 변화상", Ocean and Polar Research, 제28권 제3호, 한국해양연구원.
국토해양부(2000), 해양자원개발 중 · 장기 실천계획
http://www.greengrowth.go.kr(녹색성장위원회)
http://www.kordi.re.kr(한국해양연구원)
http://www.kwater.or.kr(한국수자원공사)
http://www.me.go.kr(환경부)
http://www.mltm.go.kr(국토해양부)

제4장
녹색에너지

제1절 | 녹색에너지의 의의

1. 배경

1986년 국제에너지기관(IEA)은 화석연료의 가채연수를 석유 34년, 천연가스 57년, 석탄 174년으로 추산하였다(한국방송신문협의회, 2009). 현재 탐사기술의 발달로 새로운 채굴원이 발굴되고 채굴기술의 발달로 채굴이 어려웠던 심해나 깊은 지중으로 확대되면서 화석연료의 가채연수가 증가하였지만, 지금과 같은 추세로 에너지를 계속 소비할 경우 화석연료는 향후 200년 이내에 고갈될 것으로 예상된다.

한편 UN통계에 의하면, 지속적인 인구증가로 50년 후 지구의 인구는 100억 명을 돌파할 것으로 예상된다. 이와 함께 인류가 소비하는 에너지도 기하급수적으로 증가할 것이다. 세계의 에너지 소비량은 과거 10년간 연평균 1.6% 증가하여 왔다. 특히 선진국의 증가율은 다소 둔화되고 있으나, 개발도상국의 증가율은 현저히 높아지고 있다(신재생에너지센터, 2009).

이와 같이 에너지 소비량의 증가로 인한 에너지 고갈은 새로운 에너지개발의 필요성을 증가시켰다. 또한 화석연료의 사용에 따른 온난화, 산성비 등 지구 환경문제의 심각성은 환경에 무해하고 재사용이 가능한 녹색에너지의 개발과 사용을 더 이상 미룰 수 없는 인류의 당면과제로 부각시켰다.

2. 개념

녹색에너지(green energy)는 화석연료를 사용하지 않고 자연에서 얻는 에너지를 말한다. 일반적으로 석유, 석탄 등 화석연료에서 얻는 에너지를 하드에너지(hard energy)라고 하는데, 이러한 하드에너지는 환경공해의 주요인으로 꼽히고 있다. 반면 태양열, 지열, 풍력, 바이오매스, 조력, 파력 등 자연에서 얻는 에너지를 소프트에너지(soft energy)라고 하는데, 이는 환경공해를 발생시키지 않는 것이 특징이다(매경닷컴용어사전, 2010). 녹색에너지는 소프트에너지로서 화석연료에서 얻는 에너지가 아닌 자연에서 얻는 에너지이다. 한편 원자력에너지는 하드에너지에 속하지만 에너지효율이 높고 공해물질의 배출이 상대적으로 적다는 점에서 녹색에너지에 포함하기도 한다.

녹색에너지의 유사개념은 대체에너지, 신재생에너지를 들 수 있다. 대체에너지는 1970년대 화석연료를 대체한다는 의미에서 사용되었으나, 최근에는 청정에너지로서의 신에너지, 재생에너지, 미래에너지 등을 의미한다. 그리고 신재생에너지는 기존의 화석연료를 변환시켜 이용하거나 빛, 물, 지열, 강수, 생물유기체 등을 포함하여 재생가능한 에너지를 변환시켜 이용하는 에너지를 의미한다(신재생에너지센터, 2010).

3. 중요성

녹색에너지가 화석에너지의 고갈문제와 환경문제에 대한 해결책이라는 점에서 선진 각국에서는 녹색에너지에 대한 과감한 연구개발과 보급정책을 추진하고 있다.

녹색에너지의 중요성은 다음과 같다. 첫째, 화석에너지는 언젠가 고갈될 에너지이므로 이에 대한 대응으로 녹색에너지의 개발이 필요하다. 둘째, 녹색에너지는 환경에 미치는 영향이 없는 청정한 에너지이다. 화석에너지의 경우 이산화탄소, 매연 등 환경에 유해한 물질을 배출하고 있으며, 이것이 지구온난화의 원인으로 지적되고 있다. 그러나 녹색에너지의 경우 환경에 미치는 영향이 없거나 극히 미미하여 청정에너지로 불리우고 있다. 셋째, 녹색에너지는 미래산업으로서의 가치를 가지고 있다. 기존 에너지원에 대비하여 가격경쟁력을 확보할 경우 녹색에너지산업은 미래산업으로 급성장할 수 있을 것으로 예상된다.

녹색에너지에 대한 국가별 원천기술의 수준차이는 있으나, 실용기술의 차이는 크지 않은 편이다. 이러한 이유로 녹색에너지에 대한 연구개발을 통해 실용화를 앞당기고 지적재산권을 확보할 경우 미래의 신산업이 될 수 있다.

제2절 | 녹색에너지의 주요내용

1. 관련법률 및 정책

현재 선진 각국에서 활발히 기술개발이 진행되어 실용화 단계에 접어든 녹색에너지로는 태양에너지, 풍력에너지가 주를 이루고 있다. 그러나 바이오매스, 지열, 파력, 조력 등을 이용한 대체에너지 개발도 활발히 진행되고 있다.

국내에서는 대체에너지개발 및 이용 · 보급촉진법에 의해 석유, 석탄, 원자력, 천연가스가 아닌 에너지로 다음과 같은 분야를 대체에너지로 지정하고 있다. 대체에너지개발 및 이용 · 보급촉진법에 의해 대체에너지로 지정된 에너지는 태양에너지, 바이오에너지, 풍력, 소수력, 연료전지, 석탄 및 중질잔사유[3]를

3 중질잔사유는 원유를 정제하고 남은 최종 잔재물을 말한다.

액화 · 가스화한 에너지, 해양에너지, 폐기물에너지, 지열에너지, 수소에너지 등을 꼽을 수 있다.

한편 신재생에너지는 신에너지 및 재생에너지 개발 · 이용 · 보급촉진법 제2조에서 기존의 화석연료를 변환시켜 이용하거나 햇빛, 물, 지열, 강수, 생물유기체 등을 포함하여 재생가능한 에너지를 변환시켜 이용하는 에너지라고 정의하고 있다. 재생에너지는 태양광, 태양열, 바이오, 풍력, 수력, 해양, 폐기물, 지열의 8개 분야가 이에 속하고 신에너지는 연료전지, 석탄액화가스화 및 중질잔사유가스화, 수소에너지의 3개 분야가 이에 속한다. 이들 법에서는 대체에너지와 신재생에너지의 종류를 규정하고 있을 뿐 아니라 이들 에너지를 이용 및 보급하기 위한 여러 가지 지원내용을 담고 있다.

우리나라는 이미 발전차액제도, 신재생에너지의 사용과 그린홈 보급을 위한 보조, 신재생에너지 설비 설치의무화와 설치비용에 대한 융자 등을 실시한 바 있다. 또한 2011년 총에너지의 5%를 녹색에너지로 보급한다는 목표하에 녹색에너지 기술개발 및 보급사업 등에 대한 지원을 강화해 나가고 있다(지식경제부, 2010). 녹색에너지의 보급을 위한 정책은 지식경제부가 추진하고 있으며 지식경제부 내에 2개국이 관련 업무를 추진하고 있다. 이 2개의 국은 지식경제부 소관법률 63개중 23개, 대통령령 60개중 28개, 지식경제부령 56개중 23개를 담당하고 있다. 따라서 광범위해지는 에너지관련 정책을 추진하기에는 조직의 규모에 있어 한계가 있다. 또한 녹색에너지정책과 관련한 전문적이고 장기적인 접근이 현실적으로 어려운 여건이다. 이러한 요구에 따라 최근 에너지부의 신설에 대한 검토도 제기되고 있다.

한편 우리나라의 녹색에너지 관련정책에 있어 연구개발은 주로 에너지기술평가원에서 추진한다. 그리고 정책기획, 집행, 관리는 지식경제부와 신재생에너지센터에서 추진한다. 그러나 이들 관리체계가 이원화되어 있어 체계적인 정책추진과 관리가 힘든 실정이고 태양에너지 보급 및 관리사업을 중심으로 추진하는데 그치고 있어 녹색에너지에 대한 종합적인 기획 · 관리 구심체가 필요한 실정이다.

2. 주요내용과 특징

1) 태양에너지

(1) 태양열에너지

태양에너지는 크게 태양열에너지와 태양광에너지로 구분되는데 태양열에너지는 태양으로부터 방사되는 복사에너지가 대기층을 투과하여 지표면에 도달되는 열 및 광 에너지를 모아 필요한 곳에 사용하는 에너지이다. 태양열을 이용해 가정에서는 온수, 난방, 냉방에 이용할 수 있으며 공장이나 발전소를 움직이는 산업에너지로도 사용된다.

태양열을 이용하기 위해서는 빛을 모으는 집광판으로 빛을 굴절시켜 한곳에 모은 뒤 뜨거워진 열로 물을 끓여 얻은 증기로 발전기를 돌려 전기에너지를 생산한다. 즉 태양열을 이용한 전기생산은 태양으로부터 방사되는 복사에너지가 대기층을 투과하여 지표면에 도달되는 열에너지를 모아 전기의 형태로 변환하여 활용하는 것이다.

태양열 에너지의 장점은 첫째, 다른 에너지자원의 소비없이 에너지를 얻을 수 있다. 둘째, 연료비가 불필요하다. 셋째, 공해가 없는 청정에너지이다. 넷째, 기계적인 진동과 소음이 없다. 다섯째, 자동화되는 발전시스템으로 유지관리비가 적다. 반면 태양열 에너지의 단점은 첫째, 효율성이 떨어져 현재 널리 보급이 안되고 있다. 둘째, 설치비용이 많이 드는 반면 단위면적당 공급받는 에너지량이 적다. 셋째, 날씨가 흐린 날이나 비오는 날 같이 태양빛을 받지 못하는 날에는 생산이 불가능하다. 넷째, 현재 석유값에 비해 비경제적이다.

태양열에너지는 일반적으로 소형발전기, 가정의 온수난방용 등에 주요 사용되며 향후 발전소, 농작물재배 등에 활발한 이용이 가능하다. 미국, 캐나다, 오스트레일리아에서 수영장의 물을 데우는 데 태양열에너지를 이용하는 경우가 많다. 이들 국가에서 수영장에 태양열에너지를 이용하는 용량은 2005년 기준으로 전체 18GW에 달하고 있다(신재생에너지센터, 2010).

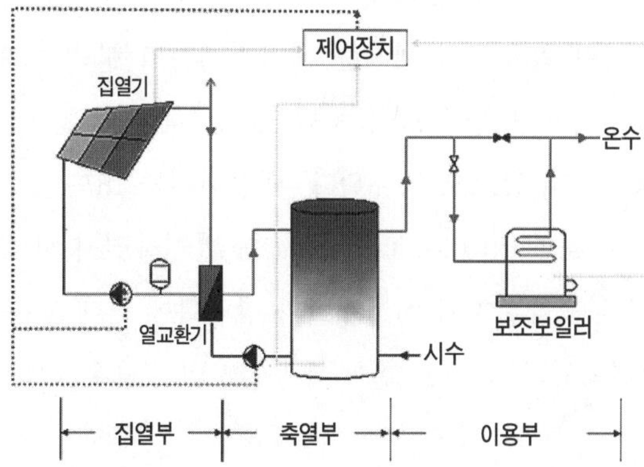

자료 : 신재생에너지센터(2010).

[그림 5.4.1] 태양열에너지의 이용원리

(2) 태양광에너지

태양광에너지의 경우 태양광이 갖는 광전효과를 이용해 태양빛을 전기에너지로 변환한 에너지이다(김임순, 2009).. 태양광에너지는 청정하고 무한하다는 장점이 있어 세계 태양광발전시장은 매년 급성장하고 있다. 특히 태양광발전은 전력전송 인프라가 필요없으며 유지비용이 저렴하고 반영구적으로 사용이 가능하여 미래에너지원으로 각광을 받고 있다. 태양광발전의 원천기술은 대부분 독일과 같은 유럽국가와 일본이 보유하고 있다.

태양광발전은 태양으로부터의 빛에너지를 직접 전기에너지로 바꾸어주는 발전방식이다. 이러한 태양광발전의 핵심은 일반적으로 pn접합구조를 가진 태양전지(solar cell)로서 외부로부터 광자(photon)가 태양전지의 내부로 흡수되면 광자가 지닌 에너지에 의해 태양전지 내부에서 전자(electron)와 정공(hole)의 쌍(e-h pair)이 생성된다. 생성된 전자-정공 쌍은 pn접합에서 발생한 전기장에 의해 전자는 n형 반도체로 이동하고 정공은 p형 반도체로 이동해서 각각의 표면에 있는 전극에서 수집된다. 각각의 전극에서 수집된 전하(charge)는 외부회로에 부하가 연결된 경우, 부하에 흐르는 전류로서 부하를 동작시키는 에너지의 원천이 된다(김기석 외, 2009).

태양광에너지의 활용을 위해서는 태양전지라고 불리는 모듈이 사용된다. 태양전지는 주로 지붕, 벽면 등에 설치되며, 재료에 따라 결정질 실리콘, 비정질 실리콘, 화합물반도체 등으로 분류된다. 태양전지는 1839년 E. Becquerel(프랑스)이 최초로 광전효과(photovoltaic effect)를 발견하면서 시작되었는데 1970년대 오일쇼크 이후 태양전지의 연구개발과 상업화에 막대한 투자가 진행되면서 상업화가 급진전되었다. 대체로 현재 태양전지의 효율은 7~17%이며 수명은 20년 가량이다.

태양광에너지의 장점은 첫째, 에너지원이 청정하고 그 양이 무제한이다. 둘째, 필요한 장소에서 필요한 양만 발전 가능하다. 셋째, 유지보수가 용이하고 무인화가 가능하다. 넷째, 20년 이상의 긴 수명을 가진다. 다섯째, 설치기간이 짧아 수요 증가에 신속한 대응이 가능하다. 반면 태양광에너지의 단점은 첫째, 전력생산이 지역별 일사량에 의존한다. 둘째, 에너지밀도가 낮아 큰 설치면적이 필요하다. 셋째, 설치장소가 한정적이고 시스템 비용이 고가이다. 넷째, 초기투자비와 발전단가가 높다. 다섯째, 일사량 변동에 따른 출력이 불안정하다.

태양에너지는 비교적 발전설비의 설치가 간편하고 규모가 작아 농산어촌, 섬지역 등의 소규모 발전에 매우 효율적이라는 특징이 있다. 또한 발전설비뿐 아니라 태양에너지를 활용한 자연채광, 통풍, 살균 등이 건축물, 농업 등 다양한 분야에서 활용되고 있다.

2) 바이오에너지

바이오에너지는 태양광을 이용하여 광합성되는 유기물(주로 식물체) 및 이를 소비하여 생성되는 모든 생물유기체(바이오매스)의 에너지를 말한다. 바이오에너지 생산기술이란 생물유기체를 각종 가스, 액체 혹은 고형연료로 변환하거나, 이를 연소하여 열, 증기 혹은 전기를 생산하는데 응용되는 화학, 생물, 연소공학 등을 일컫는다(두산세계대백과, 2010).

바이오에너지는 주로 식물을 활용한 에너지로서 식물의 지방성분 혹은 당성분을 이용하며, 이미 브라질 등 일부 외국에서는 사탕수수의 당으로 에탄올을 추출하여 자동차연료로 사용하는 경우가 있다(김임순, 2009).

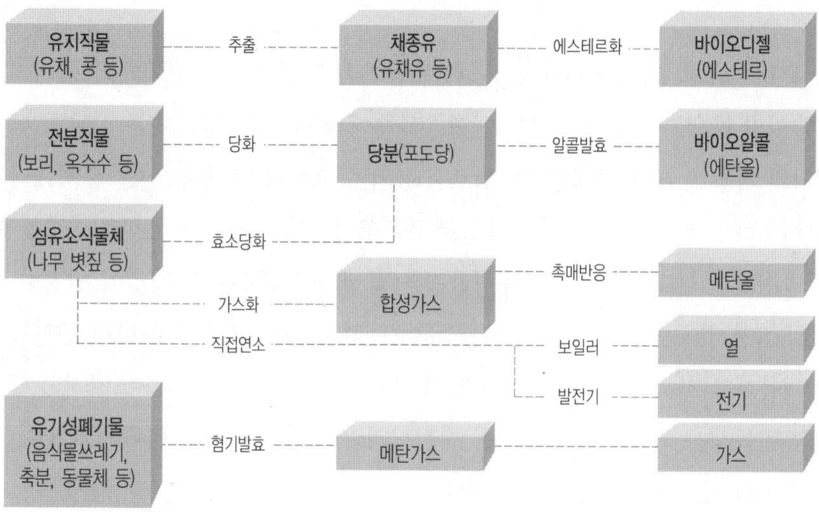

자료 : 신재생에너지센터(2010).

[그림 5.4.2] 바이오에너지의 종류

바이오에너지의 장점은 첫째, 자원이 풍부하고 파급효과가 크다. 둘째, 환경친화적 생산시스템이다. 셋째, 연료, 전력, 천연화학물 등 생성에너지의 형태가 다양하다. 그러나 바이오에너지는 다음과 같은 단점이 있다. 첫째, 자원이 산재되어 있어 수집과 수송이 불편하다. 둘째, 다양한 자원종류에 따라 이용기술도 다양하여 개발이 어렵다. 셋째, 과도하게 이용시 환경파괴의 가능성이 있다. 넷째, 단위공정의 대규모 설비투자가 필요하다.

한편 바이오매스는 태양에너지를 받은 식물과 미생물의 광합성에 의해 생성되는 식물체, 균체와 이를 먹고 살아가는 동물체를 포함하는 생물 유기체를 일컫는다. 바이오매스는 세균을 이용하여 에너지원을 만드는데 곡물, 감자류 등의 전분질계 자원과 볏짚, 왕겨 등의 셀룰로오스계 자원, 사탕수수, 사탕무 등의 당질계 자원, 가축분뇨와 미생물의 단백질계 자원 등이 있다(윤천석, 2009).

3) 풍력에너지

풍력에너지(wind power energy)는 공기의 운동에너지를 기계적 에너지로 변환시켜 발생하는 전기에너지를 활용하는 것이다. 풍력에너지는 인류의 이용 역사가 가장 오래된 신재생에너지로서 풍차 등으로 활용하여 왔다. 풍력에너지를 이용하는 원리는 자연의 바람으로 풍차를 돌리고, 기구를 이용해 속도를 높여 발전기를 돌려 발전한다. 풍력발전은 발전기를 풍속에 관계없이 일정한 속도로 회전시킬 필요가 있기 때문에 제어를 하기 위해 풍속에 따라서 풍차날개의 기울기를 바꿔야만 한다. 다시 말해 공기의 유동이 가진 운동 에너지의 공기역학적 특성을 이용하여 회전자를 회전시켜 기계적 에너지로 변환시키고 이 기계적 에너지로 전기를 얻는 기술이다.

풍력에너지는 공기 오염을 발생시키지 않는 반면에 몇 가지 결점이 있다. 풍력터빈들은 각각 멀리 떨어져 있어야 하므로 넓은 지역을 차지한다. 그리고 풍력터빈 탑 부근은 땅의 자연 상태에서 벗어나 농경지와 목축지로 사용되어져야 한다. 따라서 이러한 에너지 시설은 농장이나 목축지에 세워지게 된다. 하지만 일반적으로 발전 방식에 따른 소요 면적은 풍력 1,335㎡/GWh, 석탄 3,642㎡/GWh, 태양열 3,561㎡/GWh 그리고 태양광 발전 3,237㎡/GWh로서 풍력발전이 가장 작은 면적을 필요로 한다(윤천석, 2009).

풍력에너지의 장점은 첫째, 공해물질 배출이 없어서 청정성을 지닌다. 둘째, 풍력단지의 관광자원화가 가능하다. 셋째, 일부 선진국의 경우 발전단가가 핵발전의 단가와 같은 수준에 와 있으며 핵발전의 폐기물 비용을 감안한다면 보다 경제적이고 친환경적이다. 반면 풍력에너지의 단점은 첫째, 깨끗하고 고갈될 염려가 없지만 에너지 밀도가 낮아 바람에 따라 특별한 지점에만 설치가 가능하다. 둘째, 바람이 불때만 발전을 할 수가 있으므로 지속적 발전이 곤란하여

[그림 5.4.3] 풍력발전단지

저장장치의 설치가 필요하다. 한편 가장 큰 단점으로 지적되었던 소음발생 문제는 최근 풍력발전기가 대형화되면서 문제가 해결되었다.

풍력발전은 비교적 경제성이 높은 편이나 풍력의 특성상 계절, 장소, 시간대 등에 따라 에너지의 발생량이 불안정하다는 단점이 있다. 그러나 소규모 발전시설에서부터 대규모 발전단지에 이르기까지 활용도가 다양하고 비교적 효율이 높은 신재생에너지라는 측면에서 그 보급이 급격히 진행되고 있는 에너지이다.

4) 해양에너지

해양에너지(ocean energy)는 해양에 광범위하게 분포하는 파랑, 조류, 조석, 수온 등의 물리에너지를 전기에너지로 변환한다(김임순, 2009). 해양에너지는 중력 및 태양에너지가 파력, 해류, 조력, 온도차, 바람과 같이 여러 가지 재생 가능한 형태로 저장된 무궁한 에너지원으로 이미 선진국에서는 실용화 기술을 확보한 단계이다. 국내에서도 시화호 조력발전소가 준공될 예정이며, 2015년에는 강화에 세계 최대의 812MW의 조력발전소를 건설하는 등 2030년까지 해양에너지로 2,590MW를 공급하는 것을 목표로 하고 있다. 해양에너지 기술은 환경, 토목, 기계, 전기, 전자, 조선 등 여러 분야의 종합적인 기술이 요구된다.

해양에너지는 고갈의 우려가 없고 부존양이 풍부하며 공해가 발생하지 않는다. 그러나 발전시설을 갖추는데 지형적인 제약이 까다로운 편이다. 또한 개발단가가 높아 보편적인 에너지원으로 사용하는데 한계가 있다.

해양에너지는 크게 조력발전, 파력발전, 온도차발전으로 나누는데 조력발전의 경우 우리나라 서해가 조석간만의 차가 크고 수심이 얕으며, 해안선의 굴곡이 심해 양호한 입지조건을 갖추고 있는 것으로 평가된다.

[그림 5.4.4] 조력발전

5) 지열에너지

지열에너지(geothermal energy)는 지구내부에서 표면을 거쳐 발생되는 열을 이용하는 것으로 재생이 불가능한 에너지원이지만 지구 자체가 가지고 있는 자연에너지이다(미래기획위원회, 2009). 지열에너지는 지하의 열을 직접적으로 이용하기도 하고 뿜어져 나오는 증기를 이용하여 터빈을 돌려 전기를 생산하여 이용하기도 한다.

지열에너지는 물, 지하수 및 지하의 열 등의 온도차를 이용하여 냉 · 난방에 활용하는 기술인데 태양열의 약 47%가 지표면을 통해 지하에 저장되며, 이렇게 태양열을 흡수한 땅속의 온도는 지형에 따라 다르지만 지표면 가까운 땅속의

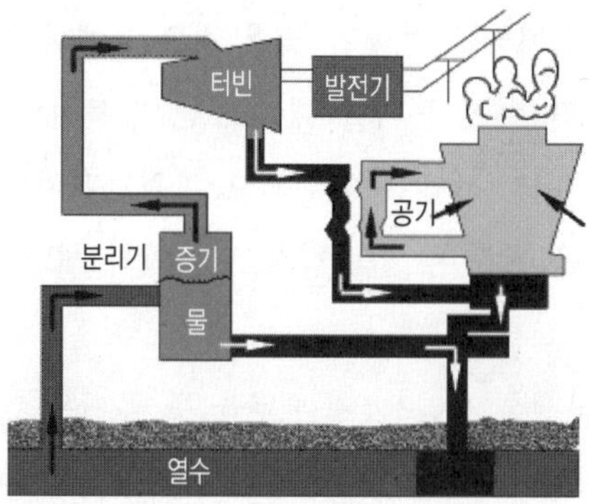

자료 : 신재생에너지센터(2010).

[그림 5.4.5] 지열에너지의 이용원리

온도는 대략 10℃~20℃ 정도를 유지해 열펌프를 이용하는 냉난방시스템에 이용할 수 있다.

지열에 있어서 가장 유용한 온도는 섭씨 80도에서 180도 사이이며, 지표 아래의 층이나 저장고에 있는 열수와 증기를 이용하여 발전한다. 지열에너지를 이용하는 시스템은 지열을 회수하는 파이프(열교환기) 회로 구성에 따라 폐회로(closed loop)와 개방회로(open loop)로 구분할 수 있다(김석권, 2009).

지열에너지는 비교적 운전이 간단하고 가동률이 높아 지역에너지로 사용하는데 장점이 있다. 지열에너지는 태양에너지와 함께 대표적인 녹색에너지로 꼽히고 있으며 그 활용범위가 빠른 속도로 확산되고 있다.

6) 원자력에너지

원자력에너지는 원자에너지 또는 핵에너지라고도 하는데 원자핵의 변환에 따라서 방출되는 에너지이다. 원자력에너지는 핵분열과 핵융합을 이용하여 만들며 원자력발전은 핵분열을 이용한 것이다. 핵융합은 아직 에너지원으로 사용할 수 있는 방법을 찾지 못했으나 동력원으로 사용될 경우 막대한 에너지를 공급받고, 다양한 부가적 이득을 얻을 수 있을 것으로 예상된다. 광의의 원자력에너지에는 방사성원소가 자연 붕괴할 때 나오는 방사선의 에너지도 해당된다. 반면 협의의 원자력에너지 개념은 인위적으로 원자핵변환을 일으켜 이용가능한 에너지를 빼낸 것을 말하며, 일반적으로 협의의 개념을 원자력에너지라고 지칭하고 있다.

원자력에너지의 발생은 우라늄, 플루토늄 등 무거운 원소의 원자핵을 연쇄적으로 분열시키는 방법 즉 핵분열과 중수소(重水素) 등 가벼운 원소의 원자핵을 융합시키는 방법 즉 핵융합이 있다. 초기 원자폭탄 · 원자로는 이들 중 핵분열을 이용한 것이고 수소폭탄은 핵융합을 이용한 것이다(위키백과, 2011).

핵융합은 이를 제어하여 동력원으로 이용하는 방법이 아직 확립되어 있지 않다. 원자핵에서 방출되는 에너지는 보통의 화학반응의 에너지와 비교하면 원자 1개당 수백만 배라는 거대한 것이 되고 그 에너지의 방출은 제3의 불의 발견이라고 하기도 한다. 원자력에너지는 인류의 장래 에너지원의 주력을 이룰 것으로 생각된다. 에너지의 방출과 동시에 새로 생기는 원자핵은 많은 경우 방사능을 띠고, 핵분열에 의해 방출되는 중성자를 물질에 흡수시키면 모든 원소에 대하여 방사성동위원소가 얻어지므로, 이들을 인공방사선원으로 이용할 수 있다. 이것은 원자력의 이용면에서 동력원과 함께 중요한 위치를 차지한다.

표 5.4.1 녹색에너지의 종류별 장단점

구분	장점	단점
– 태양열	· 무공해, 무한량	· 비경제적
– 태양광	· 간편한 설치 · 소음과 진동이 없음 · 수명이 길고 유지비용이 없음	· 높은 초기설치 비용
– 바이오매스	· 잠재에너지로서 높은 가치	· 높은 산림고갈의 우려
– 풍력	· 무한정 · 설치비용이 적고 설치기간이 짧음	· 풍량에 따른 이용제한
– 지열	· 저렴한 발전비용 · 청정	· 수몰보상 · 지역편재
– 해양에너지	· 무한정, 청정	· 해양생태계에 영향 · 높은 시설비

구분	장점	단점
– 폐기물 에너지	· 높은 경제성 · 쓰레기활용을 통한 환경오염 예방	· 높은 기술요구
– 수소에너지	· 청정 · 간편한 사용, 수송과 저장 용이 · 물로 재순환 가능	· 폭발 위험성 · 저장곤란
– 원자력에너지	· 무한정 · 저렴한 발전비용 · 높은 발전효율	· 높은 기술요구 · 방사능유출위험

자료 : 김임순(2009).

제3절 | 녹색에너지의 사례

1. 미국의 바이오디젤

대두유 생산국인 미국의 경우 바이오디젤을 생산하는데 소요되는 비용은 화석연료를 생산하는데 드는 비용의 31%에 불과하다. 우리나라의 경우에도 식물성 연료를 대량으로 생산하지는 않지만 이미 사용된 식용유를 수거하여 사용할 경우 해외에서 수입하는 화석연료보다 싼 가격에 바이오디젤의 생산이 가능하다. 바이오디젤의 가장 큰 장점은 자동차에서 뿜어져 나오는 매연을 저감할 수 있다는 것이다. 바이오디젤은 CO_2의 산출량이 아주 낮으며, 순도 100% 바이오디젤의 경우 CO(일산화탄소: -50%), THC(총미연소탄화수소 : -93%), PM(분진 : -30%), SOx(황산화물 : -100%), OFP(오존발생잠재도 : -50%), PAH(발암성 방향족 화합물: -80%), nPAH(질화 발암성 화합물: -90%)가 경유보다 훨씬 적게 배출된다(손학식, 2008).

바이오디젤은 기존 경유차량에 별도의 차량 구조변경 없이 사용가능하다. 기존 경유 차량에 주유만 하면 되고 별도의 혼합장치 없이 자동으로 경유와 섞을 수도 있다. 또한 바이오디젤은 청정연료이기 때문에 차량의 장기사용에 해가 없다. 기존 경유차량에 순도 50%이상의 바이오디젤을 연료로 사용할 경우 이것이 솔벤트 역할을 하게 되어 기존 경유에 의한 침전물을 연료탱크, 연료펌프, 연료호스로부터 제거하기도 한다.

2. 지열을 이용한 유럽의 철도역사 냉난방

유럽에서는 철도역사의 냉난방에 지열을 이용하는 경우가 많다. 철도역에서 가동하는 냉난방에는 막대한 에너지가 소요된다. 지상의 경우 동절기와 하절기의 기온차가 크게 나타나지만 지중온도는 연중 일정하여 하절기에는 지상의 기온보다 지중의 온도가 낮고, 동절기에는 지상의 기온보다 지중의 온도가 높다. 따라서 이러한 지열을 효율적으로 활용하면 냉 · 난방 에너지를 크게 절감할 수 있다.

영국 Liverpool의 South Parkway역의 경우 3,200만 파운드(한화 약 700억원)를 들여서 만든 환경친화적인 역사로 난방에 필요한 에너지의 60%를 지열로부터 얻도록 만들어졌다. 이를 통해 매년 난방에 필요한 에너지의 50% 이상을 지열을 통해 공급받고 있다. 그 밖에 South Parkway역의 지붕은 2.3톤의 재생 알루미늄을 사용하였고, 연간 70만 리터의 빗물 재활용 시스템을 갖추고 있다. 또한 태양전지를 이용해 전기를 생산하는 등 다양한 환경적 요소가 고려되었다(이진택, 2009).

한편 오스트리아 U-Bahn의 Praterstern역에서는 리노베이션 공사를 통해 지하에서 냉방 및 난방을 위한 에너지를 얻어 역사 건물 및 역구내 상가의 냉 · 난방, 계단 및 표면의 결빙방지 등에 이용하고 있다.

또한 독일 Barbis의 Bad Lauterberg역에서는 2005년에 설치된 지열시스템을 이용하여 승강장을 가열함으로써 눈이 왔을 때 저절로 눈이 녹도록 하였다. 승강장 아래에는 9개의 시추공 열 교환기(Borehole Heat Exchanger : BHE)를 200m 깊이로 설치하였다(신재생에너지센터, 2009).

한편 철도역에서는 냉난방 이외에 동절기에 전철기의 결빙을 예방하는 데에도 많은 에너지가 소비되는데 유럽에서는 지열 시스템을 이용하여 결빙을 방지하고 있다. 2003년에는 네덜란드의 Arnhem에 시범적으로 설치되었고 2004년에는 Lelystad의 32개 전철기에 설치된 바 있으며 독일에서도 Holzminden에 100m 깊이 시추공 열 교환기 1개를 설치하여 전철기의 결빙을 예방하고 있다.

3. 브라질의 녹색에너지 활용 병원

브라질은 101개의 병원을 대상으로 녹색에너지 활용프로젝트를 추진 중이다. 이를 통해 연간 5,769MKW의 전력소모를 예방하고 있으며 전체비용의 25%를 절감하는 것으로 목표로 잡고 있다(신재생에너지센터, 2009).

중소병원들을 독립적인 정부보건통합시스템(government health unified system)으로 관리하고 있는데 이는 전체 병상의 3분의 1에 해당한다. 이를 통해 전체 보건분야에서 사용되는 에너지 사용량 8%를 감소시키고자 한다.

녹색에너지 활용프로젝트의 주요내용은 ① 옥상에 청경재배 농장을 설치하여 건물온도 상승예방, ② 병원건축물의 친환경 디자인 도입, ③ 정원가꾸기, ④ 병원의 위치와 대중교통의 위치 고려, ⑤ 자연광 고려, ⑥ 고효율 전구사용, ⑦ 태양광을 이용하는 가로등 설치 등이다.

4. 공주시의 축산바이오매스 활용

우리나라의 녹색에너지 기술수준은 선진국에 비해 아직 미흡한 실정이나 태양에너지, 바이오에너지 등을 중심으로 기술개발과 보급에 노력하고 있다. 충청남도 공주시에서는 축산폐수공공처리장을 설치하여 바이오매스를 이용한 마이크로 가스터빈 분산발전 설비를 갖추고 전기를 생산한다. 이곳 축산폐수공공처리장에서는 축산농가에서 발생되는 축산폐수를 하루 100톤 처리하고, 매일 1,200kWh의 전력(시설용량기준)과 경유 50리터 상당에 해당하는 열에너지를 생산한다. 생산된 전력은 공주축산폐수공공처리장의 동력원으로 활용되고 열에너지는 축산폐수를 처리하는 혐기성소화조 온도유지에 사용한다. 이 설비는 특히 메탄가스 함량이 낮은 바이오가스를 전기 및 열에너지로 변환할 수 있는 시스템을 개발하여, 메탄과 이산화탄소로 이루어져 있는 일반 바이오매스와는 달리 메탄과 질소로 구성된 바이오가스를 배출하여 온실가스 배출을 최소화할 수 있다.

5. 광주시의 태양광빌리지 조성사업

광주시는 전국 태양광주택의 8%를 확보하기 위해 매년 태양광발전시스템을 보급하고 있다. 이러한 목표에 따라 광주시는 2004년에 신효천마을 66가구에 태양광발전시스템을 보급하였다. 신효천마을은 2003년 광주광역시가 광역위생매립장을 만들면서 집단적으로 이주한 마을이다. 총 64가구가 지금의 위치에서 남쪽으로 1.5㎞떨어진 곳에 거주를 하였으며, 이주한 주택에 2004년부터 각 가정 옥상에 태양광 2.1kw씩을 설치하여 사용하고 있다. 우리나라에서는 태양에너지를 집단적으로 설치한 사례로는 처음이며 가장 큰 규모이다.

이 마을은 광역위생매립장 인근에 위치하여 평소 주민들의 불만이 있었다. 그러나 광역위생매립장을 통해 조성된 기금을 사용하여 마을 주민들의 자부담을 지원해 주었고 이를 통해 태양광발전시스템을 보급하였다. 국내 최초의 태양광빌리지이기도 한 신효천 마을은 66가구에 2.1kW씩 설치해 총 138.6kW규모로 월 평균 전력생산량이 11,000kWh다. 광주시는 이를 통해 2007년 신재생에너지센터가 주관하는 제2회 신재생에너지설치 우수사례전에 민간부문 최우수상을 받기도 했다(신재생에너지센터, 2008).

[그림 5.4.6] 태양광빌리지

6. 시사점

미국, 유럽 등의 선진국은 녹색에너지의 보급과 활용을 통해 자연에 무해한 에너지의 사용을 위해 노력하고 있다. 뿐만 아니라 개발도상국 역시 요구되는 기술수준이 상대적으로 다른 녹색에너지에 비해 높지 않은 태양광에너지를 중심으로 적극적인 보급정책을 추진하고 있다.

우리나라의 경우에는 태양광에너지, 지열에너지 보급을 위해 정부보조금 정책을 시행하고 있을 뿐 국가적 차원의 녹색에너지 개발이나 보급은 이루어지지 않고 있는 것이 현실이다. 그러나 광주광역시의 신효천마을은 마을공동기금으로 태양광발전시스템을 구축하여 에너지자립이 가능한 수준에 이르렀다. 녹색에너지 사용에 대한 일반 국민과 기업의 인식수준은 선진국과 상당한 격차를 보이고 있다. 따라서 미국, 유럽, 브라질 등의 국가와 같은 녹색에너지 기술개발과 보급정책 뿐 아니라 녹색에너지 사용에 대한 국민의 인식 개선이 이루어져야 할 것이다.

제4절 | 녹색에너지의 전망과 과제

1. 전망

세계 각국은 녹색에너지의 개발과 보급을 위해 노력하고 있다. 특히 선진국은 태양광에너지, 풍력에너지 등을 널리 사용하고 있다. 녹색에너지는 보급수준과 국민인식을 제외하고, 선진국과 개발도상국간의 기술적인 격차는 비교적 크지 않은 편이다. 그러나 조력에너지 등의 일부에서는 선진국과 개발도상국간의 기술수준 차이가 존재하고 그 차이는 향후 더욱 확대될 것으로 전망된다.

한편 태양광에너지, 풍력에너지, 지열에너지를 중심으로 녹색에너지의 활용은 점차 늘어날 것으로 예상된다. 특히 태양에너지는 그 활용가능성이 매우 높은데 이미 유럽, 미국, 일본 등의 선진국에서는 보편적으로 이용되고 있다. 최근에는 사막에 태양광발전소를 설치하여 전력을 생산하는 방안이 적극적으로 논의되고 있다.[4] 향후 태양에너지를 중심으로 그 활용범위가 급속히 확대될 것으로 예상되는 바 우리나라도 녹색에너지의 기술개발과 보급노력이 확대되어야 할 것이다.

2. 과제

우리나라의 경우에는 풍력에너지발전 시범단지조성, 태양광에너지마을 시범사업 등의 보급정책을 펼치고 있으나 선진국의 적극적인 보급정책에 비해 소극적인 수준이다. 이에 따라 녹색에너지의 기술수준 제고와 보급을 위해서는 다음이 요구된다.

---

4 1시간 동안 지구상에 내리쬐는 태양에너지의 총량은 세계에너지 소비의 1년분을 조달할 수 있는 양이다. 이렇게 막대한 양의 태양에너지를 활용하기 위해 현재 아프리카 사막지역에 태양광발전소를 건립하여 유럽에 전력을 공급하는 방안이 활발히 논의되고 있다.

첫째, 바이오디젤, 해양에너지 등의 성장잠재력이 큰 에너지부문에 대한 기술개발이 소홀하다. 따라서 새로운 분야에 대한 녹색에너지 개발이 꾸준히 이루어질 경우 환경적으로 무해하고 무한한 청정에너지 시장을 선점할 수 있을 것이다. 둘째, 태양광에너지, 풍력에너지 등의 기술은 이미 개발도상국의 기술수준이 선진국 수준에 근접하고 있어 국제적 분업체제의 마련이 필요하다. 즉 태양광 셀 등의 생산은 중국과 같은 가격경쟁력을 가진 국가에서 선점하고 있어 발전시스템, 축전지 등의 고부가 틈새시장 개척이 요구된다.

탐구학습

1. 주요개념

- 녹색에너지
- 태양열에너지
- 태양광에너지
- 지열에너지
- 풍력에너지
- 바이오에너지
- 해양에너지

2. 토론과 과제

- 녹색에너지의 종류별 장점과 단점
- 실생활에서 실천할 수 있는 녹색에너지의 활용방안
- 녹색에너지 기술을 우리나라의 신성장산업으로서 발전시키기 위해 필요한 정책

참고문헌

김기석 외(2009), 신재생에너지, 영남대학교출판부.
김석권(2009), 태양광 발전시스템의 설계설비 시공사례집, 신기술.
김임순(2009), 저탄소 녹색성장, 북스힐.
미래기획위원회(2009), 녹색성장의 길, 중앙북스.
손학식(2008), 에너지진단원론, 한국에너지정보센터.
이진택(2009), 신재생에너지, 아이세움코믹스.
윤척석(2009), 신재생에너지, 인피니티북스.
http://www.encyber.com(두산백과사전)
http://www.energy.or.kr(신재생에너지센터)
http://www.mk.co.kr(매경닷컴 용어사전)
http://www.mke.go.kr(지식경제부)
http://www.wipipedia.org(위키백과)

제5장

도시광산

제1절 | 도시광산의 의의

1. 배경

금, 은, 구리 등의 매장량은 한정되어 있는 반면 사용량은 기하급수적으로 증가하고 있다. 한편 전 세계적으로 전자제품 속에 들어있는 금, 은, 구리의 양은 상당량에 이르고 있다. 1980년대부터 일본에서는 전자제품에 들어있는 금, 은, 구리 등의 활용가능성에 주목하였다. 일본의 물질재료연구소가 2007년에 추정한 바에 따르면, 일본 도시광산의 금 축적량은 약 6,800톤에 달한다(유호헌, 2009).

이는 전 세계 매장량인 4만 2,000톤의 16%에 달하는 양으로 세계 최대의 금 자원국인 남아프리카공화국에 매장된 6,000톤을 웃도는 규모이다. 은은 약 6만톤으로 현재 세계 매장량의 23%, 액정텔레비전에 사용되는 희귀 금속인 인듐은 약 1,700톤으로 세계 매장량의 38%가 일본의 전자제품 속에 내장되어 있다. 또한 구리나 백금과 같은 금속은 현재 매장량 기준으로 세계 3위 이내에 들 정도의 양이다.

금광산의 원석 1톤에서 채취되는 금의 양은 평균적으로 4g 정도인 반면 휴대전화 1톤에 포함된 금의 양은 280g에 달하는데, 이는 원석에서 채취되는 금 양의 약 70배이다. 따라서 도시광산의 전자폐기물은 금속함유 비율이 매우 높아 경제성이 있다고 할 수 있다.

2. 개념

도시광산(urban mining)은 휴대전화, 컴퓨터 등 전자제품의 전자회로기판(PCB)에 있는 주요 금속물질과 차량에 사용된 수많은 금속물질을 추출하여 재활용하는 것을 의미한다. 같은 지하자원이라도 석유나 석탄은 태워서 사용해 버리면 원래의 형질이 없어지는 반면 금속은 사용한 뒤에도 폐기물 속에 그대로 남아있는 점에 착안한 것으로 1980년대 도호쿠 대학 선광제련 연구소의 난조 미치오 교수진에 의해 금속재활용의 의미로 처음 제시되었다(유호헌, 2009).

3. 중요성

도시광산의 중요성은 다음과 같다. 첫째, 금, 구리 등의 지하자원은 한정되어 있어 언젠가 고갈되는 자원이다. 따라서 전자제품 등의 생산품을 지속적으로 생산하고 인류가 이용하기 위해서는 이들 자원의 재활용을 위한 도시광산이 필요하다. 둘째, 매장자원의 경제적 가치가 날로 증가하고 있다. 특히 도시광산에서 주로 취급하는 희유금속(rare metal)은 지각 내에 존재량이 지리적으로 편재되어 추출이 제한된 금속광물자원을 통칭한다. 일본의 경우 리튬, 인듐 등 31종을 선정하고 있고, 미국은 33종, 한국은 35종의 광물을 희유금속으로 정의하여 분류하고 있다. 이러한 희유금속은 소량을 첨가하여 소재의 기능을 다양하게 결정지을 수 있는 핵심물질 역할을 하고 있기 때문에 산업화가 고도화될수록 더 많이 사용되는 특징을 가진다(유호헌, 2009).

희유금속은 고부가 전자산업의 기반이 되는 자원이라 할 수 있다. 셋째, 도시광산은 환경에 해가 없다. 폐가전제품을 자기 열반응으로 처리하여 석유나 가스를 태워 외부로부터 가열할 필요가 없는 기술이 최근 일본에서 개발되었다. 이산화탄소와 다이옥신의 배출이 전혀 없고 폐가전제품의 대부분을 재활용함으로써 산업폐기물처리가 최소화되므로 환경에 해가 없다. 특히 도시광산이 활성화될 경우 지하자원을 캐기 위해 갱도를 파는 등 환경을 파괴할 가능성이 줄어든다.

제2절 | 도시광산의 주요내용

1. 관련법률 및 정책

우리나라의 경우 도시광산의 활성화를 위해 법적 정비를 추진 중에 있다. 국토의 계획 및 이용에 관한 법률 중 도시관리계획 결정 제외대상인 재활용을 목적으로 하는 처리시설의 범위를 명확히 하는 한편 산업집적활성화 및 공장설립에 관한 법률 시행령을 개정하여 국가산업단지 내에 도시광산 기업의 입주가 가능토록 조치할 계획이다(지식경제부, 2009). 또한 폐기물관리법에 따른 허가요건을 완화하여 산업단지에 입주하는 기업에 대해서는 폐기물처리업 허가절차 중 사전적합검토절차를 면제할 계획이다. 한편 희유금속에 대한 국가차원의 비축을 확대하여 도시광산 기업이 생산하는 자원의 수요기반을 확충하고, 도시광산기업이 사용하는 폐자원의 수급이 용이하도록 수입관세 인하 등의 정책방안을 검토하고 있다.

2. 주요내용과 특징

전자제품의 고성능화를 위한 신제품개발 등으로 희유금속을 이용한 제품의 수가 급속히 증가하고 있다. 예컨대, 플랫패널 디지털카메라는 희유금속을 활용하여 생산하는 대표적인 전자제품으로 그 생산량은 급속히 증가하고 있으며 이러한 추세는 점차 가속화 될 것으로 예상된다. 희유금속의 수요는 직선의 형태로 증가하나 공급은 광산개발이나 제련설비 가동 등에 의하기 때문에 계단형태로 증가한다. 따라서 단기적인 수요공급의 균형을 맞추는 것이 어려운 문제이다.

또한 희유금속은 채취가능 매장량이 적고 기술적으로 추출이 어려우며, 지리적으로 편재되어 매장되어 있는 경우가 많아 공급량 자체를 확대하는 것도 곤란하다. 예컨대 희유금속 중 인듐 등의 7개 광종은 상위 5개국이 전 세계 생산량의 90%를 차지하며, 희토류(rare earth element)는 중국이 전세계 매장량의 98%를 보유하고 있다. 이러한 상황에서 일부 희토류 보유국은 이를 자원무기화 할 수 있다.

자료 : 지식경제부(2009).

[그림 5.5.1] 도시광산의 과정

한편 도시광산의 과정은 생산된 제품을 폐기할 때 이를 모아 재자원화하는데 폐기물을 순환자원으로 간주한다. 재자원화는 회수-분리-선별-용융의 과정을 거쳐 다시 산업원료로 재활용된다. 재자원화되는 자원은 폐기되는 제품에 따라 다양한데 TV의 경우 브라운관 유리의 재활용과 배면에 납이 함유되어 있는 유리를 고순도로 추출 및 재생한다. 에어컨은 프레온가스를 회수한 뒤 파쇄하여 철, 동, 알루미늄 등의 금속자원을 회수한다. 냉장고와 세탁기는 몸체에서 철, 동, 알루미늄 등의 금속자원과 플라스틱 소재를 회수한다.

제3절 | 도시광산의 사례

1. 일본의 파나소닉 에코테크놀로지센터

일본은 2010년부터 휴대폰 판매점들로 하여금 의무적으로 폐휴대폰을 회수하게 하는 전자제품 재활용정책을 추진하고 있다. 이를 위해 폐휴대폰 수거에 적극적이지 않은 판매점에 대해서는 50만엔의 벌금을 부과하고 있다. 또한 민간부문에 있어서도 도시광산에 대한 관심이 증가하고 있는데, 대표적인 예로 파나소닉그룹의 리사이클을 담당하고 있는 파나소닉 에코테크놀로지센터(PETEC)를 들 수 있다. PETEC은 일본 효고현 카토시의 야시로공업단지에 소재하고 있는데 TV, 에어컨, 세탁기, 냉장고 등 폐가전제품을 연간 70만대 처리하고 있다. 2008년의 경우 연간 4만명이 방문하여 가전리싸이클을 견학하였는데 이 중 1만3천명이상이 외국인이었다. PETEC은 일본의 대표적인 리사이클시설이다(파나소닉 에코테크놀로지센터, 2010).

리싸이클라인에서 TV는 핑크, 세탁기는 블루, 에어컨은 오렌지, 냉장고는 그린색으로 품목별 색상을 구분하고 있으며, 자사의 폐가전제품뿐 아니라 총 24개 제조사의 제품을 취급하고 있다.

자료 : 파나소닉 에코테크놀로지센터 웹사이트.

[그림 5.5.2] 폐가전제품 재활용

2. 경기도 화성의 자원재활용기업

경기도 화성의 자원재활용 기업 리컴(주)의 공장에선 금, 은, 팔라듐, 구리 등이 35% 이상 녹아있는 원료가 매달 150여톤씩 처리된다. 이 원료는 금속제련 회사에서 순도 99% 이상의 금속원자재로 재탄생하고 있다. 리컴은 2005년 매출액 57억원에서 2007년 100억원으로 2년만에 2배로 성장하였다.

최근 전세계적으로 원자재 가격이 급등하면서 도시의 전자제품에서 고부가 가치의 금속 원자재를 만들어 내는 도시광산이 각광받고 있다. 우리나라의 경우 일본, 유럽 등에 비해 초보적인 수준이나 제도정비 및 활성화 정책추진을 계획하고 있다.

3. 시사점

일본은 2001년 대형쓰레기로 처리되던 가전제품을 회수해 제조사의 리싸이클 공장에서 원료로 재생시키는 것을 주요내용으로 하는 가전리싸이클법이 시행되고 있는데 현재 지정된 품목은 TV, 에어컨, 냉장고, 세탁기의 4개 품목이다. 가전리싸이클법에서는 소비자가 폐가전제품에 대한 일정액의 처리비용을 부담하는 한편 제조업자에게는 회수 및 리싸이클을 의무화하고 있으며 전국에 380여개소의 지정인도장소와 48개소의 리싸이클 공장이 운영 중이다(충북일보, 2009).

우리나라의 경우 도시광산에 대한 인식이 낮은 수준이나 최근 국토의 계획 및 이용에 관한 법률, 산업집적활성화 및 공장설립에 관한 법률, 폐기물관리법 등을 정비하여 도시광산 기업이 산업단지에 입주가능토록 하는 등의 조치를 검토하고 있다. 우리나라가 일본 못지 않은 세계적인 전자제품 생산국가임을 감안할 때 폐기되는 가전제품을 활용하여 자원을 추출한다면 경제성이 담보될 수 있는 여건을 갖추고 있다. 따라서 일본과 같은 제도를 마련할 경우 그 효과가 클 것으로 예상된다. 즉 소비자는 폐가전제품 처리시 리싸이클링 비용을 부과하여 이를 도시광산 활성화에 투자하는 동시에 생산자는 회수 및 리싸이클을 의무화하는 방안이 필요하다.

제4절 | 도시광산의 전망과 과제

1. 전망

최근 중국, 인도 등 개발도상국의 경제발전과 함께 국제 원자재의 수요가 급증하고 있다. 중국의 경우 국제 원자재의 확보를 국가경제발전을 위한 필수요소로 보고 무차별적으로 구입하고 있다. 아울러 폐가전제품의 경우에도 중국의 수입량은 세계적인 수준이며, 그 증가세가 기하급수적으로 늘어나고 있는 실정이다. 이러한 국제 원자재 가격의 상승과 자원무기화는 치열해지는 국가간 폐가전제품의 확보전 양상으로 전개된다.

한편 최근 희토류의 자원무기화 경향이 강해지고 있다. 전 세계 희토류 공급의 90%를 차지하고 있는 중국은 일본과의 외교분쟁에 희토류를 무기화하여 일본의 양보를 얻어내기도 하였다. 이렇게 국제 원자재의 공급감소, 수요증가 추세, 자원무기화 사례에 비추어 볼 때 각국은 도시광산을 통한 폐가전제품 리싸이클에 더욱 많은 관심을 기울이며 활성화 정책을 추진할 것으로 전망된다.

2. 과제

우리나라는 폐가전제품의 30% 정도가 중국으로 수출되고 있는 것으로 추정되고 있다. 특히 희귀금속이 많은 휴대폰의 경우 연간 1,000만대 이상이 버려지고 있으나 국내에서의 재활용은 200만대에 그치고 있다. 도시광산을 활성화하기 위해서는 다음과 같은 방안이 필요하다(충북일보, 2009).

첫째, 폐가전제품의 안정적인 확보방안이 마련되어야 한다. 그 동안 금속자원 가격이 낮아 이뤄지지 않았던 리싸이클은 금속가격의 상승, 환경문제의 대두 등으로 더욱 활성화 될 것으로 예상된다.

둘째, 희소자원을 유효하게 리싸이클 할 수 있는 시스템의 구축이 필요하다. 이같은 희소자원은 폐기물의 형태로 본래 가치보다 낮은 저가로 국외유출이 되는 경우가 많이 발생한다. 따라서 제품의 설계 및 제조단계에서부터 희소자원을 채취하기 용이하게 하는 등의 적절한 재이용 시스템의 구축이 필요하다.

셋째, 도시광산을 활성화할 수 있는 법적 장치 마련이 필요하다. 일본에서의 리싸이클산업이 활성화되고 있는 이면에는 리싸이클에 대한 법을 마련하고 시행한 배경이 있다. 폐가전제품 리싸이클에 대한 소비자와 생산자의 의무부과가 생산적인 측면에서 필요한 의무임을 인식하고 이를 제도화하는 것이 필요하다.

탐구학습

1. 주요개념
- 도시광산
- 희유금속
- 희토류
- 자원무기화

2. 토론과 과제
- 폐가전제품을 재활용하는 과정
- 폐가전제품을 재활용할 때 얻을 수 있는 장점
- 희유금속의 자원무기화에 대응할 수 있는 방안

참고문헌 및 관련사이트

광남일보, 쓰레기 더미속 황금알 도시광산, 2009년 12월 22일.
유호헌(2009), 일본사례를 통해 본 도시광산의 미래, LG경제연구원.
지식경제부(2009), 보도자료 : 도시광산 개발 본격시동.
조선일보, 도시광산, 2008년 6월 19일.
충북일보, 도시광산개발 자원부국으로 가는 첫걸음, 2009년 8월 23일.
KOTRA(2009), 내부자료.
http://www.nims.go.jp(일본물질재료연구소)
http://www.panasonic.co.jp/eco/petec(파나소닉 에코테크놀로지센터)

제6편

녹색인프라의 구축과 관리

제1장 | 녹색교통
제2장 | 녹색산업단지
제3장 | 생태하천
제4장 | 녹색정보

저탄소 녹색성장사회를 견인하는 주요한 인프라를 구축하는 전략과 방법 등에 대해 살펴보기로 한다.
이를 위하여 녹색교통, 녹색산업단지, 생태하천, 그리고 녹색정보에 대하여 중점적으로 검토한다.

제1장

녹색교통

제1절 | 녹색교통의 의미

1. 배경

국제사회의 온실가스 감축의무 요구에 따라 최근 EU, 미국 등은 온실가스 감축과 자동차 산업의 경쟁력 강화를 위하여 자동차 온실가스 배출 및 연비기준을 발표하고 있다. 이와 같은 배출규제는 자동차 관련 산업분야에서 새로운 무역장벽으로 작용하고 있어 대외무역 의존도가 높은 한국경제에는 부담이 아닐 수 없다.

특히 에너지 빈국인 우리나라는 에너지 감축을 위해 체계적인 준비가 절실한 실정이다. 그러나 교통부문의 온실가스 감축은 국민 삶의 방식의 변화와 에너지 절약형 경제활동이 수반되어야 하므로 사전 준비없이 의무감축국이 되는 경우 교통물류 및 경제활동 위축 등 심각한 타격을 받게 된다. 또한 국내 교통부문의 에너지 소비는 2006년을 기준으로 국내 전체 에너지소비의 21%인 37백만톤이며, 이중 도로교통부문이 전체 교통부분의 79%를 차지하고 있다(한국교통연구원, 2009). 교통부문의 에너지 소비는 휘발유, 경유 등 화석연료가 80% 이상을 차지하고 있어 저탄소 녹색성장을 위해서는 기후변화, 에너지 위기 등 녹색시대에 맞는 교통개선대책이 필요하다.

2. 개념

녹색교통은 녹색성장 정책의 원칙을 교통수단과 이용에 적용한 교통체계를 의미한다. 기존의 교통체계가 사람과 화물의 이동을 값싸고 빠르게 하는 데 중점을 둔 결과 교통혼잡, 환경파괴와 같은 부작용을 초래하였다. 녹색교통의 목적은 기존의 교통체계가 가져오는 사회적 부작용을 줄이면서 교통의 본래기능을 충실히 하는 것이다(김형국, 2011).

따라서 녹색교통은 교통에 있어서 에너지 소비를 줄이고 화석연료 소비와 온실가스 배출을 최소화하기 위해 육상교통, 해상교통, 항공교통, 물류 정책에 대한 종합적인 조정과 각종 교통시설 및 교통수단 등 국가교통체계를 효율적으로 개발 운영 · 관리하여 저탄소 교통체계를 구축하고 녹색가치를 창출하는 것이라 할 수 있다(저탄소 녹색성장 기본법 제53조, 국가통합교통체계효율화법 제2조, 지속가능 교통물류 발전법 제2조).

이와 같이 녹색교통은 단순히 자전거, 보행 등의 녹색교통수단 뿐 아니라 사람 또는 화물운송에 이용되는 자동차, 열차, 항공기, 선박 등 교통수단 간의 효과적인 연계를 통하여 저탄소 교통체계를 구축하고 녹색가치 창출을 도모하는 시스템을 구축하는 것을 목표로 하고 있다.

3. 중요성

교통부문의 에너지 소비는 전체 에너지 소비량의 21%이고, 이중 도로교통의 CO_2 배출량이 80% 이상을 차지해 온실가스 배출이 심각한 실정이다. 2008년 우리나라의 교통관련 총 사회비용은 교통혼잡비용 20조 7천억원을 비롯하여 사고

비용, 환경관련 비용을 합하면 62조 9천억원으로 GDP 대비 6.1%에 달해 영국 4.7%, 프랑스 5.6%보다 훨씬 높다(김형국, 2011). 또한 세계 각국은 자국에서 생산되거나 수입되는 자동차의 탄소배출 기준을 점차 강화하고 있으며, 재생에너지를 이용한 자동차 개발에 주력하는 등 선진국들은 이미 저탄소 녹색성장에 대한 장기적인 전략목표를 수립하고 저탄소화정책을 시행 중에 있다. 이것이 새로운 무역장벽으로 작용하고 있어, 우리나라의 적극적인 대응이 요구된다.

이와 같은 대내외적인 상황하에서 저탄소 교통체계 구축과 녹색가치를 창출하기 위해서는 단기적으로는 교토 의정서에서 선진국에 제시한 수준의 온실가스 감축목표를 달성하고, 그린카(green car) 관련 녹색성장 기술을 확보하는 것이 중요하다. 또한 대중교통, 철도 및 수운의 활성화를 통해 교통체계의 저탄소화를 추진하고 녹색시대에 대비한 법 · 제도적 기반을 구축하는 것이 필요하다.

제2절 | 녹색교통의 주요내용

1. 관련법률 및 정책

저탄소 녹색성장 기본법 제53조에서 저탄소 교통체계 구축을 위하여 정부는 온실가스 감축목표, 대중교통 분담률, 철도수송 분담률에 대한 중장기 및 단계별 목표를 설정 · 관리하도록 하고 있다. 또한 철도가 국가기간교통망의 근간이 되도록 철도에 대한 투자를 지속적으로 확대하고, 버스 · 지하철 · 경전철 등 대중교통수단을 확대하며, 자전거의 이용 및 연안 해운을 활성화하도록 하고 있다. 교통체증으로 인한 사회적 비용을 줄이기 위하여 혼잡통행료 및 교통유발부담금 제도개선, 버스 · 저공해차량 전용차로 및 승용차 진입제한 지역 확대, 통행량을 효율적으로 분산시킬 수 있는 지능형교통정보시스템 확대 · 구축 등의 사항을 포함하는 교통수요대책을 마련하도록 규정하고 있다.

그 밖의 녹색교통과 관련된 법률은 지속가능 교통물류 발전법, 국토통합 교통체계 효율화법, 물류정책 기본법, 여객자동차 운수사업법, 화물자동차 운수사업법, 자전거이용 활성화에 관한 법, 대중교통의 육성 및 이용촉진에 관한 법률, 항공법, 해운법, 자동차관리법, 도시교통정비 촉진법 등이 있다.

표 6.1.1 녹색교통 관련 주요정책

구분	주요정책
– 녹색교통 네트워크 확대	· 철도 중심의 녹색 기간교통망 확충 · 승용차보다 빠른 대중교통체계 구축 · 도로주변 녹화 등 Green Highway 확대 · Green Port 구축 및 친환경 물류시설 개발 · 단축 항공로 확대 및 Green Airport 구축
– 녹색교통물류 체계로의 전환	· 친환경교통수단으로 Modal Shift 추진 · 녹색성장형 Intermodalism 구축 및 투자효율화 · 물류공동화 인프라 구축 및 녹색물류 활성화 · 교통량 감축을 위한 교통수요관리 · 비동력 교통 활성화를 위한 보행교통 개선 · 친환경 경제운전을 위한 에코드라이브 활성화
– 녹색교통물류 성장잠재력 확충	· 녹색교통 미달지역에 대한 특별대책지역 지정 관리 · 녹색 신교통시스템의 개발 및 이용 확대 · 친환경자동차 상용화 기반 구축 · 친환경 물류시설 및 장비의 개발과 활용
– 자전거 이용 활성화	· 자전거 관련법 정비를 통한 자전거 위상 정립 · 공공임대자전거 도입, 대중교통 연계시스템 구축 등 · 자전거이용 환경 조성 · 자전거도로 확충

자료 : 녹색성장위원회(2009), 녹색성장 5개년 계획과 국가전략.

우리나라에서 2009년 11월 5일 발표한 저탄소 녹색교통 추진전략은 전체 SOC 투자 중 철도비율을 현재 29%에서 2020년 50%까지 확대하고, 도로의 신규투자를 억제하여 기존 도로 중심 교통체계를 녹색교통의 패러다임으로 바꾸는 것을 목표로 하고 있다.

구체적으로 살펴보면 녹색교통추진전략은 철도, 해운, 그린카, 사람 중심의 저탄소 녹색교통을 실현하여 2020년 교통부문 온실가스 BAU 배출량 대비 33~37% 감축을 목표로 교통수요관리 정책 강화, 생활밀착형 자전거와 보행의 활성화, 빠르고 편리한 대중교통 구현, 철도와 연안 해운 위주 녹색물류 구축, 녹색교통 기술개발 등 5대 과제를 추진하고 있다(녹색성장위원회, 2009).

2. 주요내용과 특징

1) 녹색도로 및 철도

(1) 녹색도로

교통혼잡은 일반적으로 인구 및 자동차의 집중과 도시 확산, 비효율적인 도로이용 등에 의해 발생한다. 선진국의 경우 교통혼잡비용은 GDP 대비 1% 내외에 불과하나 우리나라의 경우 2007년 기준으로 25조 8,600억원으로 GDP 대비 2.9%를 차지하는 것으로 나타났다. 이를 해결하기 위해서는 대중교통 중심의 교통체계를 구축하는 것이 중요하다.

우리나라는 대중교통체계 구축을 위해 전용차로 · 차량 및 환승시설을 갖춘 간선급행버스망을 본격 구축하고, 수도권의 주요거점을 연결하는 광역급행 버스를 도입할 계획이다. 또한 대중교통수단간 연계수송 활성화를 위해 전국적으로 호환이 가능한 교통카드를 도입하고, 대중교통전용 시범지구도 확산할 예정이다. 아울러 만성적인 고속도로 요금소 지 · 정체 해소를 위해 하이패스 단말기 보급 확대, 하이패스 차로 증설 등으로 하이패스 이용률을 제고하고, 또한 첨단교통시스템과 IT를 융합한 지능형교통시스템(ITS)을 전국 주요 간선도로에 구축하여 실시간 교통정보 제공, 교통흐름 개선 등 저비용 · 고효율 지형도로망을 구축할 예정이다. 그리고 신성장 동력을 확보하기 위해 하이브리드카 · 전기자동차의 안전기준을 정비 보완하고, 수소연료전지 자동차 안전기준을 마련할 계획이다(녹색성장위원회, 2009).

(2) 녹색철도

철도의 에너지 소비는 여객의 경우 승용차 대비 1/8, 화물의 경우에는 트럭 대비 1/14 수준으로 절감된다. 환경측면에서 이산화탄소 배출은 승용차 대비 1/6, 화물은 트럭 대비 1/13 수준으로 절감된다. 또한 철도투자는 녹색성장과 일자리창출을 위한 효과적 수단으로 볼 수 있다(한국교통연구원, 2009).

우리나라는 철도중심의 녹색기간교통망 확충을 위하여 우선 경부 · 호남 등 전국 고속철도 네트워크를 구축할 예정이다. 경부고속철도의 경우 오송역, 울산역, 김천 · 구미역 등 중간역이 개통되었고, 2010년 2단계 구간이 완공되었다.

한편 호남고속철도는 2009년 오송-광주 구간을 착공하여 2014년에 조기 완공할 계획이다. 또한 수도권 주민에 대한 고속철도 서비스의 확대를 위해 수도권 신전철 건설을 추진하고 있다. 그리고 2012년까지 고속철도와 일반철도 등 간선철도망을 총연장 3,557㎞를 구축하고, 지속적으로 철도투자를 확대하여 2020년까지 4,782㎞로 확충할 계획이다(녹색성장위원회, 2009).

2) 녹색항공

국제민간항공기구(ICAO)는 전 세계 항공부문의 온실가스 배출량을 전 세계 온실가스 배출량 290억 톤의 2% 수준인 5억 8,000만 톤으로 추정하고 있다. 우리나라의 항공부문 배출량은 1,700만 톤 규모로 전 세계 항공 부문의 2.7%를 차지한다.

친환경을 지향하는 국제적 노력이 확산됨에 따라 항공관련 국제기구는 온실가스와 소음감축, 폐수 및 폐유관리, 지상조업관리 등에 대한 정책 및 계획을 추진 중에 있다. 우리나라는 공항 및 항공사별로 기후변화 방지체제 수립, 소음대책사업 추진, 자체환경관리시스템 구축 등 지속가능한 녹색성장을 위해 노력하고 있으나 총체적인 녹색항공교통 계획의 부재로 정책방향이 일관되지 않아, 국제환경변화에 대한 효과적인 대응이 이루어지지 않고 있는 실정이다.

항공교통부문의 녹색성장을 위해 항공사에서는 온실가스 배출이 적고 바이오연료를 이용한 고효율 신형 항공기를 도입하고, 노선 운영에 있어서도 단축 항공로를 확대 운영할 계획이다. 공항에서는 태양열, 지열 등 녹색에너지 이용으로 공항 내 에너지소비량을 감축하여 에너지 자립도를 높일 계획이다(한국교통연구원, 2009).

3) 녹색물류

수송부문 온실가스 배출량 중 물류활동에 의한 배출량은 전체의 약 30%를 차지하고 있으며, 이는 대부분 도로화물수송에 의해 발생하고 있다. 도로화물수송에 따른 온실가스 배출량은 철도수송에 비하여 수송량 당 약 30배, 해운에 비하여 5배의 차이를 보이므로 도로에 치중된 화물수송체계를 녹색물류체계로 전환하는 것이 시급한 실정이다.

녹색물류체계의 구축을 위해서는 물류공동화, 복합대량수송체계의 활성화, 정부의 지원확보 등의 전략이 필요하다. 첫째, 물류공동화는 다수기업이 물류시설을 연계하여 수 · 배송 공동화, 보관 공동화, 정보처리 공동화 등을 통하여 물류비용의 절감, 물류서비스의 안정적 공급, 물류서비스 수준의 유지 · 향상이 가능하여, 이를 통해 녹색물류체계의 기반을 구축할 수 있다. 둘째, 복합대량수송체계 활성화는 도로화물수송에 대한 높은 의존도를 지양하고 온실가스 배출을 저감하기 위한 전략으로 철도와 해운화물 이용의 활성화, 철도와 항만, 그리고 철도와 도로간 연계서비스를 강화하여야 한다. 셋째, 정부는 철도와 해운 수송체계 활성화를 위해 물류운영자가 친환경 교통수단을 마련할 경우 재정적으로 지원하고 있다(한국교통연구원, 2009).

4) 녹색해운

녹색해운은 해상에서 고효율의 친환경적인 선박인 그린쉽(green-ship)을 이용하여 온실가스 같은 환경 오염물질의 배출을 최소화하고 이를 통합 관리하면서 친환경적인 해상운송 서비스를 생산하는 활동을 의미한다. 녹색해운의 대상은 도로운송화물을 연안 운송 선박으로 운송하는 전환교통(modal shift), 선박에서 발생하는 온실가스 배출량을 줄이기 위한 온실가스 배출 규제, 고효율 선박 기술을 이용한 그린쉽 개발, 저속 운항과 정박 중 육상의 대체해운전력 이용의 강화 등이다(김형국, 2011).

정부는 국내항만을 저탄소, 친환경 항만으로 전환하기 위해 green port 구축을 주요 국정과제로 선정하여 녹색성장에 적합하게 추진하기로 했다. 주요 추진내용은 ① 항만 진 · 출입 화물의 철도 및 연안해운 이용 확대를 통한 저탄소 항만배후수송 체계 확립, ② 항만내 탄소배출 저감, ③ 하역시스템 동력장치 개선 및 신재생에너지 도입 등 저탄소 · 에너지 고효율 항만으로 전환, ④ 준설토 등 해양폐기물의 친환경적 처리와 재활용을 위한 자원순환형 항만시스템 구축, ⑤ 녹지공간 조성 등 워터프론트 추진을 통한 항만공간의 활용도 제고 등이다.

5) 녹색자전거

최근 저탄소 녹색교통수단이 국가적 화두로 부상함에 따라 자전거와 같은 친환경 녹색교통체계 구축이 중요시되고 있다. 자전거 이용시 승용차의 door-to-door 서비스 기능 대체, 자동차의 주차문제 및 환경오염 발생, 환승 및 대기시간 등의 단점을 줄여준다. 단 · 중거리의 경우 독립적인 통행이 가능하며 중 · 장거리의 경우에도 대중교통과의 연계를 통하여 기능을 강화할 수 있다.

그러나 자동차 중심의 교통제도로 인하여 자전거 관련 법 · 제도적 장치가 미흡한 것이 현실이다. 대중교통수단과의 연계 및 자전거 주차시설과 같은 자전거 이용시설이 부족한 실정이며 국민들이 자전거를 주로 레저수단으로 인식하고 있다는 문제점이 있다. 또한 자전거 도로 자체도 부족할 뿐 아니라 자전거망이 부재한 상황이다.

정부에서는 국가 자전거 활성화 및 자전거 생활화를 위하여 2009년 9,170㎞인 자전거 도로를 2012년까지 17,600㎞로 확충하고 자전거 보급률도 현재의

16.6%에서 30%까지 증가시켜 현재 1.2%에 불과한 자전거 교통분담률을 2012년까지 5%까지 증가시킬 수 있도록 하는 계획을 추진 중에 있다. 이를 위한 국가 자전거활성화 추진전략은 자전거 중심의 제도개선, 인프라 확충과 함께 국민의식 확산이다. 이를 세부적으로 살펴보면 제도개선에는 자전거 시설확대, 안전 및 통행방법 개선, 자전거 전용보험 상품 개발 등이 있고, 인프라 확충전략으로는 생활형 자전거도로 확충, 자전거 편의시설, 안전시설 확충, 전국 자전거도로 네트워크 구축 및 자전거 관련 산업 육성방안이 있다. 국민의식 확산으로는 자전거타기 국민운동전개, 자전거교육 홍보가 있다.

제3절 | 녹색교통의 사례

1. 브라질 꾸리찌바 대중교통시스템

꾸리찌바(Curitiba)는 브라질 빠라나(Parana)주의 수도이다. 꾸리찌바가 국제적인 관심을 끌게 된 것은 대중교통시스템이 가장 모범적인 도시라는 평가를 받기 때문이다. 이 도시는 지하철도 없고 육교도 없다. 엄청난 도시재정이 필요한 지하철 대신 편리한 버스가 다니고, 육교가 없다는 것에는 자동차 중심이 아닌 사람중심이라는 인간주의적인 도시계획이 내포되어 있다.

도심까지 연결되는 각 도로 한가운데 시내 직행버스만이 통행할 수 있는 전용차선을 설치하였다. 그리고 이 차선 양옆으로 일반차선들이 통행하도록 하여 직행버스의 원활한 통행을 도울 수 있을 뿐 아니라 승객들의 안전도 확보된다는 이점을 지니고 있다. 이러한 버스간의 환승체계를 만들어 시민들이 용이하게 환승할 수 있게 하는 버스간의 연계 교통시스템을 개발 운영하고 있다. 또한 도시의 어느 곳을 가든 단 하나의 티켓으로 이동이 가능하게 하였는데 이용객은 단일 요금을 한번만 내면 환승터미널을 벗어나지 않을 경우 추가 부담 없이 자유롭게 환승할 수 있게 하였다.

꾸리찌바의 명물은 버스정류장 '뚜보'다. 굴절버스를 타려면 지름 3m, 길이 10m 가량의 원통형으로 생긴 뚜보 안으로 들어가야 한다. 굴절버스가 뚜보에 도착하면 5개의 문이 열리면서 발판이 튀어나와 대기했던 승객들은 편리하게 탈 수 있다. 뚜보는 미리 요금을 내고 기다리다 버스에 오를 수 있기에 승하차 시간이 단축되며, 비가 내리는 날에도 비를 맞지 않고 승하차 할 수 있으며, 밤에도 안전하게 버스를 이용할 수 있어 장애우, 노인, 어린이 등 거동이 불편한 사람들도 편리하고 안전하게 승하차가 가능하다는 장점이 있다.

약 800m 간격으로 도로 한 가운데 설치되어 있는 튜브형 정류장은 지하철처럼 버스 문 높이와 승강장 높이를 똑같이 조정하여 지체 장애우들의 승하차를 편하게 해주고 있다. 그리고 정류장 접근로도 장애우들이 불편을 겪지 않도록 계단이 아닌 경사면을 만들어 이용토록 하고 있다. 아울러 195개 튜브형 정류장에는 소형 엘리베이터를 설치하여 장애우들이 대중교통수단을 편리하게 이용하도록 배려하였다(하성규 외, 2003).

[그림 6.1.1] 브라질 꾸리찌바 튜브정류장

2. 스웨덴 스톡홀롬시 친환경교통

스웨덴 스톡홀롬시(Stockholm)는 교통이동이 편리한 위성도시로 구성되어 있다. 이 지역들은 걷기에 편리하도록 되어 있고, 지역의 중심지에는 고밀도 주거단지가 개발되어 있으며 외곽으로 멀어짐에 따라 저밀도 주거단지가 형성되어 있다. 기본적으로 고밀도 아파트단지들은 지하철역 500미터 이내에, 대규모 저택과 빌라 그리고 작은 집들은 지하철역으로부터 900미터 이내에 입지하도록 하고 있어 도시주민들의 이동수단은 대부분 대중교통수단에 의존하고 자동차를 가급적 사용하지 않도록 설계되어 있다.

도시의 자동차 문제에 대하여 스톡홀롬시는 바이오가스, 에탄올, 전기로 움직이는 환경친화적인 차량의 운행에 노력을 기울이고 있다. 이미 바이오가스로 움직이는 차량들이 다수 이용되고 있으며, 시는 환경친화적인 운행을 촉진시키기 위하여 전기충전소를 설치하고 쓰레기차량을 바이오가스 차로 바꾸고, 시가 운영하고 있는 300여대의 승용차를 바이오 가스용 차량으로 대체하였다. 그리고 버스는 에탄올을 사용하는 버스만 도심으로 진입할 수 있게 하고 있다. 유럽연합의 자금지원 프로그램인 ZEUS(Zero and low Emission vehicle in Urban Society : 도시 저배출차량 프로그램)의 결과 170대의 바이오가스 차량과 70대의 전기자동차가 운행되고 있다. 이외에도 스톡홀롬 에너지회사는 헤르츠(Hertz)와 같은 렌트카 회사들과 협력하여 전기자동차의 렌트도 가능하도록 도와주고 있다. 또한 전기자동차에 대한 도심 주차비를 할인해 주고 스톡홀롬시의 자동차 정비공장에서는 무료로 충전을 해주고 있다. 대중교통수단의 이용률도 높은 편이어서 스톡홀롬시에서 출퇴근 시간에는 통행인구의 70%, 전체적으로는 40%가 대중교통수단에 의존하고 있다. 대중교통수단의 이용을 촉진하기 위하여 시는 대중교통에 대한 보조금을 지급하고 있다(하성규 외, 2003).

3. 자전거 도시, 경북 상주

상주시는 1994년부터 '자전거 메카, 상주'라는 기치를 내걸고 자전거 이용 활성화 정책에 박차를 가하고 있다. 그 결과 2010년 현재 상주시의 자전거 보유 현황은 가구당 2.0대, 1인당 0.6대로 다른 지역보다 월등하게 높아 18.6%의 자전거 수송 분담률을 나타내고 있다. 상주시의 자전거 기반시설 투자는 산악자전거 코스 개발, 남산공원 자전거 순환도로 설치, 상주 전국 자전거축제, 낙동강 자전거 투어로드 개발 등 매우 다양하다. 가장 큰 특징은 바로 자전거를 탈 수 있는 자전거 전용도로의 보급이다. 초기에는 보도 위에 자전거 도로를 설치했으나, 자전거를 이용하는 사람이나 보행자 모두에게 불리하다는 것을 깨닫고 과감하게 자전거도로를 차도로 옮겨 놓았다.

상주시는 자전거를 브랜드로 내세워 경제효과를 거두고 있다. 1999년부터 진행된 상주 전국 자전거축제 기간 동안 상주시 농특산물 판매수입은 1억원이 넘는다. 또한 전국의 자전거회사와 부품 공장들이 상주 이전을 희망하고 있으며, 코렉스 스포츠 자전거 회사가 상주시 외답 농공단지로 이전했다. 또한 상주시에는 자전거의 모든 것을 한눈에 볼 수 있는 상주 자전거 박물관이 있으며, 자체적으로 자전거 면허 시험까지 시행하고 있다. 자전거 음주운전 절대금지라는 자전거 안전수칙도 상주시 홈페이지를 장식하고 있다(김형국, 2011).

[그림 6.1.2] 자전거 도시 상주

4. 시사점

기후변화와 고유가로 대표되는 최근의 세계상황은 교통 분야에서도 많은 변화를 가져오고 있다. 승용차, 가솔린으로 대표되는 지금의 도로교통체계가 더 이상 지속가능하지 못할 것이라는 인식이 확산되기 시작했고, 이미 유럽은 탈자동차, 탈석유 운동이 일반화되고 있다. 외국의 녹색교통과 관련한 정책들은 주로 개인교통수단에서 대중교통수단으로의 전환, 에너지 소모형 차량에서 에너지 절약형 차량의 개발, 첨단 정보통신기술을 활용한 기존시설 이용 극대화, 연비규제와 배출가스 규제, 자전거이용 장려시책 등이 추진되고 있다. 브라질 꾸리찌바의 대중교통시스템, 스웨덴 스톡홀름시의 바이오가스 연료사용, 자전거 메카 경북 상주 등에서 다양한 탄소저감형 교통정책 사례를 볼 수 있다. 국내의 경우에도 통행량 저감을 위한 교통수요관리, 자동차에서 철도로의 수송수단 전환, 하이브리드카 등 신기술 개발 · 도입, 하이패스 · 실시간 교통정보시스템 등 ITS 기술도입, 도로 · 철도 등 국가기간망 확충, 자전거 이용 활성화 등 녹색교통과 관련한 다양한 정책들이 추진되고 있다.

향후 선진국의 자동차 이산화탄소 배출량 규제는 저연비 수입차종의 수요를 위축시키는 비관세무역장벽으로 작용할 것으로 보이기 때문에, 우리나라도 이러한 선진국들의 교통 분야에 있어서 탄소감축정책이나 그린카를 개발하려는 국제적 추세에 능동적으로 대처해야 할 것이다.

제4절 | 녹색교통의 전망과 과제

1. 전망

교통분야에서의 변화를 기회로 삼아 정부는 이산화탄소 배출 억제에 전력을 다하고 자동차나 기타 교통분야 산업을 육성할 경우 녹색시대를 주도하는 녹색 교통체계 구축 및 녹색가치 창출이 가능할 것이다.

정부에서 저탄소 녹색성장을 위한 국가교통전략의 일환으로 철도중심의 교통체계 구축, 대중교통 중심의 교통체계 운영, 자전거 이용 활성화, 친환경 물류 및 그린포트 조성, 녹색항공 등의 정책을 지속적으로 추진한다면 그린카, 철도 등 녹색교통수단의 확대로 철도여객 분담률은 2009년 18%에서 2013년 22%까지 확대되고, 자전거 도로 확충 및 이용활성화로 자전거교통 분담률은 2009년 1.5%에서 2013년 5%, 자전거도로도 2018년까지 3,114㎞로 확대될 것이다. 또한 대중교통 편의증진 및 교통비 경감정책으로 대중교통 분담률도 2009년 50%에서 2013년 55%로 증대될 것이다(녹색성장위원회, 2009).

그리고 정부가 17개 신성장 동력 중 하나로 꼽는 그린카 산업육성이 계획대로 이루어질 경우 녹색기술 등을 통한 국가경쟁력이 제고되어 2013년 그린카 4대 강국, 2018년 자동차 4대 강국 진입도 어렵지 않을 것이다.

2. 과제

저탄소 녹색성장의 패러다임을 실현하기 위해 교통 분야에서도 다양한 추진 전략이 제시되고 있으나 무엇보다 세부과제들을 구체적으로 설정하여 실천해 나가는 노력이 중요하다 할 것이다(한국교통연구원, 2009).

특히 교통분야에서 가장 우선적으로 추진되어야 할 과제로는 에너지소비와 탄소배출을 줄일 수 있는 녹색교통자본을 확충하기 위한 교통시설을 공급하여 자동차 이외의 교통시설을 이용하는 것이 편리하고 효율적인 여건을 조성해 주어야 한다. 둘째, 저탄소 녹색성장을 위한 교통수요관리 전략으로써 자동차 이용을 줄이고 대중교통수단 이용을 늘리기 위한 방안을 강화해야 한다. 제도 · 의식 · 관행의 변화를 통해 통행행태와 교통혼잡을 합리적으로 해결하려는 노력이 필요하고 대중교통의 연계를 선결조건으로 하는 토지이용계획의 제도화 등이 필요하다. 셋째, 저에너지 저탄소 교통수단을 이용하거나 도로수송을 경감하는 활동에 대해서는 세제, 금융 등 지원을 강화함으로써 녹색생활의 정착을 유도해야 한다. 넷째, 저에너지 · 환경친화적 기술을 적극 수용하고 녹색기술의 수요기반을 확충함으로써 교통의 새로운 가치를 창출하는 노력이 필요하다. 특히 자동차는 소비하는 에너지가 많고 온실가스 배출도 많기 때문에 그린카 개발과 자동차의 연비향상 기술이 중요하다. 다섯째, 녹색교통 실천과제를 추진할 수 있는 집행체제를 확립하고 저에너지 저탄소 사회로 이행하기 위한 교통부문의 법률 및 조직정비 등 제도적 기반에 대한 개선방안이 필요하다.

탐구학습

1. 주요개념
- 녹색교통, 교통수요관리
- 그린카
- 지능형교통시스템

2. 토론과 과제
- 녹색교통 관련 주요법률 및 정책
- 선진국의 교통수요관리정책 사례 및 시사점
- 녹색교통의 전망과 과제

참고문헌

권민철(2009), 녹색성장시대 에너지 이야기, 하이미디어피앤아이.
국무총리실(2008), 기후변화대응 종합기본계획(상세계획).
국토연구원(2009), 녹색성장형 국토발전 전략연구(교통부문).
김형국(2011), 녹색성장 바로 알기, 녹색성장위원회, (주)나남.
녹색성장위원회(2009), 녹색성장 5개년 계획과 국가전략.
녹색성장위원회 외(2009), 녹색성장을 위한 저탄소 생활 기반구축 방안.
매일경제 녹색성장팀(2009), 그린쇼크, 매일경제신문사.
문화체육관광부(2008a), 녹색성장 대한민국의 그린오션전략.
문화체육관광부(2008b), 녹색부국으로 가는 길.
미래기획위원회(2009), 녹색성장의 길, 중앙북스.
삼성경제연구소(2009), SERI 보고서로 읽는 미래산업.
주택도시연구원(2009), 미래를 여는 저탄소 녹색성장 이야기, 대한주택공사.
하성규 외(2003), 지속가능한 도시론, 보성각.
한국교통연구원(2009), 교통으로 여는 녹색미래.
한국토지공사 국토도시연구원(2009), 녹색성장으로 가는 길.
http://www.greengrowth.go.kr(녹색성장위원회 홈페이지)
http://www.korea.kr(대한민국 정책포털)
http://www.koti.re.kr(한국교통연구원)
http://www.mltm.go.kr(국토해양부)

제2장

녹색산업단지

제1절 | 녹색산업단지의 의의

1. 배경

1990년대 초반부터 대부분의 선진국에서는 산업의 급속한 발전에 따른 환경오염 문제와 환경관련 국제협약에 대응한 기업의 경쟁력 강화를 위해 개별기업에서 배출되는 오염물질, 부산물, 폐열 등을 재활용하여 기업의 원료로 재사용할 수 있는 기업 간 자원 네트워킹인 산업공생개념을 산업단지에 도입하여 지역사회와 주민이 공존할 수 있는 생태산업단지 구축사업을 추진하고 있다.

우리나라도 녹색성장과 관련하여 제조업에서도 전략과 행동양식의 변화를 요구하고 있으며, 최근 중국의 위안화 가치 상승과 수도권 규제 완화정책이 겹치면서 중국에 진출한 우리 기업들이 국내로 회귀하고 있으므로 이들을 안착시키기 위한 전략의 하나로 산업단지의 녹색화를 적극 추진할 필요가 있다. 이를 위해 산업단지의 온실가스 배출량을 최소화하고, 입주기업들의 녹색산업 진출을 지원하는 일이 중요하다. 정부에서는 녹색기술의 공동연구개발, 시설장비의 공동활용 및 산·학·연 네트워크 구축 등의 사업을 위한 집적지와 단지를 조성하거나 이를 지원하고 있다(녹색성장 기본법 제34조).

2. 개념

저탄소 녹색성장 기본법에 의하면 녹색산업이란 경제·금융·건설·교통물류·농림수산·관광 등 경제활동 전반에 걸쳐 에너지와 자원의 효율을 높이고 환경을 개선할 수 있는 재화의 생산 및 서비스의 제공을 통하여 저탄소 녹색성장을 이루기 위한 모든 산업을 말한다(제2조 제4호). 동법 부칙은 환경친화적 산업을 녹색산업으로, 환경친화적 제품을 녹색제품으로, 환경경영을 녹색경영으로 변경하여 환경 개념을 일률적으로 녹색 개념으로 사용하고 있다. 한편 동법 제2조 제7호에서는 녹색경영을 사회적·윤리적 책임경영으로 정의함으로써 국제적으로 통용되는 지속가능경영(Corporate Sustainability Management: CSM)과 맥락을 같이 함으로써 환경경영보다 넓은 개념으로 사용하고 있다. 따라서 녹색성장 기본법상 규정하고 있는 녹색산업단지는 지속가능성을 추구하는 기존의 환경친화적 산업단지와 같은 광의의 개념으로 볼 수 있다.

환경친화적 산업구조로의 전환촉진에 관한 법률 제2조 제6호에서는 생태산업단지를 산업입지 및 개발에 관한 법률에 따른 산업단지 중 제품의 생산과정에서 발생되는 부산물 등의 잔재물과 폐기물을 원료 또는 에너지로 재자원화함으로써 환경에 대한 부담을 최소화하고, 자원효율성을 극대화하기 위하여 지정된 산업단지라고 정의하고 있다. 따라서 생태산업단지나 신재생에너지 집적단지는 광의의 녹색산업단지에 포함된다고 할 수 있다.

산업단지가 노후화·공동화하고 또한 산업환경 변화에 대한 대처가 미흡하다는 지적에 따라 산업단지의 구조고도화에 대한 요구가 증대되어 왔고, 산업단지 입주업체의 업종구조 고도화, 디지털화와 더불어 산업단지 환경개선의 중요성이 부각되면서 환경친화적 산업단지 조성에 대한 요구가 증대되어 왔다.

환경친화적 산업단지 조성에는 입주업체의 환경경영 지도를 통한 오염물질 저감 뿐만 아니라 산업단지에서 이미 배출된 오염물질을 적절하게 처리하거나, 산업단지 토지이용을 보다 환경친화적으로 조성하는 등의 과제를 포함하고 있다(한국산업단지공단, 2002).

3. 중요성

환경에 대한 가치가 강조되고 산업단지 환경문제에 대한 인식이 확산되면서 산업단지가 환경친화적이고 지속가능한 청정단지로 변화해야 한다는 요구가 증대되고 있다. 특히 조성 당시 도시외곽에 위치했던 산업단지들이 도시화의 진전으로 인해 주변지역의 도시기능과 갈등이 표면화되고 있는 등 산업단지의 환경문제 개선을 통한 산업단지 구조고도화가 지역사회의 주요 현안으로 부각되고 있다.

이러한 제반사항을 해결할 수 있는 환경친화적인 녹색산업단지는 환경문제 유발요인 발생억제 및 완충능력 제고, 산업단지 환경관리기반 강화 및 관리시스템 구축, 산업단지 구조고도화 및 도시정책과 연계, 새로운 미래수요에 대비한 산업단지 환경관리 기반조성 등 종합적인 관리대책이 필요하다.

제2절 | 녹색산업단지의 주요내용

1. 관련법률 및 정책

녹색산업 내지 산업구조의 녹색화에 관한 개념과 체계는 환경친화적 산업구조로의 전환촉진에 관한 법률에서 정하고 있다. 동법에서는 환경친화적인 산업구조의 구축을 촉진하여 에너지와 자원을 절약하고 환경오염을 줄이는 산업활동을 적극 추진함으로써 환경보전과 국가경제의 지속가능한 발전에 이바지함을 목적으로 한다. 기타 녹색산업단지와 관련이 있는 법은 산업입지 및 개발에 관한 법률, 산업집적활성화 및 공장설립에 관한 법률 등이 있다.

정부는 2020년까지 세계 7대, 2050년까지 세계 5대 녹색강국 진입을 목표로 우리나라의 미래를 이끌어 나갈 새로운 경제성장 비전달성을 위한 3대 분야[1] 17개 신성장동력을 2009년 1월 확정하고, 세부이행계획을 수립하여 추진하고 있다. 3대분야사업 중 하나인 녹색기술산업은 신재생에너지, 탄소저감 에너지, 고도물처리사업, LED 응용, 그린수송, 첨단 그린도시 건설 등 6개 신성장동력 사업을 정하여 추진하고 있다.

신성장동력 창출 방안의 하나인 산업의 녹색화 및 녹색산업 육성부문은 그 세부계획으로 녹색산업단지 확대를 포함하고 있다. 녹색산업단지 확대 부문은 한국산업단지공단에서 참여하여 주도적으로 추진하고 있고, 세부 사업내용으로 생태산업단지, 저탄소 산업단지, 유비쿼터스 산업단지 구축을 주요내용으로 한다. 특히 생태산업단지 구축사업의 성과는 녹색성장 사업의 주요 성과지표로 선정되어 추진내용과 그 결과들이 지속적으로 관리되고 있다.

1995년 환경친화적 산업구조로의 전환촉진에 관한 법률을 제정하고, 2003년부터 청정생산 기반조성을 위한 사업의 일환으로 지역균형발전을 위한 생태산업단지구축사업을 수립하였다. 이에 따라 2004년도에 기획연구 사업을 추진하였고, 2005년부터 울산을 포함한 5개 지역에서 1단계(2005년~2009년) 사업을 진행하였다.

1 3대 분야는 녹색기술산업, 첨단융합산업, 고부가 서비스 산업이고, 분야별로 5~6개 신성장동력 사업을 포함하고 있다.

2. 주요내용과 특징

1) 생태산업단지 구축

생태산업단지는 산업단지에서 발생하는 폐기물을 다른 기업의 원료나 에너지로 재사용함으로써 자원효율성을 높이고 오염을 최소화하는 녹색산업단지다. 생태산업단지는 효율적인 자원(정보, 물질, 물, 에너지기반시설, 자연서식지 등)의 공유와 자본의 확보 및 환경적 성과 획득, 기업과 지역 커뮤니티를 위한 인적 자원의 공정한 강화 등을 위해 기업 간 혹은 지역 커뮤니티와 협력하는 기업공동체라 할 수 있다(한국산업단지공단, 2008).

기존 산업단지와 비교해 볼 때, 생태산업단지는 경제적 측면에서 생산과정에 투입되는 물질 및 에너지의 효율 증대를 통한 생산비용 절감은 물론 폐기물 관리, 구매, 환경정보 등의 공유를 통한 경제적 효율성 증대가 가능하다. 또한 환경적 측면에서 오염물질의 원천 감소와 배출 최소화로 환경부하 억제는 물론 기후변화의 원인인 온실가스 감축 효과가 있다.

생태산업단지의 최초 모형이라고 할 수 있는 덴마크 칼룬보그 산업공생은 1896년부터 1988년까지 백여 년에 가까운 기간에 자생적 진화과정을 거쳐 다수의 기업 간 네트워크가 형성되었으며, 이를 통해 매년 60,000톤의 석탄 및 석유와 600,000㎥의 용수를 절감하고, 이산화탄소 175,000톤의 배출을 저감하였으며, 224,500톤의 폐기물을 재활용하고 있다. 지식경제부는 생태산업단지 1단계 사업에서 시범단지로 지정된 5개 산업단지[2]를 포함하는 2단계 사업으로 7개의 국가산업단지를 허브단지로 지정하고, 허브단지 인근의 3~4개 일반산업단지를 서브(sub)단지로 연계하는 광역 생태산업단지 형태로 운영할 계획이다.

2 1단계 시범단지는 울산, 포항, 여수, 반월·시화, 청주 등 5개 산업단지다.

2) 신재생에너지산업 집적단지 및 클러스터 구축

녹색성장 5개년 계획에서는 지식주도형 녹색클러스터 구축을 주요과제로 설정하고 있다. 신재생에너지 클러스터, 녹색제품 클러스터, 관광 · 교육 · 체험 등의 기능을 동시에 제공하는 자원클러스터 구축 등 지역별 특성을 고려하여 녹색클러스터 조성을 과제로 설정하여 시 · 도별 전략산업, 광역경제권 선도사업 등 기존 지역산업정책과의 유기적 연계를 통한 시너지 효과를 극대화할 계획이다(녹색성장위원회, 2009).

그 중 대표적인 것이 신재생에너지산업 클러스터 구축이다. 신재생에너지 집적단지란 태양광, 수소연료전지, 풍력 등 신재생에너지 관련산업을 중심으로 한 집적단지를 의미하지만, 넓은 의미에서 단지내 기업의 부산물, 잉여열, 폐기물 등을 다른 기업의 원료로 재자원화하는 기업간 네트워킹을 통해 오염물을 최소화하는 미래형 친환경산업단지로서 의미도 내포하고 있다. 또한 이러한 신재생에너지 집적단지를 포괄하는 신재생에너지 클러스터란 태양광, 풍력, 수소 등의 신재생에너지를 기반으로 산업, 교육, 연구기관 등의 연계를 통해 지역전략산업과 미래 국가 첨단에너지산업이 집적화된 지역이다(경상북도, 2007).

신재생에너지산업은 관련 산업의 집적화를 통한 시너지효과가 타 산업에 비해 뚜렷한 분야로서, 이미 세계 각국을 중심으로 미래 핵심산업으로 육성 중에 있다. 특히 태양광발전은 폴리실리콘 등의 소재, 태양전지 등의 반도체산업, 인버터 및 전기제어시스템의 중전기 산업, 건자재 일체형 모듈의 건축물 적용 및 설치 등 전기공사 및 건설 산업 등 여러 산업분야가 종합적으로 연관되어 있는 산업이다. 이와 같이 태양광산업은 전방연관산업(에너지 생산 및 이용에 필요한 원료, 기자재, 부품소재산업 등)에 미치는 파급효과 또한 매우 크다는 점에서 향후 원료소재에서부터 시스템 설치까지 수직 계열화를 통해 여러 산업의 동시다발적 성장 및 고부가가치 창출에 크게 기여할 것으로 전망된다.

제3절 | 녹색산업단지의 사례

1. 캐나다 이노비스타 생태산업단지

캐나다 알버타주 힌튼시에 위치하고 있는 이노비스타 생태산업단지는 산업의 다양화를 모색하기 위한 지역적 요구와 시민들의 토지개발 반대입장을 수용하기 위해 개발된 단지로서 환경친화적이고 지속가능한 생태산업단지 조성사업의 성공적인 사례로 부각되고 있다.

단지개발시점부터 단지 디자인, 조성방향, 마케팅 전략 등 개발 전반에 걸친 지원체계인 EIS(Eco-Industrial System)의 도입으로 생태산업단지의 지속가능성을 높였다. 총 사업구역 면적의 45%를 원형 그대로 보전하고, 인공습지, 야생동물 이동경로 등을 조성함으로써 기존 환경의 보전을 극대화하였다. 기존 숲길, 동 · 식물 자연서식지 등 자연환경 보존을 최대화하고, 야생동물의 이동통로로 에코브릿지(eco-bridge)를 제공하며 기존 시냇가의 확장을 통해 유량의 조절 기능을 강화하여 완충지로서의 역할을 수행할 수 있도록 하였다. 벤쿠버시에 소

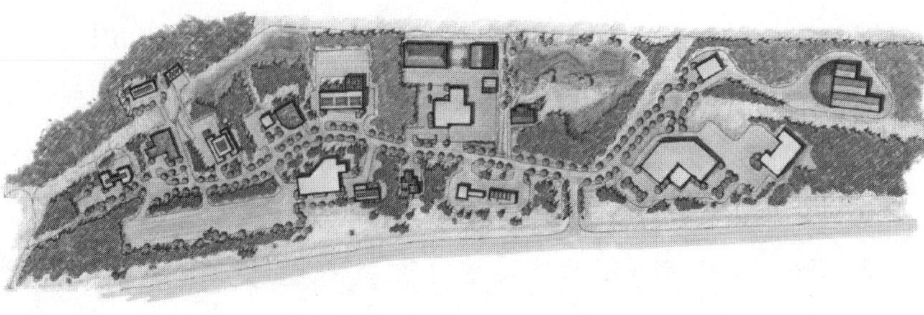

자료 : 이노비스타 생태산업단지 웹사이트.

[그림 6.2.1] 이노비스타 생태산업단지 공간구상

재한 '지속가능한 성장 통합연구센터' 의 기술을 도입함으로써 에너지 효율성을 제고하고 인근 신시아(Cynthia)의 생태적 폐수정화 설비의 이용으로 오 · 폐수의 효율적 처리를 통해 환경파괴를 최소화하였다.

이노비스타 생태산업단지는 주변 환경이나 지역사회와 조화를 최우선 과제로 선정하였으며, 이에 따른 기반시설의 설치, 물질순환 네트워크를 중점적으로 추진하였다. 산업단지 조성시점부터 체계화된 생태산업단지 개발계획의 수립은 우리나라의 산업단지 개발계획 단계부터 생태적 측면을 고려하여 개발하는데 좋은 모델이 될 수 있다.

2. 프랑스 사부아 태양에너지 클러스터

프랑스의 대표적 태양광 집적단지라 할 수 있는 사부아 태양에너지 클러스터는 프랑스 동남부지방 로네알프 지역 내에 입지하여 유럽의 태양에너지 산업을 선도하고 있다. 사부아 태양광에너지 클러스터의 핵심 역할을 수행하고 있는 국립태양에너지연구소는 태양광발전 및 기타 유관산업을 집적시키는데 중추적인 역할을 수행하였다. 2008년 태양광에너지연구소는 약 100여명의 연구인력에서 출발하여 2009년에는 250명으로 확대하였고, 클러스터 기능적으로 볼 때도 연구기능에서 핵심 전문인력 양성 기능까지 점차 확대되고 있다.

무엇보다도 태양에너지 클러스터의 구심점으로서 국립태양에너지 연구소 건립은 태양에너지 관련 기업들의 신설 또는 유입을 가져다 주었다. 이러한 결과 2009년 현재 79개의 기업체가 집적해 있으며, 업종별로 볼 때 태양광 발전설비 생산, 태양열 발전설비 생산, 에너지관련 제품 디자인 및 엔지니어링, 설치공간 측정 · 공급 · 설치, 원재료 생산 및 설치 등 태양에너지 분야 내 제품생산에서 설치 · 관리에 이르는 일괄생산체제를 구축하고 있다.

3. 울산 생태산업단지

울산은 국가산업단지 2곳(미포, 온산공단), 지방산업단지 9곳, 그리고 농공단지 4곳이 있다. 2곳의 국가공단에는 1,000개가 넘는 대형 공장들이 밀집돼 있으며 업종도 석유화학 · 비철금속 · 조선 · 자동차 · 기계 등 중화학공업이다. 공장에서 나오는 폐기물은 폐열과 가스, 공정수(水) 등에서부터 유기물 같은 폐자원과 공정 부산물 등이다.

그러나 최근엔 이 폐기물들을 버리지 않고 인접공장으로 건네 새로운 자원 즉 공정연료나 원료로 재활용하고 있다. 울산공단은 이른바 자원순환형 생태산업단지로 바뀌어 가고 있는 것이다. 울산공단의 생태산업단지화(Eco-Industrial Park: EIP)는 2005년부터 본격화돼 빠르게 확산되고 있다. 이미 20여개 네트워크에 40여개 공장이 참여하고 있다. 울산시도 민 · 관네트워크의 한 축을 맡고 있다.

울산의 생태산업단지 조성사업은 1단계(2005~2009년)로 자원순환 네트워크 기반을 구축하고, 2단계(2010~2014년)는 네트워크 확산과 안정적 성장, 3단계(2015~2020년)는 발전 · 성숙시킨다는 것을 목표로 하고 있다.

자료 : 울산시청 웹사이트.

[그림 6.2.2] 울산 생태산업단지

가장 주목할 만한 사례는 울산시 남구 성암소각장과 인접한 ㈜효성 용연2공장의 경우이다. 성암소각장에서 생활쓰레기를 태울 때 나오는 폐열을 용연2공장에 공급하고 있다. 성암소각장은 시간당 15~60t의 폐열 판매수익(연간 39억원)을 올리고, 용연2공장은 종전 연료(벙커C유) 가운데 상당량을 폐열로 대체해 비용절감(32억원) 효과를 거둔다. 또한 용연2공장은 벙커C유를 사용할 때 발생했던 연간 55,500t의 이산화탄소 배출도 줄여 그 만큼의 탄소배출권도 확보하고 있다. 연간 114t의 황산화물 배출도 줄어 울산의 하늘이 맑아지는 데도 도움을 주고 있다.

다수의 공장들이 다중 네트워크를 구축한 사례도 있다. 울산 용연공단 내 코리아PTG㈜와 SKC㈜ 울산공장, ㈜KP케미칼 울산2공장, 한솔EME 등 4개 회사는 생산공정에서 발생하는 고압 및 저압 스팀을 주고받는 다중 네트워크를 구축했다. 코리아PTG는 소각과정에서 나오는 버리게 된 고압스팀(시간당 30t)을 SKC울산공장에 공급하고, 자신들이 필요한 중·저압스팀은 KP케미칼(저압스팀 시간당 20t)과 한솔EME(중압스팀 시간당 10t)로부터 공급받아 사용한다. 4개 공장은 연간 64억원 이상의 비용절감 등 이익과 함께 이산화탄소 등 대기 오염물질 배출을 줄여 연간 1억 9,000여만원의 탄소배출권 수익도 거두고 있다(조선일보, 2009.9.15).

4. 시사점

해외 생태산업단지는 단지내 경제성과 환경성을 제고시킬 뿐만 아니라 산업단지가 속해 있는 지역사회를 지속가능하게 할 수 있는 기반을 제공하는 것으로 나타나고 있다. 우리나라의 경우 울산지역의 공생 아이템 발굴과 사업추진 실적은 국내에서 동일한 형태로 추진된 타 지역 산업단지와 비교 시 매우 뛰어나고 그 성공적인 요인은 시사하는 바가 크다.

첫째, 지자체의 적극적인 지원이다. 앞서 소개된 사례에서는 지자체 소각장에서 발생하는 소각열을 인근 기업으로 공급하는 사업을 추진함으로써 생태산업단지구축사업에 대한 지자체의 관심을 유발함과 동시에 관련 자료와 연구비 등에 적극적인 지원을 유도하였다. 둘째, 대상 산업단지 내 입주기업의 집합성과 다양성을 들 수 있다. 대규모 국가산업단지 내 다양한 업종의 대 · 중 · 소기업들이 고르게 분포하고 있고 에너지 다소비 기업들이 지역별로 모여 있어 기업 간의 부산물 및 에너지 공생 아이템 발굴 가능성을 높일 수 있었다. 셋째, 참여 연구원의 전문성과 적극성이다. 전문 인력의 지속적인 기업체 방문을 통한 기업의 부산물, 폐열 관련 컨설팅을 통해 다양한 아이템을 발굴할 수 있었다.

그리고 신재생에너지 클러스터 활성화를 위해서는 우선 신재생에너지 산업 중 지역 내에서 강점을 보유하고 있는 특화 분야를 선정하여, 이를 중심으로 연구개발 투자 및 수요 창출을 통해 신재생에너지 산업을 집적화해 나가야 할 것이다.

제4절 | 녹색산업단지의 전망과 과제

1. 전망

생태산업단지 구축사업은 장기적으로는 산업단지의 입지, 산업단지 내 입주업체의 구성 및 관리 운영체계 전반에 걸쳐 긍정적인 변화의 방향을 설정하는 것으로서 향후 산업단지의 경제성과 환경성을 제고할 수 있을 것이다. 우리나라에서는 2005년부터 2009년까지 1단계 생태산업단지 시범사업이 진행되었고, 시범사업을 통해 긍정적 성과를 내고 있다. 하지만 대규모 산업단지는 물론 중소기업 중심의 산업단지와 개별입지 기업까지 포괄하는 국가적 차원의 생태산업네트워크 구축이라는 장기적 비전에 비추어 볼 때 앞으로 갈 길이 멀다. 생태산업단지 구축에는 많은 시간, 자금, 인력, 기술이 필요하므로 정책, 기술, 기반조성, 환경경영 등 전방위적인 지원과 국내외 전문가 DB구축 및 활용 등 장기적인 관점에서 지속적으로 추진해야 할 것이다.

신재생에너지 사업은 수익성이 부족하여 정부보조가 있어야만 공급될 수 있는 한계를 지니고 있다. 하지만 신재생에너지 산업은 관련 산업의 집적화를 통한 시너지 효과가 타 산업에 비해 뚜렷한 분야로서 이미 세계 각국을 중심으로 미래 핵심산업으로 육성해 나가고 있다.

2. 과제

생태산업단지는 해외 선진사례를 토대로 단기적으로는 생태산업단지 추진에 필요한 기금마련, 관련 DB구축, 범정부적인 추진체계 구성 등을 통해 광역 생태산업단지 구축을 위한 기반을 마련해야 하고, 중장기적으로는 법 · 제도적 정비, 관련기술개발, 생태적 기반시설 확충 등이 추진되어야 한다.

아직 산업화 초기 단계에 있는 신재생에너지 산업의 집적화를 위해서는 정부의 발전차액지원제도 및 원가절감을 위한 연구개발 투자확대 등 다양한 지원이 수반되어야 한다. 이를 기반으로 지역 내 일정 규모의 시장을 확보할 필요가 있으며, 단계적 절차에 따라 연구개발기능을 중심으로 생산 및 전문인력 양성기능 등을 고루 갖추어 나갈 필요가 있다. 이러한 과정을 거쳐 태양광, 연료전지 등 특화분야를 중심으로 가치사슬을 형성해 나감으로써 신재생에너지 산업클러스터 기반을 점진적으로 조성해 나가야 한다. 그리고 지역 내 벤처기업 육성, 민간참여 확대, 효율적 산학연 네트워크 강화 등을 통해 클러스터 형태 및 규모를 더욱 확대시켜 나가야 한다.

기존 산업단지와 주거 및 상업지역의 공존이 환경문제로 인해 방해를 받는 상황에서 이 두 지역을 물리적으로 분리해낼 수 없다면 도시 및 지역 계획차원에서 이들 지역의 환경문제를 해결하면서 토지이용에 있어 양자의 기능을 유기적으로 결합시킬 수 있는 방향으로 변화가 필요하다. 따라서 생태산업단지 사업을 도시개발사업과 통합 추진하여 도심의 노후화된 산업단지를 재생하여야 한다.

도심산업단지 형성 시 갖추어야 할 요소는 산업단지의 생태적 리모델링을 위한 기본계획이 수립되어야 하고, 신규 산업단지 개발에 있어서는 공장부지의 분양 혹은 임대계약과정에 이러한 생태건축 원칙의 적용을 위한 최소한의 범위를 제시하여야 한다.

산업단지 공장건축은 그 특성상 평평하고 넓은 지붕, 벽면 등을 갖고 있어 태양광 발전 등에 유리한 조건을 가지고 있어 생태적 에너지 이용체계가 확립되어야 한다. 생태산업단지의 물질 및 에너지 순환의 이익을 산업단지의 주변지역과 공유하는 것에서 출발한다. 따라서 폐기물, 부산물 및 에너지 교환을 산업단지 주변의 주택 난방 및 주변 농어촌의 시설과도 연관할 필요가 있다.

탐구학습

1. 주요개념

- 녹색산업단지
- 생태산업단지
- 신재생에너지 집적단지

2. 토론과 과제

- 우리나라 생태산업단지 사례
- 신재생에너지 클러스터 구축방안

참고문헌

경상북도(2007), 동해안에너지클러스터 조성 사업 기본계획 수립연구.

과학기술부, 환경부(2007), 자원순환 활성화를 위한 폐기물교환 Asia Network 구축방안 연구, 1차년도 최종보고 자료.

김익현(2007), "지속가능경영 관점에서 본 산업간 연계물질의 산업생태학적 분석", 광원대학교 대학원 환경공학과 박사학위논문.

나중규,박종순(2009), "신재생에너지 집적단지 및 클러스터 활성화 방안", 산업입지, 제33호, pp. 28~38.

녹색성장위원회(2009). 녹색성장 국가전략 및 5개년 계획.

반영운(2009), "해외 생태산업단지 추진 사례 분석 및 시사점", 산업입지, 제33호, pp. 17~27.

산업연구원(2009), 녹색산업의 신성장동력화 전략.

윤종언(2009), "녹색성장의 의미와 산업단지의 과제", 산업입지, 제33호, pp. 2~10.

이명이(2009), "울산생태산업단지를 위한 효율적인 네트워크 정보시스템 구축방안", 울산대학교 대학원 석사학위논문.

이재준(2009), 녹색도시의 꿈 : 저탄소 녹색도시 조성방안, 경기도 도시계획위원 워크샵 발표자료.

이종영(2009), 녹색성장과 산업법제의 연구, 법제연구, 제36호.

조경두(2009), 산업단지의 환경실태 및 개선방안, 산업입지, 제33호, pp. 11~16.

한국산업단지공단(2002), 환경친화적 산업단지 구축방안, 연구보고서.

한국산업단지공단(2008), 생태산업단지 구축 정책방향.

한국산업단지공단(2009), 산업입지 Spring, 제33호.

한국산업단지공단(2010). 산업입지정책브리프, 제47호.

한국토지공사(2006), 한국토지공사 환경가치제고 방안에 관한 연구.

한국토지공사(2007), 살고싶은 도시건설을 위한 도시개발편람.

한국토지공사 국토도시연구원(2009), 녹색성장으로 가는 길.

한국토지공사(2009), 동탄(2) 신도시 탄소중립도시 도입 연구용역 보고.

환경부(2009), "환경 · 경제 · 사회가 융합된 녹색한국", 환경부 발표자료.

http://uisan.go.kr(울산광역시)

http://www.eip.hinton(이노비스타 생태산업단지)

제3장
생태하천

제1절 | 생태하천의 의의

1. 배경

인류의 4대 문명이 강에서 발생했듯이, 강은 문명의 젖줄이며 국가발전의 동맥으로서 강의 관리는 국가경영의 기본이라 할 수 있다. 특히 최근 기후변화로 홍수 및 가뭄피해가 빈발함에 따라 하천관리에 대한 근원적인 대책마련이 필요한 실정이다. 또한 국민소득 증대로 수상레저 · 문화활동 수요가 급증하여 이를 충족시킬 다양한 공간이 필요하여 종합적인 하천의 개발과 관리가 필요하게 되었다. 현재 하천은 전세계적으로 가장 위협을 받고 있는 생태계이다. 따라서 하천의 복원은 세계적인 추세이며 성장하는 산업이기도 하다.

2. 개념

일반적으로 하천(河川, river)은 큰 강(河)과 내(川, 작은 강)를 아울러 이르는 말이다. 하천법에서는 하천을 지표면에 내린 빗물 등이 모여 흐르는 물길로서 공공의 이해에 밀접한 관계가 있어 국가하천 또는 지방하천으로 지정된 것으로 정의하며, 소하천정비법에서는 하천법의 적용 또는 준용을 받지 아니하는 하천으로서 시장 · 군수 또는 자치구의 구청장에 의해 그 명칭과 구간이 지정 및 고시된 것을 소하천이라고 한다. 한편 생태하천은 생태형 하천, 자연형 하천으로 혼용되기도 하며 생태계의 다양성이 유지되고 인위적 교란이 적은 자연친화적 하천으로 설명되고 있다(김명진, 2007). 즉 생태하천이란 하천이 지닌 본래의 자연성과 생태적 기능이 최대화 될 수 있도록 조성된 하천을 의미한다.

하천의 복원(restoration)은 훼손된 하천의 생물 서식처와 친수성을 되살리기 위해 하도와 하천변을 원래의 자연 하천에 가깝게 되돌리는 것을 의미하지만, 진정한 복원은 과거의 하천 모양을 그대로 유지하는 것이다(김명진, 2007). 따라서 생태하천복원이란 하천 내외의 인공적인 생태계 교란요인을 제거하여 자연에 가깝게 복원하고 건강한 생태계가 유지될 수 있도록 관리해 나가는 활동을 의미한다(환경부, 2008).

한편 도시하천 복원에서는 하천을 생태적으로 건강한 상태로 되돌리는 것뿐만 아니라 경제적 · 심미적 가치를 증진시키고, 도시생활의 삶의 질을 높일 수 있는 여건을 제공할 수 있어야 한다.

3. 중요성

산, 평야, 해안, 섬 등과 같이 국토 환경의 주요 구성요소인 하천은 공학적인 기능과 같은 이수 · 치수 기능과 하천동물의 서식처 제공, 수질자정작용, 심미적인 기능 등을 갖는 환경적인 기능을 가지고 있다. 즉 하천에는 이수 · 치수 · 친수 · 환경 등 다양한 기능이 있다.

이러한 중요한 기능을 갖고 있는 하천은 도시화, 산업화로 인해 하천의 본래 모습을 잃어버리고 있다. 또한 오늘날의 하천은 치수기능이나 이수기능의 제고

만을 목적으로 일방적으로 정비되거나 개발되었고, 하천환경은 고려되지 않은 채 다른 용도로 변경되거나 방치되는 경향을 갖게 되었다. 그리하여 수질 악화와 더불어 생태계에도 큰 변화를 가져왔으며, 또한 무리한 홍수범람방지계획을 통해 오히려 과다한 유속변화와 유사퇴적으로 더 큰 피해를 가져오기도 하였다.

따라서 기후변화 등으로 홍수와 가뭄 피해가 빈번하여 근원적인 대책이 필요하고, 하천의 본래 모습으로 자연그대로 가꾸어가고 하천의 생태적 기능이 잘 유지되도록 하는 등 하천의 다양한 기능을 종합적으로 관리하기 위해서는 생태하천으로 복원하는 노력이 필요하다.

제2절 | 생태하천의 주요내용

1. 관련법률 및 정책

하천의 관리에 있어 수량문제는 국토해양부와 행정안전부가 담당하고, 수질문제는 환경부가 담당하고 있다. 하천 중 국토해양부는 국가하천의 관리권자이고, 지방하천의 관리는 시 · 도지사가 담당하며, 소하천은 시장 · 군수 · 구청장이 관리한다.

우리나라의 하천은 주로 하천기본계획, 유역종합치수계획, 수자원장기종합계획, 물환경관리기본계획 등을 통해 관리되며, 하천의 이용과 보전에 관련된 법은 하천법, 소하천정비법, 환경정책기본법 등이다. 특히 최근에는 4대강 특별법을 통해 낙동강, 금강, 영산강, 섬진강의 4대강 정비를 통해 보전과 활용에 노력하고 있다.

표 6.3.1 하천관리의 내용

구분	관련부처	관련법률	관련계획	주요내용	
				수자원관리	수자원개발
– 수량	· 국토해양부	· 하천법 · 댐건설지원법 · 한국수자원공사법	· 하천기본계획 · 유역종합치수계획 · 수자원장기종합계획 · 댐건설장기계획	· 국가하천관리 · 홍수관리 · 다목적댐관리	· 다목적댐건설 · 내륙주운 · 하천정비사업
	· 행정안전부	· 소하천정비법 · 자연재해대책법	· 소하천정비계획 · 방재기본계획	· 소하천관리 · 풍수해(방재청)	· 소하천정비사업
– 수질	· 환경부	· 환경정책기본법 · 수질 및 수생태계 보전법 · 4대강특별법 · 오수분뇨처리법	· 물환경관리 기본계획	· 수질규제	· 하천정화사업

주 : 4대강 특별법은 「한강수계 상수원 수질 개선 및 주민지원 등에 관한 법률」과 「낙동강(또는 금강, 영산강, 섬진강)수계 물관리 및 주민지원 등에 관한 법률」의 4개 법률을 말함.

생태하천과 관련된 정책은 유역종합치수계획을 들 수 있다. 유역종합치수계획은 홍수유출을 억제할 수 있는 자연과 인공시설물들을 유역전반에 걸쳐 연계이용함으로써 유역의 홍수저감능력을 극대화하는 계획을 말한다. 따라서 유역종합치수계획은 유역이 지니고 있는 치수기능을 최대한 살릴 수 있는 면개념의 치수대책으로서 유역내 다목적 댐, 치수전용댐, 제방, 유수지, 천변저류지, 배수펌프장 등 각종 홍수방어시설을 활용한 구조적 대책과 홍수터 관리, 홍수예경보체계, 홍수보험 등 비구조적 대책을 종합적으로 활용한 치수대책을 수립하는 것을 목표로 한다.

2. 주요내용과 특징

우리나라에서는 생태하천을 조성하기 위해 하천정비사업을 시행하고 있다. 하천정비사업은 홍수에 강하면서도 맑은 물과 수려한 경관, 생태계가 살아 움직이는 건강한 하천으로 되살리기 위해 치수기능에 환경기능을 접목하여 자연친화적으로 개발하는 것을 주요내용으로 하고 있다. 특히 1990년대 후반부터 국민의 삶의 수준과 환경의식의 향상으로 하천의 생태계 보존과 휴식 · 친수공간으로서의 중요성이 부각되면서, 지역특성 및 지역특화사업과 연계한 친환경 하천을 조성하여 지방분권화 시대의 지역개발에 기여하고자 1998년부터 시범적으로 추진하던 하천환경정비사업을 2005년부터는 전국의 국가하천 중 도시구간을 관류하는 50개 지구를 선정하여 '테마형 도시생태하천 조성사업' 을 실시하고 있다.

우리나라의 하천은 비교적 길이가 짧고 하천경사는 급한 편이며, 대륙의 하천에 비해 작은 유로면적과 짧은 유로연장을 가지고 있다. 또한 대부분 산지로 구성된 상류지역은 하천경사가 더 급해 짧은 홍수도달시간과 큰 첨두홍수량의 문제점이 있다. 우리나라 하천의 규모는 유역면적과 연평균유출량을 기준으로 하면 한강이 가장 크며, 유로연장기준으로 하면 낙동강이 가장 크다.

그 밖에 가뭄시 수량부족, 하천의 수질악화 등의 영향으로 생물다양성, 개체수 부족 등 하천의 생태계 건강성이 점차 불량해지고 있다는 것이 문제로 지적되고 있다. 특히 우리나라의 하천은 하천유지유량 부족으로 수면적이 작고 수심이 낮아 친수활동이 어렵고 하천이 제방으로 단절되어 접근이 어려워 친수공간으로서의 활용이 미흡한 실정이다.

표 6.3.2 우리나라 주요하천의 특징

하천명	유로면적 (㎢)	유로연장 (㎞)	연평균유출량 (억㎥)	용수공급능력 (억㎥/년)	연편균강수량 (㎜)	유량변동계수
한강	25,954	494	160	48.6	1208	90
낙동강	23,384	510	157	43.5	1178	260
금강	9,912	398	70	31.2	1227	190
섬진강	4,912	224	41	8.7	1433	270
영산강	3,468	137	28	7.5	1336	130

주 : 1. 한강의 경우 북한지역을 포함한 유로면적은 35,770㎢임.
2. 용수공급능력은 다목적댐, 농업용저수지, 하구둑, 용수전용댐의 용수능력을 모두 합한 것임.
자료 : 국토해양부(2009), p. 13, p.32.

제3절 | 생태하천의 사례

1. 네덜란드 라인강의 홍수방어사업

네덜란드는 과거 인구의 집중과 토지이용의 고도화로 홍수의 피해규모가 증가하고 있었다. 그러나 이에 대한 전통적인 대책인 제방의 증고를 통한 홍수대책은 제방의 붕괴와 월류에 취약하다는 약점을 지니고 있었기 때문에 새로운 대책의 필요성이 제기되었다.

이에 따라 네덜란드는 홍수소통과 생태복원을 위한 공간을 하천에 확보하고 'Room for the river' 라는 표어와 함께 생태복원 운동을 시작하였다. 이는 기후변화에 대처할 수 있는 별도의 공간을 확보하는 것으로 홍수터 및 주수로 준설, 방수로 건설, 제방후퇴와 강변저류지 확보 등이 포함된다. 이러한 사업시행에 따라 네덜란드 라인강 본류 및 지류에 대해 치수안정성을 확보하고 깨끗하고 안전한 하천을 조성하여 국민들의 레저 및 휴양공간으로 제공하고 있다.

2. 일본의 생태하천 관리정책

일본은 300개의 크고 작은 섬으로 구성되어 있으며, 4개 섬이 국토의 대부분을 차지하고 있다. 화산은 150개 이상, 온천은 수천 개에 달하며, 일본 국토는 3/4 이상이 산지 혹은 15° 이상의 경사진 구릉지대이다. 산의 대부분은 깊은 골짜기를 이루고 있으며, 하천은 급류를 이루고 있다. 일본의 최고봉인 후지산은 3,776m이며, 해발 3,000m 이상의 산이 20여개나 된다. 일본은 대부분 화산군 지형인데, 중 · 소 화산이 중첩된 경사면이다. 일본의 국토면적은 377.748㎢이며, 연유출량 4,494억㎥이다. 연평균 강우량은 1,788㎜로 세계 연평균 강우량인 880㎜의 2배 수준이고, 하천의 길이가 짧으며, 하상경사가 급해 수자원 관리에 불리한 상황이다.

중앙의 수질관리부서로는 환경성, 건설성, 국토청, 후생성, 농림수산성, 통상산업성 등이 있다. 국토청 수자원국에는 수자원정책과 수자원계획과, 수원지역대책과 등이 있으며, 용수수급에 관한 장기적인 계획을 수립한다. 건설성에서는 하수도, 하천, 댐 등에 대한 조사, 계획 등을 담당한다. 후생성에서는 상·하수도, 폐기물 등의 관련 업무를 담당한다. 이처럼 일본은 수자원의 자연적·사회적 특성이나 물행정조직은 우리나라와 유사하다.

수자원 관련 법규로는 하천의 귀속, 유수점용, 수리권의 승인 및 조정, 하천관리 등을 다루는 하천법, 수자원개발 기본계획의 수립, 수자원 시설의 건설을 규정한 수자원개발 촉진법 등이 있다. 또한 수도의 건설 및 운영관리, 음용수의 수질 등을 규정한 수도법, 다목적 댐의 건설과 운영관리를 위한 특정 다목적댐법, 댐건설에 따른 환경피해대책을 마련하기 위한 수원지역대책특별조치법 등이 있다. 수질관련법규로는 공해대책기본법, 수질오염방지법, 하수도법, 환경보전특별조치법, 호수수질보전 특별조치법 등이 있다.

3. 한강종합개발사업

우리나라는 1982년부터 1986년까지 한강유역을 대대적으로 정비하였다. 이는 도시하천 및 공장폐수의 방류로 한강의 수질오염이 심각해지고 무분별한 골재채취로 오니사주 형성, 도시경관 훼손이 심해지면서 그 필요성이 제기되었다(국토해양부, 2009).

한강종합개발사업의 주요내용은 한강에 주수로를 정비하여 하도정비 및 준설을 하였고 2개소의 수중보를 설치하였으며, 하수관거·하수처리장 건설을 통해 수질을 개선하였다. 또한 잔디광장, 체육장, 자연학습장 등을 만들어 친수공간을 조성하였고 관광용 유람선, 요트·수상스키, 낚시터 등을 조성하였다.

한강종합개발사업은 우리나라 최초의 하천환경정비사업으로서 하수관거·하수처리장 건설로 한강수질을 개선하였으며 수로를 정비하여 원활한 홍수소통 공간을 확보하였다. 또한 친수공간 조성으로 시민여가활동의 공간을 제공한 것으로 평가되고 있다. 그러나 콘크리트 호안과 제방의 자동차전용도로는 생태의 단절과 하천접근성 제약 등의 문제점이 야기되었으며 최근에는 이러한 문제를 개선한 하천개발을 시행하고 있다.

4. 태화강 생태하천조성사업

울산광역시의 태화강은 도시화 · 산업화 과정에서 오 · 폐수 유입과 퇴적오니 등으로 인해 하천의 자정능력을 상실하여 수질이 1급수에서 5급수로 악화되어 이를 정화할 필요가 있었다. 이에 따라 2002년에서 2004년까지 태화강 생태하천조성사업을 시행하였는데 하천 내 퇴적토 준설 등의 하도관리, 하수처리장 건설 및 하수관거 매립으로 수질개선, 하천유지유량 증대 등으로 하천생태계 복원, 하천공간을 활용한 여가공간 조성 등이 주요내용이다.

태화강 생태하천조성사업을 통해 2005년부터 2급수로 수질을 개선하였고, 태화강에서 방류한 연어가 돌아오고 있으며, 철새의 종류도 증가하였다. 또한 하천둔치 정비, 산책로 · 자전거길 개설 등으로 평일 약 3천명, 휴일 약 8천명의 시민이 태화강을 이용하고 있다. 특히 매년 태화강전국수영대회와 수상레포츠 행사 등을 개최하여 맑아진 강의 모습을 홍보하고 있다.

자료 : 4대강 살리기 추진본부 웹사이트.

[그림 6.3.1] 생태하천

5. 청계천 복원사업

서울에 위치한 청계천은 그동안 각종 개발로 인한 하수와 폐수의 유입으로 심각하게 오염되었다. 또한 일부는 복개되어 시각적으로 차폐되고 복개 위는 도로나 주차장으로 활용되어 왔다. 이에 서울시에서는 2003년부터 2005년까지 청계천 복원사업을 시행하였다. 주요내용은 하수도로 전락한 하천의 콘크리트 복개를 허물고 어류, 조류, 곤충류, 식물 등이 어우러져 살 수 있는 생태계의 형성이다. 그리고 하천복원을 통해 낭만적인 공원기능을 부여하였다.

청계천 복원 후 펌핑을 통해서 2급수를 유지하고 있으며, 복원 후에 잉어, 붕어, 피라미 등의 개체수가 많아졌다. 또한 청둥오리, 흰뺨검둥오리, 중대백로, 왜가리 등의 조류가 관찰되는 등 복원효과가 나타나고 있다.

6. 시사점

생태하천은 홍수 및 가뭄에 대비하고 생태공간으로서 동식물의 생태계조성이라는 측면에서 중요한 의미를 가진다. 또한 하천공간은 주민의 여가공간으로 활용가능하고 특히 도시에서의 하천은 문화적 및 경관적 가치를 지닌다.

그러나 우리나라의 하천정비는 대부분 콘크리트 호안을 조성하여 자동차전용도로로 활용되는 등의 방식으로 이루어져 왔다. 이는 생태계 단절과 하천접근성 제약 등의 문제를 야기하고 있으므로 향후의 하천정비는 보다 다양한 생물종이 서식할 수 있는 자연친화적인 정비가 이루어져야 할 것이다.

제4절 | 생태하천의 전망과 과제

1. 전망

향후 기후변화 등으로 홍수 및 가뭄피해가 빈발할 것으로 예상되고 있으며 매년 예측불가능성이 증가하고 있다. 특히 우리나라의 경우 장마가 있어 하천의 하상계수가 매우 큰 편이다. 즉 여름과 겨울의 하천수량에 큰 차이가 있어 안정적인 수량확보와 활용이 어려운 편이다.

지금까지 하천정비는 주로 콘크리트를 사용하여 수변공간을 덮고 자동차도로, 산책로 등으로 이용하여 왔다. 그러나 하천의 생물다양성 확보와 생태계 활성화의 측면에서 이러한 방식은 많은 비판을 받아 왔다. 향후의 하천정비는 보다 친환경적으로 이루어질 것으로 예상된다. 곡류를 직교화하지 않고 둔다거나 갈대, 자갈, 모래 등 하천을 이루는 다양한 자연물을 있는 그대로 살려 하천의 자정능력과 생태환경 조성을 유도하는 방향으로 변화하고 있다.

한편 국민소득 증대에 따라 수상활동에 대한 수요가 증가하고 있다. 그리고 도시에서의 하천복원은 생물다양성보다는 문화적이고 경관적인 가치를 중시할 것으로 예상됨에 따라 향후 하천에 대한 활용은 보다 활성화될 것이고 생태계 조성이라는 측면에서 하천의 정비와 활용이 이루어 질 것으로 예상된다.

2. 과제

생태하천을 조성하고 활용하기 위한 과제는 다음과 같다. 첫째, 기후변화에 능동적으로 대응하여 홍수 및 가뭄에 대비할 수 있는 방향으로 하천의 정비 및 활용이 이루어 져야 한다. 이를 위해 친환경 보 설치가 필요하다. 또한 상류는 대규모 단일댐의 건설보다 소규모 복합댐의 건설이 바람직하다. 이를 통해 재해의 사전복구중심에서 사전예방투자로 전환되어야 할 것이다.

둘째, 생태계로서 하천의 기능을 활성화해야 한다. 깊고 얕은 다양한 수심 조성, 곡류와 직류를 혼합한 하천수로 조성, 모래와 자갈 등 다양한 하천바닥 형태 조성 등을 통해 가급적 자연하천에 가까운 형태로 하천정비가 이루어 질 경우 하천의 생물다양성과 자정능력은 크게 향상될 것으로 예상된다. 이를 통해 생태적으로 건강한 하천관리체계 마련이 시급하다.

셋째, 하천공간을 자연과 인간이 어우러진 복합공간으로 적극 활용할 필요가 있다. 하천변은 휴식 및 레저활동 등으로 적극 활용할 수 있다. 국민소득이 증가하고 삶의 질에 대한 관심이 증대할수록 하천이 지니고 있는 기능에 대한 수요가 증가할 것으로 예상된다. 따라서 생태하천이 자연공간, 레저공간의 기능을 충실히 수행할 수 있도록 하여야 할 것이다.

탐구학습

1. 주요개념

- 생태하천
- 하천정비사업
- 우리나라 주요하천의 특징

2. 토론과 과제

- 하천의 기능
- 하천정비의 주요사례
- 하천의 바람직한 관리방안
- 생태적으로 건강하고 레저공간을 제공하는 생태하천의 사례

참고문헌

국토해양부(2009), 4대강살리기 마스터플랜.

김명진(2007), "생태하천 복원 방안", 환경영향평가, 제16권 제1호.

김창현(2005), "생태복원을 위한 친환경적 하천 정비에 관한 연구", 단국대학교 산업경영대학원 석사학위논문.

이성근(2006), 국토와 환경의 이해, 영남대학교출판부.

첨단신기술정보분석연구회(2009), 녹색성장 5개년계획과 국가전략, 진한엠앤비.

한국방송신문연합회(2009), "녹색성장과 신환경정책", 제2권.

http://www.greengrowth.go.kr(녹색성장위원회)

http://www.kordi.re.kr(한국해양연구원)

http://www.kwater.or.kr(한국수자원공사)

http://www.me.go.kr(환경부)

http://www.mltm.go.kr(국토해양부)

제4장

녹색정보

제1절 | 녹색정보의 의의

1. 배경

기후변화에 대응하기 위한 국내외적인 관심이 고조되고 있는 상황에서 IT(Information Technology) 부문 역시 저탄소 녹색성장에 기여하기 위한 방안 모색이 적극적으로 추진되고 있다. 일반적으로 IT는 환경친화적인 이미지를 가지고 있지만 IT 제품의 생산과 폐기 과정에서 유해 물질이 발생할 수 있다. 최근에는 정보화의 진전과 그에 따른 IT 제품 및 서비스 사용 증가로 IT 기기의 전력소비가 급증하면서 IT 제품 및 서비스 관련분야의 CO_2 배출이 새로운 과제로 떠오르고 있다.

2007년 발표된 가트너의 연구 결과에 따르면 IT는 CO_2 배출량의 2% 정도를 차지하고 있으며, 이는 전 세계 항공사의 여객기가 배출하는 양과 유사한 수준이다. 더욱 심각한 것은 IT 제품 및 서비스의 전력소비가 계속 급증하고 있다는 것이다. 또한 전 세계 그린 IT 시장은 2008년 약 5억 달러에 불과하였지만 2013년에는 48억 달러로 연평균 60% 이상 성장할 것으로 전망된다(행정안전부,

2009b). 이에 선진국 정부 및 글로벌 IT 기업들은 그린 IT 시장 선점을 위한 기술 및 제품 개발에 막대한 예산을 투자하고 있다.

2. 개념

최근 정보화의 진전에 따라 IT가 사회 모든 현상에 직간접적으로 연관됨에 따라 정보기술이 전면에 나타나기 보다는 인프라화되는 경향이 나타나고 있다. 특히 최근 IT와 타산업, 타영역과의 융합이 진행되면서 이러한 추세가 가속화되고 있다. 처음에는 공공기관, 정부부문에 국한되어 이루어졌던 전산화가 정보화의 개념이었다면, 2000년대 들어서는 RFID(Radio Frequency IDentification)와 결합하면서 모든 사물의 객체까지 정보화라는 범위에 포함되면서 광의의 정보화 개념으로 전환되고 있다

녹색정보화란 환경을 의미하는 녹색(green)과 정보화(information)의 합성어로 정보자원의 효율적 관리운영과 적극적인 IT 활용으로 국가 전반의 자원 및 에너지 효율성을 제고하여 저탄소 녹색성장을 견인하는 새로운 정보화 패러다임으로 정의하고 있다(행정안전부, 2009a). 또한 녹색 IT는 환경을 의미하는 녹색(Green)과 정보기술(IT)을 합성한 용어로 IT 제품 및 서비스의 라이프사이클 전반에 걸친 녹색화(Green of IT)와 IT를 활용한 국가 사회 전반의 녹색화(Green by IT)를 포괄하는 개념이다(행정안전부, 2009b). 기존에는 기후변화와 고유가가 글로벌 이슈로 떠오르면서 IT 부문의 에너지 절감과 CO_2 감축 활동을 뜻하는 용어로 사용되었으나 최근에는 IT를 활용한 기후변화 대응방안을 포함하는 적극적 개념으로 확장되고 있다. 따라서 녹색정보의 개념은 Green of IT와 Green by IT를 포괄하는 광의의 개념인 녹색 IT로 정의된다.

3. 중요성

IT는 건물관리, 교통체계, 전력시스템 등을 지능화하여 에너지의 효율적 이

용을 극대화하고, 물리적 제품의 디지털화로 자원소비를 절감하며, 원격근무 · 화상회의 · 전자상거래 등을 통해 교통 및 물류 수요를 감소시키는 것은 물론, 실시간 환경 모니터링 예측을 통해 기후변화 대응역량을 강화하는 등 저탄소 녹색성장의 기반으로서 중요한 역할을 할 것으로 기대된다.

세계자연보호기금(WWF)은 IT 활용을 통해 전 세계 CO_2 배출량을 최소 7%에서 최대 25% 감축할 수 있다고 추산하고 있으며, 2020년까지 10대 IT솔루션[3]을 보급하면 유럽에서만 10억 톤의 CO_2를 감축할 수 있다고 분석하였다(행정안전부, 2009b).

제2절 | 녹색정보의 주요내용

1. 관련법률 및 정책

저탄소 녹색성장 기본법 제27조에서 정부는 에너지 절약, 에너지효율 향상 및 온실가스 감축을 위하여 정보통신기술 및 서비스를 적극 활용하는 방송통신 네트워크 등 정보통신 기반확대, 새로운 정보통신 서비스의 개발 · 보급, 정보통신 산업 및 기기 등에 대한 녹색기술 개발 촉진에 대한 시책을 수립하도록 규정하고 있다. 또한 저탄소 녹색성장을 위한 생활문화를 조속히 확산시키기 위하여 재택근무 · 영상회의 · 원격교육 · 원격진료 등을 활성화하는 등의 방송통신 시책을 수립 · 시행하도록 하고 있다. 그리고 정부는 정보통신기술을 활용하여 전력 네트워크를 지능화 · 고도화함으로써 고품질의 전력서비스를 제공하고 에너지 이용효율을 극대화하여 온실가스를 획기적으로 감축할 수 있도록 하여

3 WWF에서는 2020년까지 CO_2 10억톤을 감축하기 위한 10대 IT 솔루션은 스마트 도시계획, 스마트빌딩, 스마트 가전, 탈물질화 서비스, IT-최적화, 스마트 산업, 스마트 그리드, 통합재생 솔루션, 스마트 워크, 지능형 교통이다.

야 한다고 하고 있다.

녹색 IT와 관련하여 저탄소 녹색성장 기본법은 제27조에서 정보통신기술의 보급 · 활용에 관하여 포괄적으로 규정하고 있으며, 이에 근거하여 정부에서 추진 중인 녹색 IT 관련부문 주요정책을 요약하면 표 6.4.1과 같다.

표 6.4.1 녹색정보 관련 주요정책

구분	정책과제	주요내용
Green of IT	– World Best 그린 IT 제품 개발 및 수출전략화	· 3대 그린IT 제품(PC, TV디스플레이, 서버)그린화 및 그린 IT기기 보급 · 확산 · 3대 그린IT 제품개발 및 공공부문의 선도적 보급확산
	– IT 서비스 그린화 촉진	· IDC의 전면적 그린화 및 수출 모델화 추진 · 그린 클라우드 컴퓨터서비스 기반 구축 · 방송통신 네트워크 인프라의 그린화 추진
	– 10배 빠른 안전한 네트워크 구축	· 세계최고 Giga넷 구축을 통한 고품질 · 실감형서비스 제공기반 마련 · WiBro, 4G, 센서망 등 무선인프라 고도화 · 그린 정보보호 체계 강화
Green by IT	– IT를 통한 저탄소 업무환경으로 전환	· 첨단 IT 기반의 원격협업 · 영상회의 확대 · 전국적 스마트워크센터 구축을 통한 탄소프리 출퇴근 환경 제공 · 업무처리 전과정의 IT화로 탈종이 업무환경 확대 · 건물에너지관리시스템 보급 · 확산 및 지원제도개편
	– IT기반 그린 생활혁명 구현	· 첨단 친환경교실을 구현하여 미래형 학습환경 구현 · 단순 만성질환 관리를 위한 IPTV기반의 U-헬스추진 · 가상체험 콘텐츠 구축, RFID기반의 음식폐기물관리 시스템 구축, 주택용 에너지관리시스템(HEMS) 보급
	– IT 융합 제조업 그린화	· IT를 활용한 제조공정 그린화 및 그린산업단지 조성 · 관리 · 제조업 등의 폐자원관리를 위한 기반정보시스템 구축
	– 스마트 녹색교통 · 물류 체계로의 전환	· ITS 고도화 및 확산으로 교통정체, 차량공회전 최소화 · 지능형 물류거점 효율화 및 물류정보 연계 · 통합 · 공용자전거와 IT기술을 융합한 녹색교통체계 기반구축
	– 지능형 전력망 인프라 구축	· 단계적 기술개발을 통한 지능형전력망 인프라 구축 · 지능형 전력망 조기 상용화를 위해 IT인프라 연계활용
	– 지능형 실시간 환경감시 및 재난 조기대응 체제 구축	· 범국가적 지능형 실시간 환경감시체계 구축 · 탄소배출관리 지원시스템 구축 · 센서기반 화재감지자동화 등 119신고출동체계 고도화 · 산림자원 보호를 위한 통합형 산불관리체계 구축

자료 : 녹색성장위원회(2009b), 그린 IT 국가전략에서 발췌.

정부는 3대 전략과 9대 핵심과제로 구성된 그린 IT 국가전략을 수립하여 2009년 5월 13일 발표하였다. 동전략은 그린 IT 제품 서비스의 생산-활용-기반 구축 등 전 주기를 연계한 범국민적 차원의 전략으로 IT 강국을 넘어 글로벌 그린IT 선도국으로 도약하기 위해 IT 부문을 녹색화하고, 그린 IT 자체를 신성장 동력화(Green of IT)를 하는 한편 IT를 융합하여 우리 경제 사회를 스마트 그린화해 나가며, 기후변화에 대한 대응역량을 강화(Green by IT)하는 방안 등을 담고 있다. Green of IT 과제는 3개로 World Best 그린 IT 제품 개발 및 수출전략화, IT 서비스 그린화 촉진, 10배 빠른 안전한 네트워크 구축이며, Green by IT 과제는 6개로 IT를 통한 저탄소 업무환경으로 전환, IT기반 그린 생활혁명 구현, IT 융합 제조업 그린화, 스마트 녹색교통 · 물류 체계로의 전환, 지능형 전력망 인프라 구축, 지능형 실시간 환경감시 및 재난 조기대응체제 구축이다(녹색성장위원회, 2009b).

2. 주요내용과 특징

IT는 에너지 및 자원의 효율적 이용을 극대화하여 경제와 환경이 동반 성장할 수 있도록 해 주는 저탄소사회 전환을 촉진하는 핵심수단이다. 따라서 IT의 부정적 영향을 최소화하면서 긍정적 영향을 극대화하는 것이 그린 IT 사업 추진 시 아주 중요하다고 할 수 있다. 그린 IT 정책이 구체적인 사업으로 추진되어 가시적인 성과를 내는 것이 아주 중요하므로, 이를 위해 다음의 4가지 차원에서 그린 IT정책이 지속적으로 추진되어야 한다(행정안전부, 2009b).

1) IT 제품 및 서비스 녹색화

2008년 기준 우리나라 IT 부문 CO_2 배출량은 국내 총 배출량의 약 2.8%로 전 세계 평균인 2%를 상회한다. IT 기기 및 장비의 저전력 기술 발달에도 불구하고 보급률 상승, 고사양화, 그리고 24시간 운영장비 증가로 IT 부문 CO_2 배출 증가는 더욱 가속화할 것으로 전망된다. 따라서 장기적으로 IT 기기 및 장비의 저전력 기술개발이 이루어져야겠지만 이와 더불어 단기적으로는 서버, 스토리지, 프린터 등 정보자원을 통합하여 사용대수를 감축하는 것이 가장 효과적인 방법이다.

우리나라에서는 그린 IT 국가전략에서 핵심과제로 추진중인 내용을 살펴보면 전력소모량이 많으면서 수출규모가 큰 그린 PC, 그린 TV/디스플레이, 그린 서버 등을 집중개발하고 공공부문의 선도적인 보급확산을 통해 CO_2를 획기적으로 절감하여 세계 그린 IT 시장을 선도하겠다는 내용을 담고 있다. 다음으로 전기먹는 하마로 지목되고 있는 IDC(Internet Data Center) 그린화, 클라우딩 컴퓨터 보급을 통하여 2013년까지 전력효율을 40% 이상까지 향상시키고, 그린 IDC 플랜트 모델 발굴 및 수출을 촉진하여 지식서비스산업의 녹색성장 기반을 강화할 계획이다.

2) 저탄소 사회 전환촉진을 위한 정보화사업 추진

IT는 에너지 및 자원의 효율적 이용을 극대화할 수 있어 저탄소 사회 전환촉진을 위해 유용한 수단이다. 따라서 지금까지 업무 효율성 증진과 생활 편의증진을 목적으로 추진된 정보화 사업을 정비하여 IT를 통한 저탄소 사회 전환에 초점을 둔 사업 포트폴리오 재구축이 필요하다. BEMS/HEMS 보급 확대를 통한 건물 에너지관리 최적화, ITS조기 구축을 통한 교통시스템 지능화, 원격근무 및 화상회의 도입 확대 등 일하는 방식 선진화 등은 IT 기반 저탄소 사회전환을 위한 최우선과제가 될 것이다. 아울러 공공부문 역시 에너지 및 자원의 대형소비자로서 국가탄소배출량 중 상당 부분 차지하므로 공공부문의 솔선수범이 중요하다. 공공부문이 솔선하여 그린 IT를 적극 도입하여 초기 시장을 창출하고 이를 민간부문으로 확산한다면 저탄소 사회전환을 보다 신속히 추진할 수 있을 것이다.

3) 그린 IT 산업육성

세계적 수준의 IT 인프라와 ET(에너지/환경 기술) 융합을 통한 녹색성장 전략으로 한국의 강점을 살리고 해외에 모범사례가 될 수 있는 신성장동력 육성 정책이 필요하다. 그린 IT를 환경규제가 아닌 녹색성장을 위한 신성장 동력으로 육성하기 위해서는 기업의 적극적인 참여와 투자를 촉진하는 전략이 필요하다. 우리나라의 경우 신도시, 뉴타운, 혁신도시 등에서 다양한 형태의 U-City 사업이 추진되고 있으며, 유비쿼터스 건설 등에 관한 법률(2008)에 따라 총39건이 U-City 건설사업으로 인정되고 있다(한국토지공사 국토도시연구원, 2009).

4) 그린 IT 활성화 기반조성

그린 IT는 기술개발 및 애플리케이션 보급 촉진은 물론 환경친화적인 정보화를 위한 개인차원의 인식전환, 조직차원의 문화형성, 그리고 국가차원에서 시스템 선진화가 선행되어야 한다. 따라서 대국민 홍보 및 교육 프로그램 운영, 민관협력 거버넌스 체계 구축 등 사회적 공감대 형성 및 합의를 이끌기 위한 다각적인 노력이 필요하다. 아울러 IT기반 저탄소 녹색성장을 효과적으로 추진하기 위한 정책 및 법제도 재설계가 요구된다. 기존 정책 및 법제도의 한계와 상충문제를 해결하여 그린 IT 정책이 실천력을 가질 수 있도록 관련 정책, 법제도 등의 검토 및 개선이 이루어져야 한다.

제3절 | 녹색정보의 사례

1. 영국 NHS Trust의 영상회의서비스 도입

영국 국가의료서비스기관(NHS Trust)은 BT(British Telecom)에서 구축한 구가광대역 보안통신망인 N3를 통해 영국 전역에 영상회의 서비스를 도입할 예정이다. 영국과 스코틀랜드의 병원과 메디컬 센터 및 일반 개업의원 등을 연결함으로써 효율성 향상 및 출장 감소 등을 통한 비용절감과 탄소 배출량 감축이 기대된다. NHS Trust의 직원 및 환자, 방문객들의 연간 여행거리는 약 104억㎞로 영상회의 서비스 도입으로 연간 여행경비 5천7백만 파운드 및 7,200톤의 탄소 배출량 감축이 예상된다.

NHS Trust의 연간 탄소 배출량은 약 1천8백만톤으로 1990년 이래 40%나 증가하여 영국 정부의 감축목표 달성을 위해서는 그린 IT 도입이 필수적이다. 시스템 도입으로 망 접속 가능직원의 주1회 재택근무 시 거리 5.4백만㎞의 단축 및 773톤의 탄소배출량 절감이 가능하고, 종이 처방전 대신 전자 처방전을 사용할 경우 연간 4,197톤의 종이를 절약할 수 있으며, 이는 나무 십만 그루 및 14,100톤의 탄소배출량에 해당된다(The Green IT Review, 2010).

2. 전용 디지털 도서관 디브러리

한국은 세계 최초로 사용자들이 전용 공간에서 온라인 콘텐츠에 접속할 수 있는 디지털 도서관인 디브러리(Dibrary)를 2009년 5월에 개관하였다. 디브러리는 Digital과 Library를 합한 것으로 물리적인 서비스 공간인 정보광장과 디지털 가상공간인 디브러리 포털(www.dibrary.net)로 구성되어 디지털과 아날로그를 융합하는 서비스를 제공하고 있다.

디브러리는 국립중앙도서관이 7년간 1억 달러(1,200억원)를 투자하여 구축

[그림 6.4.1] 국립 디지털도서관

했으며, 지상 3층과 지하 5층으로 구성되어 있다. 도서관 내에는 626대의 컴퓨터와 38만개의 디지털북, 252명이 사용가능한 디지털 연구실, 1,000만 건의 국내 학술정보, 3,400만 건의 국내 정책데이터, 700개 이상 도서관의 7,200만 여건의 자료를 소장하고 있다.

디브러리 측은 디브러리가 기존의 디지털 도서관과는 달리, 따로 분리된 실제 물리적 공간이 있는 최초의 도서관으로 이용자들은 모든 종류의 디지털 기기를 이용하여 데이터를 찾을 수 있다고 한다. 디지털전시관, 디지털 열람실, 노트북 이용공간, IPTV 등을 볼 수 있는 복합 상영관 이외에도 카메라 레코더와 컴퓨터, 조명시설이 완비된 사용자 제작 콘텐츠(UCC) 스튜디오도 갖추고 있다. 아울러 외국인 사용자들을 위한 다문화구역(multi-culture zone)에서는 영어, 중국어, 일본어, 프랑스어, 베트남어 등 주요 외국어를 지원하는 운영체계가 있는 24대의 컴퓨터를 갖추고 있다(Future Gov, 2009).

3. 화성 동탄 스마트시티

스마트시티는 텔레커뮤니케이션 기반시설이 인간의 신경망처럼 도시 구석구석까지 연결돼 있어, 사무실에 나가지 않고도 어디에서건 모든 업무를 처리할 수 있는 곳을 의미한다. 이곳에서는 스마트워킹은 물론이고 일상생활에서 우리가 상상했던 모든 일이 가능해진다. 교통 · 전력 · 방범 등 도시의 기본 인프라가 스스로 작동하며 가로등은 사람이 지나갈 때만 켜져 에너지를 절약하고 지능형 게시판이 실시간 교통현황을 알려준다. 때로는 교통상황을 더욱 원활하게 하기 위해 신호체계가 스스로 바뀌기도 한다. 냉난방 시스템도 사람의 인원에 따라 가장 효율적으로 구동된다.

스마트시티로 발전하고 있는 우리나라 1호 U-City 화성 동탄은 겉보기로는 여느 신도시와 크게 다른 느낌을 주지 않지만 도시가 운영되는 내부를 들여다보면 전혀 다른 개념의 도시라는 것을 알 수 있다. 2008년 9월 준공된 화성 동탄 신도시는 실시간 교통정보 제공, 상수도 누수관리, 방범, 불법주정차, 차량번호 인식, 환경오염 정보제공 서비스를 제공하고 있다. 2018년까지 지자체의 예산 절감 효과 79억원, 사회적 편익 963억원의 효과를 거둘 것으로 전망되고 있다.

화성 동탄에 적용된 상수도 누수관리 서비스를 통해 상수도 누수관리 담당자 수가 타 지자체의 50% 수준에 불과하다. 또 평균 4%에 이르는 상수도 누수를 막음으로써 수자원 손실도 방지하는 성과를 거두고 있다. CCTV, 차량번호 인식 등 방범서비스가 도입됨에 따라 수배차량, 범죄자 적발 등을 통해 2008년에만 49.3%의 범죄가 방지되는 성과를 거둔 것으로 나타났다. 불법주정차 단속 서비스로 단속요원 인건비는 절감되고 세수는 오히려 2억원 늘었으며, 불법 주정차에 따른 교통체증을 방지하는 효과를 보여주고 있다. 국토해양부에 따르면 화성시가 동탄 U-City 건설로 거둔 효과는 연간 지방세 31억원 증가, 도시관리 예산 10억원 절감 등 연간 총 41억원에 이르는 것으로 분석하고 있다.

4. 시사점

선진국 정부 및 글로벌 IT 기업들은 그린 IT 시장 선점을 위한 기술 및 제품 개발에 막대한 예산을 투자하고 있다. 아울러 세계 각국은 IT 제품의 소비전력 및 환경기준을 대폭 강화하여 비관세 무역장벽으로 활용하는 한편 친환경 제품에는 인센티브를 제공하는 등 자국시장보호와 그린 IT 시장을 창출하기 위해 노력하고 있다. IBM, Google, MS, CISO 등 글로벌 IT 기업들은 자사의 IT 환경을 환경친화적으로 개선하고 원격근무, 화상회의, 지능형 물류시스템, 건물에너지 관리시스템 등 그린 솔루션 도입을 선도하면서 축적된 지식을 바탕으로 그린 IT를 새로운 비즈니스 모델로 육성하여 수익을 창출하고 있다

우리도 정부에서 글로벌 IT 선도국가 실현을 달성하기 위해 IT 부문 녹색화(Green of IT) 3대 과제와 IT 융합화 (Green by IT) 6대 과제에 2013년까지 4조 2,500억원을 투자하여 1,840만톤의 탄소배출 감축효과를 달성할 계획이다. 삼성전자, KT, SKT, NHN 등 민간기업도 그린 IT 기술 개발 및 서비스 도입을 위해 노력하고 있지만 아직은 초기 단계다. 그러나 우리나라는 세계적 수준의 IT 인프라를 보유하고 있으며, 최근 혁신도시, 신도시 등에서 다양한 형태의 U-City 사업이 추진되고 있다. 화성동탄 스마트시티 사례에서 보는 바와 같이 첨단도시개발 부문에서의 녹색정보화는 도시 시설물관리 및 서비스 제공과 함께 시민의 삶의 질 향상이라는 이중적 역할을 담당하고 있으므로 그린 IT는 이를 지원하는 중요한 수단으로 활용되고 있다(행정안전부, 2009b).

제4절 | 녹색정보의 전망과 과제

1. 전망

저탄소 녹색성장을 위한 IT의 역할과 활용을 강조하는 그린 IT 전략이 지속적으로 추진되면 기후변화 대응측면, 그리고 새로운 성장동력 발굴측면에서 상당한 효과가 기대된다. 2009년부터 2013년까지 5년간 공공 및 민간 재원을 약 4조 2천억원이 소요될 예정이고, 동사업이 성공적으로 추진되면 2013년까지 7조 5천억원의 생산유발 효과(3조 1천억원의 부가가치 창출효과 포함)를 가져올 뿐

만 아니라 약 4만 8천여개의 신규 일자리 창출과 1천 8백만톤의 CO_2 탄소 배출량 저감효과를 거둘 것으로 기대된다(녹색성장위원회, 2009a).

이외에도 우리나라 IT산업의 경쟁력의 지속 · 강화라는 측면과 저탄소 녹색성장을 실질적으로 주도하는 국가적 이미지 개선효과 등 계량적으로 나타나기 어려운 효과까지 고려한다면 그린 IT는 우리나라의 새로운 성장과 기후변화 대처라는 목표를 동시에 달성할 수 있는 수단으로 여겨진다.

2. 과제

이상에서 살펴본 바와 같이 그린 IT는 기후변화에 대한 범지구적인 대응이라는 공동의 보조를 맞추고 있지만 현실적으로는 새로운 국가 경쟁력의 확보를 위한 치열한 각축장이다. Green of IT와 Green by IT는 서로 분리된 것이 아니라 상호 긴밀히 연결되어 있다. 즉 Green IT 제품을 개발한다 하더라도 공공수요 창출과 긴밀히 연결되지 않아 시장에서 도태될 수 있고, 공공목적으로 Green IT 서비스를 제공하려고 해도 Green IT 제품이 뒷받침되지 않는다면 대부분 외부에서 조달되어 국내적으로 미치는 경제적 파급효과를 극대화할 기회를 잃게 되며, Green IT 가 적정한 수준으로 구현될 수 있도록 네트워크 인프라의 진화가 뒷받침되지 않는다면 많은 그린 IT 서비스가 구현되지 않을 것이다. 따라서 양자가 유기적으로 연결되어야 하며 일관성 있는 거버넌스로 다루어져야만 글로벌한 수준에서 경쟁력을 확보할 수 있을 것이다(홍진배, 2009).

또한 Green by IT의 많은 과제들이 새로운 것을 개발해야만 가능한 것들이 아니므로 장기적인 관점에서 계획에만 몰두하기 보다는 단계별로 실천이 가능하고 가시적인 성과가 기대되는 부분부터 시행하되 꾸준한 실천이 중요하다. 그리고 그린 IT 국가전략은 여러 부처에 산재된 그린 IT정책을 종합해 놓은 것이기 때문에 전략의 수립뿐만 아니라 환경변화에 따른 전략적 수정도 중요하며 무엇보다도 일관성을 가지고 강력하게 집행해 나가야 한다.

탐구학습

1. 주요개념
- 녹색정보
- 녹색 IT
- 그린 of IT
- 그린 by IT

2. 토론과 과제
- 그린 IT의 역할과 기능
- 그린 IT의 실천유형
- 그린 IT의 전망과 과제

참고문헌

김한주(2009), "녹색성장 국가전략과 그린 IT 역할", 정보과학학회지, 제27권 제11호.
김형국(2011), 녹색성장 바로 알기. 녹색성장위원회, (주)나남.
녹색성장위원회(2009a), 녹색성장 국가전략 및 5개년 계획.
녹색성장위원회(2009b), 그린 IT 국가전략.
문화체육관광부(2008a), 녹색성장 대한민국의 그린오션전략.
문화체육관광부(2008b), 녹색부국으로 가는 길.
미래기획위원회(2009), 녹색성장의 길, 중앙북스.
방송통신위원회(2009), 녹색 방송통신 추진 종합계획.
지식경제부(2009), 녹색성장을 위한 IT산업 전략(Green IT).
행정안전부(2009a), 녹색정보화 추진계획(안).
행정안전부(2009b), IT기반 한국사회 패러다임 변화연구.
행정안전부(2009c), 국가정보화 전략연구.
한국토지공사 국토도시연구원(2009), 녹색성장으로 가는 길.
황성진 · 박상주(2009), "녹색성장정책에 있어 IT의 역할 및 중요성 : 에너지 관련 정책을 중심으로", 방송통신정책, 제21권 제2호, pp. 1~28.
홍진배(2009), "녹색성장과 그린 IT 국가전략의 이해", 과학기술정책, 통권 175호.
http://www.dibrary.net(국립디지털도서관)

제7편

저탄소 녹색생활의 사회적 실천

제1장 | 녹색기업
제2장 | 녹색생활
제3장 | 녹색NGO
제4장 | 녹색거버넌스
제5장 | 녹색교육

저탄소 녹색성장이 일상적인 생활속에서 어떻게 실천되고 있으며 또한 어떤 모습이 바람직한가 등에 대하여 살펴보기로 한다.

이를 위하여 녹색기업, 녹색생활, 녹색NGO, 녹색거버넌스, 그리고 녹색교육 등에 대하여 중점적으로 살펴본다.

제1장

녹색기업

제1절 | 녹색기업의 의의

1. 배경

닷컴(.com) 신화가 무너진 자리에 왓컴(watt com) 신화가 부활하면서 미국의 실리콘밸리는 그린 밸리(Green Valley)로 변화하고 있다. 석유분야의 메이저 기업인 BP사는 태양광, 풍력 등 신재생에너지 개발에 향후 10년간 80억 달러를 투자할 계획을 밝히고 녹색시장에 본격적으로 진출하겠다는 계획을 수립하였다. 그리고 다국적 자동차회사인 볼보사는 풍력발전을 도입하는 등 에너지 절약 및 신재생에너지 보급 · 확대를 적극적으로 추진하고 있다.

전세계적으로 친환경 그린에너지에 대한 관심이 고조되고 있다. 세계화 및 민영화 확산, 지속가능한 발전 추구, 에너지 기술개발 중요성 증대, 에너지 소비 패턴과 인식의 변화 등이 나타나고 있다. 녹색산업을 새로운 국가 성장동력으로 활용하려는 움직임도 증가 추세에 있다. 이에 따라 미국은 2006년부터 기후변화 기술 프로그램(CCTP)을 운영하고 있고, EU는 2007년부터 전략적 에너지 기술계획(SET Plan)을 추진하고 있다.

녹색산업이 전세계적으로 국가 신성장동력으로 부상하고 있고, 탄소 배출권시장, 신재생에너지시장 등을 비롯한 녹색시장도 빠르게 성장할 것으로 전망되고 있다. 탄소 배출권시장은 2007년 630억달러에서 2010년에는 1,500억달러로 성장하며, 신재생에너지시장은 2007년 758억달러에서 2018년에는 3,151억달러로 커질 것으로 전망된다. 이에 선진국들은 녹색선도시장(green lead market) 창출을 통해 선도자 이익 확보에 국력을 집중하고 있다.

2. 개념

녹색기업(green corporation)의 개념을 학술적으로 규정한 사례는 없다. 다만, 녹색기업의 개념규정을 위해서는 먼저 기업에 대한 이해가 필요하다. 기업은 국민경제를 구성하는 기본적 단위이며, 생산수단의 소유와 노동의 분리를 기초로 하여 영리목적을 추구하는 독립적인 생산경제단위를 이루고 있다. 기업은 소유와 노동의 분리, 영리목적, 개별성, 독립성, 그리고 생산경제의 단위체라는 특성을 가지고 있다.

녹색기업은 녹색과 기업의 합성어로 이해할 수 있다. 따라서 녹색기업은 녹색성장의 정책기조에 부응하여, 에너지 및 자원의 투입을 최소화하거나, 온실가스 및 오염물질의 발생을 최소화하는 녹색제품을 생산, 유통하는 기업으로 규정할 수 있다.

한편 녹색기업과 관련된 개념으로 녹색제품, 녹색시장, 그리고 녹색경영 등이 있다. 기업이 생산하는 재화와 서비스가 제품인데, 에너지 · 자원의 투입과 온실가스 및 오염물질의 발생을 최소화한 제품을 가리켜 녹색제품(green product)이라고 하고, 녹색제품이 거래되는 장소를 녹색시장(green market)이라 한다. 녹색시장에서의 장소성은 특정한 공간을 가진 개념이 아니라 온라인과 오프라인을 통합한 개념으로 이해할 수 있다. 녹색기업과 시장의 규모는 점차로 증가하는 추세에 있다. 녹색경영이란 기업이 경영활동에서 자원과 에너지를 절약하고 효율적으로 이용함으로써 이산화탄소와 같은 온실가스의 배출과 환경오염을 최소화함으로써 사회적 · 윤리적 책임을 다하는 경영형태를 말한다.

3. 중요성

미국 주택시장의 거품붕괴와 이에 따른 금융시장의 위기증폭, 그리고 세계 경제의 동반침체 등으로 인해 2008년 하반기 이래 각국의 성장률이 하락하고 산업의 발전 잠재력이 심각하게 훼손되어 왔다. 대외의존도가 높은 우리 경제는 전세계적인 침체의 영향을 피할 수 없었기 때문에 기업수준의 경영효율화 등의 소극적 노력만으로는 성장 및 고용 감소와 같은 저성장을 극복할 수 없다.

또한 중국 · 인도 등 거대 신흥경제국을 중심으로 한 에너지 수요급증과 석유, 가스 등 화석연료의 공급제약으로 인해 에너지 가격이 불안정한 움직임을 보이고 있는 가운데, 2013년 이후 국내 적용이 거의 확실시 되는 기후변화협약 관련 온실가스 감축의무에 따라 우리나라 기업은 상당한 타격이 불가피할 것으로 예상된다. 우리 경제가 산업구조에 있어 제조업 비중이 높을 뿐만 아니라, 일본 등 선진국 기업에 비하여 에너지효율이 낮아 에너지 · 환경 관련 대외 압력에 대한 대응역량이 매우 취약한 실정이기 때문이다.

이와 같은 대내외적 환경하에서 에너지 · 환경 및 기후변화협약 문제에 대한 대응능력을 제고함과 동시에 신성장동력원 발굴을 지향하는 녹색성장으로의 패러다임 변화는 기업의 새로운 성장 대안으로 부상하였다. 기업차원에서 녹색성장은 급변하는 대외경제환경 속에서 우리 경제가 지닌 단점을 극복하고 치열한 글로벌 경쟁에서 우위를 점하기 위해 반드시 지향해야 할 성장 패러다임이라는 측면에서 그 중요성이 증대되고 있다.

제2절 | 녹색기업의 주요내용

1. 녹색기업의 주요내용

정부의 저탄소 녹색성장 정책에 따라 기업들도 녹색사업을 펼치거나 온실가스 감축활동에 나서게 되었고, 이에 따른 인센티브도 확대되고 있다. 이러한 인센티브의 대표적인 정책이 녹색전문기업인증과 녹색기업인증이다. 환경부는 과거 환경친화기업의 명칭을 녹색기업으로 바꾸고 이에 대한 지원책을 내놨으며, 지식경제부는 새롭게 녹색인증제도를 통한 녹색전문기업 육성에 나서고 있다. 이 두 개의 제도는 비슷한 이름 탓에 혼동되기 쉽지만 별개의 인증으로 운영되고, 서로 다른 특징을 갖고 있다.

1) 녹색기업

녹색기업은 경영활동에서 자원과 에너지를 절약하고 효율적으로 이용하며, 온실가스 배출 및 환경오염의 발생을 최소화하면서 사회적 · 윤리적 책임을 다하는 기업을 의미한다.

이들의 주요 녹색경영 활동은 청정에너지 사용, 생산공정의 녹색화, 오염물질 관리 강화, 녹색제품 생산 · 판매 등이다. 환경부는 녹색성장 기본법 발효와 함께 과거 환경친화기업을 국내외 기업들의 녹색경영을 선도하는 녹색기업으로 재탄생시켰으며 환경관련 투자를 통한 기업의 경쟁력 강화와 사회적 책임을 제고하고 있다.

무엇보다 정부는 녹색기업에 대한 인센티브를 대폭 늘렸다. 기존 환경친화기업의 가장 큰 인센티브인 지도 · 점검 면제의 범위를 확대하고 각종 평가시 우대혜택을 부여한다. 또한 녹색금융 데이터베이스 평가 및 한국거래소(KRX)의 사회책임투자지수(SRI) 평가시 고득점 획득 유도, 개별 금융기관들과 녹색기업 우대 협약 추진, 환경산업육성 융자금 지원사업 선정 및 환경기술개발사업 평가시 가산점 부여가 마련된다. 녹색기업 홍보 및 마케팅 강화를 위해 기업 단위로 지정된 경우 상품 · 포장재 · 홍보물에 로고 사용이 가능하도록 하며, 녹색경영 전략 · 환경관리 현황을 공개하도록 함으로써 기업의 녹색경영 성과제고 및 자율적 환경관리 활성화를 유도하고 있다.

2) 녹색전문기업

녹색전문기업의 핵심은 녹색기술의 보유와 이를 통한 사업 활동이다. 녹색전문기업의 자격은 정부로부터 인증 받은 녹색기술에 의한 전년도 매출액 비중이 총매출액의 30% 이상이며 창업 후 1년이 경과되어야 한다. 인증받은 녹색기술이 다수인 경우 각 녹색기술에 의한 매출의 합이 30% 이상인 경우를 포함한다. 정부는 녹색기술인증은 신재생에너지, 탄소저감, 첨단수자원, 그린차량, 첨단그린주택도시, 신소재, 친환경농식품, 환경보호 및 보전 등 10대 분야의 유망기술을 대상으로 기술성, 시장성, 녹색성(전략성) 등을 평가하여 시장의 최고기술대비 70% 이상인 경우에 인증이 가능하다.

녹색전문기업이 받는 혜택은 먼저 중소기업 정책자금 융자 시 한도적용 제외, 기술평가보증 우대(보증료 0.2% 감면 등), 민 · 관합동신성장 동력펀드 투자대상에 포함하는 등의 자금지원이 있다. 이와 함께 국가연구개발사업 참여시 가점, 특허출원시 우선심사, 수출 인큐베이터사업 등 맞춤형 해외진출 지원사업 신청시 가점, 수출보험 · 보증료 10~20% 할인과 보증한도 2배 우대 등 후속 상용화 및 수출 · 마케팅 분야의 혜택이 있다.

2. 녹색기업 관련법률 및 정책

녹색성장위원회에서는 녹색기업과 관련하여 국내 탄소시장 창출 규모, 녹색기업 규모 등에 대하여 목표를 설정하였다. 우선 국내 탄소시장 창출 규모는 2013년 0.5조원에서 2020년 2조원, 2030년 3조원을 거쳐, 2050년에는 5조원으로 전망하고 있다. 그리고 녹색기업은 2013년 40개에서 2020년 500개, 2030년에는 600개, 그리고 2050년에는 800개를 목표로 하고 있다.

이러한 목표를 달성하기 위하여 정부는 녹색금융 인프라 구축, 탄소시장 육성, 친환경적 세제운영, 녹색상품 · 산업에 대한 조세지원, 저탄소 사회를 위한 규제 및 유인 혁신, 녹색 일자리 창출 촉진 등의 전략을 설정하였다.

먼저 녹색금융 인프라는 제도적 인프라, 기술적 인프라를 비롯하여 인적 인프라까지 구축해야 한다. 그리고 탄소시장 육성을 위하여 배출권 거래제도를 도입하고, 탄소시장이 활성화되도록 하는 제도를 마련함과 동시에 우리나라가 아시아 탄소시장의 허브가 되어야 한다. 친환경적인 세제운영을 위해서는 중장기적으로 환경친화적 에너지세제로의 개편이 필요하다. 그리고 대외여건, 해외사례 등을 고려한 환경친화적 에너지세제 개편 방안을 마련함과 동시에 환경친화적 에너지세제 개편에 따른 보완대책을 함께 마련해야 한다. 녹색상품 · 산업에 대한 조세지원은 친환경제품에 대한 조세지원과 녹색투자 확대를 위한 세제운영 그리고 환경관련 부담금 및 부과금 등의 구조개선을 통해 이루어지도록 해야 한다. 저탄소 사회를 위한 규제 및 유인을 위해서는 경제와 환경의 상생촉진을 위한 규제 및 유인 기반을 확충하고, 주력산업의 대외경쟁력을 고려한 규제 및 지원방안을 마련하며, 녹색경제활동에 대한 지원을 확대하고 중복되거나 불합리한 규제를 개선해야 한다. 마지막으로 녹색 일자리를 창출해야 하는데, 이를 위해서 녹색기술의 개발, 공공재원 투입을 통한 일자리 창출, 녹색인력 고용 연계 · 유지 기반 마련, 양질의 녹색일자리(decent green job) 창출 등이 필요하다.

제3절 | 녹색기업의 사례

1. POSCO

포스코는 2018 녹색성장 마스터플랜을 수립하여 2018년까지 녹색성장 부문에 7조원을 투자해 연 매출 10조원을 달성한다는 목표를 설정하였다. 이를 위하여 스마트 원자로, 스마트그리드, LED, 연료전지 등을 중심으로 녹색성장 사업을 적극 추진하고 있다.

또한 2007년 총 설비 투자액의 12%인 4,940억원을 환경설비에 투자하였으며, 2008년 광양제철소 제품 창고 지붕에 1메가와트(MW)급 태양광 발전 설비를 설치했다. 이곳에서 연간 500여 가구가 사용할 수 있는 전기 2,500MWh를 생산해 한국전력에 판매할 계획으로, 이를 통해 연간 16억원에 이르는 전력 판매수입과 1,600톤의 온실가스 감축 효과를 기대하고 있다.

자료 : 포스코 웹사이트.

[그림 7.1.1] 태양광 발전 설비

2. 현대중공업

현대중공업은 조선업계에서 세계 최초로 온실가스 현황을 한눈에 볼 수 있는 온실가스 인벤토리를 구축하였다. 온실가스 인벤토리는 기업 활동과정에서 발생하는 온실가스의 배출원을 목록화하고 배출량을 통계화하는 것을 의미한다. 이를 통하여 기업이나 정부에서 온실가스를 체계적으로 관리할 수 있다는 장점이 있다.

그리고 온실가스 저감을 위하여 2005년 벙커C유나 등유를 사용하는 모든 설비를 청정에너지인 LNG 가스 사용설비로 교체하고 있으며, 에너지 저소비형 선박 및 고효율 엔진개발, 신재생에너지 사업 확대에 박차를 가하고 있다.

2008년 충북 음성에 18,360㎡(약 5,550평) 규모의 태양전지 생산 공장을 완공하고, 태양광 전지와 모듈을 각각 연간 30MW씩 생산할 계획이다. 현대중공업은 태양전지의 핵심소재인 폴리실리콘부터 태양전지, 모듈까지 태양광 발전의 모든 분야를 아우르는 생산 체제를 갖추게 되었다. 또한 태양광 발전에 이어 풍력 발전에도 진출하면서 신재생에너지 사업을 확대하고 있다. 2012년 완공예정인 풍력 발전기 공장에서는 연간 400MW 규모의 풍력 발전생산을 기대하고 있다.

자료 : 현대중공업 웹사이트.

[그림 7.1.2] 선박용 LNG 엔진

3. 시사점

녹색기업의 사례를 통해 본 시사점은 크게 두가지로 요약된다. 첫째, 기업이 사회적 책임을 준수한다는 것이다. 즉 에너지 소비가 많고 공해도 많이 유발하는 업종 및 생산품에 대한 이미지를 개선하기 위해 환경친화적 생산설비를 개발하고, 환경설비에 적극적인 투자를 하고 있다. 또한 배출되는 이산화탄소를 줄이기 위한 기술개발에 박차를 가하고 있다.

둘째, 저탄소 녹색성장에 대한 적극적이고 자발적인 참여이다. 정부의 저탄소 녹색성장의 취지에 동감함은 물론 지구온난화 및 기후변화에 대응하기 위하여 기업차원에서 추진할 수 있는 아이템을 선정하여 자발적이고 적극적으로 참여하고 있는 특징이 있다.

제4절 | 녹색기업의 전망과 과제

1. 전망

기후변화에 대응하기 위한 국제적 노력으로 국가별 · 산업별 탄소 감축량의 강제할당 및 조세제도의 변화를 포함한 규제가 강화될 것으로 보인다. 이에 보다 적극적인 녹색기술의 개발을 통해 저탄소 녹색성장 시대를 대비해야 할 것이다.

일본 자동차 업계는 Top Runner[1] 기준을 조기에 달성하기 위한 경쟁 과정에

1 일본 경제산업성은 공업제품의 품질보증서 구실을 해 온 일본공업표준규격(JIS)에 최첨단을 의미하는 Top Runner제도를 도입하였다. Top Runner제도는 JIS가 도입될 당시와 달리 공산품의 품질이 향상돼 불량품이 거의 없는데다, 첨단분야에서는 JIS마크가 국제적으로 통용되지 않는 점을 감안하여 도입되었다.

서 하이브리드 등 연비 높은 차량에 대한 기술개발에 박차를 가하고 있다. 기업 차원에서는 기술 패러다임 변화에 부응하면서 선도적 기술개발을 위해 노력하고 있으며, 관련 분야에 대한 기술변화 동향에 주의를 기울이고, 장기적 관점에서 꾸준한 R&D 투자를 통해 핵심기술을 확보하기 위해 노력하고 있다.

2. 과제

저탄소 녹색성장사회에서 기업이 녹색화하기 위한 핵심과제는 녹색경영에 대한 마인드 제고이다. 기업경영에서 환경, 녹색에 대한 핵심이슈를 선점하고 사업구조, 조직문화, 경영체제 차원에서 종합적인 접근을 시도해야 한다. 기업, 지원기관, 대학, 연구소 등이 연계하여 그린이미지 선점을 위한 아이디어를 창출하고, 친환경 비즈니스 방향성을 제시하여 비전을 만들어 이를 표현하는 슬로건, 전략이니셔티브를 형성할 필요가 있다.

특히 녹색기업차원의 과제로는 온실가스와 폐기물 감축활동(에너지절약)의 자발적 전개, 선도기업의 노하우 전수를 통한 공동 기술개발, 저탄소형 제품 개발을 통한 최종 소비단계에서의 배출량 감소 유도, 근본적인 저탄소 사업 모델 구축, 녹색경쟁력 확보 등을 들 수 있다. 녹색경쟁력의 확보는 내수시장 확대를 통한 수출 경쟁력 확보, 가치사슬의 고른 육성을 통한 산업경쟁력 확보, 기술경쟁력의 확보 등으로 나누어진다.

때로는 장기적인 리스크를 관리하는 투자도 필요하다. 혁신적 투자는 눈앞의 빠른 결과를 재촉하기 보다는 장기적인 보상을 지향할 필요가 있다. 시장에서 재생가능 에너지의 경제성이 평가받지 못하던 20여년 전에 풍력에 과감하게 투자하여 지금은 풍력에서 세계의 선두권에 있는 덴마크의 사례에 주목할 필요가 있다.

탐구학습

1. 주요개념
- 녹색기업
- 녹색제품
- 녹색경영

2. 토론과 과제
- 녹색기업을 육성하기 위한 정부의 인센티브
- 녹색제품의 소비를 촉진하기 위한 민간차원의 전략

참고문헌

경상북도(2009), 경상북도 저탄소 녹색성장추진계획.

김석준(2009), “저탄소 녹색성장 실현을 위한 과학기술정책 방향”, 일자리 창출과 녹색성장 전략 추진을 위한 대토론회, 경제인문사회연구회.

김용진(2009), “녹색산업 발전을 위한 플랜트 기계 기술”, 녹색성장과 국민복지, 아산재단 창립 32주년 기념 심포지엄, 아산사회복지재단.

녹색성장위원회(2009a), 녹색성장 5개년계획.

녹색성장위원회(2009b), 녹색성장 국가전략.

배준강(2009), “녹색성장을 위한 기업의 발전전략”, 녹색성장과 국민복지, 아산재단 창립 32주년 기념 심포지엄, 아산사회복지재단.

정상기(2009), “녹색산업의 비전과 발전전략”, 녹색성장과 국민복지, 아산재단 창립 32주년 기념 심포지엄, 아산사회복지재단.

조환익(2009), 세계를 이끌어갈 차세대 녹색기술, Kotra Executive Brief 09-013, KOTRA.

최근희(2009), “쾌적한 환경 조성기반 고부가가치 산업유치”, 지방행정, 제58권 제668호, 대한지방행정공제회.

홍범석(2009), “녹색성장과 환경경영, 그리고 그린 IT”, 월간통신시장.

http://www.greengrowth.go.kr(녹색성장위원회)

http://www.me.go.kr(환경부)

http://www.mke.go.kr(지식경제부)

제2장

녹색생활

제1절 | 녹색생활의 의의

1. 배경

1960년대부터 환경에 대한 인류의 관심이 높아졌고 1970년대에 처음으로 지구의 날(The Earth Day)이 선포되었으며, 1974년과 1979년의 두 차례 석유파동은 환경보호와 자원보전의식을 세계적으로 확산시킨 계기가 되었다. 1980년대 이후에는 산성비, 지구온난화 현상 등의 환경문제와 자원고갈 문제에 대한 우려가 가시화되었다. 특히 21세기에 접어들면서는 인터넷, 스마트폰 등 실시간 양방향 통신체제의 일반화로 기후변화, 기상이변, 자연계의 파괴, 재해 등을 현장감있게 접하게 되면서 지구환경의 생태적 위협에 대한 불안이 고조되었다.

반면 사람들은 과거보다 여유로운 삶을 살게 되면서 자신들의 후손 세대에 관심을 두게 되었다. 사회가 발전하면서 점차 어린이 중심이 됨에 따라 사람들은 미래세대의 환경문제에 대하여 우려를 하게 되었다. 이러한 현상은 환경적 상속에 대한 측면에서 환경의 질적 개선을 위해 무언가를 해야 한다는 친환경적인 가치관이 대두되면서 환경에 대한 책임의식을 확산시켰다(김임순, 2009).

경제발전을 추구하는 가운데 환경에 대한 책임의식의 확산은 국민들의 생활에서부터 환경을 고려하게 하였다. 개인 차원의 녹색생활 실천의지를 일상생활 속에서 실행하기 위해서는 범 정부차원에서 지원하고 실천할 수 있는 방안의 마련이 중요해지고 있다.

2. 개념

저탄소 녹색성장 기본법 제2조에서 녹색생활이란 기후변화의 심각성을 인식하고 일상생활에서 에너지를 절약하여 온실가스와 오염물질의 발생을 최소화하는 생활로 규정하고 있다. 즉 녹색생활이란 국민 개개인이 일상생활 속에서 자원과 에너지를 현명하고 친환경적으로 이용하여 지구온난화의 원인이 되는 이산화탄소(CO2), 메탄(CH4) 등 온실가스를 줄이고 저탄소 녹색사회를 구현하고자 하는 생활 양식을 말한다. 녹색생활은 개인 및 가정에서 저탄소 녹색생활실천을 바탕으로 하는 운동이라 할 수 있다.

3. 중요성

녹색생활은 전 국민이 환경보전의 필요성을 체감하고 생활의 녹색화가 되어야 한다. 녹색생활이 중요한 이유는 첫째, 가정 · 상업 · 교통 등 일상 생활에서의 온실가스 배출량이 전체 배출량의 43%를 차지할 정도로 비중이 크다. 둘째, 온실가스를 줄이기 위해서는 주부, 학생, 직장인 등 각계 각층의 주민참여와 실천을 이끌어 내어야 한다. 셋째, 산업분야보다 감축비용이 낮음에도 불구하고 온실가스의 즉각적인 감축의 효과가 발생하기 때문이다. 녹색생활은 녹색기술, 녹색산업과 더불어 녹색성장을 이끄는 중요한 축이라 할 수 있다.

표 7.2.1 우리나라 온실가스(CO_2) 배출량(2006)

(단위 : 천톤, %)

구분	산업	교통수송	가정	상업·공공	농업	폐기물
배출량	294,467	103,255	74,209	74,309	14,516	15,358
비율	50.1	17.6	12.6	12.6	2.5	2.6

자료 : 국립환경과학원 웹사이트.

제2절 | 녹색생활의 주요내용

1. 일반주민의 녹색생활

1) 녹색생활의 실천대상

녹색생활은 일반 주민이 저탄소 녹색생활 실천을 바탕으로 하는 자발적인 운동이다. 주민 개개인의 인식변화와 실천을 통해 온실가스의 배출을 억제하고자 하는 노력이 필요하다. 가정에서부터 실천할 수 있는 녹색생활의 대상으로는 난방 및 취사, 전기, 수도, 승용차 등이 있다. 생활습관의 개선을 통하여 에너지의 절약도 가능하고 온실가스의 배출을 저감할 수 있으며 이를 통해 환경보호와 기후변화에도 대응할 수 있을 것이다.

표 7.2.2 녹색생활 실천대상의 유형 및 저감량

실천대상의 유형	생활습관 개선방안		저감량 (kg-CO_2/월)
– 난방 및 취사	· 난방온도 낮추기	· 21.9℃ → 20.86℃	8.3
– 전기	· TV시청 감소	· 264분/일 → 204분/일	3.6
– 수도	· 컴퓨터 이용 감소	· 178분/일 → 148분/일	2.1
	· 노트북 이용 감소	· 141분/일 → 111분/일	0.66
	· 에어컨 이용 감소	· 144분/일 → 90분/일	3.0
	· 세탁기 주1회 이용감소	· 3.6회/주 → 2.6회/주	1.37

실천대상의 유형	생활습관 개선방안		저감량 (kg-CO_2/월)
- 수도	· 설거지통 이용하기	· 5㎥ → 4㎥/월	0.6
	· 수도꼭지 물조리개 부착	· 5㎥ → 4.5㎥/월	3.0
	· 샤워시간 반으로 줄이기	· 1회 샤워당 24ℓ 의 물 절약	3.0
	· 양치시 물컵 사용	· 하루에 40ℓ 의 물 절약	0.7
	· 빨랫감 모아 세탁하기	· 2.85㎥ → 2.47㎥/월	0.22
- 승용차	· 승용차 1회/1주일 줄이기	· 25회/달 → 21회/달	28.6
	· 불필요한 짐 싣지 않기	· 평균적으로 불필요한 짐 14.7 ㎏ 싣고 다니는 것을 비움	4.0
총계			54.3

자료 : 한국환경산업기술원 웹사이트.

2) 녹색생활의 실천운동

녹색생활 실천문화를 확산시키기 위해 그린스타트 운동, WE Green운동, 그린 에너지 패밀리 운동 등 다양한 실천 활동이 전개되고 있는데, 주민들의 자발적인 참여와 협조가 무엇보다 중요하다(김형국, 2011). 이 중 대표적인 녹색생활운동인 그린스타트 운동은 범 국민운동의 일환으로 CO_2 줄이기 운동실천서약에 참여를 독려하고, CO_2를 줄이는 생활의 지혜, 8대 수칙과 세부적인 내용을 소개한 10대 분야 80개 실천사항으로 구성된 녹색생활의 지혜를 홍보하고 실천하는 캠페인을 통하여, 녹색생활에 대한 인식을 높이고 구체적인 실천을 확산시키기 위한 다양한 노력을 하고 있다.

또한 국가차원에서는 2020년까지 전 국민의 10%(약 500만명)를 녹색시민으로 양성할 계획이다. 녹색생활을 확산시킬 수 있도록 탄소캐시백(carbon cashbag)[2]과 같은 녹색금융상품을 개발하고, 탄소포인트제도(carbon point)[3] 등

2 탄소캐시백제도는 마치 신용카드나 비행기 마일리지처럼 탄소 저감으로 적립된 포인트를 다양한 곳에서 현금처럼 사용가능하도록 한 제도이다.

녹색생활실천에 대한 실질적인 인센티브 제공을 통한 녹색가정의 확대를 지원하는 제도를 시행하고 있다.

3) 녹색생활의 그린리더

국내에서 그린혁명을 이끌 대중적 인지도를 갖는 전문가를 선정하여 녹색생활의 모범적인 실천자로서 그린리더를 육성하고 있다. 본격적인 온실가스 줄이기 실천운동을 전개할 수 있도록 환경부는 2015년까지 그린리더 5만명을 육성할 계획을 갖고 국민들의 녹색생활을 선도하고 있다.

자료 : 경북의제21 웹사이트.

[그림 7.2.1] 그린리더 양성교육

3 탄소포인트제도는 가정 등의 온실가스 저감활동 실적을 기준년도 사용량과 대비하여 감축분에 대해 포인트를 지급하는 제도이다. 가정, 상업 등의 전기, 가스, 수도 등 절감량을 온실가스 감축분으로 환산하여 포인트를 지급하고 이에 상응하는 인센티브를 제공하는 전 국민 온실가스 감축 실천 프로그램이다(탄소포인트제 웹사이트).

2. 소비자의 녹색생활

1) 저탄소 녹색제품의 구매

소비자가 녹색제품에 관심을 갖고 친환경상품에 대한 소비를 확산시켜 나가면 생산주체인 기업은 녹색기술과 녹색산업에 투자를 확대하게 된다. 소비자가 녹색제품의 구매를 활성화하기 위해서 제품에 대한 탄소배출 정보를 제공하는 탄소성적표지(탄소라벨링)[4] 제도를 시행하고, 제품의 전 과정에 대한 자원이용과 환경오염 정도를 평가할 수 있는 에코효율성 지표의 개발이 필요하게 된다(김임순, 2009).

녹색소비자로서 녹색생활을 살펴보면 첫째, 친환경상품의 판매장소에 대하여 그린스토어 인증제를 도입하여 소비자가 쉽게 이용할 수 있는 그린유통망을 확대시켜 나가야 한다. 둘째, 탄소라벨링 인증제품 구매에 적극적으로 동참하도록 한다. 셋째, 친환경공산품을 구매하고 유기농 또는 친환경 농산물을 쉽게 접할 수 있도록 해야 한다. 한편 친환경농산물의 비중은 2009년 5%에서 2012년 90%로 대폭 확대될 전망이다.

2) 녹색식생활의 확산

녹색생활을 실천하기 위해서는 녹색식생활의 확산이 요구된다. 식품의 원료수입 및 수송거리 등 푸드마일리지에 대한 체계적인 분석과 정보를 제공하여 소비자의 인식 제고를 통해 로컬푸드운동에 대한 참여를 권장한다. 또한 슬로우 푸드로 각광받는 한식문화의 확산과 합성첨가물 대신 천연첨가물 등을 사용하는 그린푸드운동을 통해 탄소배출량 감소 및 녹색식품에 대한 소비자의 선택

---

4 탄소성적표지는 2009년 2월부터 본격 도입되었는데 제품을 만들고 서비스를 제공하는 과정에서 발생하는 온실가스 배출량을 소비자에게 공개하는 것으로 저탄소 소비문화 확산과 기업의 온실가스 감축을 위해 만든 제도다. 2010년 9월 현재 생필품 등 51개 품목이 탄소성적표지 인증을 받아 시장에서 팔리고 있다(김형국, 2011).

권을 확대시켜야 한다. 정부는 녹색 식생활의 조기 확산을 위해서 녹색식생활을 이해하고 실천할 수 있는 식생활 지침을 개발 및 보급하고 있다(녹색성장위원회, 2009).

3. 직장인의 녹색생활

1) 기후적응형 복장운동

녹색생활은 직장 내에서도 필요하다. 근무복장으로 기존의 일률적인 정장 차림에서 탈피하여 여름에는 넥타이를 풀고, 겨울에는 내복을 입도록 하여 적정온도유지를 통한 기후적응형 복장운동을 추진하고 있다. 적정한 복장착용만으로도 냉난방에 관련된 에너지사용을 줄여 온실가스의 배출을 저감하는 국민적 관심의 유도가 필요하다.

2) 스마트 오피스 추진

재택근무, 원격 근무센터 구축 · 운영, 영상회의 활성화 등 스마트오피스(smart office)[5]를 추진하면 온실가스의 감축과 교통수요 감소 등을 통한 에너지 절감이 가능하다. 원격근무 기반을 마련하기 위해서는 통합 커뮤니케이션 구축을 위한 표준모델 개발과 시스템 구축이 필요하며 고도화된 화상회의 시스템 구축이 유용하게 된다(김임순, 2009). 특히 공공부문과 같이 가능한 부문부터 선도적으로 추진하여 민간부문까지 단계적 확산을 유도하도록 한다. 국가정보화전략위원회와 행정안전부는 2010년 수도권 외곽과 교통요지에 있는 공공기

5 스마트 오피스는 직원들이 주거지 근처에서 원격 근무할 수 있는 전용사무실로 화상회의시설, 육아시설 등이 갖춰진다. 아이나 집안 일로 방해 받을 수 있는 재택근무와 달리 업무에만 전념하도록 일반 사무실과 비슷하게 꾸며진다.

관 사무실을 활용해 스마트오피스 2곳을 시범 운영한 뒤 2013년까지 수도권 외곽 등 전국 22곳으로 확대할 방침이다. 현재 4% 수준인 공공부문 근로자 원격근무율을 2015년까지 20%로 확대하겠다는 구상이다. 스마트오피스의 구축으로 교통정체 감소, 탄소 배출량 감축, 정보기술(IT) 기반 업무환경 조성, 육아문제 해결 등의 효과가 기대된다(한국경제신문, 2010).

제3절 | 녹색생활의 사례

1. 미국의 에코맘

미국의 대표적인 녹색소비자활동인 에코맘은 '지구를 지키는 일은 집에서부터(saving earth begins at home)' 라는 슬로건 아래 미국 전역에서 활발하게 활동 중으로 가사나 육아 등 일상생활에서 환경보호나 에너지절약을 실천하는 녹색어머니들을 지칭한다. 이들은 지역 단위 혹은 인터넷 등 가상공간을 매개로하여 다양한 친환경적 생활방식을 공유하고 실천하면서 새로운 문화적 트렌드를 만들어내고 있다. 가정 내 에너지 절약, 일회용품 줄이기, 친환경 세제 이용 등 조금만 신경 쓰면 손쉽게 할 수 있는 집안 일들을 통해 환경보호에 기여하고 있다(문화체육관광부, 2008).

2. 영국의 에코 패밀리

영국은 녹색소비에 있어서 가정을 변화의 중심으로 보고 있다. 주부들을 친환경 생활방식이나 소비방식의 강력한 전파자로 보고, 이 분야에서 앞서 가는 주부들을 전문가로서 인정하는 에코 패밀리 코디네이터(eco family coordinator) 제도를 시행하고 있다. 이들은 에너지와 물 사용, 폐기물 배출, 상품구매 및 사용습관을 진단해 가정에서 이산화탄소 배출을 줄일 수 있는 방법을 제시하고 교육해 주는 전문가들이다. 이들은 지역의 시민단체나 아파트 부녀회와 연계해 교육을 실시하고 있으며, 적극적으로 참여하는 가정은 저탄소 에코 패밀리 시범 가정으로 지정하고 있다(미래기획위원회, 2009).

3. 캐나다의 로컬푸드운동

로컬푸드운동이란 식품의 이동거리를 줄이는 한편 신선하고 안전한 먹거리를 확보하자는 운동을 말한다. 수송 거리가 멀어질수록 이동 과정에서 탄소배출량이 늘 뿐만 아니라 제품 보관을 위한 약품처리가 불가피해진다. 따라서 로컬푸드는 녹색 소비문화에 긴밀히 연결된다. 캐나다의 밴쿠버에서는 공공 텃밭의 활성화를 통해 로컬푸드를 확보하였다. 밴쿠버는 대도시임에도 불구하고 공공 텃밭이 잘 조성되어 있다. 2006년 기준으로 950여개의 텃밭이 있다. 시민 누구나 약간의 금액만 지불하면 텃밭을 이용해 자기가 먹을 농산물을 직접 생산한다. 밴쿠버 시민의 44%가 텃밭에서 먹거리를 생산해 본 경험이 있을 정도이다.

4. 영국 브리티시텔레콤의 원격근무시스템

영국 브리티시텔레콤(BT)은 1993년부터 원격근무시스템을 실시하고 있다. 직원들은 재택근무를 하거나 사무실 근무 혹은 병행근무 등 다양한 근무 형태를 고를 수 있도록 하고 있다. 2009년까지 전체 임직원 가운데 87%가 이런 원격근무에 참여하였고 사무실 공간 자체를 없앨 수 있었다. BT는 사무실 운영비가 필요 없게 되면서 매년 9억 5천만 달러를 절감하고 있다. 이로 인해 감축되는 이산화탄소만 해도 매년 92만여톤 규모이다. 원격근무는 정보통신기술을 이용해 시간과 장소에 구애받지 않고 일을 할 수 있어 개인의 여가시간이 증가하고 삶의 질이 높아지는 효과가 있다. 선진국에서는 원격 근무가 보편화돼 있다. 2008년을 기준으로 네덜란드는 전체 사업체 중 49%가 원격근무를 시행하고 있으며, 일본은 전체 근무자 중 15.2%가 원격근무를 하고 있다(매일경제녹색성장팀, 2009).

표 7.2.3 해외 녹색생활의 사례

사례	주요내용
- 미국의 에코맘	· 에코맘은 가사나 육아 등 일상생활에서 환경보호나 에너지절약을 실천하는 녹색어머니로 지역단위 혹은 인터넷 등 가상공간을 매개로하여 다양한 친환경적 생활방식을 공유하고 실천한다.
- 영국의 에코 패밀리	· 전문가인 '에코 패밀리 코디네이터' 제도를 통해 에너지와 물 사용, 폐기물 배출, 상품구매 및 사용습관을 진단해 가정에서 이산화탄소 배출을 줄일 수 있는 방법을 제시하고 교육해준다.
- 캐나다의 로컬푸드운동	· 대도시의 잘 조성된 공공 텃밭에 대하여 시민 누구나 약간의 금액만 지불하면 텃밭을 이용해 직접 먹을 농산물을 자기가 생산한다.
- 영국 브리티시텔레콤의 원격근무시스템	· 영국 브리티시텔레콤(BT)은 1993년부터 원격 근무시스템을 실시하여 사무실 공간 자체를 없앨 수 있었다. BT는 사무실 운영비가 필요 없게 되면서 매년 9억5천만달러를 절감하고 있다.

5. 그린스타트 운동

우리나라의 대표적인 녹색생활운동으로 2008년 10월 출범한 그린스타트 운동이 있다. 일부 국민들 사이에서 산발적으로 진행해 왔던 녹색생활 캠페인을 산업계와 정부가 연계되면서 녹색생활 관련 제도와 정책을 체계적으로 추진하게 되었다(환경부 · 그린스타트 네트워크, 2009).

1) 개념

그린스타트 운동은 일상 생활 속에서 자원과 에너지를 현명하고 친환경적으로 이용하여 온실가스 배출을 줄이고 저탄소 녹색사회를 구현하고자 하는 생활양식 운동을 말한다. 우리나라 온실가스 배출량의 43%가 가정, 상업, 수송 등 비산업부문에서 배출되고 있어 국민의 참여와 실천을 통해 일상 생활에서 온실가스 배출량을 감축하고자 시작된 범국민 실천운동이다. 그린스타트 운동의 3대 실천운동은 ① 저탄소 녹색성장 국가비전을 실현하기 위한 국민운동, ② 거버넌스에 의한 온실가스 감축 극대화 운동, ③ 온실가스 감축을 위한 기본수칙을 준수하고 확산하는 운동이다. 각 실천운동의 주요내용은 다음과 같다. 첫째, 그린스타트 운동은 저탄소 녹색성장 국가비전을 실현하기 위한 국민운동이다. 즉 그린스타트 운동은 신재생에너지 등 녹색산업 · 기술의 발전과 함께 주민의식 수준의 향상을 통해 사회전체의 시너지 효과를 제고하는 운동이다.

둘째, 그린스타트 운동은 민관 협치에 의한 온실가스 감축 극대화 운동이다. 즉 정부, 기업계, 시민단체 등 각계 각층의 참여와 실천을 통해 비산업부문의 온실가스 배출량을 다각도로 감소시키는 운동이다.

셋째, 그린스타트 운동은 온실가스 감축을 위한 기본수칙을 준수하고, 확산하는 운동이다. 'CO_2를 줄이는 생활의 지혜, 8대 수칙' 등을 일상 생활에서 실천하고, 이를 문화화하여 정착 · 확산하는 운동이다.

2) 추진성과

국내 녹색생활운동의 대표적 브랜드화를 통하여 2010년 6월 현재 대한상공회의소, 전국지속가능발전협의회, 한국교원단체총연합 등 37개 기관 · 단체가 참여하는 전국적인 조직망과 전국 224개 지방자치단체(광역자치단체 16개, 기초자치단체 208개)가 참여하는 지역네트워크의 구성이 완료되었다. 또한 정부와 민간의 협치를 통한 구체적인 성과가 가시화되었는데, 그 사례로는 온실가스 줄이기 실천서명에 50만명이 참가하였으며 향후 100만명을 목표로 하고 있고, 관련 홈페이지 구축, 탄소포인트 및 그린포인트 시행 등 인센티브제도의 기반을 구축한 것을 꼽을 수 있다.

3) 실천사례

(1) 녹색생활 실천 공동 캠페인

'이산화탄소를 줄이는 생활의 지혜, 8대 수칙' 을 제정하고 세부적으로 가정, 직장, 학교, 농촌, 캠퍼스 등 사회의 각 부문별 · 생활패턴별 10대 분야의 80개 녹색생활 실천을 위한 구체적인 행동을 발굴 · 제시한 '녹색생활의 지혜' 를 홍보 및 실천하는 캠페인을 실시하고 있다. 먼저 '이산화탄소를 줄이는 생활의 지혜, 8대 수칙' 의 내용을 살펴보면 다음과 같다.

· 실내 온도를 적정하게 유지합니다.
· 승용차 사용을 줄이고 대중교통을 이용합니다.
· 친환경 제품을 구입합니다.
· 물을 아껴씁니다.
· 쓰레기를 줄이고 재활용합니다.
· 올바른 운전습관을 유지합니다.
· 전기제품을 올바르게 사용하여 에너지를 절약합니다.
· 나무를 심고 가꿉니다.

또한 '녹색생활의 지혜' 의 주요내용을 살펴보면 다음과 같다.

- 녹색습관 집에서 시작해요 (가정에서)
  - 적정 실내온도, 절전형 전등 사용, 플러그 뽑기, 걷기 생활화 등
- 우리 사무실 녹색 아이디어 (직장에서)
  - 쿨맵시, 퇴근시 플러그 뽑기, 점심시간 냉난방기 끄기 등
- 쾌적한 그린 매장 만들기 (유통매장에서)
  - 에너지 관리표준과 절약목표 설정, 절전형 조명, 친환경상품 사용 등
- 나를 지키는 안전실천, 지구를 지키는 녹색실천 (건설현장에서)
  - 대기오염 및 소음저감 대책 실천, 에너지 절약형 현장사무소 설치 등
- 건강한 자연을 키우는 녹색마을 (농촌에서)
  - 농약병, 폐비닐 회수, 비료 적정량 사용, 환경친화적 해충방제 등
- 푸른 내일로 달리는 녹색 운전 (운송할 때)
  - 경제속도(60~80㎞)준수, 공회전 금지, 과적 방지 등
- 맛과 환경을 지키는 녹색식당 만들기 (식당에서)
  - 반찬 적정량 제공, 1회용품 사용 자제, 제철 농산물 사용 등
- 공부도 열심히!, 녹색실천도 열심히! (초 · 중등학교에서)
  - 교복, 교재 물려주기, 이메일 알림장 사용, 점심급식 남기지 않기 등
- 함께 가꾸는 그린캠퍼스 (캠퍼스에서)
  - 냉난방시 강의실 문 닫기, 개인컵 사용, 빈 강의실 에너지 휴식 등
- 충성! 녹색생활 이상 무! (군부대에서)
  - 녹색생활 지킴이, 충성클럽 이용시 분리수거, 빨래 모아서 세탁 등

(2) 에코트리 캠페인

그린스타트 운동의 일환으로 개인이 온라인상에서 가꾸는 에코트리와 자발적으로 탄소상쇄프로그램에 참여한 기업이 기부한 나무를 매년 3~4월에 군부대내 식목이 필요한 공간에 식재하는 캠페인이다.

6. 시사점

녹색생활 운동은 선택의 문제를 넘어서 범 지구적인 차원에서 여러 가지 다양한 내용으로 실천되고 있음을 알 수 있다. 우리나라도 2008년 8월 15일 저탄소 녹색성장을 국가비전으로 제시하였다. 세계 평균을 상회하는 한반도의 기후변화로 인해 발생할 가능성이 있는 피해를 최대한 줄이기 위해 녹색생활운동의 확산이 필요하다. 이에 녹색생활 운동이 국민 개개인의 인식 차원에서 한 단계 발전하여, 생활에서 실천을 유도하기 위한 적극적인 녹색생활 지원제도의 모색이 요구된다. 현재 시행중인 탄소포인트제 뿐만 아니라 탄소캐시백, 그린카드 등 다양한 녹색금융상품을 개발하고 인센티브를 부여할 수 있는 제도를 통해 일상생활에서 녹색생활이 조기에 정착하도록 지원할 필요가 있다.

녹색생활 운동은 정부차원에서의 하향식 운동으로는 성과를 내기 어렵다. 개인이 가정과 직장 등 일상생활에서부터 온실가스 감축, 에너지사용 줄이기, 에코드라이빙 등을 통한 실천이 뒷받침되어야 성공할 수 있는 운동이다. 따라서 개인차원에서 인식의 전환을 할 수 있도록 정부의 적극적인 홍보와 장기적이고 지속적인 캠페인이 요구됨을 알 수 있다.

제4절 | 녹색생활의 전망과 과제

1. 전망

1) 녹색생활의 일상화

온실가스 감축을 위한 개인차원에서의 녹색생활은 선택의 문제가 아니라 반드시 해야만 하는 당면과제라 할 수 있다. 미래 세대와 공유해야 할 환경에 대한 인식은 의지의 차원에서 한 단계 발전하여 일상생활 속에서 자연스럽게 행하는 삶의 한 부분으로 자리할 것이다.

2) 그리노믹스의 확산

녹색소비자로서 녹색제품을 적극적으로 구매하며 에너지를 절감하기 위한 노력이 광범위하게 전개될 것이다. 전 세계적으로 불고 있는 탄소저감운동은 모든 제품으로 확대될 것이다. 또한 탄소포인트는 현재 인기있는 OK포인트나 항공마일리지처럼 전 세계적으로 이용가능한 포인트제도로서 캐시백 카드에 적립해 현금처럼 사용하게 되는 등 그리노믹스(greenomics)[6]가 보편화 될 것으로 전망된다.

2. 과제

1) 녹색생활 지표개발 및 모니터링

(1) 녹색생활지표개발

국민의 삶의 질 지수와 연계한 녹색생활 변화 추이 예측을 통하여 에코커뮤니티, 에코드라이빙, 에코족 등 새로운 생활방식에 대한 사전홍보에 지수를 활용하는 등 새로운 라이프 스타일의 기준과 새로운 트렌드를 제시하는 녹색생활 지표의 개발이 이루어져야 한다.

---

6 그리노믹스는 Green(환경)과 Economics(경제학)의 결합어로, 환경에 기반을 두고 녹색성장을 통해 이룩해가는 경제를 말한다. 이는 환경과 경제가 상충된다는 고정관념에서 탈피하는 것을 기본 개념으로 한다. 즉 경제성장이 환경을 훼손하는 것이라는 옛 개념에서 벗어나 환경을 더 개선해야 경제성장을 이룰 수 있으며, 더 나아가 환경을 새로운 동력으로 삼는 경제성장을 이루자는 것이다. 그리노믹스는 녹색을 바탕으로 성장을 추구한다는 점에서 녹색을 환경론적 시각에서만 보는 환경경제학과는 다르다(경제용어사전).

(2) 녹색생활 개념정립에 따른 한국인의 표준 라이프스타일 완성

경제 · 교육 · 문화 · 환경 등의 각 부문을 아우르는 생활지표 및 세부항목을 마련하여 녹색생활을 일상적으로 실천될 수 있도록 해야 한다. 이를 위해 개개인에게 현실적인 혜택을 제공해 주고, 이를 적극적으로 홍보하여 녹색생활이 한국인의 표준 라이프스타일로 자리매김 되도록 해야 한다.

(3) 녹색생활 실천지표를 통한 모니터링 전개

개인의 직업군별, 연령별, 지역별 실천지표 분석을 통해 녹색생활 실천의 현 수준을 확인하고, 개선방향을 도출할 수 있도록 지속적으로 모니터링을 해야 한다.

2) 녹색생활 캠페인의 기반구축

(1) 녹색생활 캠페인의 추진 인프라 구축

녹색생활에 대한 명확한 개념과 철학을 일반 주민과 공유할 수 있는 범 국가적인 대국민 통합 캠페인의 브랜드화가 필요하다. 현재 추진하고 있는 그린스타트 운동을 대표 브랜드로 육성하여 세부적인 캠페인 활동과 연계해 추진하도록 하는 인프라 구축에 전력을 다해야 하겠다(녹색성장위원회, 2009).

(2) 캠페인 활동의 시스템 구축

주민이 주거, 소비, 운전 등 의식주의 전반적인 일상 생활에 걸친 근본적인 변화와 실질적인 녹색생활을 실천하고 유도하기 위해 탄소포인트제도, 탄소캐시백제도, 세제혜택 등 다양한 인센티브를 제공하고 로컬푸드운동, 녹색소비운동, 음식물 쓰레기 줄이기 등 녹색생활 운동에 자발적으로 동참하도록 한다. 녹색생활의 실천이 국민의 삶에 직접적인 도움이 될 수 있도록 캠페인활동을 세분화하여 주민이 각자 손쉽게 활동할 수 있도록 하는 시스템의 구축이 요구된다.

탐구학습

1. 주요개념
- 녹색생활
- 그린스타트 운동
- 탄소포인트제도
- 스마트 오피스
- 그리노믹스

2. 토론과 과제
- 녹색생활의 개념과 출현배경
- 녹색시민의 녹색생활
- 녹색소비자의 녹색생활
- 해외에서 녹색생활의 실천사례
- 그린스타트 운동

참고문헌

김임순(2009), 저탄소 녹색성장, (주)도서출판 북스힐.
김형국(2011), 녹색성장 바로 알기, (주)나남.
녹색성장위원회(2009), 녹색성장 5개년계획(2009~2013).
매일경제 녹색성장팀(2009), 그린쇼크, 매일경제신문사.
문화체육관광부(2008), 녹색부국으로 가는 길.
미래기획위원회(2009), 녹색성장의 길, 중앙북스.
한국경제신문(2010. 1. 14), A2.
환경부 · 그린스타트 네트워크(2009), 그린리더 업무매뉴얼.
http://www.cpoint.or.kr(탄소포인트제)
http://www.greengrowth.go.kr(녹색성장위원회)
http://www.kb21.org(경북의제21)
http://www.keiti.re.kr(한국환경산업기술원)
http://www.me.go.kr(환경부)
http://www.nier.go.kr(국립환경과학원)

제3장

녹색NGO

제1절 | 녹색NGO의 의의

1. 배경

NGO는 서구의 근대화 과정에서 국가와 시민사회가 분리되면서 움트기 시작하였는데, NGO의 개념이 국제적으로 공식 정립된 것은 1945년 UN이 창설되면서부터이다. NGO는 국가권력의 영향력이 미치지 못하는 분야에서 발생하는 문제를 시민사회 스스로가 해결책을 모색하면서 조직되었다. 이 때문에 사회를 구성하는 영역 가운데 정부를 제1영역, 기업 및 시장을 제2영역, NGO를 제3영역으로 구분하기도 한다.[7] 오늘날 NGO는 사회현상을 분석하는 핵심적인 대상이다. NGO는 각종 권력과 자본을 견제하고 사회약자의 이익을 대변하며, 공공서비스 및 시민교육 등 중요한 역할을 수행하고 있다. 현대 사회에서 개인은

7 1950년대부터 NGO개념이 자리잡기 시작해 현재는 환경, 인권, 마약, 핵, 난민, 빈곤문제 등 공공이익을 추구하기 위한 시민의 자발적 연대조직이라는 틀을 갖췄다. 1995년 덴마크 코펜하겐에서 열린 사회개발정상회의는 NGO를 이 같은 지구촌 과제 해결의 파트너로 인정해 NGO의 세계적 연계를 강화하는 계기가 됐다. NGO의 영향력과 힘이 커지면서 입법, 사법, 행정부와 제4부로 불리는 언론에 이어 제5부라고도 불린다.

NGO를 통하여 환경, 인권, 평화, 문화 등 다양한 탈물질적 가치를 지향한다. 자신을 넘어 타인을 생각하고, 인간을 넘어 자연을 고려하며, 현실을 넘어 대안사회를 모색하는 것이다. NGO는 바로 가치지향적인 삶을 경험하면서 개인이 지향하는 창조적 삶의 세계를 형성할 수 있는 공간이다.

이중에서 환경NGO는 환경관련분야에서 정부기관이나 기업에 종속되지 않고 그들의 영역 밖에서 독자적으로 활동하며 공공의 이해관계나 관심을 가진 개인들이 그들의 공공영역에서 집단적이고 조직적인 차원에서 관심을 구체화시키고 실현하기 위해 조직된 것이다. 환경NGO는 사회, 환경, 교육을 통해 시민들을 환경을 보전하고 수호할 새로운 세력으로 육성하고, 시민들이 인식하는 환경문제를 적극적으로 쟁점화하여 시민들의 환경자의식과 실천활동을 불러내는 역할을 한다. 또한 공공부문에 대해서 시민들의 생활환경을 제약하는 환경문제의 쟁점을 부각시켜 공공, 환경, 행정의 기제를 통해 해결할 수 있도록 자극함으로써 지역, 환경, 행정과 시민의 참여적 노력이 만날 수 있도록 해주는 역할을 수행한다.

그러나 기존의 환경관련 NGO들은 환경근본주의의 성격을 띠어 성장 · 개발 · 계획을 무조건적으로 비판하고 부정하는 경향을 지녔다. 그런데 녹생성장을 공공의 패러다임으로 전제하고 있는 이명박 정부에서 환경을 경제성장과 동일시할 정도로 정책의 변화가 이루어졌다. 따라서 기존의 환경 NGO에서 한 단계 발전한 녹색NGO는 녹색성장이 지향하는 자연과 사람, 환경의 보존과 경제성장을 동시에 고려하는 사회운동의 필요성으로 대두되고 있다.

2. 개념

NGO(non-governmental organization)[8]란 비정부기구 또는 비정부단체의

8 NGO는 유사한 개념으로 NPO(non-profit organization), 즉 비영리조직과 비슷한 의미로 쓰인다. 또한 시민사회단체를 의미하는 CSO(civil society organization)는 NGO보다 광의적인 개념으로 쓰이는데 정부 혹은 이윤추구 사부문에 속하지 않은 공식적인 혹은 비공식적인 개인들과 협회들의 모임으로 정의된다(최영수, 2009).

약자로 정부기구가 아닌 민간조직 혹은 비영리 민간단체를 총괄하는 용어이다. NGO의 개념은 비정부 · 비정파 · 비영리 결사체로서 시민의 자발적이고 능동적인 참여로 결성되고 자원주의(voluntarism)에 입각하여 공익추구를 목적으로 하는 결사체로 정의할 수 있다(박상필, 2008). NGO는 공익을 추구하는 비영리단체의 하나로, 우리나라에서는 2000년에 비영리민간단체지원법이 제정된 이후부터 비영리민간단체로 불리고 있다. NGO는 시민이 자발적으로 만들고, 회원 가입이 자유로우며, 자원봉사 활동에 의해 공익적 사업을 수행해야 한다는 점을 구성요건으로 한다.

녹색NGO는 NGO와 같이 비영리성, 비정부성, 자발성을 특성으로 하는 민간단체로서 공익성 있는 활동을 특징으로 한다는 점은 같지만, 녹색성장이라는 목표를 추구하는 시민의 자발적인 연대라는 점에서 차이가 있다.

3. 중요성

환경적으로 건전하고 지속가능한 개발(ESSD)은 중요한 화두이다. 자연환경과 생활환경의 오염 내지 파괴에 무관심하거나 그 악화를 방치하는 한 국가적인 차원이나 지구적인 차원에서 우리의 미래는 밝을 수가 없다. 지난 역대 정부에서는 경제개발이라는 절대적인 가치를 실현하기 위하여 환경보전에 역량을 집중할 수가 없었다. 환경오염에 대한 정부의 낮은 문제의식에 경종을 울리고 경제개발 일변도의 개발정책에 대해 견제와 비판이 필요하다. 이러한 문제의식의 필요성에 대하여 1980년대 민주화의 바람과 함께 등장한 것이 시민운동이다. NGO의 환경운동은 환경문제를 경시하거나 환경문제에 무관심한 정부에 대하여 중요한 의미를 가진다. 미래세대와 함께 공유해야 할 환경을 보전하고 국민의 건강과 행복을 지키는 파수꾼의 역할을 담당하고 수행하기 때문이다(박노경, 2004).

한편 이명박 정부에서는 녹색성장을 정책적인 아젠다로 삼게 되었다. 이제는 국가적인 차원에서 환경을 경제와 함께 고려하는 시대가 도래하게 된 것이다. 하지만 녹색성장의 성공여부를 판단하는 열쇠는 아래로부터 시작되는 변화이다. 국가주도의 '위로부터, 중앙으로부터' 의 통제는 녹색성장에서는 큰 효력을 발휘하기 어렵다. 녹색성장은 시민사회, 국가, 기업간의 협력과 견제를 통해 이루어지는 거버넌스 방식을 지향한다. 각 주체들 간의 원활하고 효율적인 상호소통이야말로 녹색성장의 핵심적인 부분이다(문화체육관광부, 2008). 따라서 녹색NGO는 녹색성장이라는 새로운 시대의 과제를 아래로부터의 실사구시적인 사회운동으로 승화시키기 위하여 그 역할이 중요하다.

제2절 | 환경운동의 유형과 녹색NGO의 역할

1. 환경운동의 유형

1) 생존주의의 환경운동

생존주의는 지구 및 생태계가 감당할 수 있는 한계가 있으니 이 한계를 넘어서면 파국을 초래할 수 있다는 입장으로 "적재량을 초과하지 마라!" 라는 가레트 하딘(Garrett Hardin)의 말이 대표적이다. 우리가 살고 있는 자연, 환경, 생태계는 제한되어 있으므로 환경운동은 그것이 어떤 가치와 목표를 추구하든 상관없이 모두 이러한 한계 의식에서 출발한다.

생존주의는 인구의 폭발을 문제 삼는다. 구미에서 환경문제를 사회적 의제로 확립시켰으며 생존주의의 핵심적 내용을 담고 있는 것이 로마클럽보고서 성장의 한계(The Limits to Growth)이다. 이 연구 프로젝트는 인류 역사상 최초로 컴퓨터 프로그램을 사용하여 인류와 지구의 암울한 미래를 전망하였다. 생존주의는 전지구적 문제를 해결할 수 있는 전문가 집단들의 운동이라는 점에서 엘리트적이다. "지구적으로 생각하고, 지역적으로 행동하라" 는 표제어처럼 생존주의는 사회운동으로서 한계를 가지고 있지만 오존층 파괴에 관한 국제협의, 1992년의 환경과 개발에 관한 회의(리우), 1994년 인구와 개발에 관한 국제회의(카이로) 등에서 볼 수 있는 것처럼 환경운동의 일반적인 의제로 정착되어 있다.

2) 지속가능한 발전주의의 환경운동

지속가능한 발전은 1987년 환경과 개발에 관한 세계위원회(WCED)의 우리의 미래(Our Common Future)라는 보고서가 발표된 이래 오늘날 환경과 관련된 공공의 논의를 주도하고 있다. 지속가능한 발전은 미래세대가 그들의 필요를 충족시킬 능력을 저해하지 않으면서 현 세대의 필요를 충족시키는 것이다(이정전, 2008). 지속가능한 발전은 경제성장과 과학의 발전으로 말미암아 지구적 환경문제를 국제적 차원에서 해결하고 동시에 환경우호적인 발전전략을 개발하고자 하는 환경운동의 입장을 대변한다.

지속가능한 발전의 핵심적 담론은 발전을 원하는 세계의 많은 사람들의 열망이 완전히 충족될 수 없다는 인식에 기초한다. 제3세계의 모든 나라들이 선진국이 걸었던 발전의 과정을 똑같이 반복한다면, 세계의 생태계에 미칠 영향과 해악은 파국적일 수도 있다는 것이다. 그러므로 경제발전은 진흥되어야 하지만 환경적으로 부드럽고 동시에 사회적으로 정의로운 방식으로 인도되어야 한다.

지속가능한 발전을 추구하는 환경운동의 주체는 환경문제에 대해 예리한 감수성을 가지고 활동의 준비가 되어 있는 지성을 갖춘 전지구적으로 조직된 시민사회이다. 그들은 때로는 비정부조직에서, 때로는 지역적 환경운동 단체에서 활동하지만 근본적으로 환경문제는 전지구적 차원에서 해결될 수 있다고 확신한다.

3) 녹색 낭만주의의 환경운동

낭만주의는 본래 현대 과학과 자유주의 정치에 대항하여 예술적이고 심미적인 삶을 추구하였던 18~19세기의 지성적 운동을 가리킨다. 이 입장은 유기적인 관계를 맺고 있는 인간과 자연은 과학적 이성보다는 오히려 감정과 통찰을 통해 이해될 수 있다는 것이다. 낭만주의는 가까운 미래에 성취될 수 있는 정책 및 제도의 개선에 관해서는 관심을 가지지 않고 비교적 의식의 혁명적 전환이나 삶의 심미적 태도를 중시한다.

녹색 낭만주의는 세계를 변화시키려고 하지만, 세계의 변화는 개인의 의식 변화를 통해 이루어질 수 있다고 확신한다. 또한 자연은 고유한 가치를 가지고 있고 자연에서 벗어난 인간세계는 가치가 없다고 생각한다. 대표적인 단체는 1980년 미국의 Earth First라는 단체이다. 녹색 낭만주의의 업적은 물품을 재활용하고, 일회용품 사용을 반대하며, 환경에 이로운가를 살펴보는 소비태도의 변화를 가져온 것이다. 녹색낭만주의자는 환경운동에는 적극 참여하지 않지만 자신의 삶의 방식에서는 어느 정도 환경친화적인 환경생활주의자(Lifestyle Greens)들이라고 할 수 있다.

4) 녹색 합리주의의 환경운동

녹색 합리주의는 환경문제들이 이성을 단지 도구적으로만 사용하였기 때문에 생겨난 것이지 계몽 자체에서 기인하는 것은 아니라고 주장한다. 녹색 합리주의는 계몽의 핵심이념인 평등, 권리, 개방성, 비판의식을 인간과 자연의 관계에 적용하면 환경문제를 해결할 수 있다고 생각한다. 녹색 합리주의는 환경오염과 생태계의 파괴를 초래한 서양 이성을 비판하면서 우리의 환경을 보전하고 구원할 수 있는 다른 이성을 모색하는데, 새로운 정치로 세계를 구원하라고 주장한다. 가장 대표적인 단체는 유럽의 녹색당이다.

한편 녹색 합리주의는 인간과 자연의 호혜적 관계를 회복하기 위하여 우선 인간사회내의 불의와 불평등에 주목한다. 왜냐하면 환경오염과 생태계의 파괴는 경쟁과 위계질서를 생산해내는 자본주의 체계의 구조적 결과이기 때문이다. 이러한 맥락에서 자연환경과 조화를 이루는 소규모의 자족적 지역공동체를 선호한다(김종달, 2001).

5) 녹색NGO의 환경운동 방향

환경운동은 인류문명, 기술진보 및 지구환경이 한계에 다다랐다는 인식에서 출발한다. 따라서 인간과 자연이 조화로운 관계를 유지할 수 있고, 인간에 의한 환경파괴를 인간의 노력으로 치유할 수 있다는 신념이 필요하다. 환경이 국가경쟁력의 핵심으로 대두되는 시대가 되었다. 녹색성장은 온실가스와 환경오염을 줄이는 지속가능한 성장이고, 녹색기술과 청정에너지로 신성장 동력과 일자리를 창출하는 새로운 패러다임이 전개되고 있다. 녹색성장시대의 환경운동은 환경을 훼손하지 않고 개선하며 환경을 새로운 동력으로 삼는 경제성장을 고려하는 방향으로 진행되어야 할 것이다. 따라서 녹색NGO는 환경오염의 지구적 효과에 대해 세계적 시민연대를 통해 대처하면서도 동시에 지역공동체에 부합하는 지속가능한 발전을 추구하여 경제성장과 환경의 조화로운 발전을 모색하여야 한다.

2. 녹색NGO의 역할과 기능

NGO의 존재이유와 행하는 역할과 기능은 무엇인가는 NGO가 존재하는 특정 사회의 조건 등에 따라서 달라질 수 있다. 따라서 일반론적 측면에서 NGO의 역할과 기능을 정립하는 것은 어려움이 있다. 녹색NGO도 NGO의 일반적인 역할에 준하여 설명하면 정부와의 상호작용을 통한 보완적 역할과 정부에 대한 감시, 통제적 역할로 구분할 수 있다(최준호, 2006).

1) 정부와 녹색NGO의 보완적 역할과 기능

(1) 공공서비스 공급의 정부실패

녹색NGO의 역할에 대한 관점 중에서 가장 큰 부분은 정치경제학적 측면에서 정부실패에 따른 녹색NGO의 역할을 강조하는 것이다. 녹색NGO가 정부보다 주민들에게 더욱 밀접해 있고 주민들의 의견을 잘 반영할 수 있기에 공공서비스의 제공에 있어서도 정부의 모자란 부문을 보충하는 보완적인 기능을 수행할 수 있다는 것이다.

(2) 공공서비스의 공동생산

공공서비스 생산의 효율성과 비용절감을 위하여 정부와 녹색NGO가 협력적 파트너십 구축을 통해 공동 생산의 역할을 수행해야 한다. 정부와 녹색NGO간의 정책집행대상과의 상호작용(정부의 의견수렴과 녹색NGO의 정책과정 참여)을 통하여 공공서비스를 더욱 효율적이고 효과적으로 생산하고 제공할 수 있는 것이다.

(3) 비시장적 서비스의 공급

사회적 수요는 존재하나 시장이나 정부에 의해서 충족되지 못하는 특정한 서비스의 공급이 생길 때 녹색NGO가 이를 보완하는 역할을 할 수 있다.

(4) 주민의 대변자

녹색NGO는 조직화되지 못한 주민들의 의견을 수렴하여 이를 정부정책과정에 투입시킴으로써 정부가 파악하지 못했거나 알지 못했던 주민 관련 사항들이 정책에 반영될 수 있게 하는 역할을 한다.

2) 정부에 대한 녹색NGO의 감시 · 통제적 역할과 기능

(1) 포괄적 사회비판

녹색NGO는 정부나 시장의 잘못된 인식과 지배적인 가치에 대해서 도덕적이고 이념적인 비판기능을 수행한다. 또한 심각한 사회문제를 해결하는 기능도 수행하고 있다.

(2) 행정책임 확보

녹색NGO는 국가권력에 대한 합법적인 비판과 감시기능을 통하여 행정활동에 대한 행정책임을 확보하기 위하여 통제기능을 수행한다. 국가 활동에 대한 감시와 대안을 제시함으로써 국민에 대한 정부의 행정책임을 확보하고자 노력한다.

(3) 주민들의 권리보장과 민주주의 참여

녹색NGO는 주민들의 권리보장 기능을 수행하기 위하여 시민권리를 관철시킴으로써 시민사회의 국가 및 시장에 대한 비판적 기능을 활성화하는 역할을 수행한다.

제3절 | 녹색NGO의 사례

환경관련 NGO는 녹색성장이 지향하는 가치를 실현하기 위해 노력하는데 주요 NGO로는 그린피스(Greenpeace), 지구의 벗(Friends of EARTH), 세계자연보호기금(WWF), 세계습지네트워크, 기후그룹(Climate Group), 로마클럽, 환경정의시민연대, 녹색미래, 에너지 시민연대 등이 있다. 그 중에서 대표적으로 글로벌 NGO인 그린피스와 영국의 내셔널트러스트, 국내의 환경운동연합 및 녹색연합에 대하여 살펴보기로 한다.

1. 그린피스

그린피스(Greenpeace)라는 명칭은 1971년 9월 캐나다 벤쿠버 항에서 12명의 환경보호운동가들이 미국의 알래스카 암치카섬 핵실험 반대시위를 위해 소형선박에 몸을 실었는데, 돛대에 녹색기가 걸린 이 배의 이름에서 시작되었다.

초창기의 그린피스 회원들은 그들의 공격적이고 과격한 환경보호활동 때문에 전사라고 불렸다. 고래 남획을 막기 위해 고무보트를 타고 대형 포경선에 맞서는가 하면, 죽음을 무릅쓰고 핵실험장 한복판에서 반핵시위를 벌이기도 했다. 특히 1985년에는 프랑스 핵실험 저지운동을 위해 나섰던 무지개 전사호가 프랑스 잠수부대에 의해 폭파되기도 했다. 그들의 이러한 공격적인 활동 때문에 한때 감정적인 집단으로 인식되기도 했다.

그러나 환경운동이 과학적이고 대중적인 지지기반을 확보하면서 그린피스의 투쟁방법도 큰 변화를 겪게 되었다. 그린피스의 활동은 초창기 급진적인 투쟁노선에서 과학적 사실에 기초를 둔 홍보전략으로 선회하였는데 인공위성과 첨단장비를 동원한 정보수집 및 홍보력으로 더욱 빛을 발하고 있다. 좋은 예가 1993년 동해에서 있었던 러시아의 핵폐기물 투기때, 러시아 군함으로부터 물대포 세례를 받는 대원들의 모습을 안방까지 생생하게 전한 것도 그린피스의 첨단장비 덕분이었다. 그와 더불어 과학적인 활동을 위해 영국과 우크라이나에 부설환경연구소를 세워 운영 중이다.

그린피스는 네덜란드 암스테르담에 본부가 있으며, 32개국에 43개 지부를 둔 회원수가 약 290만 명인 큰 단체로 성장했다. 그린피스는 정치, 해양 캠페인 등 6개 분과 위에서 대기 및 에너지 문제, 핵과 폐기물 처리, 해양오염 방지, 산

자료 : 그린피스 웹사이트.

[그림 7.3.1] 그린피스의 해양운동

림 보호 등의 문제들을 집중적으로 다루고 있다. 예산은 연간 1억 5천만~1억7천만 달러로 각국의 회원들이 30~100 달러씩 내는 기부금으로 충당한다.

그린피스의 활동에 힘입어 환경이라는 단어에 예전에는 상상할 수 없었던 무게가 실리게 되었고, 비록 그린피스 운동이 제조업체 및 핵강국들에게는 눈에 가시로 여겨지기는 했지만, 환경친화적 제품이 잇달아 개발되고 환경관련 예산의 확대, 그리고 포괄핵실험금지조약(CTBT)의 유엔총회 통과와 같은 일련의 일들은 그린피스가 없었다면 어려웠을 것이다.

2. 영국의 내셔널 트러스트

내셔널 트러스트(National Trust) 운동은 1895년 영국의 세 명의 자선사업가(Octavia Hill, Rovert Hunter, Canon Hardwicke Rawnsely)에 의해 시작되었다. 무분별한 개발과 산업화가 초래한 문제들에 대해 각별한 관심을 가졌던 이들은 위협받는 전원지역이나 건물의 매입 운동을 전국적으로 캠페인하기 위한 안내자(guardian)로 트러스트를 설립하였다. 다른 환경 및 경관보존 운동과 달리 내셔널 트러스트운동은 보존가치가 있는 땅, 경관, 시설을 매입해 이를 현실적으로 영구히 보존하는 것을 추구하는데 중요한 특성이 있다. 이를 위해 내셔널 트러스트 운동은 뜻 있는 시민들로 하여금 땅을 트러스트에 기부 및 증여하도록 하거나, 보존가치가 있는 땅과 시설을 시민들의 성금을 모아 직접 매입하는 것이 주요 운동방식이다.

내셔널 트러스트는 자선단체인 만큼 회원확보와 회비모금은 활동의 핵심이다. 현재 회원이 2백5십만 명에 이르며 이들이 내는 회비는 총수입의 29.4%(4천8백7십만 파운드)가 된다. 자선 및 기부로 받는 규모는 총수입의 약 4.1%(6백8십만 파운드)에 이르며 지방정부와 같은 공공부문으로부터의 재정보조를 받기 위한 활동도 전개하고 있는데 총수입의 10.7%(1천 7백9십만 파운드)를 차지하고 있다.

주요 활동으로는 보존가치가 있는 자산의 취득 및 관리, 전국 각지의 보호재단 지원업무, 조사 연구를 위한 자료수집, 국내·국제적인 네트워크 활동, 환경교육, 보급개발 활동, 자원봉사지원 및 육성을 활동내용으로 하고 있다. 현재 잉글랜드, 웨일즈, 북아일랜드의 약 24ha가 넘는 아름다운 정원지대와 575마일의 해안선, 350여 곳의 역사적으로 중요한 가치를 지니고 있는 건축물이나 정원을 보유 및 관리하고 있다(윤지영, 2004). 현재 우리나라를 비롯하여 세계 약 26개국에서 내셔널 트러스트운동이 진행되고 있다.

3. 환경운동연합

환경운동연합은 1993년 4월 2일 설립되었는데 창립 이후 지금까지 현장성, 대중성, 전문성에 기반하여 국내 최대의 환경단체를 넘어 아시아 최대의 환경단체로 발전하였다. 환경운동연합은 생명·평화·참여를 중심가치로 삼아 지구촌 모든 사람들과 힘을 합쳐 우리와 미래세대를 위한 지속가능한 세상을 만들어 나감을 목적으로 한다(환경운동연합 정관 제2조).

그간 지리산·점봉산·덕유산 보호, 시화호 살리기, 동강 살리기, 가야산 골프장 저지, 핵폐기장 강행 저지, 새만금 살리기, 서남해안 습지 보전, 비무장지대 보호, 팔당상수원 보호, 낙동강살리기, 시민 대기 조사, 대만 핵폐기물 반대 등의 활동을 통해 금수강산의 파수꾼 역할을 하고 있다. 또한 환경운동연합은 핵물질 이용 반대, 고래 보호, 기후변화 대응 등 지구환경문제를 해결하기 위한 국제연대에 적극적으로 참여하다가 2002년 지구의 벗(Friends of EARTH)이라는 세계적인 환경단체에 회원단체로 정식 가입하였다.

주요 사업으로는 ① 환경오염과 생태계 파괴를 방지하기 위한 사업, ② 환경운동을 위한 조직사업, ③ 환경에 대한 시민들의 인식을 높이기 위한 교육 및 홍보 사업, ④ 환경문제에 대한 조사, 연구 및 정책 제시, ⑤ 환경피해지역과 지역단위 사업을 지원하는 제반 활동, ⑥ 환경권침해에 대한 법률적 구조 및 대책 사업, ⑦ 국내외 환경단체 및 환경운동에 뜻을 같이 하는 사회단체와의 연대사업, ⑧ 기타 환경운동연합의 목적을 달성하는데 필요한 사업(환경운동연합 정관 5

조) 등이 있다.

환경운동연합의 조직을 살펴보면 회원수는 약 8만 여명으로 공동대표(5인 이내), 전국대표자회의, 중앙집행위원회, 사무총장, 중앙사무처 등으로 구성되어 있다. 그리고 6개의 특별위원회, 7개의 상설위원회, 6개의 전문기관을 두고 있다.

4. 녹색연합

녹색연합은 전국 각 지역의 그린플랜 수립과 민간 환경영향평가를 비롯한 수많은 연구를 통해 많은 환경 분쟁을 해결하고 녹색대안의 제시, 반핵 · 평화 등 환경문제에 대한 해결책 찾기, 지구환경문제를 해결하기 위한 다양한 국제연대활동을 하다가 1996년 4월부터 녹색연합이란 이름으로 활동하고 있다. 녹색연합은 생명존중 · 생태순환형 사회 건설 · 비폭력 평화 실현 · 녹색자치 실현의 4대 강령 실현을 목적으로 한다(녹색연합 정관 제2조).

주요 사업으로는 ① 시민 스스로 자신의 삶과 삶터를 녹색으로 바꾸는 시민참여운동과 녹색자치를 위한 조직사업, 지역연대사업, ② 생명존중 · 비폭력평화 사상 확산을 위한 교육 · 홍보 · 출판문화사업, ③ 사회 약자 · 미래세대 · 자연의 권리를 지키기 위한 노력, ④ 생태계보전 · 생태순환사회를 위한 정책개발과 조사연구사업, ⑤ 환경문제로 인한 인권 침해를 막고 시민의 환경권을 찾기 위해 법률을 통한 구조와 대책 마련, ⑥ 기타 녹색연합의 목적을 이루기 위한 국내외 연대 활동(녹색연합 정관 제5조) 등이 있다. 주요 실천사례로는 자연생태계보존활동과 생명존중 운동, 생태순환형 사회만들기 운동, 생태문화 운동 등이 있다.

녹색연합의 조직은 회원수 1만 5천여 명으로 공동대표(6인), 전국운영위원회, 중앙집행위원회, 지역조직 9개, 전문기구 5개, 본부사무처(1실5국) 등으로 구성되어 있는데 위원회 절차, 활동가협의회 구성 등 의사결정구조에 민주절차를 도입하여 운영하고 있다.

5. 시사점

녹색NGO는 인간을 둘러싸고 있는 환경의 가치를 중요시하면서도 지속가능한 발전을 위한 성장을 도외시할 수 없다는 현실사회의 패러다임을 추구하는 NGO이다. 사례에서 보듯이 한 단계 성숙되고 시민의 신뢰를 받는 NGO는 첫째, 체계적인 내부조직을 구성하고 있으며 운영방식을 투명하게 공개하여 민주적인 의사결정절차를 두고 있다. 둘째, 시민사회의 폭넓은 지지를 받고 있으며 많은 회원을 확보하고 수입기반을 다양화하고 있다. 셋째, 합리적이면서 체계적인 활동역량을 통해 국내에서만이 아니라 지구촌으로 활동범위를 넓혀가고 있다. 이는 영향력의 광역성을 지닌 환경문제의 특성에도 부합한다.

제4절 | 녹색NGO의 전망과 과제

1. 전망

1) 녹색거버넌스 구축의 필요성 증대

녹색거버넌스란 정부와 녹색NGO 등 시민사회의 참여, 협력, 소통을 통해 신뢰를 형성하고 공동의 문제를 함께 해결하는 대안적인 운영체제라고 할 수 있다(환경부, 2006). 녹색성장 구현을 위해서는 정부, 기업, 국민의 공동 노력이 요구되며, 국민과 공감대를 형성하기 위해서는 민 · 관 네트워크 구축이 필요하다. 녹색거버넌스의 구축은 녹색NGO를 상호협력의 대상으로 인식하게 되고 정부의 부족한 힘을 녹색NGO가 해결할 수 있는 메커니즘으로 나타나게 된다. 경제성장뿐 아니라 환경정책을 효율적으로 수행하기 위해서는 녹색NGO가 정부의 파트너라는 인식의 전환이 선행되어야 한다.

정부와 녹색NGO의 네트워크를 통한 녹색거버넌스의 구축은 환경윤리의 형성과 확산이라는 결과를 낳게 될 것이다. 환경문제와 관련되어 나타나는 지역이기주의 · 집단이기주의 · 개인이기주의 등의 문제도 상당부분 해소될 수 있으며, 녹색성장의 달성은 정부보다는 시민의 자각과 자율적인 참여에 바탕을 둔 녹색NGO가 주도하게 될 것이다(환경부, 2006).

2) 녹색NGO의 폭 넓은 역할 기대

지구환경의 위기를 극복하기 위해서는 산업화에 따른 경제발전과정에서의 정치권력과 경제적 이익을 향유하고 있는 기득권의 변화가 요구된다. 변화의 주역으로서 녹색NGO는 주민의 자발적인 환경운동단체로 아래로부터의 협력적 사회변화를 추진해 나갈 것으로 기대된다. 녹색성장이라는 목표의 성패를 가름하는데 있어 녹색NGO의 역할은 보다 확대되고 강화될 것으로 기대된다.

2. 과제

1) NGO 본연의 내부역량 강화

녹색NGO는 국내의 많은 NGO들이 안고 있는 문제를 갖고 있다고 볼 수 있다. 첫째, 인적자원 관리의 문제로서 상근인원의 부족과 열악한 근무환경, 지도자의 자질문제, 둘째, 정부의 재정지원을 받는 상황에서도 부족한 재원문제, 셋째, 계획성이 결여된 조직운영의 문제가 있다.

NGO가 본연의 역할과 기능을 제대로 수행하기 위해서는 내부 문제의 해결이 우선되어야 한다. 이를 위해서는 첫째, 전략적인 인력계획의 실천이 필요하며 NGO실무자를 위한 교육프로그램을 도입하여 리더십 교육과 체계적인 인재개발교육이 병행되어야 한다. 둘째, 회원확대와 모금방법의 다양화가 요구된다. 셋째, NGO 스스로 명확한 비전과 목표를 갖고 장기적인 계획을 지속적으로 추진해나가는 개혁을 통하여 내부역량의 강화가 요구된다(김태환, 2008).

2) 녹색NGO의 활동역량 강화

녹색NGO는 환경과 경제의 조화를 이루는데 주도적인 역할을 해야한다. 현재 정부주도적인 경향이 강한 지구온난화방지를 위한 이산화탄소 줄이기, 환경오염 방지, 생활 속 에너지 절약 등의 녹색캠페인들을 국민들이 인식하고 자율적으로 실천하도록 하는 데에는 NGO의 역할 확대가 필요하다. 거버넌스의 구축과 함께 아래로부터의 운동이 될 수 있도록 환경분야에 대한 전문성을 키우고 관심과 활동의 폭을 넓혀 나갈 수 있도록 녹색NGO는 활동역량을 지속적으로 강화하여야 하겠다.

3) 해외 환경NGO와의 교류 확대

한국의 녹색NGO는 세계화시대에 맞게 외국의 환경NGO들과 교류하고 연대하여 세계시민의 입장에서 국내와 전지구적인 환경문제 등에 대한 해결책을 모색하여야 할 것이다. 또한 한국의 녹색NGO는 국제 연대 사업을 수행할 수 있는 인적, 사회적 자원을 확보하는데 주력해야 하며 연대활동에 일반 시민들도 적극적으로 참여할 수 있도록 다양한 프로그램을 개발하여야 하겠다.

탐구학습

1. 주요개념
- NGO
- 환경NGO와 녹색NGO
- 지속가능한 발전주의
- 내셔널 트러스트

2. 토론과 과제
- 녹색NGO의 개념과 중요성
- 녹색NGO의 역할과 기능
- 환경운동의 유형
- 환경관련 NGO의 사례와 발전방안

참고문헌

김종달(2001), 환경과 사회, 경북대학교.

김태환(2008), "한국 NGO의 한계와 그 개선방안에 대한 연구", 대진대학교 대학원 석사학위논문.

김해창(2009), 일본, 저탄소 사회로 달린다, 도서출판 이후.

문화체육관광부(2008), 녹색부국으로 가는 길.

박노경(2004), 박노경의 환경수첩, 도서출판 서등.

박상필(2008), NGO와 정부 그리고 정책, 한울.

윤지영(2004), "역사문화환경 보존을 위한 내셔널트러스트 운동에 관한 연구", 단국대학교 대학원 석사학위논문.

이정전(2008), 환경경제학, 박영사.

최영수(2009), "한국 비영리민간단체(NGO)의 실태와 지원정책에 관한 연구", 대진대학교 법무행정대학원 석사학위논문.

최준(2006), "우리나라 지역 NGO의 역할과 기능에 대한 재고", 한국지역혁신논집, 제1권 제1호, 영남대학교 지역혁신연구소.

환경부(2006), 참여적 녹색정부 구현을 위한 환경 거버넌스 구축방안에 관한 연구.

환경부(2009), 환경분야 녹색성장 실천계획.

http://www.foei.org(Friends of EARTH)

http://www.greenkorea.org(녹색연합)

http://www.greenpeace.org(Greenpeace)

http://www.kfem.or.kr(환경운동연합)

제4장

녹색거버넌스

제1절 | 녹색거버넌스의 의의

1. 배경

환경문제에 대한 기존의 접근방식은 정부주도의 환경관리방식과 시장주도의 환경관리방식으로 구분된다. 정부주도의 환경관리방식은 환경문제를 기술적이고 종말처리적인 방식에 의해 해결가능한 것으로 인식하면서, 관련 법규제정, 명령과 통제의 성격을 지니고 있었다. 한편 시장주도형 환경관리방식은 하향적이고 강제적인 환경관리의 비효율성을 극복하는 데에 목적을 두고, 시장기제를 활용하여 외부효과로서의 환경문제를 내부화하는데 초점을 두었다(정규호, 2002). 그러나 이와 같은 접근은 전지구적인 차원으로 확대되고 있는 환경문제를 다루는 데 한계가 있다. 이러한 맥락하에 새롭게 대두된 개념이 녹색거버넌스(green governance)이다.

녹색성장의 중요한 배경은 환경, 에너지, 그리고 경제적 문제이다. 이 가운데 환경은 문제의 복잡성, 문제해결에 관여하는 행위자들간 상호의존성으로 인해 네트워크 내에서의 지속적 협상(negotiation), 행위자들간의 학습과정

(learning process) 등이 매우 중요하다. 따라서 환경문제의 해결을 위해서는 정부뿐만 아니라 다양한 주체, 예컨대 시민단체, 기업, 민간 연구기관 등 네트워크에 기반한 공동체적 의사결정과 참여가 필수적이다.

이에 따라 녹색성장에 있어서 시민 실천운동이 증가하고, 녹색성장을 위한 시민단체의 설립 등이 활성화되고 있다. 또한 녹색성장을 위한 시민참여는 녹색정책의 효율성을 높이는 중요한 과제이다.

2. 개념

녹색거버넌스는 녹색과 거버넌스의 합성어로 이해할 수 있다. Oxford English Dictionary는 거버넌스를 통제나 권위를 적용대상에 행사하기 위해 필요한 통치의 행위나 방식 또는 규제체제로 정의하고 있다. 세계은행(World Bank)은 국정운영을 위한 정치적 권력행사 또는 발전을 위해 한 국가의 경제·사회적 자원들을 관리하는 권력행사의 방식으로 정의하고 있다. 이러한 거버넌스의 개념은 기존의 국정운영 주체가 정부로 한정된 데에 비해, 사회의 여타 주체와의 협력을 강조하는 개념으로 확대됨을 의미한다. 즉 1970년대에는 국가수준의 관리능력으로 이해되었고, 1980년에는 민관 협력의 파트너십으로 사용되었으며, 1990년대에는 시민사회의 참여와 합의형성과 같은 절차적 합리성을 중

표 7.4.1 거버넌스 개념의 변천

1970년대	1980년대	1990년대
- 정부와 같은 의미 - 국가수준에서의 관리능력에 대한 관심 - 경제·사회적 발전의 동력으로서 공공서비스 공급체계에 대한 관심	- 거버넌스에 대한 국제적 관심 증대 - 국가차원의 사회통합과 발전관리능력에 초첨 - 지역경제의 활성화를 위한 민관파트너십의 강조	- 거버넌스의 민주주의적 특성 강조 - NGO·CBO의 역할에 대한 새로운 인식 - 새로운 제도와 기능 및 과정 개발의 필요성 인식

자료 : 이미홍(2003).

시하는 개념으로 확대되었다.

녹색거버넌스는 녹색성장과 관련하여 정부만에 의한 의사결정은 많은 변화를 수용할 수 없는 통치실패(governing failure)를 수반하기 때문에, 정부뿐만 아니라 기업, 전문가집단, 시민사회 등 다양한 주체의 참여하에 녹색성장정책을 수립하고 집행하는 과정을 의미한다. 즉 녹색거버넌스는 녹색성장과 관련하여 공공과 민간 부문의 다양한 이해당사자가 수평적인 참여와 협력에 기반하여 지역의 환경문제를 공동으로 해결해 나가는 네트워크로 정의할 수 있다. 녹색거버넌스는 이해당사자간 협력적인 의사결정을 위한 기제이고 대립과 경쟁, 갈등, 협력 등의 상호작용을 통해 이해관계를 조정하고 협력해 나가는 지속적인 과정이다. 한편 녹색거버넌스가 환경 및 녹색성장에 대한 새로운 문제해결 방식으로 합리적으로 작동하기 위해서는 참여 주체의 역량과 협력적인 네트워크 형성을 위한 공식적 · 비공식적 제도 기반이 매우 중요하다. 이러한 녹색거버넌스의 역량과 제도적 기반은 녹색성장정책에 관한 다양한 이해관계자가 효과적으로 참여하거나, 이들 주체가 자율적인 협력 체제를 구성하여 지역의 환경문제를 해결하는 능력에 의해서 좌우된다.

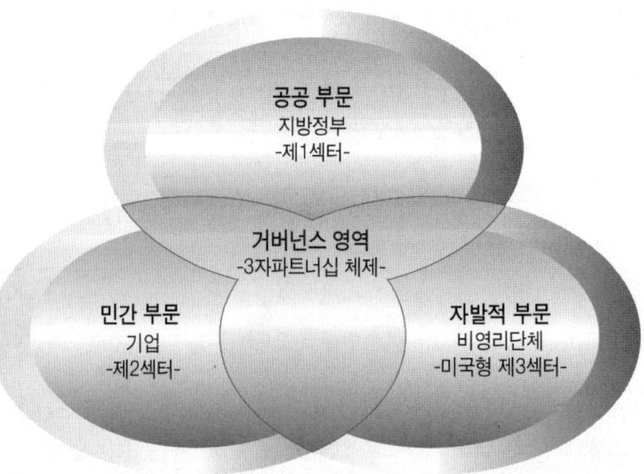

자료 : 정규호(2002).

[그림 7.4.1] 거버넌스의 영역

3. 중요성

현실 사회제도에 대한 통치요구와 실질적인 통치능력간의 괴리가 거버넌스라는 새로운 통치체제를 형성하게 만들었다고 할 때, 환경문제는 녹색거버넌스의 등장과 역할에 큰 영향을 미쳤다.

현재 당면하고 있는 문제는 오염물질들 간의 순환과 복합상승 효과 등으로 인과관계를 정확하게 밝혀내기가 어렵고, 환경파괴로 인한 영향과 피해가 시간적으로 지연되어 나타나기 때문에 즉각적인 대응책 마련이 힘든 수준이다. 뿐만 아니라, 기존의 지역적 수준에서 탈피하여 전 지구적인 차원으로 그 영향이 확산되는 특성을 가지고 있다. 그러나 기존의 통치체제는 즉각적이고 가시적인 결과에 집중하는 정치적 영향을 받음으로써 장기적인 전망보다는 단기적인 시간 위에서 작동하였다. 따라서 복잡한 생태환경 문제에 적절히 반응하지 못하고 사후적인 반응에 치우치는 경향이 크며, 관리주체와 책임소재가 불분명한 문제가 발생하였다.

결국 환경문제를 둘러싸고 사전예방적이고 포괄적인 통치체제의 확립이 요구되었고, 이러한 상황에서 다양한 이해당사자들의 포괄적 참여와 이들 상호간의 자율적이고 협력적인 노력을 통해 조정과 조절의 사회제도적 역량을 높일 수 있는 새로운 통치기제로서 녹색거버넌스는 많은 가능성을 가지고 있다(정규호, 2002). 이상을 종합해 볼 때, 녹색거버넌스는 환경문제의 처리 및 정책수립에 대하여 효율성, 형평성, 참여성 등을 확립한다는 측면에서 그 중요성이 점차로 높아지고 있다.

제2절 | 녹색거버넌스의 주요내용

1. 녹색거버넌스의 주요내용

녹색성장 추진체계는 중앙의 추진체계와 지방의 추진체계로 나눌 수 있는데, 중앙의 추진체계는 대통령 직속의 녹색성장위원회를 정점으로 각 부처의 집행업무를 조정하는 시스템으로 구성되어 있고, 위원회 밑에 실무를 총괄하는 녹색성장기획단이 설치되어 있다. 중앙 추진체계의 가장 큰 특징이자 한계는 각 부처의 녹색성장업무를 통합 · 조정할 수 있느냐의 여부이다. 예를 들면, 공공청사 에너지절감 정책의 경우 국무총리실(에너지이용합리화 추진지침), 행정안전부(지방자치단체 청사 에너지절약 추진), 환경부(공공청사 탄소배출거래제 참여), 지식경제부(신 · 재생에너지 도입 지방에너지 절약사업 보급) 등으로 관련업무가 분산되어 있어 비효율적일 뿐 아니라 일선 지방자치단체에서도 중앙과의 업무연계에 혼란을 겪고 있다. 따라서 위원회에서 각 부처의 업무를 효과적으로 조정해야 하며 필요한 경우 특별회계의 설치를 통해 관련업무를 조정하는 방안도 검토할 필요가 있다.

한편 저탄소 녹색성장 기본법에서는 지방자치단체에 녹색성장 관련 업무를 전담하는 녹색성장책임관을 지정할 수 있도록 규정하고 있으며, 지방자치단체의 녹색성장에 관한 주요 정책 및 계획과 그 이행을 심의하기 위한 지방녹색성장위원회를 설치하도록 규정하고 있다. 많은 지방자치단체가 법률이 제정되기 이전부터 지방녹색성장위원회를 구성하였고, 녹색성장책임관도 지정하였다. 예를 들면, 대구시의 경우 녹색성장 관련 업무를 총괄 기획 · 조정하고 그린에너지정책을 발굴 · 육성하기 위하여 녹색정책관을 신설하고, 책임관을 신기술산업국장으로 지정하였으며, 녹색정책관실에는 녹색성장, 에너지정책, 신재생에너지, 에너지관리 등 4개 부서로 구성되어 있다.

2. 녹색거버넌스의 정책

녹색거버넌스를 구현하기 위한 정책은 녹색교육, 기업참여를 통한 녹색생활, 녹색홍보 등의 다양한 측면에서 접근할 수 있다.

우선 녹색교육을 위한 실천 네트워크를 강화하는 것이다. 이를 위하여 지방자치단체간 녹색성장교육 협력 네트워크를 구축하고, 경제단체, 환경단체, 여성단체 등 범 단체간 녹색성장교육협력체계의 구축 및 모범사례의 공유를 활성화한다. 그리고 민 · 관 교육기관, 기업 인재개발원, 교육매체 개발기업, 교육컨설팅업체간 협력네트워크를 강화해야 한다.

둘째, 기업참여를 통한 녹색생활 실천의 저변 확대이다. 기업의 녹색 마케팅 지원과 직장녹색운동을 전개하여 기업들의 그린 마케팅 및 사회적 책임성을 적극적으로 연계하는 것이 필요하다. 자동차 업체들의 Eco-driving 운동은 녹색마케팅의 좋은 사례이다. 또한 정부 주도의 권위 있는 시상 · 인증제도 육성과 의식주 전반에 걸친 녹색생활의 실천에 전업종 참여를 유도하여 기업의 탄소중립 실천 확대, 친환경 관련 R&D 실적 등에 대한 보상 및 대외 이미지 제고에 기여할 수 있다. 그리고 기업 대상의 녹색 마케팅 상담 지원창구를 마련하여 각 기업체들이 전개하고자 하는 녹색 마케팅 활동을 정부 차원에서 제도적으로 지원하고 후원하는 윈-윈(win-win)전략의 전개가 필요하다. 이러한 녹색마케팅 활동은 관련 활동의 성격과 대상 등을 고려해 정부가 추진하는 유관 정책 및 관련 부서와 연결하는 것이 매우 중요하다.

셋째, 녹색생활 국민 인식제고와 실천촉진을 위한 홍보활동의 강화이다. 녹색생활 실천을 유도할 각 분야별 그린리더를 선정하여 민간차원의 기고, 토론 프로그램, 각종 인터뷰 등 언론매체를 통한 녹색생활 실천을 위한 홍보를 강화하는 것이 중요하다.

넷째, 녹색생활 실천 네트워크의 강화이다. 국민이 자발적으로 참여하는 녹색생활 실천 네트워크를 강화하여 민간단체, 친환경 상품제조업체, 공공기관 등이 함께 참여하는 전국 단위의 전국 녹색생활 실천 네트워크를 운영하여 에너지 절약을 기반으로 하는 저탄소 녹색생활 실천 캠페인으로서 그린에너지 패밀리운동을 추진하는 것이 필요하다.

다섯째, 녹색마을 거버넌스 체제 구축이다. 마을단위로 녹색마을협의체를 구성하여 녹색마을 전략, 정책, 계획을 구상하고, 마을 내 다양한 계층의 주민들이 공동으로 참여할 수 있도록 제도적 장을 마련해야 한다. 나아가 마을단위의 각 주체가 함께 참여하여 비전, 목표, 방향 등을 선언하는 녹색마을 헌장을 마련하는 것이 필요하다. 또한 마을단위의 생태감사를 적용할 필요가 있다. 이를 통하여 관공서, 학교, 주택, 마을의 에너지, 물 등 자원의 사용량 파악을 통해 재활용과 소비 절감을 유도하는 자발적 프로그램을 구축하고, 지방자치단체와 연계하여 인센티브, 물자, 기술적 조언 등을 제공하며, 정부 · 기업 · 가정의 재활용 제품 확대 및 녹색구매를 촉진한다.

여섯째, 녹색생활 실천을 활성화하기 위한 지원체제를 구축한다. 즉 녹색생활 가이드 제도 도입, 가정 및 마을 단위에서 CO_2를 줄이기 위한 실천방안을 진단하고 교육할 수 있는 전문가 육성, 기후변화 해설가(기후코디) 양성, 에코패밀리 시범 가정 및 마을의 지정이 필요하다.

제3절 | 녹색거버넌스의 사례

1. 네덜란드의 에너지 전환 정책

네덜란드 경제부는 2004년 지속가능한 사회 구축을 위한 에너지정책혁신-에너지 전환(Innovation in Energy Policy-Energy Transition; State of Affairs and Way Ahead)을 발표하였다. 에너지 전환(energy transition) 정책은 2030년까지 지속가능한 시스템으로 전환한다는 것을 명시하고 있으며, 정책 추진과정에서 정책실험을 바탕으로 구체적인 사업을 전개하고 있다. 또 정책결정과정에 여러 이해관계자들의 참여를 이끌어내어 시스템 전환을 위한 사회적 기반을 형성하는 새로운 접근도 이루어지고 있다. 이러한 네덜란드 에너지 전환 정책은 녹색성장 정책이 장기정책으로 발전하기 위해서 갖추어야 할 조건에 대해서 여러 시사점을 제공해 준다.

에너지 전환 정책은 명시적으로 사회 · 기술시스템의 전환을 논의하고 있다. 여기서 사회 · 기술시스템은 기술의 공급과 관련된 혁신체제에 사용자와 생활방식까지 고려한 시스템이다. 이 논의에 따르면 지속가능한 시스템을 구축하기 위해서는 새로운 에너지 기술만이 아니라 그것이 생산되고 활용되는 사회시스템의 변화가 수반되어야 한다. 그리고 그 전환의 과정은 한 세대 이상의 시간이 걸릴 것이라는 것을 적시하고 있다. 이런 맥락에서 네덜란드 경제부는 전환관리(transition management)와 같은 활동이 필요하다고 이야기하고 있으며, 정부의 역할은 이를 수행하는 전환 관리자(transition manager)가 되어야 한다고 주장하고 있다.

네덜란드의 에너지 전환은 구체적인 정책방향과 추진체제를 제시하고 있어 연구자 및 정책가들의 주목을 받고 있는 정책이다. 초창기에 소규모 정책으로 출발했으나 현재는 에너지 정책의 주류로 부상하고 있으며, 교통분야, 농업분야에서도 새로운 역할 모델로 자리 잡고 있다.

에너지 전환 비전은 2000년 11월에 발간된 'Energy and Society in 2050' 이라는 시나리오 보고서에 근거하고 있다. 국내외의 다양한 이해관계자와 전문가가 참여한 이 보고서는 시스템 변화의 4가지 시나리오를 제시하고 다양한 의견들을 청취한 뒤 새로운 에너지 정책의 기본 방향을 제시했다. 그리고 2004년 이를 토대로 발간된 에너지 전환은 각 이해관계자들이 참여한 플랫폼을 중심으로 20년 이후에 달성할 수 있는 전략적 비전을 제시하고, 이를 달성하기 위한 수단으로 전환경로(transition path)와 각각의 경로를 구체화하는 전환실험(transition experiments)을 논의하고 있다. 즉 에너지 전환은 장기비전→중기 전략적 비전→전환경로→전환실험의 구조를 가지고 있다.

에너지 전환은 정부와 민간이 공동 협력의 장을 형성해서 정책을 추진해가는 거버넌스를 가지고 있다. 2005년 정부와 산 · 학 · 연 · 시민사회를 대표하는 17명 위원이 참여하는 에너지 전환 태스크포스팀을 구성하였다. 이 태스크포스팀은 에너지 전환의 자문 및 모니터링 기구로서 활동하고 있다. 또한 에너지 전환에는 여러 부처가 참여하기 때문에 부처간 정책조정을 위해 부처간 사무국을 설치 · 운영하고 있다.

태스크포스팀과 부처간 사무국이 전략적인 차원에서 큰 방향을 제시한다면, 플랫폼은 각 분야별로 정부와 산 · 학 · 연 · 시민사회 대표자 10~15명으로 구성된 조직으로서 전략적 비전, 전환경로, 전환실험을 기획하고 심의하는 활동을 수행한다. 현재 플랫폼은 에너지 사슬 효율성, 바이오매스, 새로운 가스, 지속가능한 교통, 인공 환경(built environment), 에너지 생산온실 등에 대하여 구성되어 있다.

2. 덴마크의 삼소아일랜드

1997년 덴마크 환경에너지부는 재생에너지 사용을 늘리기 위한 방안으로 재생에너지 아이디어 경연대회를 개최하여 10년 내 100% 탄소 중립적인 무공해 섬으로 만들겠다는 구상인 삼소아일랜드 개발 프로젝트를 우수작으로 채택하였다.

삼소아일랜드(Samso island)는 덴마크 중앙에 위치한 인구 4,200명, 면적 114㎢의 작은 섬으로 66세 이상의 노인인구가 전체 섬인구의 20% 이상을 차지하고, 평균소득이 덴마크 평균소득보다 20% 이상 낮은 지역이다.

10년 내 100% 재생에너지 자립의 섬, 100% 탄소중립적인 섬으로 개발하는 것을 주요내용으로 하는 정책인 이 프로젝트는 섬 내 전력수요의 100%를 풍력발전으로 충당하고, 태양열 및 바이오매스 연소공장 건설로 섬 난방의 70%는 재생에너지를 활용한 지역난방으로 충당한다. 그리고 유채유를 활용하여 자동차, 경운기 등의 연료로 사용하고 있다. 삼소아일랜드 개발은 정부의 개발계획이 아닌 저소득, 저학력, 고령의 농부들이 대부분인 섬주민들의 폭넓은 참여를 기반으로 추진된 것이 특징이다. 정부 보조금은 지난 10년간 전체 투자액(약 4억 크로네, 약 8백억원) 중 7.5%인 3천만 크로네(약 60억원)에 불과하며, 나머지는 섬주민들의 개인과 협동조합 형태로 조달되었다.

삼소아일랜드는 10년전 재생에너지의 비중이 전체 에너지 소비의 13%에 불과하고 연간 탄소 배출량이 6만 5천톤에 달하였으나 현재는 마이너스 1만5천톤의 '탄소 네거티브 섬' 으로 탈바꿈되었다. 삼소아일랜드 프로젝트의 성공으로 에너지 절감, 환경 개선, 투자 소득 증대 등 직접적 효과뿐 아니라, 섬 내 고용창출 및 관광 수입 증대, 섬주민들의 자긍심 고양 등 다양한 간접적 효과를 창출하였다. 삼소아일랜드가 재생에너지 섬으로 타임지, 로이터 통신 등 각국 언론의 주목을 받자 삼소아일랜드를 배우기 위한 방문객이 급증하는 추세에 있다.

삼소아일랜드 프로젝트의 성공요인으로는 10년 내 100% 탄소중립섬 실현이라는 명확한 비전 설정, 주민들의 적극적인 투자와 참여, 주민 설득을 위한 섬 지도자들의 헌신적인 노력을 들 수 있다. 우리나라도 주민들의 참여를 기반으로 한 Bottom-up 방식의 삼소아일랜드 프로젝트 성공사례를 검토할 필요성이 있다.

[그림 7.4.2] 삼소아일랜드

3. 지속가능발전위원회

1992년 리우회의 이후 UN의 권고에 의해 우리나라도 지난 2000년 대통령직속으로 지속가능발전위원회를 설치하였다. 과거 환경을 무시한 개발위주의 정책은 공기 · 물 · 토양을 심각하게 오염시키고, 환경을 극도로 황폐화시키는 결과를 초래하였다. 이로 인하여 각종 개발사업의 추진이 시민단체와 지역주민의 반발에 부딪쳐 난관에 봉착하고 있다. 뿐만 아니라 경제를 고려하지 않은 환경위주의 정책은 기업과 오염주체들의 부담을 가중시킴으로써 정부부처간, 이해당사자간 갈등을 증폭시켜 환경을 성장과 발전의 걸림돌로 여기는 분위기를 낳기도 하였다. 국제적으로는 환경과 연계한 무역규제 움직임이 강화되고 기후변화협약과 같이 국가산업에 미치는 영향이 막대한 국제적 환경협약들이 확대 · 강화되어가는 과정에서 지속가능한 발전을 위한 국가기구의 설치 필요성이 제기되어 지속가능발전위원회가 설치되었다. 설치를 위하여 1999년 4월 22일 지구의 날을 맞아 각계 인사 100인이 지속가능발전위원회의 설치를 촉구하는 선언을 채택하였다. 이후 2000년 6월 5일 세계환경의 날을 맞이하여 대통령이 동강댐 백지화를 발표하면서 대통령자문기구로 지속가능발전위원회의 설치를 공식 선언함에 따라 2000년 8월 지속가능발전위원회규정(대통령령 제16946호)을 제정 · 공포하고, 9월 20일 위원 33명을 위촉함에 따라 정식으로 출범하게 되었다.

지속가능발전위원회는 환경친화적이고 지속가능한 국가의 발전에 관하여 대통령의 자문에 응하는 것을 주 임무로 한다. 구체적인 기능은 개발과 보전을 동시에 고려하여야 할 주요정책방향의 설정 및 계획의 수립에 관한 사항, 유엔환경개발회의(UNCED)에서 채택된 의제21의 실천계획 수립 및 시행에 관한 사항, 기후변화협약 등 주요 국제 환경협약의 국내이행대책 및 대응전략에 관한 사항 등이다.

지속가능발전위원회는 위원장 1인을 포함한 35인 이내의 당연직 위원과 위촉위원 및 지명위원으로 구성되며, 위원장은 민간위촉위원 중에서 대통령이 위촉한다. 당연직 위원은 기획재정부장관, 외교통상부장관, 행정안전부장관, 교육과학기술부장관, 문화체육관광부장관, 농림수산식품부장관, 지식경제부장관, 환경부장관, 국토해양부장관, 국무총리실장 등 13명으로 구성되고, 2년 임기의 위촉위원은 환경보전과 개발에 관하여 전문지식과 경험이 풍부한 자 중에서 20명을 대통령이 위촉하도록 하고 있다. 지명위원은 위원회에 상정된 안건과 관련된 중앙행정기관의 장 및 광역자치단체의 장 중에서 회의시마다 위원장이 지명하도록 하고 있다.

지속가능발전위원회에는 국토보전, 수자원, 생태 · 보건, 에너지대책, 산업과 환경 그리고 국제 · 지역협력 등의 6개 분과위원회를 설치하였다. 그리고 위원회의 전문성을 보다 강화하기 위하여 관련 전문가를 전문위원으로 위촉 활용하거나 연구용역사업을 수행할 수 있도록 하였으며, 위원회의 효율적 업무수행을 위하여 조사 · 연구의 의뢰나 공청회 · 토론회 등의 개최를 통하여 관계 전문가의 의견을 들을 수 있도록 하였다.

4. 시사점

녹색 거버넌스에 대한 사례를 통한 시사점은 크게 세 가지로 요약된다. 첫째, 명확한 목표설정이다. 네덜란드의 에너지 전환 정책과 덴마크의 삼소아일랜드에서 보는 바와 같이 명확한 목표설정은 주민, 전문가집단, 시민단체 등의 참여를 유도할 수 있고, 다양한 의견을 하나로 모아가는 기능을 수행한다. 이런 과정에서 주민 설득을 위한 지도자들의 헌식적인 노력이 뒷받침되고 있다. 뿐만 아니라 하향식 접근법이 아니라 상향식 접근법을 채택하고 있다.

둘째, 자발적 참여이다. 녹색성장을 위한 다양한 의사결정과 집행에 있어 자발적 참여가 전제될 경우 정책집행의 효율성을 제고할 수 있다. 참여의 범위에 있어서도 해당지역으로 한정하는 것이 아니라, 외부의 전문가와 주민이 참여할 수 있도록 개방성을 확보하는 것도 매우 중요하다.

마지막으로 유연한 조직이다. 녹색성장에 대한 정책을 결정하고 집행하는 주체는 유연한 구조를 가져야 한다. 녹색거버넌스를 통해 해결해야 할 문제는 매우 다양하다. 따라서 경직된 조직구조로는 다양하게 나타나는 문제에 민첩하게 대응하기에는 한계가 있다. 네덜란드의 에너지 전환 정책은 태스크포스팀에 의해 추진되고 있음에 주목해야 한다.

제4절 | 녹색거버넌스의 전망과 과제

1. 전망

지구적 차원의 환경문제를 해결하기 위한 새로운 접근방식으로 대두된 녹색거버넌스는 국가의 역할과 영향력이 점점 약화되는 추세와 달리 그 중요성이 증대될 것으로 전망된다. 특히 국제적으로 1992년 리우 회의의 의제21과 2002년 세계지속가능발전정상회의(WSSD)이행계획에서 강조된 건전한 거버넌스(good governance)가 지속가능발전 및 녹색성장을 달성하기 위한 과정과 수단으로서 점차 강조될 것이다.

국내적으로는 1990년대 이후 민주화, 분권화, 삶의 질에 대한 수요 증가 등의 흐름과 맞물려 정부, 시민, 기업의 참여와 파트너십에 의한 거버넌스적 접근이 대안적인 문제 해결 기제로 부각되었고, 이는 향후에도 유지될 전망이다. 지방자치단체 차원에서도 녹색거버넌스는 주민이 참여하는 단순한 형태에서 벗어나, 지방정부와 기업간의 협약을 통해 녹색활동을 실천하는 적극적 형태로 전개될 것으로 전망된다. 한편, 거버넌스의 확대에 따라 거버넌스가 이전의 문제 해결 방식에 비해 어느 정도 효과적인지에 대한 관심도 증가할 것으로 보인다.

2. 과제

녹색거버넌스의 활성화를 위한 과제는 정책적 분야와 행정적 분야로 구분해서 도출할 수 있다. 정책적 분야는 녹색 사회자본의 확충이 선결 과제이다. 정부와 국민, 정부와 시민단체, 국민과 국민간의 신뢰구축과 녹색인재 네트워크 형성 등 사회적 자본을 확충하는 것이 필수적이다. 상호간의 신뢰없이는 어떤 정책의 합의도, 추진도 어렵기 때문이다.

둘째, 녹색성장 추진체계를 구축하고 녹색성장 정책에 대한 의사결정과정에 시민의 적극적인 참여를 보장해야 한다. 시민단체와의 정기적인 모임을 활성화하고 시민단체와 협력사업을 추진하여 신뢰를 강화하는 것이 중요하다.

셋째, 녹색거버넌스를 위해서는 각종 지원제도도 필요하다. 녹색기술에 대한 지적 재산권의 보호, 각종 사업에 대한 세금감면 등이 필요하며, 모범적인 녹색가정을 선정하여 시상하고, 녹색마을 만들기 사업에 대한 지원도 필요하다.

그리고 행정적 분야에서는 우선, 저탄소 녹색성장추진 담당 중앙부처를 일원화할 필요가 있다. 정부의 저탄소 녹색성장 추진에 부응하여 시 · 도별로 자체 실정에 적합한 계획을 수립 · 추진중이나 녹색성장 관련 중앙부처별로 지방자치단체에 유사한 조직구성, 자료제출, 회의참석 등을 요구함으로써 행정력 손실을 초래하고 있는 바, 지방자치단체의 녹색성장 지원을 담당하는 중앙부처의 일원화가 필요하다.

둘째, 녹색성장 전담조직 신설에 따른 추가업무에 대응할 수 있도록 지방자치단체 총 정원을 상향 조정할 필요가 있다. 녹색성장 업무를 능동적이고 적극적으로 추진하기 위해서는 전담조직이 필요하지만 현행 총 정원범위 내에서는 녹색성장업무만 담당하는 전담조직 구성에 어려움이 있으므로 총 정원 운용을 탄력적으로 조정해야 한다.

셋째, 녹색성장의 추진은 정부의 힘만으로 달성할 수 있는 성격이 아니라 지역사회 구성원의 관심과 참여가 절대적으로 요구되기 때문에 지방자치단체가 주축이 되고 기업, 주민, 시민단체, 유관기관 등이 협력하여 녹색성장에 대응하는 것이 바람직하다.

탐구학습

1. 주요개념
- 녹색거버넌스
- 네트워크
- 효율성, 형평성, 참여성

2. 토론과 과제
- 녹색거버넌스를 정착하기 위한 과제
- 녹색거버넌스의 운영사례

참고문헌

경상북도(2009), 경상북도 저탄소 녹색성장추진계획.
김병완(2002), "녹색거버넌스로서 지방지속가능발전위원회(LCSD)의 필요성과 구성방안", 광주 · 전남행정학회보, 제9호, 광주 · 전남행정학회.
녹색성장위원회(2009a), 녹색성장 5개년계획.
녹색성장위원회(2009b), 녹색성장 국가전략.
미래기획위원회(2009). 녹색성장의 길, 중앙북스.
이미홍(2003), "환경거버넌스 비교 분석 : 일본 녹색구매네트워크(JGPN)와 한국 녹색구매네트워크(KGPN)을 대상으로", 2003년도 하계학술대회 발표논문집, 한국행정학회.
정규호(2002), 녹색거버넌스란 무엇인가, 환경과생명사.

제5장

녹색교육

제1절 | 녹색교육의 의의

1. 배경

녹색성장을 위해서는 국민적 공감대 형성과 확산이 최우선 과제라 할 수 있다. 녹색성장이라는 개념을 쉽게 가슴에 와 닿도록 하여 국가나 기관 뿐만 아니라 가정주부, 택시운전기사, 자영업자, 그리고 학생 등 국민 각자가 해야 할 일이 무엇인지 알게 하는 것은 중요하다. 녹색성장은 미래 사회에서 우리가 반드시 적응해야 하고 나아가서는 적극적으로 관리해야 할 시대적 필수 요구 사안임을 국민들이 이해하는 것이 중요하다.

따라서 녹색성장의 장기적이고 누적적인 효과를 위해서는 교육영역의 강화가 필요하다. 특히 국민들이 초등학교 교육부터 기후변화 문제에 대해 확실히 인식하고, 일상 생활 속에서 에너지 절약을 몸에 익힐 수 있도록 교육하는 방안의 추진이 필요하다. 또한 교육자에게 기후변화와 녹색성장에 대해 교육하고 자료 제공을 통하여 녹색성장이 무엇이고 왜 필요한지를 충분히 이해시켜야 진정한 녹색교육이 가능할 것이다.

2. 개념

녹색교육이란 경제와 환경이 조화를 이루는 국가와 지역사회의 진취적 성장을 목표로, 미래 녹색성장을 주도할 녹색인재양성 및 범 지구적 차원에서 녹색생활의 가치를 인식 · 실천할 수 있는 글로벌 녹색시민양성교육이다. 세분화하여 살펴보면 ① 경제성장과 환경보전을 융합시킨 녹색생활 교육, ② 미래 녹색기술산업에 대한 직업개척 능력 및 전문지식 향상을 위한 진로 교육, ③ 국제사회에서 녹색성장 선도국 지위 확보를 위한 글로벌 · 리더교육이라 할 수 있다.

표 7.5.1 녹색교육과 환경교육의 비교

구분	환경교육[9]	녹색교육
– 정의	· 국가와 지역사회의 지속가능발전을 목표로 국민이 환경을 보전하고 개선하는데 필요한 지식 · 기능 · 태도 · 가치관등을 배양하고 이를 실천하도록 하는 교육(환경교육진흥법 제2조)	· 경제와 환경이 조화를 이루는 국가와 지역사회의 진취적 성장을 목표로, 미래 녹색성장을 주도할 녹색인재양성 및 범지구적 차원에서 녹색생활의 가치를 인식 · 실천할 수 있는 글로벌 녹색시민 양성교육
– 목표	· 인간과 자연의 조화를 이룸으로써 국가와 지역사회의 지속가능한 발전에 기여(환경교육진흥법제1조)	· 창의적이고 장인 · 개척자정신을 갖춘 글로벌 녹색시민양성을 통해 세계 녹색성장 선도
– 현실성	· 환경 보전에 대한 과학적 지식을 바탕으로 학교 및 사회의 환경의식 제고와 지속가능발전 실현에 기여하나 성장 측면을 강화 필요	· 경제와 환경이 조화를 이루는 성장이라는 목표를 위해 글로벌 시민품행을 갖춘 창의적이며 전문적인 녹색인재를 육성하고자 하는 현실적이고 시의적인 국가 교육 전략

자료 : 녹색성장위원회 외(2009), 녹색성장교육 활성화 방안.

9 현행 학교의 환경교육은 다음과 같은 문제점이 지적되고 있다. 첫째, 환경과목 선택률 저조 및 부실 운영이다. 2008년 기준으로 중학교의 '환경' 과목에 대해 257개교(8.4%), 59,278명(3%)만이 선택하였고, 고등학교의 '생태와 환경' 과목의 경우 498개교(37%), 142,654명(10%)가 선택하였다. 환경과목의 중요성에 대한 인식이 낮고 수업도 자습이나 타 과목 수업 등으로 변질되어 부실하게 운영되고 있다. 둘째, 환경담당 교원의 전문성 부족이다. 환경과목을 담당하는 교원은 2008년 기준으로 2,883명이나 이중 1,984명(69%)은 미자격의 교원인 것으로 조사되어 전문성이 부족한 실정이다. 셋째, 범교과 차원의 내실있는 환경교육 실현의 어려움이다. 환경교육의 각 과목별 특성에 적합한 환경내용과 소재 활용이 미흡하고, 타 과목 교원이 환경과 관련된 체계적인 교원연수를 위한 체제가 마련되지 않아 내실있는 환경교육의 실현이 어려운 실정이다(녹색성장위원회 외, 2009).

3. 필요성

녹색성장은 범 지구적 환경 및 에너지 위기에 대응하고, 신성장동력 확충과 좋은 일자리를 창출하며, 국민의 삶의 질을 개선하고 국가 위상을 제고하는 1석 3조의 미래 국가비전이다. 녹색성장을 견인하기 위해서는 녹색산업 및 시장창출을 뒷받침할 미래 녹색인재 육성이 요구되므로 다음과 같은 녹색교육이 필요하다.

1) 녹색성장 이해도 제고

녹색성장이 무엇이고 왜 필요한지를 충분히 이해해야 한다. 환경보호와 녹색성장은 상반된 개념이 아니라 동시에 추구할 수 있는 조화의 개념이다. 녹색성장은 미래 사회에서 우리가 반드시 적응해야 하고 나아가서는 적극적으로 리드해야 할 시대적 필수 요구 사안임을 주민들이 이해하는 것이 중요하다.

2) 녹색생활 실천 유도

일상 생활에서 가능한 부분부터 녹색생활을 우선적으로 실천하여야 한다. 즉 에너지 절약 등 주민 각자가 일상의 생활과정에서 실행할 수 있는 부분들을 찾아서 실천할 수 있도록 유도할 필요가 있다.

3) 미래 녹색성장사회 준비

가까운 장래에 본격적으로 도래할 녹색성장사회를 적극적으로 준비해야 한다. 따라서 녹색인재의 육성을 위해 미래 사회의 주역인 학생들에게 교육과정에 반영하여 신기술 교육 등을 통한 적극적인 진로 지도와 준비가 필요하다.

4) 국제적 노력에 동참

우리나라는 2010년 G20 의장국이자 11월 정상회의 주최국으로서 기후변화 대응과 같은 전지구적 이슈에 선진국과 동등한 수준으로 동참해야 한다. 또한 유엔지속가능발전교육10년(UNDESD/2005-2014) 선포 등 국제사회(OECD, APEC, ASEAN+3, ASEM 등) 요구에 선진국과 동등한 수준으로 자발적으로 동참하고, 나아가서는 선도국으로서의 자리매김을 위한 노력이 필요하다(녹색성장위원회 외, 2009).

제2절 | 녹색교육의 주요내용

1. 녹색교육 관련법률

녹색교육과 관련된 법률로는 2010년 1월 13일에 제정된 저탄소 녹색성장 기본법 제59조에 관련 내용이 규정되어 있다. 구체적인 내용을 보면 첫째, 정부는 저탄소 녹색성장을 위한 교육 · 홍보를 확대함으로써 산업체와 국민 등이 저탄소 녹색성장을 위한 정책과 활동에 자발적으로 참여하고 일상생활에서 녹색생활 문화를 실천할 수 있도록 하여야 한다.

둘째, 정부는 녹색생활 실천이 어릴 때부터 자연스럽게 이루어질 수 있도록 교과용 도서를 포함한 교재 개발 및 교원 연수 등 저탄소 녹색성장에 관한 학교교육을 강화하고, 일반 교양교육, 직업교육, 기초평생교육 과정 등과 통합 · 연계한 교육을 강화하여야 한다.

셋째, 정부는 녹색생활 문화의 정착과 확산을 촉진하기 위하여 신문, 방송, 인터넷포털 등 대중매체를 통한 교육 · 홍보 활동을 강화하여야 한다.

넷째, 공영방송은 지구온난화에 따른 기후변화 및 에너지 관련 프로그램을 제작 · 방영하고, 공익광고를 활성화하도록 적극 노력하여야 한다.

2. 녹색교육 관련 주요정책

1) 녹색교육의 정착과 활성화를 위한 기반구축

(1) 녹색교육 국가실행체계 구축

녹색교육의 조기 정착을 위해서는 녹색교육을 종합적이고, 체계적으로 추진해야 한다. 이를 위해서 녹색성장위원회, 환경부, 지식경제부, 행정안전부, 교육과학기술부 등 관련부처가 협의체를 구성하여 일관된 국가실행체계를 구축하여야 한다. 또한 지방자치단체는 각 지역의 특성을 살린 개별화된 교육계획을 수립하고 지원센터 및 교육프로그램을 운영할 필요가 있다.

(2) 녹색교육 로드맵 수립 및 녹색시민 비전 확산

녹색성장에 대한 명확한 목표 및 범위를 설정하여 녹색성장과 유사한 개념인 지속가능발전, 환경, 에너지 교육 등과의 관련성 및 차별성을 모색하도록 한다. 녹색기술과 녹색산업에 대한 도전의식과 녹색성장 정책의 지속적 추진에 요구되는 소양, 기술 및 직업의 개척능력을 제고하도록 녹색성장에 대한 인식과 녹색시민의 비전을 홍보하여 확산시키도록 한다.

2) 녹색시민 양성을 위한 교육시스템 구축

(1) 제도교육내 녹색교육 강화

초 · 중등 교과과정에서 녹색성장 교육프로그램을 개발하여 소양교육을 실시하도록 한다. 먼저 교과서에 기후변화, 에너지 등 녹색성장관련 내용을 반영하고 다양한 학습 보조자료를 개발하여 일선 학교에 보급하여야 한다. 고등교육기관에서는 친환경 교양 전공과목을 개발하고 녹색성장 전문가 양성과정 및 시범학교의 지정 운영이 필요하다.

또한 학교 교육관련자를 대상으로 기후변화 및 저탄소 녹색성장 관련 연수 과정을 마련하여 연수를 실시하도록 유도해야 한다. 그 외에도 에너지 절약 및 온실가스 감축 실천 캠페인 등 그린캠퍼스 운동을 추진해야 한다.

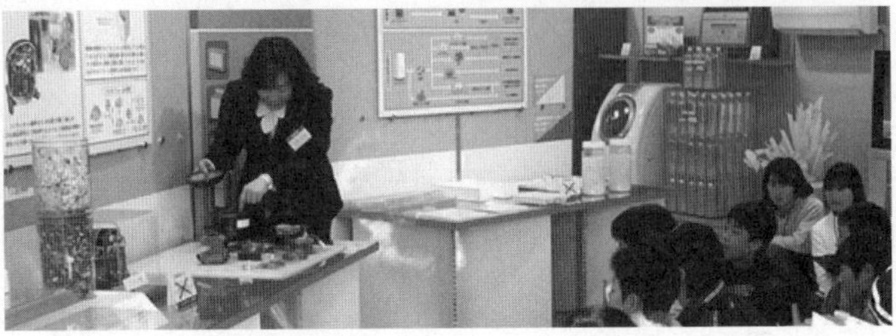

자료 : 파라소닉 에코테크놀로지센터 웹사이트.

[그림 7.5.1] 초등학교의 녹색교육

(2) 주민 대상 녹색 평생교육 실시

공공교육기관과 경제단체, 종교단체, 여성단체, 직능단체 등 민간기관과의 상호협력을 통한 녹색성장 평생교육 체제 구축을 추진하고 기존의 과학관, 박물관, 공공도서관, 산림교육시설 등을 활용한 녹색교육의 시행도 요구된다. 인터넷을 활용하여 주민 대상 사이버 녹색성장 웹사이트와 사이버 교육강좌를 개설하여 학위수여 등을 추진해야 한다.

자료 : 경북의제 21 내부자료.

[그림 7.5.2] 민간기관의 녹색교육

3) 녹색교육 실행역량 강화

녹색교육의 실행역량을 강화하기 위해서 학교 교육 내 녹색교육 자료 및 프로그램을 개발 · 보급하고, 실행결과를 평가할 수 있는 지표를 개발하여야 한다. 또한 전 국민의 녹색시민 소양을 높이고 녹색생활의 실천을 위한 프로그램의 개발과 정보매체를 다양화해야 한다.

4) 의사소통 파트너십 강화

녹색 교육관련자, 즉 학생, 교원 및 학교간, 정부와 국민간, 민 · 관 교육기관간, 외국대학과 국제민간단체 기구간 네트워크를 구축하여 다양한 의사소통의 창구로서 협력체계를 구축 · 강화해야 한다(녹색성장위원회, 2009).

3. 녹색교육의 특징

1) 그린스쿨

친환경 기법이 적용되어 있지 않은 노후된 초 · 중 · 고등학교를 자연친화적 학교로 변화해야 한다. 이를 위해 학교건물을 친환경 자재로 교체하고, 신재생 에너지를 설치하거나 에너지 절약형 시설로 개선해야 한다. 또한 생태환경을 조성하는 등 그린스쿨로의 리모델링이 필요하다. 친환경적인 학교조성을 통해 학생들의 정서함양과 인성교육에 필요한 환경교육의 장 및 인근 주민들과 공유할 수 있는 공간으로 활용되도록 추진해야 한다.

2) 녹색성장 연구학교

녹색성장 관련 교과과정 개발 및 운영과 교내 · 외 체험프로그램 실시 등을 위한 연구학교를 운영 중에 있으며 2009년 총 47개 학교가 지정 · 운영되고 있다.

3) 대학의 녹색교육

일부 대학의 그린캠퍼스 운동 사례를 공유하고, 체계적으로 추진하기 위해 2008년 11월에 한국그린캠퍼스협의회가 설립되었다. 또한 그린캠퍼스 조성을 위해 2009년 3월에 산림청과 가톨릭계 대학교간 MOU를 체결하는 등 대학의 녹색성장을 위한 교육을 확산시키는 노력이 진행되고 있다.

4) 범시민 녹색교육

학생, 일반인 및 공무원들에게 녹색교육을 실시하기 위하여 자연환경연수원, 지역환경개발센터, 환경부 소속 · 산하기관 등을 활용하고 있다. 또한 초 · 중등학교 선생님을 대상으로 하는 산림생태체험 프로그램도 운영하고 있다. 환경교육은 소규모 · 생태체험 위주로 운영되며 녹색성장교육을 포괄하기 위해서는 체계적인 교재개발과 프로그램의 지원이 필요한 실정이다(녹색성장위원회 외, 2009).

제3절 | 녹색교육의 사례

독일, 미국, 영국, 호주, 일본 등 주요 국가들의 학교교육과 사회교육을 살펴보면 지속가능발전 교육을 중심으로 운영되고 있으며, 2010년 현재까지는 녹색성장의 개념이 교육과정에 구체화되어 있지는 않은 상태이다. 다음에서는 주요 국가의 환경 및 녹색관련 교육 사례를 살펴보기로 한다(환경부, 2004).

1. 독일

독일은 일찍부터 환경교육에 관심을 가져서 세계적인 환경교육 선진국이 되었는데, 최근에는 연방 정부 차원에서 환경교육 진흥을 위하여 노력하여 환경교육 내용 등이 학교의 관련 교과 교육 등에서 점차 높은 비중을 차지하고 있으나 주별로 차이가 있다.

환경교육에서 다루어지는 주요 영역은 사회정의와 갈등, 생활양식, 환경부담과 환경오염, 환경 시스템과 그 기능, 에너지 등이다. 독일에서도 지속가능 발전을 위한 교육(Education for Sustainable Development: ESD)이 환경교육에서 특히 강조되고 있으나 아직은 반영 및 실시 정도가 충분하지 못한 편이다. ESD를 구현하기 위하여 국가적인 대규모 프로젝트(BLK-프로그램21)가 추진되고 있으며, 이 과제의 핵심은 관련내용을 학교교육에 보다 강화하여 포함하려는 것이다.

한편 사회환경교육은 많은 환경 NGO의 활동과 정부차원의 지원 및 기업 등의 후원으로 다양하게 전개되고 있으며, 그 성과가 점차 가시화되고 있다. 그러나 독일의 환경교육 전문가들은 사회환경교육이 아직 미흡하다고 보아 더욱 강화하기 위하여 여러 분야에서 적극적인 노력을 전개하고 있다.

2. 미국

미국은 연방 정부로서 국가에서 어떤 기준을 제시하지만, 국가 전체의 획일적 추진은 미흡한 실정으로 연방 환경청(EPA)이 환경교육법을 제정하는 등 환경교육 강화를 위하여 적극적인 활동을 하고 있다. 그러한 활동 중에 북미환경교육학회(NAAEE)를 설립 · 지원하여 활발한 활동을 하고, 많은 주에서 학교 환경교육의 질 향상을 위하여 환경교육 도달기준을 마련하여 학교 장학지도에 활용하고 있다.

사회환경교육은 다양한 프로그램을 갖추고 있으며 NGO 등에서 많은 활동을 전개하고 있다. 환경교육을 위한 예산은 EPA와 환경교육법에 따라 연방 정부와 각 주, 그리고 관련 기관과 단체 및 기업 등에서 다양하게 지원하며 근래에 증가 추세이다. 그리고 학교환경교육과 사회환경교육의 연계를 위한 활동도 점차 증가 추세이며, 이를 위한 지도자 연수 프로그램 등이 증가하고 있다.

3. 영국

영국은 연방국가로서 연방 정부의 환경부(DEFRA)를 중심으로 전체적으로 많은 관심을 가지고 추진하고 있으며, 특히 ESD에 집중하고 있다. 학교 환경교육에서는 ESD를 비롯하여 관련 내용을 교육과정이나 학교 교육에 포함시키기 위하여 다양하게 추진하고 있다.

그리고 영국 환경교육에서 주요 역할을 하는 환경교육센터(CEE)를 비롯하여 세계적 환경단체인 세계자연보호기금(WWF) 등 많은 환경 NGO들이 다양한 프로그램을 가지고 활발하게 활동하고 있다. 이들 활동을 지원하기 위한 예산은 연방정부와 지방정부 및 NGO, 그 밖의 다양한 출처에서 지원되고 있다.

4. 호주

호주는 연방정부로서 다양한 방법에 의한 활발한 활동으로 환경교육을 추진하고 있다. 연방정부 주도 하에 Adelaide 및 Hobart 선언을 통하여 각 주에서 공동으로 환경교육의 목표와 기본지침 등을 정하고, 주 정부와 공동으로 이의 구현을 위하여 적극 노력하고 있다.

특히 호주는 국가 수준에서 초 · 중등학교에 환경교육 내용이 많은 통합 교과인 "사회와 환경(Studies of Society and Environment: SOSE)" 교과를 만들어 필수적으로 학습하고 있다. 그리고 주별로 차이가 있으나, 대부분의 주에서 환경교육센터를 비롯한 환경교육 시설을 만들고 교사 연수와 자료 개발 등을 적극적으로 하고, 다양한 NGO들이 많은 프로그램을 가지고 활동하고 있다.

또한 호주에서는 특히 대학교와 NGO 등이 연계하는 활동이 활발하고, 형식교육과 비형식교육이 다양하게 추진되며, 예산은 연방정부와 지방정부 및 각 단체에서 지원하고 있다.

5. 일본

일본은 중앙정부의 환경성을 중심으로 문부성 등이 환경교육에 관심을 가지고 지원하고 있으며, 2003년에 환경교육추진법을 제정하고 국내외적으로 연계를 가지고 다양한 활동을 하고 있다. 그러한 사례로 미국에서 개발되어 세계적으로 네트워크를 형성하며 발전하고 있는 GLOBE(the Global Learning Objects Brokered Exchange) 프로그램과 ESD 구현을 위한 10년 활동 등을 적극 전개하며, 한 · 중 · 일 3개국 환경교육네트워크 사업(Tripartite Environmental Education Network: TEEN) 등을 주도적으로 추진하고 있다.

학교 환경교육에서는 관련 교과 교육과 총합학습(總合學習) 시간에 환경교육 실시를 강화하고 있으며, 주요내용은 과거의 공해교육에서 ESD를 강조하고자 노력하고 있다. 사회환경교육 활동은 많은 NGO를 중심으로 다양하게 전개중이며, 근래에는 NGO나 GO를 떠나서 모든 관련 NPO들이 모두 연계하여 활동하는 것을 강조하고 있다.

표 7.5.2 해외 환경관련 교육의 주요내용

구분	내용
– 독일	· 저학년의 경우 다음의 주제가 높은 비율을 차지하고 있음 · 에너지, 열대우림, 쓰레기, 사막화, 토양, 공기, 가정에서 쓰는 화학물질, 쓰레기, 화학 물질과 환경 일반, 숲, 물, 자연보호(학교 정원 포함), 환경위협, 토양과 농업, 천해부와 해안보호, 지구생활환경의 위협, 소음, 온난화와 온난화 방지, 기후변화, 가정용품과 환경오염 · 사회 정의와 사회적 갈등 및 환경부담, 생태시스템, 생활양식(소비 유형) 등의 주제
– 미국	· 환경적으로 의미있는 생태학적인 지식과 이들 개념들 간, 개념 내에 환경과의 상호관계 · 야외 활동과 같은 적절한 방법으로 행동할 수 있도록 환경감수성을 습득할 수 있는 내용 · 환경쟁점에 관한 지식, 조사 및 분석하는 기능의 습득과 적용할 수 있는 기회 부여 · 쟁점을 해결하는데 필요한 시민행동에 관한 기능과 이들 기능을 적용할 수 있는 기회부여 · 내적 통제에 의해 학생 스스로 책임있는 방법으로 행동할 수 있는 수업 상황 · 국제적, 국가적, 지역적인 환경쟁점을 조사하고 이를 평가하는 기능을 학년 수준에 맞게 학교 내는 물론 밖에서도 적용할 수 있는 기회 부여
– 영국	· 초등학교와 중학교의 환경교육의 목표는 11개의 주제 : 지역과 장소, 대기와 우주, 토지형태와 토양 그리고 미네랄, 식물과 동물, 물, 인간, 사회조직, 경제, 철학/윤리학/교양/수사학, 환경, 에너지와 관련되어 제시되고 있다. · 고등학교도 기본 범주는 같으며, 다만 그 학습 수준에 맞게 세부 학습목표를 다르게 설정하고 있을 뿐이다. 예를 들어서 초등학교와 중학교에 권고되고 있는 환경교육 목표의 세부 내용을 보면, 학교교육과정에서 환경교육과 관련하여 무엇을 교수해야 하는지를 매우 구체적으로 지시하고 있음. · 과학국가교육과정(Science in the National Curriculum)에서는 주단계 (key stage) 1에서 주단계 4까지 도달목표 중 '생명 과정과 생물' 영역에서 환경속의 생물을 다룸으로써 환경교육을 간접적으로 강조하고 있음.
– 호주	· SOSE(사회와 환경연구)를 중심으로 초중등 교육(1~10학년)과정에서 환경교육 시행 · 주요내용은 환경학습, 지리, 인류학, 세계 연구, 정치학, 사회학, 평화학습, 역사, 상업, 법, 경제, 미래학, 윤리와 시민, 원주민 연구로 이루어짐. · SOSE가 추구하는 가치–민주주의 과정, 사회 정의, 생태적 · 환경적 지속가능성, 평화 · SOSE의 학습 목표 · 시공간적 다양성 안에서 환경, 문화, 경제, 정치 체제 및 인간 상호작용 탐색 · 학생들의 체계적인 조사활동, 의사소통, 창조, 성찰, 실천의 과정 포함 · 사회, 환경, 역사, 경제, 정치 혹은 문화적 이슈를 조사하는 기술과 과정 발달
– 일본	· 취학 전 아동 : 근접 지역의 자연관찰 · 체험, 기업 견학, 상급학교와의 교류 등 · 초등학교 : 자연에 대한 감수성과 흥미 · 관심을 고조시키는 것과 동시에 자연의 아름다움과 생명의 중요성을 느낄 수 있도록 하는 생활 속에서의 교육을 지향 · 중학교 : 환경현상에 직면시켜 구체적인 인식을 통해 인간관계, 상호관계를 파악, 문제해결능력을 키우는 지도를 목표로 사회과, 이과 이외의 각 교과에서 채택. · 고등학교 : 지리역사과, 공민과, 생물, 지학, 가정과를 중심으로, 환경문제를 종합적으로 사고 · 판단해, 현명한 선택과 의사결정을 할 수 있도록 하고, 환경보전, 환경개선에 주체적으로 행동할 수 있는 능력과 태도를 육성하는 것을 목표로 폭 넓은 시야에서 환경교육을 실행함.

자료 : 환경부(2004), 주요 외국의 환경교육 비교연구, pp. 308~309.

6. 시사점

해외 국가들은 환경교육의 발전을 위해서 중앙정부 조직인 환경부(명칭과 지위는 약간씩 차이가 있음)와 국가 수준의 환경교육위원회를 두고 환경교육을 강화하고 있다. 예산은 중앙정부와 지방자치단체의 지원을 중심으로 단체 및 기업의 지원 등이 많은 실정이다.

우선 학교 환경교육은 지속가능교육(ESD) 구현과 환경교육 관련 내용을 학교 정규 교육과정에 많이 포함시키고 있으며 교사 교육도 강화하고 있다. 영국, 호주, 미국은 국가 수준의 환경교육 기준(standard)을 제시하고 학교환경교육의 성취 수준을 평가하고 있다. 국가 수준의 독립된 환경 교육 교과목은 호주의 사회와 환경(SOSE)을 제외하고는 없으나 관련 교과목을 통합하여 지도하거나 반영하기 위하여 노력하고, 일본은 총합학습 시간을 활용하고 있다.

그리고 사회 환경교육 부문은 대부분의 국가에서 전 계층을 대상으로 환경 NGO를 중심으로 많은 프로그램들이 운영되면서 활발하게 추진되며, 주요 주제는 ESD를 비롯하여 다양하다. 한편 최근에는 사회 환경교육과 학교 등 형식 교육과의 연계 발전에 많은 관심을 가지고 있으며, 대학과의 공동 연구 개발 및 기업체의 후원과 연계 등이 활발한 편이다.

표 7.5.3 해외 환경관련 교육동향

구분	내용
– 독일	· 지속가능발전을 위한 교육이 점점 환경교육을 대체하고 있는데, ESD에는 생태, 사회정의, 지속가능 경제가 서로 연관되어 다루어지고 있고, 이렇게 함으로써 주제의 범위가 확대되고 있음.
– 미국	· 미국 학교환경교육은 사회환경교육과의 파트너십 프로그램을 운영하여 학교환경교육과 사회환경교육과의 연계 방안 실현 · Project Wild, Project Wet, Project Learning Tree와 같이 북미 여러 지역에서 사용되는 교재들의 개정 및 수정 보완 작업이 진행되고 있고, 알래스카와 같은 도서벽지 지역을 위한 환경교육 프로그램 개발 활발 · 환경문제나 환경오염에 관한 지식보다는 환경쟁점을 중심으로 조사, 평가, 행동참여를 강조하는 환경교육과정 도입 · 'No Child Behind Left Act' 에 의해 교사의 전문성을 신장시킬 수 있는 연수에 집중 투자

구분	내용
- 미국	· 환경교육을 위한 학교 환경과 사회환경교육을 연결하는 환경교육 인프라 구축 노력 · 환경교육 지원을 위한 온라인 네트워크 형성-EE Link
- 영국	· 지역 사회 환경문제에 학교와 학생이 기여할 수 있도록 하는 프로그램들이 많이 시행되고 있음. · 1990년대 중반 이후 형식적 · 비형식적 환경교육과 훈련을 통하여 모든 연령이 지속가능발전과 책임감 있는 시민으로서의 역할을 할 수 있도록 노력하고 있으며, 가정과 직장에서의 생활을 통하여 환경과 개발의 문제들을 다룰 능력을 개발하고, 회복시키고, 강화하는 목표를 설정함.
- 호주	· 교육과정에 관한 검토-2003년 NEEC(국가환경교육위원회)의 보고서 · Sustainable School Project · 기존에 산재한 지속가능 교육의 모든 형태를 통합하는 프로젝트이며, 측정 가능한 환경적 재정적 요소들과 교육과정으로 총체적 프로그램을 구현하는 것이 목적 · NEE Network에 의한 지원 · 2002년 7월 Environment and Heritage 장관 Dr. David Kemp에 의해 A$ 200,000(호주 달러 2십만불 ; 한화 환산 약 1억8천만원) 투자하여 New South Wales 주와 Victoria 주에서 파일럿 프로그램 시행.
- 일본	· 환경위기 극복과 지속가능한 사회 창조를 목표로 함.

자료 : 환경부(2004), 주요 외국의 환경교육 비교연구, p. 312.

표 7.5.4 해외 사회 환경교육 관련동향

구분	내용
- 독일	· 국가적 과제인 "BLK-프로그램 21" 과 "아젠다 21" 주제 등을 통한 지속가능 발전 교육에 주력
- 미국	· 학교환경교육과의 연계 방안 모색 · 사회환경교육 안내서 개발-NAAEE · 사회환경교육프로그램의 평가 방법 연구 · 사회환경교육과 학교환경교육 관련 온라인 네트워크 구축 · 학교환경교육과정 개발에 참여 · 각 NGO별 특성화된 Hands-on 환경교육 프로그램 개발
- 영국	· 사회환경교육이 ESD(Education for Sustainable Development)를 위한 구심점이 되고자 함. · 학교환경교육과 연계하여 다양한 환경교육 프로그램을 개발 · 보급함. · 국제적 연대도 활발히 이루어지고 있음.
- 호주	· 주로 지역 사회에서 발생하는 환경 이슈에 관련된 주민 단위의 환경교육 · 성인 교육 활동을 빌어 성인교육 범주에서 실시하는 환경교육
- 일본	· 지속 가능한 지역 사회의 건설 · 환경을 위한 지구 관측 프로그램(GLOBE) 참여

자료 : 환경부(2004), 주요 외국의 환경교육 비교연구, p. 315.

제4절 | 녹색교육의 전망과 과제

1. 전망

녹색교육은 넓은 의미로는 학교와 평생 교육의 새로운 청사진으로 녹색성장의 중요성을 인식하고, 녹색생활 양식을 체득하게 하는 것을 의미한다. 좁은 의미로는 초중고 학생들에게 녹색성장에 필요한 역량을 강화하는 학교교육을 뜻한다. 어느 경우에나 녹색성장 교육은 자연과 어우러지는 삶의 방식 속에서 행복을 발견하고, 사회 변화를 녹색성장의 기준에서 판단할 수 있는 사고력을 지니며, 지역 및 지구 환경문제의 예방과 해결에 적극적으로 참여할 수 있는 건강한 시민양성을 목적으로 한다(김형국, 2011). 녹색교육은 환경교육이 지향하는 지속가능발전보다 실천성을 중요시한다. 녹색성장사회를 이룩하기 위해서는 국민의 이해와 참여가 절대적이며 녹색교육은 보다 폭넓게 구체화되고 활성화될 것으로 기대된다.

2. 과제

개인의 가치관 변화와 함께 행동의 변화를 유도하고 생활습관으로 자리 잡을 수 있도록 유아기부터 환경교육이 일상화되어야 한다. 이를 위해서는 가정교육과 학교교육 및 사회교육이 유기적인 관계를 유지해야 하며, 관련된 교재 및 프로그램의 개발 지원 등이 필요하다(김임순, 2009). 이에 따라 각 단계별로 녹색교육의 활성화를 위한 과제를 다음과 같이 살펴보기로 한다(교육과학기술부).

1) 초 · 중등교육단계에서의 녹색성장 교육 확대

미래의 녹색기술 · 산업에 대한 도전의식과 직업에 대한 개척능력을 제고하고 녹색생활의 체화를 유도하기 위해 에너지 절약, 환경오염 최소화 등과 관련한 교내 · 외 체험 프로그램을 집중 개발하고 사례를 통한 교육을 활성화하도록 유도하여야 한다. 특히 어릴 때부터 녹색생활을 습관화할 수 있도록 저학년은 녹색환경교육을, 고학년은 녹색성장교육(진로상담 포함)의 비중을 확대하는 방향으로 나아가야 한다. 그리고 녹색교육을 담당할 인력의 양성을 위해 교원을 대상으로 하는 녹색교육 연수를 보다 강화하고, 녹색교육을 선도할 교육기관의 육성과 교내외의 녹색성장 교육을 서로 연계시켜 확대하여야 하겠다.

2) 대학 단계에서의 녹색성장교육 및 평생교육 강화

캠퍼스내에서 저탄소 실행방안을 계획 · 실천하고 성과를 공유하는 그린 캠퍼스 운동을 현재보다 확대하여 추진할 필요가 있다. 대학 내에서도 녹색기술 관련 연구개발과 녹색산업인력의 양성을 위해 녹색인재 양성을 위한 전공개설 및 관련 연구소의 설치가 확대되도록 정책적인 지원이 요구된다.

양성된 녹색교육 전문가에 대해서는 관련 인사 풀(pool)을 데이터베이스화하여 각종 교육프로그램에 활용하여야 한다. 그리고 지역특성을 반영한 녹색성장교육 프로그램 개발과 초중고생 초청 녹색체험 프로그램 운영 등 대학의 지역서비스를 보다 강화하여야 한다.

지역차원에서도 녹색성장 관련 평생교육을 강화하기 위하여 녹색시민 양성 강좌를 개설하고, 지방자치단체 및 지역 NGO가 녹색생활 확산을 위해 공동 실천운동을 전개하는 등의 노력이 지속적으로 필요하다.

3) 녹색성장교육의 세계화 추진

녹색교육에 대한 인식의 폭을 넓히기 위해서는 국제기구의 환경 및 녹색성장 관련 교육에 적극적으로 참여하고 협조하여 녹색성장 교육에 대한 국제협력 및 공조체제를 구축하여야 한다. 국내에서 실시하고 있는 녹색교육 성과의 국제홍보 및 확산 등을 통하여 차별화된 한국형 녹색성장 교육의 세계화를 이룩하여 녹색성장을 리드하여야 한다. 이와 같은 녹색성장 교육의 강화 및 세계화를 통하여 녹색시민과 녹색인재를 양성하고, 궁극적으로 저탄소 녹색성장을 통한 녹색일류 국가를 구현할 수 있도록 하여야 하겠다.

탐구학습

1. 주요개념

- 환경교육
- 녹색교육
- 저탄소 녹색성장 기본법
- 그린스쿨

2. 토론과 과제

- 녹색교육의 개념과 필요성
- 환경교육과 녹색교육
- 녹색교육 관련 근거법과 그 내용
- 학교와 사회에서 녹색교육의 활성화방안

참고문헌

김임순(2009), 저탄소 녹색성장, (주)도서출판 북스힐.
김형국(2011), 녹색성장 바로 알기, (주)나남.
녹색성장위원회(2009), 녹색성장 5개년계획(2009~2013).
녹색성장위원회 외(2009), 녹색성장교육 활성화 방안.
매일경제 녹색성장팀(2009), 그린쇼크, 매일경제신문사.
문화체육관광부(2008), 녹색부국으로 가는 길.
미래기획위원회(2009), 녹색성장의 길, 중앙북스.
환경부(2004), 주요 외국의 환경교육 비교 연구.
http://ekp.me.go.kr(환경지식포털)
http://greengrowth.go.kr(녹색성장위원회)
http://panasonic.co.jp/eco/petec(파라소닉 에코 테크놀로지 센터)
http://www.kb21.org(경북의제21)
http://www.me.go.kr(환경부)
http://www.mest.go.kr(교육과학기술부)

찾아보기

ㄱ

간선급행버스(BRT) / 337
경인운하사업 / 265
고효율화 기술 / 137
공동이행(JI) / 70
공업용수 / 254
광전효과 / 305
교토의정서 / 68
교통혼잡비용 / 337
국제에너지기관(IEA) / 300
국제협약 / 62
그리노믹스 / 416
그린 IT 기술 / 146
그린글로브 환경인증 제도 / 186
그린리더 / 406
그린스쿨 / 457
그린스타트 운동 / 412
그린카 / 123
그린캠퍼스 운동 / 456
그린피스 / 427
그린홈 / 228
기권 / 26
기후변화 / 15, 43
기후변화대응기술 / 136
기후변화부과금 / 86
기후변화에 대한 유엔기본협약 / 67
기후변화캐피탈 / 89
기후변화협약 / 67

ㄴ

내부경제화 / 18
내셔널 트러스트운동 / 429
녹색 낭만주의 / 424
녹색 합리주의 / 424
녹색 IT / 376
녹색거버넌스 / 432, 437
녹색건축 / 225
녹색건축물 / 225
녹색관광 / 184
녹색교육 / 452
녹색교통 / 334
녹색국가정보 / 202
녹색국토 / 198
녹색기술 / 133
녹색기업 / 394
녹색농업 / 152
녹색농촌 / 238
녹색도로 / 337
녹색도시 / 210
녹색물류 / 339
녹색빌딩 / 230
녹색산림 / 272
녹색산업 / 114
녹색산업단지 / 350
녹색생활 / 403
녹색성장기획단 / 440
녹색성장도시 / 210
녹색성장위원회 / 100, 440
녹색성장책임관 / 440
녹색성장편익 / 19
녹색수변공간 / 201
녹색식품 / 168

녹색에너지 / 301
녹색연합 / 431
녹색인증제 / 126
녹색자전거 / 340
녹색전문기업 / 395
녹색정보화 / 376
녹색제품 / 130
녹색철도 / 338
녹색항공 / 338
녹색해운 / 339
녹색혁명 / 167
녹색NGO / 420
농업용수 / 254
농촌관광 / 184

ㄷ

당사국총회 / 65
대륙붕 / 287
대체에너지 / 301
도시광산 / 322

ㄹ

로컬푸드 운동 / 174

ㅁ

무농약농산물 / 171

ㅂ

바이오디젤 / 313
바이오에너지 / 306
발리 로드맵 / 71
배출권 / 75
배출권거래제(ET) / 70, 72, 126
배출전망치 / 94
브룬트란트보고서 / 14
비가역성 / 40
빙하 / 33

ㅅ

4대강 살리기 사업 / 263
사막화 / 30
사후처리 기술 / 137
산림경영 / 272
산림바이오매스 / 272
산림클러스터 / 273
산성비 / 36
삼소아일랜드 / 444
생물권 / 26
생존주의 / 422
생태관광 / 184
생태도시 / 209
생태산업단지 / 201, 353
생태하천 / 364
생활용수 / 254
세계기상기구(WMO) / 63
소프트에너지 / 301
수권 / 25
수자원 / 254
순배출 기준 / 77
스마트그리드 / 142
스마트시티 / 383
스마트오피스 / 408

슬로우 무브먼트 / 242
슬로우시티운동 / 187
슬로우푸드 / 172
식량주권 / 174
식물공장 / 161
식품신호등표시제 / 178
신재생에너지 / 301
신재생에너지산업 / 118
신재생에너지산업 클러스터 / 354

ㅇ

액티브하우스 / 225
에너지 위기 / 97
에너지원 기술 / 137
에너지자립주택 / 229
에너지자원기술 / 136
에너지효율향상산업 / 118
에어로졸 / 29
에코 패밀리 / 410
에코맘 / 409
에코트리 / 414
여수세계박람회 / 295
열팽창 / 54
예측기술 / 137
온실가스 / 46, 69
온실효과 / 35,44
용수수요관리 / 261
원격근무시스템 / 410
원자력산업 / 119
원자력에너지 / 311
유기농농산물 / 171
유기농식품 / 168
유기농업 / 153
유엔기후변화당사국총회 / 67
유엔해양법협약 / 291
유지용수 / 254
의제21 / 446
이수기능 / 258

ㅈ

자발적 협정 / 78
자연에너지마을 / 200
자원민족주의 / 13
자원순환기능 / 134
자원순환형 농업시스템 / 239
자원순환형농업 / 152
저감 / 15
저농약농산물 / 171
저에너지주택 / 228
저탄소 녹색성장 / 14
저탄소도시 / 210
적응 / 15
전환교통 / 340
지구온난화 / 13, 36, 44
지구환경 / 21
지권 / 23
지능형교통시스템(ITS) / 337
지속가능발전위원회 / 445
지속가능한 관광 / 184
지속가능한 발전 / 14
지열에너지 / 310
지진 / 28

ㅊ

청계천 복원사업 / 371
청정개발체제(CDM) / 70
청정생산기술 / 134
청정에너지 / 304
청정해양 / 285
치수기능 / 258
친환경농산물 / 171
친환경농산물인증제 / 177
친환경농업 / 152
친환경산업 / 119
친환경식품 / 168

ㅋ

코리올리 효과 / 31

ㅌ

탄소성적표지(탄소라벨링) / 407
탄소세 / 92
탄소순환 / 34
탄소중립도시 / 210
탄소집약도 / 93
탄소캐시백 / 406
탄소포인트제도 / 406
태양광 발전 / 143, 305
태양광발전시스템 / 316
태양광빌리지 / 316
태양광에너지 / 305
태양열에너지 / 304
태양전지 / 306
튜브형 정류장 / 342

ㅍ

패스트푸드 / 172
패시브하우스 / 225
표사광상 / 285
푸드마일리지 / 174
풍력발전 / 144
풍력에너지 / 308

ㅎ

하드에너지 / 301
하이브리드카 / 123
하천생물다양성 / 372
하천자정능력 / 372
하천정비사업 / 366
해양광물 / 287
해양에너지 / 287. 309
해저열수광상 / 285
화산 / 28
환경교육 / 452
환경기능 / 258
환경기술 / 136
환경산업 / 114
환경세 / 88
환경운동연합 / 430
환경NGO / 420
희유금속 / 322
희토류 / 324

지은이

이성근

서울대학교 대학원 도시 및 지역계획전공(행정학박사)
대구경북연구원 원장
영남대학교 정치행정대학 지역 및 복지행정학과 교수
E-mail: SKL2682@ynu.ac.kr

이관률

영남대학교 대학원 지역개발학과 졸업
행정학박사
충남발전연구원 책임연구원
E-mail: krlee@cdi.re.kr

서경규

영남대학교 대학원 지역개발학과 졸업
행정학박사
대구가톨릭대학교 경제금융부동산학과 교수
E-mail: kkseo@cu.ac.kr

김상곤

영남대학교 대학원 지역개발학과 졸업
행정학박사
경북테크노파크 정책기획팀장
E-mail: royal@gbtp.or.kr

안성조

영남대학교 대학원 지역개발학과 졸업
행정학박사
경북테크노파크 연구원
E-mail: ahnsj@gbtp.or.kr

김태구

영남대학교 대학원 지역개발학과 졸업
행정학박사
한국농어촌공사 과장
E-mail: muse4321@hanmail.net

김종수

영남대학교 대학원 지역개발학과 졸업
행정학박사
제일감정평가법인 이사
E-mail: kjosoo@hanmail.net

박성환

영남대학교 대학원 지역 및 복지행정학과 졸업
행정학박사
행정안전부 지방행정연수원 기획지원부장
E-mail: shwanpark@hanmail.net

심상운

영남대학교 대학원 지역 및 복지행정학과
박사과정 재학
한국토지주택공사 차장
E-mail: simsang@lh.or.kr